城镇化进程中农业女性化区域比较研究

黄鹏 蔡弘 著

安徽省"十三五"重点图书出版规划项目

中国当代农村发展论丛 ◎ 张德元 主编

中国科学技术大学出版社

内容简介

农业女性化现象在我国城镇化中并不鲜见,但农村妇女经济身份转型及其个体发展并未得到社会足够的关注与重视。本书从分析农业女性化现象的内涵入手,简溯了20世纪以来农村妇女劳动生产角色变迁的过程;通过丰富的宏观历史数据与一手调查资料,刻画了农业劳动力性别结构变动过程及其区域分布特征;基于性别分工理论,以个案分析的方式构建了农业女性化现象成因机制及该现象的多元影响并提出相应的对策建议。

图书在版编目(CIP)数据

城镇化进程中农业女性化区域比较研究/黄鹂,蔡弘著. —合肥:中国科学技术大学出版社,2022.5

ISBN 978-7-312-05307-8

Ⅰ. 城… Ⅱ. ①黄… ②蔡… Ⅲ. 女性—农村劳动力—劳动力结构—研究—中国 Ⅳ. F323.6

中国版本图书馆 CIP 数据核字(2021)第 179430 号

城镇化进程中农业女性化区域比较研究
CHENGZHEN HUA JINCHENG ZHONG NONGYE NÜXING HUA QUYU BIJIAO YANJIU

出版	中国科学技术大学出版社 安徽省合肥市金寨路 96 号,230026 http://www.press.ustc.edu.cn https://zgkxjsdxcbs.tmall.com
印刷	安徽国文彩印有限公司
发行	中国科学技术大学出版社
开本	710 mm×1000 mm 1/16
印张	19
字数	370 千
版次	2022 年 5 月第 1 版
印次	2022 年 5 月第 1 次印刷
定价	86.00 元

本书的出版获得以下项目的支持与资助

⊙ 国家社会科学基金项目:城镇化进程中农业女性化区域比较研究（14BRK016）

⊙ 教育部人文社科青年基金项目:农业女性化下新时代农村妇女发展问题研究（20YJC840002）

⊙ 安徽大学农村改革与经济社会发展研究院项目:农业劳动力性别结构变动与农业转型研究（ADNY201609）

总 序
PREFACE

20世纪80年代,我在中央机关参与农村改革政策调研时,就坚持认为,中国农村政策最基本的问题是农民问题。到90年代政策界在全球化导向下转而把农业问题作为主要关注领域之后,我则一再强调中国的"三农问题",而且在排序上坚持把农民权益放在第一位,然后是农村可持续发展问题,最后是农业安全问题,并认为"三农问题"之所以不同于微观产业经济领域讨论的"农业问题",是因为作为"原住民大陆"的中国农村社会经济运行的真实逻辑,与"殖民地大陆"的美洲和大洋洲存在着质的差别,各自的主要发展经验在根本上没有互相复制的可能性,在此基础上形成的政策和理论并没有对错与好坏之分。据此看,对于影响巨大的政策研究而言,任何简单化地套用或教条化地照搬,都势必造成巨大损失。这些思考,在我近年来所发表的文章中随处可见。其实,"真理往往是简单的",不会迷失在故弄玄虚之中。

不过,我在坚持"非主流"意见的同时,预感到不能再以这种角度开展农村政策研究,遂去高校完成了在职研究生的学习,同时争取多做些国家级课题和国际合作的科研项目,以便及时转向学术研究。为了更好地理解农村改革发生的内在机理,进而把握和预见中国未来的农村发展趋势,我用了三年时间梳理20世纪中国经济史,并做了中国宏观经济与"三农"发展的相关研究。据此可知,从中国农村改革至今约40年的长期经验看,其不仅在本源上与20世纪70年代末期的宏观经济危机直接相关,而且"三农"领域每一次的重大政策变化,也都受到改革开放以来的经济周期的直接影响。

安徽广大干部、群众以及"三农"学界对农村改革贡献极其巨大。早在20世纪60年代初,国家工业化的原始积累阶段遭遇外资中辍导致经济遭受严重破坏之际,中央决定实行"三级所有,队为基础",就是把服务于工业化的农村体制从"一大二公"的乡级人民公社退回到村级生产队核算,同时允许农户搞"三自一包"。安徽省干部、群众在时任省委书记曾希圣同志的支持下,在全省推广责任田,通过"包产到户"的办法解决了生存问题。由于1963年宏观经济初步恢复之后国家仍然要通过集体化从"三农"提取积累,留利于民的责任田制度在三年自然灾害后被取消。但这一探索本身表明了安徽广大干部、群众从不缺乏改革精神。

长期从"三农"获取剩余用于城市工业化发展的汲取政策,使得农村改革启动前期,没有得到政策机会发展社队工业的安徽农民远比那些有工业基础的沿海省份和城市郊区农民生活困苦得多;此时的安徽,不仅城乡之间的基尼系数,而且农村内部不同区域之间的基尼系数,都在显著恶化。1975年,完全没有工副业生产的安徽省凤阳县小岗生产队人均口粮才75公斤,全年人均收入20元,一年有10个月的时间吃返销粮,农民生活极端困苦。因此,凤阳县小岗生产队和肥西县小井庄的干部群众积极探索,并逐步突破了传统城市资本偏向的旧体制的束缚。小岗村农民在承包合同中指出:"如果上级追查,队干部坐牢,全村各户保证把他们的孩子养到18岁。"这种贫困农村基层的自发探索,不仅解决了村里人的吃饭问题,也被中央主管经济工作的领导人用作国家经济政策上财政"甩包袱"的注脚。这种应对危机的调整政策被中央做了"改革"的定位后,媒体称安徽农民改变了整个国家和民族的命运。

此后的30多年时间里,安徽广大干部群众又积极探索,为农业和农村发展做出了巨大贡献。其中,辛秋水教授立足于田野试验,在文化扶贫和村民自治领域做出重大探索。何开荫教授和张德元教授多次向党中央国务院建言献策,以刘兴杰为代表的基层干部勇于实践,积极推动农村税费改革,国家最终推出了废除农业税的政策。这些,无不凸显了安徽之于中国农业与农村发展的重要作用。

自1997年东亚金融风暴造成1998年中国因外需大幅度下降而暴露出生产过剩的问题以来,国内经济波动越来越多地受到全球化的影响。对此,中国政府在维护国家经济主权之际,大规模扩张国家信用,实施投资于三大差别——区域差别、城乡差别和贫富差别的再平衡战略。在城乡差别再平衡战略上,从2006年贯彻"新农村建设"战略起,中国已进入工业反哺农业、城市支持农村的发展阶段。然而,我们也注意到由于各地政府公司化取向未能及时被认识和纠正,招商引资成为"过剩资本"占有乡村资源、实现资本化获取

总　序

收益的主要手段,致使劳动力、土地、资金这三大生产要素大量流出农村,"三农"问题由此变得更加复杂。原本新农村建设中县域经济战略的主要内容——"城镇化＋中小企业",也受制于资本过度集中于大城市,从而形成严重滞后于沿海和超级城市工业化的巨大结构性扭曲……这些偏差至今尚未得到根本性矫正,又增加了农业生态环境形势日趋严峻的新问题。单纯重视GDP的发展观在力推农民工大规模外出的同时,也造成众多留守老人、留守妇女和留守儿童。在形成了世界最大规模弱势群体的同时,中国人口老龄化的挑战已经悄然而至!

对于这些问题的研究和解决,离不开政府相关政策的出台,更离不开包括学者在内的社会各界的共同努力。我们有理由相信曾经做出过巨大贡献的安徽广大干部群众还将会做出新的探索和努力,安徽"三农"学界还将会做出历史性的新贡献!

谨在此系列丛书出版之际,向为中国农村发展做出重大贡献的安徽广大农村干部群众致以崇高的敬意。

温铁军

前 言
PREFACE

　　经济发展的过程也是社会分工细化的过程。在最初家庭自给自足阶段,家庭内部劳动分工的标准往往就是年龄与性别,这种标准一直延续至今,并伴随工业化、城镇化推进中城乡人口的非农流动显示出新的时代生命力。在性别层面,农户性别分工制度内嵌于乡村社会整体秩序之中,其建立或重构,既是乡村社会经济转型的关键环节,又是乡村社会文化转型的重要内容。在此过程中,长期被淹没在经济发展中的农村妇女的性别价值及角色张力,或主动或被动地调动出来,成为性别研究领域的又一核心命题。

　　然而,与西方张扬的女性主义运动浪潮不同,关于我国农村妇女劳动生产角色变迁及其对个体生命历程影响的研究显得更加含蓄与隐蔽,不易发觉。在我国,当我们讨论农民发展问题时,"女性农民"这一特殊群体常常被排除在外。进入新世纪以来,受到社会热议与公众广泛关注的莫过于"留守妇女"问题,遗憾的是,大部分舆论关注仅仅停留在"同情"与"怜悯"的层面,并未察觉到问题背后农村妇女之于农村稳定、家庭和谐、粮食安全的独特性别价值。本书尝试通过分析城镇化进程中农业女性化现象,来讨论该现象的概念、表现、成因、趋势、影响等问题,以及在此过程中农村妇女的价值与作用。

　　以往绝大部分关于农村妇女经济角色变迁的研究表明,工业化、城镇化中类似"男工女耕"式农村家庭两性分工的重新安排,有可能导致农村妇女生产功能与发展机会被不同程度地剥夺,她们个体发展过程将因此受阻,是其被再次"边缘化"的过程。这种基于农村妇女生命历程的观察视角忽视了农户两性分工的经济合理性及其区域差异性,也没有从农村妇女自身角度出发来表达她们的主观体验。她们认可这样的分工安排吗?她们愿意在男性"缺席"下守护家庭农业生产吗?事实上,纵观整个20世纪以来中国农村妇女劳动身份的变迁,其典型特征是她们对社会生产的参与程度不断加深,逐渐成为农业生产的主体力量,家庭农业生产越来越依赖农村妇女的参与。学界将这一现象形象地概括为农业女性化。纳入全球比较视野后发现,与非洲大陆、美洲大陆、欧亚大陆的其他发展中国家相比,我国农业女性化中农村妇女经济角色的演绎与转型展现出其独特气质,农村妇女并未在农业生产活动中遭遇明显的性别歧视、性别不平等与性别障碍。可以说,中国的农村妇女在推动农村社会经济发展、维护农村社会稳定、推进农业现代化转型、保障粮食安全、提升农村家庭发展能力等方面扮演了十分积极的角色。

性别研究议题以及农村妇女发展问题在我国尚未受到足够的重视,这是不争的事实。相较于农业女性化现象影响的广泛性、全局性及其对探索农户性别分工的重要性而言,关于农业女性化现象的研究却尚未形成完整的体系与框架,特别是关于该现象的基础性问题并没有获得积极回应。例如,何谓农业女性化?农业女性化是否存在区域差异?农业女性化现实影响、发展态势如何?等等。本书致力于回应这些问题。通过实证研究与规范研究相结合的方法,主要利用1982~2015年全国人口普查和1‰人口抽样调查、1996~2016年三次全国(安徽省)农业普查、1990~2010年三期全国妇女社会地位调查等数据,以及2014~2018年安徽省农业女性化问卷调查和访谈资料,通过8章的内容,围绕中国农业劳动力性别结构的变动特征、区域差异、动态机理、影响机制、发展趋势等问题,进行了细致且深入的讨论。其中,黄鹂负责本书第一章、第二章、第三章、结语、后记的撰写工作与全书的统稿工作,蔡弘负责本书前言、第四章、第五章、第六章、第七章、第八章的撰写工作。

具体而言,本书重点研究内容如下:① 通过文献回顾,对农业女性化的概念、表现、成因、趋势、结果等问题进行了重新梳理与阐释,比较了国内外农业女性化研究的最新成果,指出了已有研究的价值和不足;② 利用文献资料,尝试以历史社会学视角,回顾了20世纪以来中国农村妇女参与农业生产的历史进程及区域特色,指出了不同时期农村妇女参与农业生产的时代特征;③ 运用1982~2015年全国人口普查及其间的1‰人口抽样调查数据,比较分析了全国以及各地区种植业、林业、畜牧业、渔业4个农业生产部门劳动力性别结构的变动态势与特征;④ 利用安徽省1982~2015年人口普查、1‰抽样调查数据以及问卷调查资料,描述了该省农业劳动力性别结构变动情况,通过Logistics二元回归模型和因子分析模型,对农村妇女农业生产意愿进行了翔实的分析,构建了农村妇女生活满意度评价机制,深入思考了农业劳动力性别结构变动与农业可持续发展、农业现代化、乡村振兴之间的实际联系;⑤ 围绕乡村振兴背景下未来农业发展过程中如何推进农业劳动力可持续与彰显女性农业劳动力性别价值这两个核心问题,提出了应对农业劳动力性别结构变动的整体策略;⑥ 比较了实际调查结论与数据统计、计量分析结果之间的差异,反思了农业女性化对中国未来农业发展的影响机制与发展启示。

　　基于上述研究内容,本研究主要获得了以下8个方面的研究结论:① 从数据变动来看,中国农业劳动力已呈现出明显的女性化趋势,尤其是种植业部门集中了绝大部分农业女性劳动力,40~55岁的中年妇女成为女性农业劳动力的主体;② 从分布特征来看,农业劳动力性别结构区域差异显著,整体来看中部地区女性农业劳动力集中现象较为明显,女性农业劳动力比重偏高的区域往往是农耕历史较早、生产条件较好、发展水平较高的传统农耕区;③ 从产生原因来看,城镇化进程中非农流动的性别差异是妇女留守的直接原因,农村经营制度调整、农业生产方式转变和多方资源支持则使"女耕"成为可能,农业资源区域异质性和社会经济区域发展差距成为影响农业女性化现象区域差异的核心原因;④ 从实际影响来看,与其他发展中国家不同,中国的农业女性化具有特殊性:一方面,其对农村妇女、农村家庭、农业生产的负面影响并不明显,因子分析模型显示农村妇女对当前生活方式总体感到满意;另一方面,农村妇女在农业农村现代化中发挥了其独有的性别价值;⑤ 从性别分工来看,"男性主导、女性辅助"成为当前农村家庭流行的生产格局,两性分工过程中男性优先获得工资回报率较高职业的家庭性别分工逻辑并未改变,女性始终处于家庭性别分工的"末端","男外女内"的传统定位并未根本动摇,只是"外"与"内"的范畴获得了拓展,农业依然是"男人的农业";⑥ 从生产意愿来看,农村妇女生产意愿受到个体特征、家庭状况、农业决策、生产条件、外部环境等因素的影响,总体来看,农村妇女农业生产积极性并不高,农业生产态度消极化有所蔓延,对此务必引起重视;⑦ 从角色定位来看,女性农民的劳动经济贡献与性别价值在农业发展与农业劳动力结构变迁中被长期忽视,农业转型发展也是劳动力身体参与向理念参与、技术参与过渡的过程,有必要转变农业发展中的性别局限,重新定位女性农民的角色;⑧ 从未来发展来看,农业女性化可能仅仅是城镇化过程中的一个片段,需要理性对待这一现象,既不能夸大它的影响,又不能忽视它的存在,必须从农业劳动力性别结构变动中认识到农业劳动力可持续的重要性及其对农业现代化的深远意义。

因此,在未来农业发展过程中,需要重新定位女性农民的性别价值,关注女性农民的劳动参与和经济贡献,将性别意识融入新型职业农民培育体系与农业社会化服务体系之中,有效提升女性农民务农意愿、务农能力与务农信心。我们应把握好以下五点:其一,正视新时期城镇化和农村社会转型发展过程中出现的"谁在种地""谁来种地""怎么种地"三个现实问题;其二,主动把握农业劳动力结构变动态势,以农业劳动力性别结构变动为契机,厘清现阶段农业生产和农村社区面对的机遇与困境;其三,发挥乡村振兴的性别想象力,构建性别友好的农业科技培训与传播体系,将性别意识纳入决策主流;其四,挖掘并提升农村妇女人力资本,在未来农业发展中发挥女性农业劳动力的性别优势,提升务农妇女的生产决策能力与经营管理水平,积极培育新型女性职业农民,鼓励更多女性农业生产经营精英进入农业领域;其五,在农业劳动力新老更替中树立农业劳动力安全意识,充分认识到农业劳动力可持续是农业可持续发展的根本保障,积极应对农业劳动力弱质化,在小农户与社会化服务相对接中实现具有中国特色的农业经济现代化。

其实,本书关于农业女性化现象的讨论远未终止,也难免局限。与固有印象中农村妇女的形象不同,随着代际更替,新生代农村妇女的形象愈加饱满。她们同城市女性相似,同样受到了现代化、全球化的洗礼,"农村"作为前缀仅仅是表明了其户籍属性,并不能囊括全部。她们也接受了良好的教育,她们也追求时尚与个性,她们也意识到自己不是传宗接代的工具,她们也从一开始就和男性一起进入了非农领域,她们也成为人口城镇化的主力军,并且因为性别优势通过婚姻反而比农村男性更容易在城市扎根安家。那么,随着现代性别意识不断在农村生根发芽,新生代农村妇女还会回到农业生产领域吗?她们又将以何种姿态来推进农业现代化?这是新一轮性别不平等的开始,还是对旧时期性别不平等的冲击?彼得·斯特恩斯(Peter N. Stearns)在其著作《世界历史上的性别》中指出:"历史进程在不断加深不平等的性别体系。"随着农业经济的日趋衰落,现代化条件在多大程度上改变了性别关系?日趋通畅的全球贸易与日益频繁的国际交流又在多大程度上促进了两性关系的转型?难道真的如金一虹在其著作《父权的式微:江南农村现代化进程中的性别研究》中所提及的,"不管工业化发展到什么程度,男性优势支配等级性别结构因其'可复制性''可再生性'和持续性而未有根本性变化"吗?这些问题本书已经意识到了,但未能一一回应,所以说本书所涉及的研究"远未终止"。然而,即便是"浅尝辄逝",仍回味无穷。

　　重新认识妇女在农业发展中的突出作用并不是要为她们呐喊什么或者呼吁什么,而是要提醒我们,女性在农业发展中从未缺席却被长期忽视。或许我们应该问的不只是"中国的妇女是否有参与革命"的问题,还应该问"如果没有中国妇女可见及不可见的劳动,中国的革命是否有可能发生"这个问题。沉积在广袤农村的妇女们通过"看不见的积累",默默地将大量农村男性劳动力"后顾无忧"地推向城市,无形之中为工业化与现代化输送了劳动力红利。这似乎又为解释中国的城镇化进程开辟了另一个研究视角。最后,借用丹麦女性经济学家埃丝特·博斯拉普(Ester Boserup)在其著作《妇女在经济发展中的角色》中的一句话——"从本书得出的许多结论难免存在局限,只有短期的适应性"作为本书作者对于本书的态度。

目 录
CONTENTS

总序 …………………………………………………………… (i)

前言 …………………………………………………………… (v)

第一章 导论 …………………………………………………… (1)
 第一节 研究背景、目的与意义 ………………………… (1)
  一、研究背景 ………………………………………… (1)
  二、研究目的 ………………………………………… (8)
  三、研究意义 ………………………………………… (9)
 第二节 研究设计 ………………………………………… (13)
  一、研究视角、研究范式与研究框架 ……………… (13)
  二、研究内容 ………………………………………… (16)
  三、研究方法 ………………………………………… (18)
  四、数据收集成果 …………………………………… (20)
 第三节 研究特色与创新 ………………………………… (23)
 第四节 一些特殊说明 …………………………………… (26)
  一、关于宏观数据来源的说明 ……………………… (26)
  二、关于数据涉及年份行政区划调整的说明 ……… (26)
  三、关于数据统计口径的说明 ……………………… (28)
  四、关于调查方式的说明 …………………………… (29)

第二章 文献综述、理论基础与概念界定 …………………… (32)
 第一节 国内外相关研究综述 …………………………… (32)
  一、国内研究 ………………………………………… (33)
  二、国外研究 ………………………………………… (48)

  三、研究评析 …………………………………………………………（57）
 第二节 理论基础 …………………………………………………………（59）
  一、人口流动理论 ………………………………………………………（59）
  二、社会性别理论 ………………………………………………………（64）
  三、性别分工理论 ………………………………………………………（65）
  四、理性选择理论 ………………………………………………………（69）
 第三节 农业女性化内涵界定与讨论 …………………………………（71）
  一、研究回顾 ……………………………………………………………（71）
  二、内涵整合与界定尝试 ………………………………………………（77）
  三、测量体系的构建 ……………………………………………………（84）
  四、对于农业女性化概念的再思考 ……………………………………（86）

第三章 乡村转型与农村妇女劳动角色变迁 ………………………（88）
 第一节 20世纪初至新中国建立："男耕女织"的动摇 …………………（89）
  一、商品经济的发展与传统性别分工的动摇 …………………………（89）
  二、农村妇女农业生产参与简溯：基于历史资料的考察 ……………（90）
  三、关于20世纪初期至新中国成立农村妇女农业生产参与的评价 …（94）
 第二节 新中国成立至农村经济体制改革："去性别化"下的"共耕共工" …（94）
  一、劳动"去性别化"时代的开启 ………………………………………（94）
  二、政策推动下农村妇女的生产与劳动 ………………………………（95）
  三、关于新中国成立至农村经济改革期间农村妇女农业生产参与的
    评价 …………………………………………………………………（100）
 第三节 农村经济体制改革之后："男工女耕"成为主流 ………………（101）
  一、新一轮性别分工的兴起："男工女耕" ……………………………（101）
  二、关于农村经济改革以来农村妇女农业生产参与的评价 …………（103）

第四章 农业劳动力性别结构及其历史变动 ……………………（106）
 第一节 世界部分国家农业劳动力结构变动比较 …………………（106）
 第二节 我国三次产业劳动力结构变动特征 ……………………（108）
 第三节 农业劳动力性别结构及其历史变动 ……………………（112）
  一、农业劳动力中女性比重整体呈波动上升趋势 ……………………（112）
  二、农业劳动力中女性比重始终高于其他产业和总就业人口 ………（115）
  三、女性农业劳动力年龄结构分布及其变动 …………………………（117）
  四、农、林、牧、渔各部门劳动力性别结构变动特征 ………………（120）

第五章 农业劳动力性别结构变动的区域差异及分布特征 (126)
第一节 各地区农业劳动力性别结构变动差异分析 (126)
一、来自人口普查数据的观察:1990~2010年 (126)
二、来自1%人口抽样调查数据的观察:1987~2015年 (132)
三、观察小结 (135)
第二节 各地区农业各部门劳动力性别结构变动分析 (137)
一、农、林、牧、渔业劳动力性别结构变动区域比较:1990~2010年 (137)
二、各地区农业各部门女性劳动力比重变动的启示 (142)
第三节 农业劳动力性别结构区域分布差异分析 (146)
一、空间分布分析说明 (146)
二、区域分布特征分析 (147)

第六章 农业女性化及其区域分布差异的成因讨论 (151)
第一节 从"女守"到"女耕" (152)
一、农业生产方式转变与农业劳动力剩余 (153)
二、非农转移性别差异直接导致"女守" (154)
三、农业发展、资源支持与农民特质使"女耕"成为可能 (157)
四、外出冲动与"女耕"的生命力 (161)
第二节 农业女性化区域分布差异实证分析 (163)
一、理论探讨与研究假设 (164)
二、实证探索与结论讨论 (167)

第七章 农业生产中的女性角色:安徽调查实例 (175)
第一节 安徽省农业劳动力性别结构及其变动 (176)
一、安徽省农业劳动力性别结构女性化趋势显著 (176)
二、安徽省农业劳动力性别结构变动区域比较 (178)
三、安徽省不同年龄段农业劳动力性别结构分析 (181)
第二节 安徽省农业劳动力性别结构区域分布特征 (183)
一、各地区农业劳动力性别结构分布差异及历史变动 (183)
二、农业劳动力性别结构区域分布差异的影响因素探析 (184)
第三节 农业生产中的女性参与:问卷与访谈 (187)
一、样本基本情况描述 (187)
二、农业生产相关情况 (190)
三、农村妇女农业生产参与现状及其特征 (194)
第四节 农村妇女农业生产意愿分析 (197)

一、变量选择 ·· (198)
　　二、模型构建与模型结果 ·· (200)
　　三、模型解释 ·· (204)
　　四、结论与讨论 ·· (208)
　第五节　农村妇女生活满意度及其影响因素 ································ (210)
　　一、样本选择与变量说明 ·· (211)
　　二、满意度影响体系建构 ·· (211)
　　三、实证结果分析 ·· (216)
　　四、结论与讨论 ·· (220)
　第六节　农业女性化对农村妇女及农业生产的影响 ······················· (222)
　　一、对农村妇女发展的影响 ·· (222)
　　二、对农业可持续发展的影响 ·· (225)

第八章　研究结论、对策建议与研究反思 ·· (231)
　第一节　研究结论 ·· (231)
　第二节　对策建议 ·· (237)
　　一、积极改变对农村妇女发展的传统认知，发挥多元性别价值 ········· (238)
　　二、将性别意识纳入农业现代化决策主流，营造良好政策环境 ········· (239)
　　三、增加和挖掘农村妇女内生性发展动力，提升女性人力资本 ········· (240)
　　四、提高机械化水平解放女性农业劳动力，培育女性农机能手 ········· (241)
　　五、为农村妇女创造更多兼农兼业机会，提升女性经济能力 ··········· (242)
　　六、新型农民培育中消除性别障碍，提升农村妇女数字素养 ··········· (243)
　　七、完善农业农村发展政策的顶层设计，重视农民社会地位 ··········· (245)
　　八、树立劳动力安全观念，让农民在农业现代化中真正受益 ··········· (247)
　第三节　值得进一步探索的问题 ·· (250)

结语　阡陌未必独舞：在数据与实践中重新审视农业女性化 ················· (254)

附录一　安徽省农业女性化现状调查问卷 ·· (260)

附录二　农村妇女访谈提纲 ·· (272)

附录三　村书记或村主任访谈提纲 ·· (274)

参考文献 ··· (275)

后记 ·· (284)

第一章 导　　论

第一节　研究背景、目的与意义

一、研究背景

从 20 世纪 70 年代末开始,中国大地上涌起的改革大潮很快地推动了中国社会、经济、文化的迅速发展,引起了一代乃至两代中国人生活方式、行为方式、消费方式、思维方式的剧烈变迁。与城镇相比,最巨大、最深刻、最显著的社会变迁发生在农村,农村的社会结构、农业的生产结构、农民的职业结构受到了现代化浪潮的猛烈冲击,传统意义上男耕女织、自给自足、朝出夕归的分工方式、生活方式、生产方式正在瓦解,"男工女耕""男女共工""少工老耕""半工半耕"成为当前农村家庭分工主流。

在国家强调深化农村改革、激发农村活力、推进农村治理、推动农业发展转型的今天,弄清楚这种变迁的动力、过程、机制、影响、趋势、后果,对于我们这样一个农业生产大国和农业劳动力大国而言,显得尤为必要。党的十九大报告结合新时代社会经济发展趋势再次强调乡村振兴战略,而农业发展是乡村振兴的重要一环。《全国农业可持续发展规划(2015—2030 年)》,[①] 既回顾了农业发展取得的可喜成就,也明确指出了当前农业发展面临的严峻挑战,并对培育新型农民、优化农业布局、保护耕地资源、节约高效用水、治理农村污染、修复农村生态等方面提出了新的要求。其中,作为农业发展中最灵活、最关键、最能动的生产要素,农业劳动力持

---

① 中华人民共和国农业部. 关于印发《全国农业可持续发展规划(2015—2030 年)》的通知[EB/OL]. (2015-05-27). www.moa.gov.cn/govpublic/FZJHS/201505/t20150527_4620031.htm.

续、优质、充足的供应是农业可持续发展最根本的保证。然而,改革开放以来,在城镇化进程被快速推进过程中,我国农村农业劳动力结构发生了一些令人深省的变动,最为突出的就是农业劳动力年龄结构的老龄化和农业劳动力性别结构的女性化,两者的共同作用又导致了农业劳动力整体的弱质化,在一定程度上将减缓传统农业向现代农业的转型发展。

(一)农村家庭性别分工转变

现阶段,关于农业劳动力年龄结构变动及其后果的研究较为充分,而关于农业劳动力性别结构变动的研究,特别是对其区域分布特征的研究则相对薄弱。农业劳动力性别结构变动与农村家庭性别分工密不可分,农业劳动力女性化是农村妇女经济身份的一次嬗变。以1949年新中国成立和1979年农村经济体制改革为两个时间节点,从两性劳动分工视角出发,可以将20世纪以来农村家庭性别分工大致分为三个阶段。

第一个阶段:20世纪初至新中国成立。这一阶段属于传统家庭分工阶段。小农生产模式下"男耕女织"在大部分地区仍具有旺盛的生命力,"男子不织而衣,妇人不耕而食"的现象在中国农村仍然十分流行。随着商品经济从城镇蔓延至农村,部分地区这一传统分工模式开始松动,农村家庭为了获得更高报酬来适应商品化后的农村生活,男女突破了原有的分工模式,男性开始在农闲季节从事非农工作,女性则走出家庭走向农田。黄宗智对于"冀-鲁西南"地区小农生活的考察,[①]金一虹对江南农村现代化进程中的性别研究,[②]费孝通先生和加拿大人类学家宝森对云南禄村社会变迁的描述,[③]都显示出男耕女织被商品经济侵蚀的迹象。

第二个阶段:新中国成立至农村经济改革时期。这一阶段属于政策导向型家庭分工阶段,"男女共耕共工"是这一时期的典型特征。在毛泽东"妇女能顶半边天"的鼓舞之下,国家将"男人能做到的事情,女性也能做得到"作为社会主流意识形态广泛推行,社会劳动中男性与女性的生理差异被弱化缩小,在个别地区女性的劳动强度甚至超过了男性。高小贤笔下的"银花赛"[④]和金一虹笔下的"铁姑娘"[⑤]就是人民公社时期妇女参与劳动的真实写照。

---

① 黄宗智. 华北的小农经济与社会变迁[M]. 北京:中华书局,1986.
② 金一虹. 父权的式微:江南农村现代化进程中的性别研究[M]. 成都:四川人民出版社,2004.
③ 费孝通,张之毅. 云南三村[M]. 天津:天津人民出版社,1990.
  宝森. 中国妇女与乡村发展:云南禄村六十年的变迁[M]. 胡玉坤,译. 南京:江苏人民出版社,2005.
④ 高小贤. "银花赛":20世纪50年代农村妇女的性别分工[J]. 社会学研究,2005(4):153-171.
⑤ 金一虹. "铁姑娘"再思考:中国"文化大革命"期间的社会性别与劳动[J]. 社会学研究,2006(1):169-193.

第三个阶段:农村经济改革至今。这一阶段属于家庭理性分工阶段,"男工女耕"成为此阶段农村家庭分工的主要模式。随着城乡流动壁垒被逐步打破,农村人口向城镇流动的路径更加通畅,拥有更多社会资本和性别优势的农村男性率先离开农村进入非农领域,女性接替男性成为家庭农业生产的主要承担者。人口普查数据和农业普查数据清晰地刻画了20世纪80年代以来我国农村妇女不断沉积在农业生产领域的事实。从人口普查数据来看,1982年农林牧渔业就业人口中女性劳动力的比重为46.24%,1990年时该比重增加到了47.48%,进入21世纪之后,又上升了1.09个百分点,到2010年时已经达到了49.22%,意味着接近一半的农业劳动力是女性,28年间女性农业劳动力比重增加了2.98个百分点。① 从农业普查数据来看,1996年第一次全国农业普查时,农业从业人员为4.34亿人,其中,男性占48.22%,女性占51.78%;到2006年第二次全国农业普查时,农业从业人员下降到3.42亿人,但女性从业人员比重从51.78%上升到了53.16%。② 可见,农业劳动力性别结构女性化趋势已经开始显现,但未来发展趋势如何,需要进一步研究探讨。

(二)农业女性化现象已引起国内外学者广泛关注

农业女性化现象已经引起了国内外相关机构和部分学者们的高度关注。联合国粮农组织(Food and Agriculture Organization of the United Nations,简称FAO)在《2010—2011世界粮食和农业研究报告》中指出,农业女性化已经普遍存在于发展中国家,女性在农业生产领域的贡献应当引起社会各界的重视。③ 联合国人权理事会2013发表报告称,农业劳动的女性化趋势日益加强,妇女在保障粮食安全方面的作用显得尤为突出。Deere、Lastarria-Cornhiel等人的研究发现,在

---

① 数据来源于《中国1982年人口普查资料》第六卷"行业、职业",《1990中国人口普查资料(第二册)》第六部分"职业、行业",《中国2000年人口普查资料(中册)》第二部分"长表数据资料"中第四卷"行业、职业",《中国2010年人口普查资料(中册)》第二部分"长表数据资料"中第四卷"就业"。统计中不包含水利业、水利服务业和农林牧渔服务业。

② 数据由《中国第一次农业普查资料综合提要》中第二部分"农业普查单位基本概况"和《中国第二次全国农业普查资料汇编(农业卷)》第二部分"各地区农业生产者和农业从业人员"整理获得。另有三点需要说明:一是农业普查与人口普查统计口径存在差异,所以女性农业劳动力数据整理的结果并不一致,但是不影响对农业劳动力性别结构变动趋势的判断;二是第三次全国农业普查数据尚未公布,从已有的"全国和省级主要指标汇总数据"来看,2016年农业生产经营人员中,女性所占比重出现了较大幅度的下降,全国共有3.1422亿从业经营人员,女性为1.4927亿,占47.5%;三是"从业人员"与"经营人员"两个统计口径存在差异,故而导致2016年女性农业人口比重出现大幅下降。

③ Food and Agriculture Organization of the United Nations. Women in agriculture: closing the gender gap for development[R/OL]. [2012-12-21]. http://www.fao.org/catalog/inter-e.htm.

世界范围内,虽然农业劳动力的绝对数量从20世纪90年代开始不断下降,但是女性在农业劳动力中的相对比重却呈现上升趋势,在诸多亚、非、拉发展中国家这一现象特别突出。① 中国的农业劳动力女性化现象尤其受到关注。de Brauw等人利用"中国健康与营养调查(China Health and Nutrition Survey,简称CHNS)"②和"中国农村调查(China National Rural Survey,简称CNRS)"的数据对中国农村农业女性化进行了测算,研究表明,在20世纪90年代初期并不存在农业劳动力女性化,而从90年代后期开始,尤其是进入21世纪以来,农业劳动力女性化(Feminization of Agricultural Lab or Labor Feminization)和农业生产管理女性化(Feminization of Farm Management or Managerial Feminization)在中国农村越来越明显。③

国内学界对于农业女性化现象的关注大致起步于20世纪80年代末90年代初,经过30多年的发展,一批社会学家、人口学家、经济学家、女性学家等对我国城镇化进程中农业女性化现象的存在状况、产生原因、现实影响、发展趋势等问题进行了一系列深入的探索,获得了较为丰富的研究成果。但总体而言,与其他农业领域研究相比,农业劳动力性别结构变动研究还是一个较为"年轻"的学术课题,一部分基础性问题尚未获得清晰的解释。比较典型的有:

(1) 农业女性化在多大程度(包括地域范围与时间范围)上存在。对于中国分布众多的农村社区而言,是否具有普遍性。遗憾的是,由于缺乏全国范围内的数据,④目前该问题尚未获得清晰的结论,可查阅的研究均是通过区域性调查来判断全国概况。

(2) 自然资源禀赋往往决定了一个区域的历史文化与生产结构,经济发展水平又会进一步影响社会结构,而农业女性化本质上是一个经济问题,受到资源环境、社会文化的深刻影响,这就导致不同地区农业女性化成因机理及产生机制存在明显差异。有些地区可能是经济因素占优势,如沿海地区的农村,有些地区可能是文化因素占优势,如少数民族聚居区,还有些地区可能是自然资源因素占优势,如

---

① EERE C D. The feminization of agriculture? Economic restructuring in rural latin America[R/OL]. (2005-02-01). http://www.unrisd.org/publications/opgpl.

LASYARRIA-CORNHIEL. Feminization of agriculture: trends and driving Force[EB/OL]. (2006-11-01). http://www.sarpn.org/documents/d0002435/Feminization_agric_Nov2006.pdf. (本报告是为2008年世界发展报告中"农业发展"部分所做的准备)

② 由美国北卡罗来纳大学人口中心与中国预防科学医学院联合进行的大规模的社会健康调查,目前共有1989、1991、1993、1997、2000、2004、2006、2009和2011年9个年份的数据。

③ DE BRAUW, et al. The feminisation of agriculture with chinese characteristics[J]. The Journal of Development Studies, 2011(5):689-704.

④ 目前只有全国人口普查、农业普查数据涉及农业劳动力性别结构。

棉花、枸杞种植区域。但是,关于农业女性化的区域比较研究尚待挖掘。

(3) 农业女性化内涵是指农业生产劳动力女性化,还是指农业生产决策者的女性化,也没有一个明确的界定。

(4) 农业女性化对于农业发展到底产生了何种影响,是负面影响还是积极影响,中国与其他国家或地区是否存在差异,目前的研究仅限于理论上的探讨而实证资料支撑不足,从已有研究推测,中国农业女性化的影响存在特殊性。

(5) 在农业现代化、乡村振兴过程中,面对农业生产方式的转型,未来农业发展从对劳动者的身体需求转向智力、理念、技能需求,这就为女性提供了契机,那么,该如何发挥规模庞大的女性农业劳动力的性别优势也亟须讨论。

(三)农业女性化研究的认识重点

城镇化背景下农业女性化区域比较研究是一个集人口议题、经济议题、性别议题于一体的研究领域。要继续拓展农业女性化研究,必须明确一些事实。

其一,留守妇女①问题与农业女性化问题既是城镇化的表现,又是城镇化的结果,留守妇女是当前农村农业生产的主要劳动力之一。中国的人口流动政策自新中国成立以来经历了一个"先松后紧再松"的过程。从新中国成立至改革开放前夕,采取"鼓励进城"到"严格控制"的农村剩余劳动力转移政策;从改革开放至今,政策转变为"允许流动"到"公平流动"再到"鼓励流动"。② 20 世纪 70 年代末的改革开放是政策调整的重要节点,"民工潮"也是从这一时期开始出现并逐渐壮大。40 多年过去了,我国农民工③的增长速度虽已趋缓,但规模仍在增加。根据国家统计局 2009~2019 年《全国农民工监测调查报告》,全国农民工数量从 2009 年的 2.3 亿持续增加到了 2018 年的 2.91 亿,2020 年较 2019 年所回落,但仍高达 2.86 亿。

---

① 留守妇女是指丈夫每年在外务工 6 个月及以上且不在家中居住,同时自己长期留守在家庭的 55 岁及以下的农村妇女。参见:叶敬忠,吴惠芳. 阡陌独舞:中国农村留守妇女[M]. 北京:社会科学文献出版社,2008:25.

② 唐环. 论我国农村剩余劳动力转移的社会背景及转移方式[J]. 天府新论,2006(1):60-63.

③ 本书所涉内容无法回避"农民工"这一包含历史意义的称谓。"农民工"即进城务工人员。本书中提到的"农民工"若无特别说明,包含外出农民工和本地农民工。其中,农民工是指户籍仍在农村,在本地从事非农产业或外出从业 6 个月及以上的劳动者;本地农民工是指户籍所在乡镇地域以内从业的农民工;外出农民工是指户籍所在乡镇地域外从业的农民工。关于农民工的界定以及分类见《2018 年农民工监测调查报告》。另,还存在两个与农民工概念相似的两个概念:一是人户分离人口,二是流动人口(可参考《2018 年国民经济和社会发展统计公报》)。人户分离人口是指居住地与户口登记地所在的乡镇街道不一致且离开户口登记地半年以上的人口;流动人口是指人户分离人口中扣除市辖区内人户分离的人口。可见,人户分离人口的概念范畴最大、涉及的人口最多,其次是农民工,再次是流动人口。2018 年,全国人户分离的人口为 2.86 亿人,其中流动人口为 2.41 亿人。

在此期间,虽然女性农民工比重也有所上升,但男性农民工始终占据绝对数量,尤其在外出农民工中,女性始终仅占 1/3 左右。①

结合一般意义上对于留守妇女与农民工概念的界定可以发现,农民工数量的增加,也就意味着留守妇女(也称留守妻子)数量的增加。2000 年,人力资源与社会保障部(原劳动与社会保障部)就做过相关测算,表明有 2/3 的已婚农民工没有与其配偶共同生活;据《中国经济周刊》2006 年报道,目前中国大约有留守妇女 4700 万人;段成荣根据 2000 年全国人口普查、2005 年 1‰人口抽样调查以及 2010 年全国妇女地位调查数据,估算 2010 年我国留守妻子规模约 3600 万人;②另据全国妇联 2011 年报告,我国留守妇女规模已经超过了 5000 万人。尽管这些数据可能因研究手段、统计口径的不同缺少一定精准度,各个数据之间差异也较大,但基本可以认为,农村留守妇女在我国是一个极为庞大的群体,是中国农村常住人口的主要构成部分。

叶敬忠与吴惠芳在《阡陌独舞:中国农村留守妇女》一书中指出,无论是家务劳动还是生产劳动,农村留守妇女承担比例都在 85% 以上,传统农村社会中"男主外、女主内"的性别分工模式正在被留守妇女"内外兼顾"的现实所打破。③ 也有现代诗形象生动地刻画了留守妇女的生活日常:"农家四月又春忙,男远打工女自强。儿媳犁田驮幼子,婆婆做饭带插秧。"可见,留守妇女是农业女性的主要构成群体。容易忽视的是,农业女性还包括一部分非留守妇女,但依然从事农业生产的农村妇女。为什么在男性没有外出的情况下女性仍然被"安排"在了农业领域,这就值得从性别分工的角度来阐释。

其二,研究农业劳动力性别结构分布特征不能忽视中国各区域之间的现实差异。我国幅员辽阔,各地理区域之间、各经济带之间、各农业区之间、各农业可持续发展带之间经济发展水平、社会文化、民俗传统都存在较大差异。依据不同分类要素,我国可以划分出不同的区域。按照地形地貌因素划分,通常划分为北方地区,又分为东北和华北;南方地区,又分为华东、华中、华南和西南地区;西北地区和青藏高原地区。按照经济发展因素划分,通常分为东北地区,包含黑、吉、辽、蒙东部分;东南沿海地区,包含京、津、冀、鲁、苏、沪、浙、闽、粤、琼;中部地区,包含晋、豫、皖、鄂、赣、湘;西部地区,包含蒙中西部、陕、渝、黔、桂、云、川、甘、宁、青、新、藏。按

---

① 数据通过 2009~2018 年《全国农民工监测调查报告》整理获得,来源于国家统计局。
② 段成荣,秦敏,赖妙华. 我国留守妻子状况研究[J]. 人口学刊,2017(1):5-17.
③《阡陌独舞:中国农村留守妇女》一书由叶敬忠、吴惠芳等人历时两年在对我国安徽、河南、湖南、江西、四川等农村劳动力输出大省的农村留守妇女研究的基础上著就,较为全面系统、多侧面多视角地展示了我国农村留守妇女的生存状态、应对策略和社会支持。

第一章 导 论

照农业类型因素划分,通常以400毫米等降水线为界,划分为西部畜牧业区,包含新疆、西藏、青海、内蒙古四个牧区;东部种植业区,以"秦岭—淮河"为界又可以分为南方以水稻、油菜、甘蔗为主的种植区和北方以小麦、玉米、甜菜为主的种植区。这些地区之间、地区内部经济发展和社会发展水平差异显著,农业女性化表现程度也不尽相同。例如,湖南省和江西省都属于重要的水稻种植区,也是劳动力输出大省,经济发展水平也比较接近,但是农业女性化程度存在明显差异。从"五普"到"六普",湖南省农业女性化越来越明显,而江西省农业劳动力中女性比例反而下降了。再如,从"六普"统计来看,安徽省内不同区域农业女性化差异明显,皖江沿线的各县区农业女性化现象较为明显,淮河沿线的各县区农业女性化现象则不太显著。因此,要分析研究农业女性化现象,务必正视区域差异这一现实背景。

其三,农业劳动力性别结构变动尚未引起足够重视。人类社会分工的历史演进表明,由于女性在体力上弱于男性,而传统农业生产又离不开高强度劳动,因此男性较女性更加适合从事农业生产,男性始终是农业发展的主角,但是,随着社会经济的发展与农业生产方式的进步,农业生产的"接力棒"从男性手中传递到了女性手中,女性开始成为农业生产的主力。但是这一在农业生产领域的劳动力性别结构变动现象并未引起社会与政府的足够重视。目前,有关农业劳动力年龄结构变动以及农村富余劳动力转移如何影响社会经济可持续发展的研究较多,但对于农业劳动力性别结构变动,特别是女性劳动力在农业生产领域的不断增加与农业可持续发展、社会可持续发展关系的研究还非常匮乏。

究其原因,可能在于:第一,农业劳动力年龄结构和农村富余劳动力转移对于农业生产、农村发展及农业现代化的影响较为直接,与此相关的数据比较容易获得,易引起政府和学界的关注;第二,留守妇女问题的研究涵盖了农业女性化研究,将农业女性化现象纳入到留守妇女问题之中,作为留守妇女问题在农业生产领域的一个症状来研究,使得学界和政府过多关注于留守妇女问题而忽视了农业女性化现象;第三,农业女性化的后果还未充分显现,目前已有的实证研究结果表明,农业女性化并未对中国农业生产、粮食产量产生影响,农业发展并不会因为劳动力性别结构的变动而受到阻碍,在"没有影响就没有问题"的逻辑影响下,农业女性化现象未被重视;第四,"男贵女轻""重男轻女"等传统思想在至今我国依然顽固,与男性相比,女性群体的遭遇在乡土中国本身就容易被忽视,而农村妇女又处于女性群体的底层,无论在国内社会还是国际社会,关于农村妇女的一个悖论现象始终存在,即她们一方面为农业经济做出了不可或缺的重要贡献,另一方面其有酬或无酬的劳动被低估甚至被漠视,得不到社会应有的认可和支持,城镇化进程中农村妇女近乎成为了被社会"遗忘"的群体。

总之,农业女性化涉及农业劳动力性别结构的历史性变动,中国人多地少的小农经济格局在未来几十年不会有根本性变化,农村人口依旧会持续不断地从农村社区转移出来,农民的非农化和农村的城镇化趋势不可逆转,而城乡之间的劳动力流动又是具有男性优势的性别化流动,可以推断农业女性化现象在短时间内不会终结,其将伴随城镇化的高速推进而继续存在一段时间。

因此,本研究将农业女性化现象置于更广阔的视域之中,将其与性别文化、农业发展、乡村振兴、农耕文化紧密联系起来,农业女性化不仅仅是简单的农业劳动力性别结构变动问题,其涉及妇女发展、家庭发展和农村发展的方方面面,是中国农业劳动力结构转型、农业生产模式转型、乡村社会发展策略转变的一个信号。中国农业发展向何处走,传统农耕文化向何处延展,如何在建设农业现代化中发挥女性农业劳动力优势,也是农业女性化研究的应有之义。

二、研究目的

诚然,要对中国农业劳动力性别结构变动的历史演进、整体态势、区域差异及其对农业发展的影响做出全面、细致、准确的判断并不容易。首先,从时间跨度来看,农业劳动力性别结构的变动并非一蹴而就,而是伴随社会经济发展和国家政策指向有一个循序渐进、不断加深的过程,在研究过程中将涉及政治学、历史学等学科知识,很难通过一篇研究报告将其囊括。其次,从研究范围来看,农业女性化并不是一个省或者一个地区的现象,而是普遍存在于全国,研究范围广阔,而且由于各省份、地区间经济发展的不平衡性,以及这种不平衡性带来的风俗习惯、传统观念不同,农业女性化的表现特征也存在差异,加之地理环境的不同,这种差异将更加显著,使研究者很难将其作为一个整体来进行概括性研究,只能关注宏观趋势,抓住局部特征,进行小范围的比较研究。最后,从研究内容来看,研究范围宽泛,只要是与农业劳动力性别结构变动相关的问题都能包含其中。面对这样一种时间跨度大、涉及范围广、包含内容多的研究课题,如果把握不好,抓不住核心问题,很可能在研究过程中出现大而不当、杂乱无章的状况。

鉴于这样的情况,课题组反复探讨研究,又多次下基层调查实际情况,与实际农业生产者和农村管理者深入座谈,最终将研究的时间跨度锁定在改革开放之后,研究对象锁定在农村实际参与到农业生产之中的农村妇女,研究内容主要包括农业劳动力变动的态势、影响因素、区域差异及其后果四个方面。在拟对农业女性化内涵进一步明确的基础上,对全国和不同区域农业女性化现状进行描述,着力于探讨不同经济水平、不同种植结构、不同地形地貌下农村妇女参与农业的实际情况,比较分析不同区域农业女性化程度、趋势及其对农业现代化进程、农业生产和农村妇女自身发展等影响的差异,通过对具有典型代表省份——安徽省的调查分析,重新构建认识农业女性化的理论分析框架,最后,结合我国实际和区域特点,提出应对农业女性化的策略和思考。

具体来讲,本研究的主要目的是:

第一,通过对已有文献资料的分析归纳,结合现实调查情况,重新界定并分析农业女性化的基本内涵,为之后的研究奠定理论基础。

第二,通过对历史人口数据的统计分析,主要是全国人口普查和1‰全国人口抽样调查数据,细致刻画中国农业劳动力性别结构变动的宏观趋势、农业女性化分布的区域特征,利用统计模型分析各区域分布差异的影响因素。

第三,利用安徽省调查资料,探索农村妇女农业参与的现状、特征、意愿、障碍及其应对措施,构建农村妇女生活满意度测量体系,回应农业女性化存在的事实、程度及其后果,从而更加细致、全面、深入地理解城镇化进程中农业女性化问题。

第四,进行区域比较研究,一方面是国内不同省份的比较,比较不同地区农业劳动力性别结构分布和变动差异;另一方面是世界不同国家或地区之间的比较,利用历史资料,比较中国与拉丁美洲、非洲等地区农业女性化的异同与影响,学习、总结、借鉴其他国家或地区先进的应对经验。

第五,分析农业女性化对农村发展、农业生产、农村妇女的影响,尤其重视农业劳动力性别结构变动对农业现代化转型、农业可持续发展的影响。

第六,在深入研究和分析的基础上,提出应对农业女性化的对策与建议,并结合新时期社会经济发展的宏观背景,反思农业女性化现象。

三、研究意义

农业劳动力配置在性别结构上的变化是多种因素综合作用的结果,反过来又将对农村经济、政治、社会以及文化等各个领域产生复杂且深远的影响。因此,在城镇化进程加速的背景下,加强对我国已出现并不断发展的这一现象进行研究十分必要。

第一,农业女性化对于农村妇女自身发展而言既是机遇又是挑战,研究农村妇女在农业生产、家庭分工中角色转变是对妇女问题研究的有益补充。

从1949年新中国成立至1978年改革开放再到当前社会发展进入新时期,每一次社会变迁都能够紧密触及社会最基本的细胞——家庭与个人。农村与城镇相比,在现代化过程中受到的冲击更为强烈,农村妇女与农村男性相比,在农村变革发展中受到的遭遇更为坎坷,经济身份转换更为迅速;由于女性在生理和心理上与男性的差异,导致其在社会改革大潮中更加敏感,受到的影响更为深刻。农业女性化是农村妇女经济身份的一次嬗变,她们从留守妇女走向了生产妇女,冲破"男外女内"的传统定位。在此过程中,"女内"的内涵获得拓展,从家庭院落延伸到整个村庄,她们的独立意识、经济意识、自主意识获得了明显的增强,但是她们与男性相比终究没有脱离农业部门,因此,农业女性化也是农村妇女被进一步"边缘化"的过程。研究农业女性化问题在某种程度上就是研究农村妇女在社会劳动分工过程中身份与角色的转变问题,以及这一转变对于她们身心产生何种影响的问题。受传统文化的影响,与西方妇女研究相比,中国妇女问题研究起步晚、视野窄、研究浅,直至今日,妇女研究或言之女性研究,仍然属于边缘学科,尚未进入主流研究视野。对于农业女性化问题的探索,有利于丰富妇女研究的内容,稳固妇女研究的战线,加强妇女研究的社会认知度,有利于将妇女研究与农业生产、农村发展,乃至整个社会的城镇化进程有机融合起来。

第二,农业女性化是城镇化进程中农村家庭理性分工的结果,势必对夫妻关系、家庭经济结构、家庭发展产生影响,研究农业女性化问题有利于厘清农村家庭性别分工的运作逻辑,丰富家庭能力建设的研究领域。

城镇化进程一方面提升了城镇和农村的生活水平,城镇和农村都发生了翻天覆地的变化,另一方面也拉开了城镇与农村发展的差距,并且这种差距在短时间内难以改变。农村家庭为了追求更高的经济回报选择进城务工,其中农村男性因具备性别优势首先获得了转移,女性则由于多种原因留在了农村,农村家庭进行了新一轮的性别分工,即"男工女耕"。这样的分工模式不仅改变了家庭经济结构,也改变了家庭的生活方式。家庭作为社会发展过程中最基本的单位,承担着生育、消费、教育、赡养等多项基本功能。"男工女耕"式的家庭分工模式对于农村家庭功能的发挥是利大于弊还是弊大于利;是否会导致城镇化融入过程中的性别差异,即男性较女性优先获得了城镇化;从某种程度而言,整个家庭的城镇化融入比单个个体的城镇化更加紧迫,只有整个家庭实现转移才算完成了城镇化,农业女性化是否会拖累农村家庭向城镇迁移等。对于这些问题的回应正是农业女性化研究的意义所在。同时,以往的家庭发展能力研究过多关注城镇家庭,将农村家庭发展能力建设纳入研究视野的文献并不多见,从家庭性别分工视角探讨农村家庭发展能力建设的研究更是少之又少,农业女性化研究无疑拓宽了家庭能力建设的研究面,将研究触角从城镇伸向了农村。

第三,农业女性化直接涉及农业结构的转变,对于认清现阶段农业生产方式特征,推动农业可持续发展具有显著的现实价值。

第一章
导 论

研究农业女性化对农业生产、农业发展的意义最为直观。农业是我们的立国之本,我国用全世界7%的耕地养活了世界18.6%的人口,[①]即便是改革开放40多年来我国社会经济取得了长足发展,国民生产总值已经稳居世界第二,与第一的美国差距也逐年缩小,但至今仍然没有摆脱农业大国与农业人口大国的基本国情,农业的发展不仅关系到6亿多农民的生活问题,[②]更关系到国民素质、经济发展,关系到社会稳定、国家富强、民族复兴,是关系国计民生的根本性问题,涉及国家安全与社会稳定,因此,我国长期重视农业发展问题。2021年颁布的《中共中央国务院关于全面推进乡村振兴加快农业农村现代化的意见》又将"三农"问题提升到全党工作的重中之重的地位。回溯历史看到,1990年邓小平提出了我国农业改革与发展两次飞跃的伟大构思:第一个飞跃是废除人民公社,实行家庭联产承包责任制;第二个飞跃是适应科学种田和生产社会化的需要,发展适度规模经营,发展集体经济。[③]第一个飞跃我们已经实现,第二个飞跃在新的社会经济环境下被赋予了新的时代含义。

如今,农业发展与生态保护被紧密结合起来,"两型社会"建设过程中如何发展"两型农业",实现农业现代化、可持续发展是现阶段较为重要的议题。《全国农业可持续发展规划(2015～2030年)》强调要实现耕地永续利用,以及农村生态环境的保护。传统农业向现代农业转型发展过程中,既要重视农业生产力和农业科技的发展,提高农业资源利用效率,进一步提高农业生产率,又要重视农业劳动力的变动。所有农业科技的发展和农业生产力的提升都需要靠农业劳动力在实际生产中贯彻执行,农业劳动力的优劣直接决定了生产的结果。农业女性化研究就是从农业劳动力视角探索农业的可持续发展,切实地把握现阶段农业劳动力变动事实、生产参与状况、生产意愿以及在生产过程中面临的主要问题,对于农业转型发展意义重大。农业女性化研究对于农业发展还具有政策指导意义。若研究表明,农村妇女已经肩负起农业生产的重担,主导了整个农业生产过程,那么政府在制定农业发展政策中就必须将性别意识纳入其中。

第四,研究农业女性化对于激发农村社会发展活力,探索我国未来农业劳动力供给具有现实启示意义。农业劳动力结构的变动在一定程度上反映了农村常住人口的结构。

[①] 据联合国最新统计,截至2020年3月2日,全球人口总数为758520万人,据2020年第七次全国人口普查,中国大陆(不包括居住在31个省、自治区、直辖市的港澳台居民和外籍人员)共有141178万人,中国人口约占全球人口18.61%。

[②] 第七次人口普查公报(第七号)显示,2020年末中国城镇常住人口90199万人,常住人口城镇化率为63.89%,户籍人口城镇化率为45.4%,意味着从户籍属性来看,我国还有6.41亿的农民。

[③] 吴吕和.论邓小平关于农业改革两次飞跃的思想[J].福建论坛(经济社会版),1999(2):49-51.

农村富余劳动力的转移一般是指农村青壮年劳动力的转移。留守在农村的往往是妇女、儿童、老人,俗称"386199"部队,在这种情况下,留守妇女自然而然成为农业生产的主要劳动力。农村人口结构的弱质化将直接削弱农村发展活力。在研究农业女性化的过程中,运用社会学、人口学、经济学、政治学等多学科知识,对于农村家庭性别分工的解释、对于农村妇女农业生产参与模式的刻画、对于不同区域农业女性化存在程度以及事实的分析、对于全面参与农业生产之后农村妇女生活满意度的测量以及农业女性化对农业生产的影响的总结,所获得的综合性分析结论对于提升农村发展活力、开展基层服务及管理工作具有指导价值。

研究农业劳动力性别结构变动的启示意义不仅限于此,若将其拓展到未来农业劳动力供给问题,其将带来更加深刻的思考。孟德拉斯的著作《农民的终结》,以法国工业化、城镇化中城乡经济结构变迁为样本探究欧洲乡村社会变革中传统农户的分工决策与应对策略。通过对经济、文化、社会三者的交叉分析,既看到了自给自足的小农经济在法国逐渐退出历史舞台的结局,也看到了传统农耕文明也在历史长河中被现代化经济荡涤褪色的悲剧。①

由此可见,经济结构的转型也引起了文化结构的转型。农业经济向工业经济、互联网经济转型的过程,事实上也是农耕文化向工业文化、互联网文化转型的过程,在此过程中农耕文化会随着农业经济份额下降而被不断冲淡。那么,西方发达国家的先进性经验对我国是否存在借鉴意义?中国农村劳动力性别结构的跨时代性变动是不是释放了当前农业衰落、农村衰微的一个信号呢?不容忽视的事实是,农业正在被越来越多的农村家庭抛弃,家庭劳动力资源配置过程中将更具优势的男性劳动力安排到非农部门,而将日常田间管理工作交给了流动能力更差、人力资本存量更低的女性劳动力,非农转移的过程实际上成为了女性不断主导农业生产的过程。

不可忽略的是,在农民工新老更替的过程中,对于绝大部分老一代农民工而言,十几年甚至几十年的非农经历并未给他们带来足够的"留城资本",或者说,即便有了足够的"留城资本"他们也会完成代际传递,无条件给予下一代,以帮助他们成为"市民"。由此,可能出现的结果就是,老一代外出男性的回归而非农村留守女性的外流,这又进一步加剧了农业劳动力结构的老龄化。但是,务农的职业地位并不会因为劳动力回流而有所提升。对于一般农村家庭,仅靠种地难以维持生活窘境的状况仍将继续。于是,为了家庭发展,回流的劳动力不得不选择"兼业","礼拜天农民"在现阶段以及未来可能成为"潮流",农业成为农民的副业,农民工的双重

---

① 孟德拉斯 H.农民的终结[M].李培林,译.北京:中国社会科学出版社,1991:268-296.

身份并没有因为劳动力回流而发生转变。

当前,"乡-城"劳动力流动依然是主流,新生代农民工对于未来城镇化率提升的重要性不言而喻。然而,对于新生代农民工来说,是否会因为农业生产经验和技术的缺乏、农业生产情感的淡漠、农业比较效益的低下、城镇接纳壁垒的降低、自身文化素质的提升等因素,而想竭力留在城市,从而排斥农村生活、放弃农业生产、规避农民身份呢?我国农业劳动力是否潜藏着断层的危机,大国农业会面临后继无人的窘境吗?这些现实问题都值得一一深入探讨。

结合上述讨论,我们看到,农业女性化作为一个较为"年轻"的学术研究领域,国内研究还相对薄弱,国外先进的理论成果也未能有效引入,以至于关于何谓农业女性化问题、中国是否存在农业女性化、农村妇女如何参与到农业生产之中、农业女性化对农业生产造成了何种影响等一系列与农业女性化密切相关的问题都没有得到很好的解释。同时,认识农业女性化不能紧盯农业劳动力这一领域,需要将农业女性化置于整个宏观环境中去考察。农业劳动力配置的性别变动既是一种农村社会现象,也是一种社会经济和社会人口现象,其背后涉及农村妇女自身发展、农村家庭能力建设、农村社会发展活力、农业生产可持续进程等一系列与经济、政治、文化、社会、生态相关的重大问题,厘清这一现象的发展脉络,对于认识社会转型过程中农村家庭分工逻辑,以及把握未来我国农业生产格局具有重要的现实指导意义。

第二节 研 究 设 计

一、研究视角、研究范式与研究框架

基于对农业劳动力性别结构变动区域差异问题的关注,以及对农业劳动力性别结构变动与农业可持续发展关系的重新认识,本书从性别视角出发,基于丰富的一手调查资料,全面和深入分析该问题,以小见大,对中国农业劳动力女性化存在事实以及影响进行客观回答。

从研究视角来看,以往研究农业可持续发展问题,聚焦于农业科技、农业经济、农业技术与农业管理等方面的研究,从性别视角来讨论农业劳动力结构变动与农业发展之间关系的研究并不常见,女性在整个农业发展历史中长期属于"失语"状

态。农业发展是多要素综合作用的结果,农业可持续发展的首要条件是农业劳动力要素的可持续。以农业劳动力性别结构变动及其区域差异为切入口,明确区域差异的影响因素,观察实际生产中农村家庭农业劳动力配置及其存在的问题,从而分析在此过程中对农业可持续发展的客观影响,并据此提出符合实际的对策与建议,是较为务实的研究思路。

从研究范式来看,本研究采取了一种以多视角、系统性、跨学科为主要特色的研究范式,对中国农业劳动力性别结构变动区域差异与农业可持续发展展开研究。这种研究范式强调理论研究、实证考察、政策分析和公共治理的统一,其中,理论研究是基础,实证考察是核心,政策研究是方向,公共治理是目的。只有深入地开展理论研究才能揭示农业劳动力性别结构调整和影响农村发展、农业发展、农民发展的深层次原因;只有重视实证考察才能理性察觉现实情况与理论探索之间的差异,进一步调整、丰富、深化理论来指导实践;只有进行政策分析,才能有针对性地统筹解决农业劳动力性别结构调整的现实问题以及前瞻性地防范农业劳动力结构性调整对农业可持续发展造成的社会经济后果;只有将农民、农村、农业三者的关系作为一个系统来考虑,在农业发展过程中看到农民数量、质量、结构的变动,在农村发展中重视人口、经济、环境的三者协调,在农民城镇化过程中看到他们的意愿与需求,才能实现从管理到治理的转型。

基于这样的研究思路与研究范式,本书通过八章来讨论农业劳动力性别结构变动的宏观趋势、区域差异及其影响后果。其中,第一章与第八章分别是导论与结论;第二章至第七章是本书的主体,遵循从宏观到中观、微观,再从中观、微观回到宏观的研究路径。

具体来看,将农业劳动力性别结构变动区域差异与农业可持续发展研究纳入"农业劳动力历史变动的态势与特征(宏观)→不同区域农业女性化的现状与影响因素(宏观)→农村妇女的农业生产参与状况、农业生产参与意愿以及生活满意度(中、微观)→农村妇女与农村家庭受到的冲击和影响(中、微观)→农村社会发展和农业发展的活力与可持续(宏观)→城镇化进程、粮食安全与社会稳定(宏观)"这一宏微观相结合的因果分析链条,能够明确描述农业劳动力性别结构变动的区域差异以及农业女性化存在的事实,结合农村妇女农业生产参与事实,进而从农业劳动力结构角度来探讨中国农业向何处去、怎么去的问题。

本书研究的技术路线见图1-1。

第一章 导　论

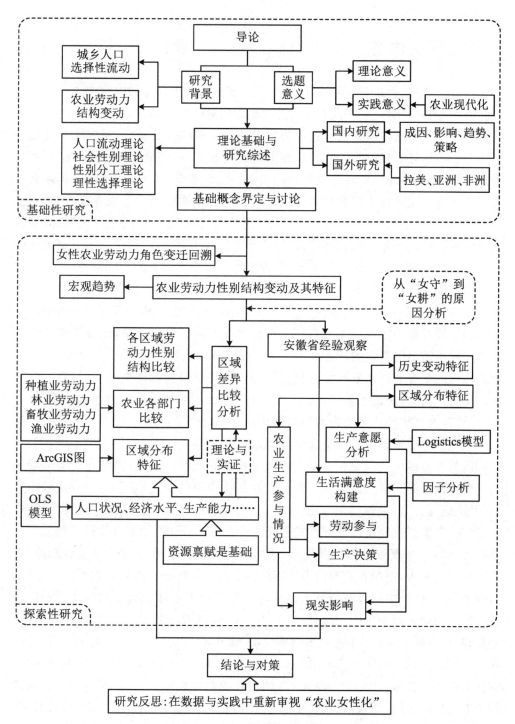

图 1-1　研究技术路线图

二、研究内容

在研究思路、范式与框架指导下,本书主要包括五个部分的内容。

第一,国内外研究述评及农业女性化概念内涵建构与讨论。

国内外学者很早注意到了农业领域劳动力性别结构的异样,对农业女性化现象展开了丰富且卓有成效的研究。在国内研究方面,本书梳理了20世纪90年代以来主要的研究文献,从农业女性化的概念、成因、影响、应对策略、发展规律五个方面对已有研究进行了归纳总结。在国外研究方面,着重讨论了农业女性化在亚、非、拉主要发展中国家的存在情况,大体上描绘了农业女性化的全球图景,清晰认识了农业女性化并非"中国特色",并且结合本研究的主题,特别选取了6篇关于中国农业女性化存在事实的研究文献,分析了不同研究逻辑下的不同结论,加深了对于中国农业女性化的认识。

回答"何谓农业女性化"问题是研究展开的逻辑起点。然而现有研究恰恰在这一问题上没有给予重视。本书总结了现有研究不同的界定视角,比较了中外学者对该问题所做出的界定的优势与不足,一方面提出,从数理女性化、劳动女性化、管理女性化三个方面认识农业女性化;另一方面,又结合实际调查经验,站在女性发展的优势视角上,讨论了关于农业女性化概念内涵界定的实际意义与实际作用。

第二,农林牧渔业劳动力性别结构及其历史变动特征。

这一部分着重讨论了我国农业劳动力转移过程中农村女性扮演的不同社会角色和改革开放以来我国农业劳动力性别结构及其变动,是对我国农业劳动力变动的宏观把握。第三章整体勾画了农村女性的社会角色变迁情况。首先,从政治参与、经济地位、性别平等三个方面梳理了20世纪以来中国农村女性社会角色的变迁;其次,考察了农村女性就业模式变迁的历史特征;再次,用宏观统计数据分析了农村劳动力非农转移中的性别差异,最后探索了农村女性非农转移滞后的原因。第四章层层深入,挖掘农业劳动力性别结构变动及其特征。首先,从全球农业劳动力变动入手,比较中国农业劳动力比重与世界主要国家相比处于何种水平;其次,将视野从全球转回到中国,专门考察了从1978年以来三大产业劳动力人口的变化趋势;在此基础上,将视野进一步缩小,从三大产业转向第一产业,综合运用1982年、1990年、2000年、2010年四次人口普查数据,1987年、1995年、2005和2015年四次人口抽样数据,1996年和2006年两次农业普查数据,进一步探讨农业领域劳动力变动情况;最后,将视野聚焦于第一产业内部,比较了种植业、林业、畜牧业、渔业四个农业部门农业劳动力的性别结构。

第三,农业劳动力性别结构的区域分布特征及其原因探索。

这部分是本书的核心内容之一。在宏观把握我国农业劳动力变动以及农业劳动力性别结构变动的基础上,本书揭示了农业劳动力性别结构分布的区域差异,并运用统计手段探寻了差异背后的影响因素。从纵向历史维度来看,运用1982年、1990年、2000年和2010年四次人口普查数据和1987年、1995年、2005年、2015年1‰人口抽样调查的数据,分析了各省、市、自治区农业劳动力性别结构的变动情况。从横向空间分布来看,以2010年第六次人口普查数据为基础,以县区为基本单位,考察了农业劳动力性别结构区域分布情况。至此,本书基本描绘了从改革开放以来以及当前阶段中国农业劳动力性别结构的变化及分布特征的图景。从分布差异因素来看,一般认为,经济相对发达的地区能够提供更多的非农就业岗位,能够吸纳更多的农业劳动力,农业现代化程度更高的地区对于劳动力数量的要求就会减少,随着女性受教育水平的提高会更倾向于非农就业,地区人口流动过程中的性别差异会造成女性沉积,等等。因此,在探索影响因素时,本书选取社会经济状况、农业现代化、劳动力素质、地区人口流动情况四个关键因素,利用中国大陆地区31个省级行政单位2011年度统计年鉴和2010年人口普查数据,运用STATA 12.0统计分析软件,利用OLS回归模型,深入探索了影响农业劳动力性别结构空间分布差异的原因。

第四,农业生产中的女性角色。

与当代女性主义理论寄生在现代化理论之中的命运相似,农村妇女在农业发展中的积极角色被长期忽视,关于留守妇女问题的既有认知也在一定程度上掩盖了农村妇女在推进农业发展中的经济价值。

关于农村妇女农业劳动参与的探讨,仅仅停留在宏观数据分析和理论研究是远远不够的,要回应这一现实色彩厚重的问题必须深入基层。本书主要以安徽省为样本,辅之其他省份的一些访谈资料,对城镇化进程中农业劳动力性别结构变化的现象进行剖析。安徽省地跨南北,农业生产结构丰富,既有北方特色旱作农业区,又兼有南方气息的水田农业,皖江、淮河、巢湖为水产养殖业提供了保障,西南的大别山区和皖南山地为林业发展奠定了自然基础;同时,安徽省是人口大省、农业人口大省和人口输出大省,在历史上又是中国农村改革的先驱,综合来看,安徽省农村具备一定的典型性。

本书第七章充分利用普查数据、统计数据、问卷资料、访谈笔记以及调研过程中所见、所闻、所感,从农业劳动力性别结构的变动与区域分布、农村妇女农业生产参与现状、农村妇女参与意愿、农村妇女对于农业女性化的认识比较、农业女性化形成机理分析、农村女性生活满意度评价等方面,详细回答了女性在农业生产中究竟扮演了何种角色、她们对于农业生产的态度如何、农业生产对于她们发展的影响以及农村妇女参与生产对于家庭农业生产的影响这四个关键性问题,并以此为依据,揭开中国农村是否存在农业女性化的"神秘面纱"。

第五,农业女性化的影响及其应对策略。

在微观层面,农业女性化是农户理性决策的结果,家庭性别分工因社会经济结构变迁而做出了相应的改变;在宏观层面,其暗示了农村妇女在农业发展中的卓越贡献,在男性"缺席"下,女性能够承担起推进农业发展、保障粮食安全、维护农村稳定的重担。鉴于此,这部分将从农业女性化对农村妇女、农村家庭、农村社会、农业生产、城镇化进程五个方面出发,分析了农业女性化带来的一系列后果和影响,更加侧重其积极影响。最后,结合乡村振兴战略和农村社会发展实际,提出了相应的对策与建议。

三、研究方法

本书在前期调研和后期分析过程中,使用了多种社会学研究方法和统计分析软件,综合运用人口学、社会学、经济学、女性学和政治学等学科知识,注重实证研究与理论分析相结合,以期真实、科学、全面地反映中国农业劳动力性别结构变动情况、区域差异,以及女性农业参与情况。

(一)研究资料收集方法

本书主要采用了文献法、问卷法、访谈法、观察法等社会学研究方法来收集资料。

1. 文献法

文献查阅贯穿于整个研究过程,文献的管理则充分利用了 NoteExpress 2.2 软件。在研究开始之前,课题组查阅了国内外关于农业女性化问题的大量文献资料,特别是国外学者对于中国农业女性化的研究文献,梳理已有文献,把握研究进展,借鉴已有的研究经验、研究成果,分析研究不足,确定了研究框架。课题组将广泛收集的资料进行了细致的二次文献分析,利用 NoteExpress 2.2 软件对于一次文献的外部特征,主要包括题名、作者、年份、出处等进行著录,并将其主要内容进行压缩,提炼成文摘,按照发表年份先后进行有序化管理,以便于之后的查阅与参考。在一次文献检索、二次文献管理基础上,课题组进行了三次文献研究,主要体现在第二章节国内外文献综述部分,目的是对当前农业女性化研究成果有整体把握,以及明确尚未研究透彻或者尚未涉及的研究领域。文献搜集、梳理、归纳、总结是课题开展的基础,只有清晰当前关于农业劳动力女性化研究的进展,才能提出新问题,否则整个研究的开展将成为"无源之水、无本之木"。

2. 问卷法

问卷调查方法是本课题组采用的主要调查方法。问卷包含四个方面的内容:个人及家庭基本情况、家庭从事农业生产情况、家庭生活与社会参与、生活满意度。问卷主要用于了解家庭农业分工情况、女性农业参与情况、农村女性生活状况,并收集她们对于自我生活相关问题的主观判断。调查样本所在的市、县(区)、乡(镇、社区)、村通过PPS科学抽样获得,末端样本则通过偶遇抽样获得。

需要说明的是,本研究中所有问卷调查都是通过偶遇抽样和判断抽样的方式开展的,调查对象年龄锁定在15~75岁。鉴于调查内容和调查对象的文化限制,由调查员入村、入户与被调查对象进行面对面的沟通交流,按照被调查者的回答和真实意愿完成问卷,视调查对象的文化素质,每份问卷调查时间在30~40分钟。与直接发放问卷、让被调查者自行填写再回收的调查方式相比,本研究所采用的问卷调查方式更深入、更具可靠性,能够提高问卷的有效率。问卷回收之后,利用Epidata 3.1软件录入数据,最后用SPSS 22.0软件对所有数据进行描述性统计分析。

3. 访谈法

在实际调查中,访谈法有个案访谈和小组访谈两种。课题组在调查之前根据研究内容制定了访谈提纲,在实际访谈过程中,以访谈提纲为核心,以非结构式访谈的形式展开。访谈对象包括乡镇有关部门负责人,村党支部书记或村委会主任以及处于不同年龄层次的农村女性。涉及村落管理服务人员的调查以小组访谈为主,涉及农村妇女则采用个案访谈。对于村干部和乡镇有关部门的座谈是为了考察村级组织和基层政府对农业劳动力性别结构变动情况的把握,对农村女性发展的认识和态度,以及针对已有问题采取的一些措施,包括今后计划采取的措施。个案访谈主要在问卷调查过程中针对较为典型的农村女性展开,了解她们在参与农业生产过程中遭遇的困境及其应对措施,她们在家庭决策、家庭分工中的角色扮演情况,以及她们对于农业生产态度。

4. 观察法

在调查开展过程中,要敏锐地捕捉到所调查村落的一些情况,对于调查人员的能力要求较高。观察法是对问卷法和访谈法的补充,主要用以了解农村女性的生活与生产现状,以及样本社区的经济、资源、文化、环境、人口、种植结构、耕地数量等方面的状况。在观察法中还会穿插勾勒典型的农村女性的每日活动图,以便更清晰地再现日常生活现状。

(二)研究资料分析方法

本研究主要运用了 Epidata 3.1、SPSS 22.0、STATA 12.0 等分析软件。其中,利用 Epidata 3.1、SPSS 22.0、STATA 12.0 对普查数据、抽样数据、统计数据、问卷调查数据进行了初步的描述性统计分析和后期的定量分析。在数据分析过程中,常规统计分析法包括交叉表法、OLS 回归分析法;高级统计分析方法包括 Logistics 二元回归模型、聚类分析和因子分析。

四、数据收集成果

本书所用数据包括宏观和微观两个层面。前者主要包含全国人口普查数据、1‰人口抽样调查数据、统计年鉴数据以及相关政府机构的政策文件资料等,后者主要是面向个人和村落开展的专项社会抽样调查数据,包含问卷数据和访谈数据。

(一)宏观层面数据

表 1-1 汇总了研究报告撰写过程中可能涉及的数据资料及其编撰机构,所有宏观数据资料均通过互联网平台获得。

表 1-1　宏观数据资料及其来源清单

资料性质		对应年份	编撰/发布机构
人口普查和抽样调查资料	人口普查资料	1982 年	国务院人口普查办公室、国家统计局人口统计司
		1990 年	国务院人口普查办公室、国家统计局人口统计司
		2000 年（含分县资料）	国务院人口普查办公室、国家统计局人口和社会科技统计司
		2010 年（含分县资料）	国务院人口普查办公室、国家统计局人口和就业统计司

第一章 导论

续表

资料性质		对应年份	编撰/发布机构
人口普查和抽样调查资料	1%人口抽样调查资料	2020年第七次人口普查公报（1～7号）	国家统计局、国务院第七次全国人口普查领导小组办公室
		1987年	国家统计局人口统计司
		1995年	全国人口抽样调查办公室
		2005年	国务院全国1%人口抽样调查领导小组办公室
		2015年	国家统计局人口和就业统计司
农业普查资料	中国第一次农业普查总结	1996年	全国农业普查办公室
	中国第一次农业普查资料综合提要	1996年	全国农业普查办公室
	中国第二次全国农业普查资料汇编	2006年	国务院第二次全国农业普查领导小组办公室、中华人民共和国国家统计局
	第三次全国农业普查公报（1－5号）及各省份主要数据汇总	2017年	国家统计局
妇女社会地位调查资料	中国妇女社会地位抽样调查主要数据报告	1990年	全国妇联、国家统计局
		2000年	全国妇联、国家统计局
		2010年	全国妇联、国家统计局
各类统计资料	中国县域统计年鉴	2000～2020年	国家统计局农村社会经济调查司
	中国农村统计年鉴	2000～2020年	国家统计局农村社会经济调查司
	中国区域经济统计年鉴	2000～2014年	国家统计局国民经济综合统计司、国家统计局农村社会经济调查司
	中国人口和就业统计年鉴	2000～2020年	国家统计局人口和就业统计司
	中国/各省统计年鉴	2000～2020年	国家/各省统计局、国家统计局各省调查总队
年度统计公报	全国农民工监测调查报告	2009～2020年	国家统计局
	国民经济和社会发展统计公报	2009～2020年	

（二）微观层面数据

为了全面反映安徽省农村女性农业参与情况,课题组多次召开研讨会,在充分交流和讨论的基础上,设计出安徽省抽样调查方案。

首先,在调查地点的选取上尽可能覆盖全省,尽可能丰富地反映种植结构,课题组最终在皖北选择了亳州市、宿州市和阜阳市作为旱作农业的代表,在皖南选择了芜湖市、安庆市、宣城市和黄山市作为水田农业和山地农业的代表。其次,在调查对象选择上尽可能覆盖调查地区各个年龄层次、不同家庭分工的农业人口。在实际调查过程中课题组将调查对象锁定在15～75岁以下的劳动年龄人口,统计抽样过程中尽可能覆盖各个年龄段的农业人口。虽然本研究的主要对象是农村女性,但在调查过程中并不只调查这类群体,男性农业人口也在调查对象之列,用于后期与女性农业劳动人口的比较分析。最后,在问卷进行过程中若遇到典型的对象将进一步进行半结构式访谈,一般一个行政村会选择2～3位访谈对象。

通过2014年12月～2015年1月的问卷调查、访谈和座谈,以及2016年8～9月,2017年、2018年春节期间补充的案例访谈,获得47份农村女性访谈资料和28份村干部访谈资料。发放填答问卷2100份,剔除填答非常不完整的问卷27份,回收有效问卷2073份,其中女性样本1367个,男性样本706个。问卷有效率为98.71%,较高的问卷有效率与本次调查所采取的问答式填答法密不可分。表1-2清晰地罗列了课题组调查的市、县(区)、镇(乡)、村(社区)的分布及其各个地区的问卷、访谈分配数量。

表1-2 调查资料清单

区域	市	县/区	镇/乡	村/社区	问卷（份）	干部访谈（人）	妇女访谈（人）
皖北	阜阳市	颍上县	迪沟镇	颍泚村	216	2	3
	亳州市	利辛县	王市镇	东光村	200	1	2
				金李村		1	2
				朱新寨村		1	2
			庄周办事处	东光村	47	2	2
		蒙城县	乐土镇	乐土社区	150	2	3
			许疃镇	许疃村	138	2	2
	宿州市	埇桥区	符离镇	沈圩村	118	2	2
			灰古镇	付湖村	166	1	3

续表

区域	市	县/区	镇/乡	村/社区	问卷（份）	干部访谈（人）	妇女访谈（人）
皖南	芜湖市	繁昌县	孙村镇	张塘村		2	2
第一期				八分村	162	1	3
				代亭村		1	2
			平铺镇	郭仁村	151	1	2
	安庆市	枞阳县	义津镇	义津村	120	2	2
			麒麟镇	新安村	118	1	3
第二期	黄山市	休宁县	海阳镇	盐铺村	118	2	2
			渭桥乡	资村	130	1	2
	宣城市	广德县	邱村镇	前路村	112	2	2
			东亭乡	高峰村	127	1	2
后期补充	滁州市	定远县	桑涧镇	青春村	0	0	1
	六安市	舒城县	桃溪镇	四圩村	0	0	1
	淮南市	寿 县	安丰镇	甲贝村	0	0	1
	益阳市	安化县	奎溪镇	奎溪村	0	0	1
合 计					2073	28	47

第三节 研究特色与创新

在城镇化背景下,农村劳动力的每一次动向都受到了学术界密切关注,无论是过去30年农村富余劳动力如潮水般向城镇输送,还是近些年农民工的回流,学术界都能敏锐捕捉。然而,对于农村留守劳动力的关注度却远不如流动劳动力,前者在步入新世纪之后才逐渐走进社会大众的视野,其中,谈及最多的是农村"三留守"群体,即留守妇女、留守老人与留守儿童。农业女性化现象某种程度上是留守妇女问题的延伸,绝大部分研究也将其囿于留守妇女问题研究框架或者研究脉络之中,目前尚未形成独立的研究体系。因此,与留守妇女问题研究相比,农业女性化的研究相对薄弱;与农村劳动力流动研究相比,农业女性化的研究则更显不足。这也意味着,关于农业女性化问题的每一点探索都是一次有益补充。

在以往研究的基础上,课题组在研究方法和研究内容两个方面对农业女性化研究进行了丰富。在研究方法上,理论探索与实证研究互相结合,理论分析与数理统计互相补充是本研究的一个特色,多种分析工具和研究手段的综合运用使得论证更加丰满。在研究内容上,课题组主要从三个方面进行了有益的补充,分别是对于农业女性化基础性问题的回应,对于农业女性化拓展性研究的丰富,对于农业女性化实证研究的补充。具体而言,主要包含以下几个方面的内容:

第一,细致且深入探讨了农业女性化的基本内涵。

梳理国内外相关研究文献可以发现,农业女性化其实是一个"舶来品"。国外学者对于农业劳动力性别结构变动的关注在20世纪初便开始了,并逐渐衍生出"农业劳动力女性化"(Feminization of Agricultural Lab or Labor Feminization)和"农业生产管理女性化"(Feminization of Farm Management or Managerial Feminization)两个概念。在国内,高小贤1994年发表在《社会学研究》上的《当代中国农村劳动力转移及农业女性化趋势》一文,第一次明确使用了农业女性化这个词语,也预示着真正拉开了中国农业女性化研究的幕帘。①

可见,农业女性化是一个较为年轻的学术词语。但是,就这一现象而言,其出现更早。伴随20世纪70年代末80年代初开始的农村经济体制改革(人民公社向家庭联产承包责任制的转变),学者们就已经开始思考农村劳动力性别结构问题,当时主要使用"男工女耕"一词。例如,孟宪范在《改革大潮中的中国女性》一书中提到"北京大学王思斌同志1986年就提出了农村存在的这种家庭分工模式",这里的"家庭分工模式"特指"男工女耕"。② 然而,无论作为一个人口现象,还是一个学术词语,从20世纪80年代末90年代初期以来,"何谓农业女性化"这一问题国内学术界始终没有得到清晰的回应,也尚未出现专门性研究。概念界定的不清晰往往导致之后的研究成为"无本之木、无源之水"。在本书撰写过程中,课题组在梳理了已有文献的基础上,整理出散落在各类研究文献中关于农业女性化概念的不同表达方式,并结合调查经验,明确了农业女性化的基本内涵,构建了农业女性化测量体系。

第二,比较了不同区域农业劳动力性别结构的变动趋势、分布特征和影响因素。丰富农业女性化区域比较研究一直是学术界的期许。

中国幅员辽阔,区域差异极大,研究农业女性化问题不能忽视或者不重视各区域之间的异质性。同时,农业女性化作为一个趋势,也需要从时间维度来进行考

---

① 高小贤. 当代中国农村劳动力转移及农业女性化趋势[J]. 社会学研究,1994(2):83-90.
② 孟宪范. 改革大潮中的中国女性[M]. 北京:中国社会科学出版社,1995:218.

第一章 导论

察,不能通过简单的截面数据就判断某一区域存在农业女性化现象。因此需要结合空间和时间两个维度来认识农业女性化。以往研究中,涉及区域比较性研究的资料相对匮乏,大部分研究都将整个中国作为研究对象来说明问题,导致研究不够细致,给读者造成整个中国都存在农业女性化的错觉。如何呈现区域差异是课题组在研究过程中最为重视的问题之一。在开展农业女性化区域比较研究过程中,一方面,利用地理信息系统(GIS),对中国各地区农业劳动力性别结构的变动趋势进行了模拟,如此能够更加直观、清晰地解读"农业劳动力性别结构区域差异"的现象;另一方面,在获得农业劳动力性别结构空间分布图之后,对于分布情况进行了归纳与总结,试图发现农业劳动力性别结构空间分布的区域地理特征,并利用宏观数据和 OLS 模型,对不同区域农业女性化出现的原因进行了探索。

第三,探讨了农村女性农业生产参与事实和参与意愿。

在研究具体社会问题过程中,实证研究是最常提及的一个词汇,正如毛泽东在《反对本本主义》一文中的著名论断——没有调查,就没有发言权。农业劳动力性别结构变动与社会经济发展紧密相连,是农村家庭应对城乡发展差距的一次理性决策。现实生产中农村妇女有多大程度参与到农业生产之中?她们是否真正从男性手中承接了农业生产的"接力棒"?哪些因素协助她们完成了农业生产?未来她们还愿意坚守农田吗?这些问题都需要深入基层,在问题意识指导下、在调查过程中加深对现象的认识,从"本本"到"本本"的理论演绎难免忽视了现实生活中的一些细节。

农业女性化作为一个内涵丰富的学术词汇,其至少包含两个层面的含义,其一,是劳动力数量层面的女性化,主要表现在女性农业劳动力数量的不断增加;其二,是农业生产经营管理的女性化,主要表现为农村妇女开始管理农业生产并执行农业决策,成为了农业生产的主体。从现有理论研究来看,后者是判断农业女性化存在与否的关键。结合这两层含义,要判断中国是否存在农业女性化现象绝非易事,难点在于如何考察农村妇女实际农业生产参与情况。课题组通过比较历次人口普查 31 个省级行政单位农业劳动力性别结构变动的态势,确定以安徽省为样本,通过问卷调查和个案访谈,并辅之以湖南省、浙江省和江苏省的访谈资料,深入了解了农业发展过程中农村妇女农业生产参与事实与影响因素,即回答了"农村妇女怎么种地"以及"农村妇女为什么种地"这两个问题,并利用 Logistics 二元回归模型分析了农村妇女农业生产意愿及其影响因素。在此基础上,讨论了农村女性对于农业生产的看法,以及她们对生活的满意度。其中,对于农村女性生产参与意愿的考察意义深远,将其与农业劳动力年龄结构相结合,又涉及中国农业生产劳动力可持续供给的问题。

第四节 一些特殊说明

实事求是是对研究者最起码的要求,也是研究成果真实客观的有力保障。在研究前期数据收集、中期调查开展、后期报告撰写的过程中,课题组始终秉持实事求是的科研态度。现将数据整理工作过程中遇到的一些情况一一进行说明。

一、关于宏观数据来源的说明

本书在分析过程中主要使用了人口普查数据、1‰人口抽样数据、农业普查数据、中国人口和就业统计年鉴数据、中国妇女社会地位调查数据、各省统计年鉴数据、全国农民工检测报告、国民经济和社会发展统计公报、全国SHP图等数据资料。普查数据、抽样数据、年鉴数据来自中国知网(CNKI)的"中国经济社会大数据研究平台"和"统计年鉴分享平台";中国妇女社会地位调查数据来自全国妇联、国家统计局、《妇女研究论丛》杂志;全国农民工检测报告、国民经济和社会发展统计公报数据来自国家统计局;全国SHP图向国家基础地理信息中心申请获得。为了与最近的人口普查年份数据相匹配,还补充了2011年的中国区域经济统计年鉴和2011年中国县域经济统计年鉴中的一部分社会经济数据。调查数据、普查数据、统计数据、公报数据的综合运用为本研究的进行提供了翔实的数据支撑。

在分析安徽省女性农业参与情况过程中,除了利用调查获得的2073份问卷数据外,还专门收集整理了安徽省1982年、1990年、2000年、2010年全国人口普查数据,安徽省1987年、1995年、2005年、2015年1‰人口抽样调查数据,2005~2020年安徽省国民经济发展统计公报。普查数据和统计数据来自中国知网的"中国经济社会大数据研究平台"和安徽省统计局。

二、关于数据涉及年份行政区划调整的说明

本书涉及的数据年份跨度较大。1982~2015年,无论是中国省级行政区划,还是安徽省省内的行政区划,都有不同程度的调整,因此,这些调整在某种程度上增加了研究的难度。

从全国来看,主要是重庆直辖市的设立和海南省的设立。重庆市与海南省分

别于1997年、1987年正式设立,因此,1987年全国1‰人口抽样调查没有重庆和海南的数据,1990年全国第四次人口普查、1995年1‰人口抽样调查都没有重庆市数据。

从安徽省来看,20世纪80年代以来各地区行政区划调整比较复杂,各行政区域的名称、所辖地区都有不同程度的改变,调整范围更是涉及全省。2016年1月,安徽省为适应社会经济发展又进行了新一轮的行政区划调整,涉及铜陵、安庆、六安、淮南4个地级市。本书的核心数据是历次人口普查的资料,因此,本书所依据的行政区划标准以2010年为准。需要指出的是,没有启用最新的行政区划和相应的地图并不影响本研究的论证过程和论证结论。具体而言:

第一,用阜阳市、宿州市、滁州市、六安市、宣城市、巢湖市、黄山市、安庆市的表述分别代替1987年1‰人口抽样调查时的阜阳地区、宿县地区、滁县地区、六安地区、宣城地区、巢湖地区、徽州地区、安庆地区的表述方式,并沿用这些地区的抽样数据。

第二,用阜阳市、宿州市、滁州市、六安市、宣城市、巢湖市、池州市的表述分别代替1990年人口普查时的阜阳地区、宿县地区、滁县地区、六安地区、宣城地区、巢湖地区、池州地区的表述方式,并沿用这些地区的抽样数据。

第三,用阜阳市、宿州市、六安市、宣城市、巢湖市、池州市的表述分别代替1995年1‰人口抽样调查时的阜阳地区、宿县地区、六安地区、宣城地区、巢湖地区、池州地区的表述方式,并沿用这些地区的抽样数据。

第四,巢湖市自20世纪80年代以来变化较大,1984年为县级巢湖市,1999年撤销县级市设立地级巢湖市,2011年又撤销地级巢湖市设立县级巢湖市,并对巢湖市部分行政区划进行调整,原来的地级巢湖市所辖的一区四县分别划归合肥、芜湖、马鞍山三市管辖,由于数据统计到2010年,因此保留了地级巢湖市的表述。

第五,地级亳州市于2000年设立,调整后辖谯城和蒙城、涡阳、利辛三县一区,由于这三县原为阜阳地区,表格数据整理过程中将原阜阳地区的亳州市、涡阳县、蒙城县、利辛县的数据提取出来归为亳州市,其余的数据归为阜阳市。

第六,池州地区(专区)最早设立于1949年,1952年撤销,于1965年复设,1980年又撤销,在1988年再次复设,于2000年正式设立地级池州市,辖贵池区、青阳县、石台县、东至县、池州经济技术开发区、九华山风景区,因此,1987年1‰人口抽样调查时没有池州地区数据。

第七,地级黄山市成立于1988年,国务院于1987年11月发出《关于安徽省调整徽州地区行政区划的批复》,设立地级黄山市,撤销原徽州地区、屯溪市和县级黄山市,故将1987年1‰人口抽样调查时的徽州地区数据作为黄山市数据使用。

第八，国务院于2015年10月12日、12月3日分两次批复同意安庆、铜陵、淮南、六安4个市部分行政区划的调整：撤销铜陵市铜官山区、狮子山区，设立铜陵市铜官区；撤销铜陵县，设立铜陵市义安区；将安庆市枞阳县划归铜陵市管辖；将六安市寿县划归淮南市管辖，设立六安市叶集区，将霍邱县的孙岗乡、三元镇、叶集镇划归叶集区管辖。2018年7月14日，经国务院批准，同意撤销潜山县，设立县级潜山市，以原潜山县的行政区域为潜山市行政区域。潜山市由安徽省直辖，安庆市代管。这部分调整由于在2010年之后，因此，在本书中不予体现。此外，本研究包括的省级行政区共有31个，分别是22个省、5个自治区、4个直辖市，不包括香港特别行政区、澳门特别行政区和台湾省，此后书中不再作其他说明。

三、关于数据统计口径的说明

需要特别说明的是研究过程中的统计口径问题。农业劳动力中的"农业"是一个多范畴的词汇，不同语境下具有不同的内涵。

狭义上的农业主要是指种植业，称为"小农业"。从最新颁布的《国民经济行业分类》(GB/T 4754—2017)来看，[①]其具体包含19个中类和30个小类，常见的如谷物种植，豆类、油料和薯类种植，棉、麻、糖、烟草种植，蔬菜、食用菌及园艺作物种植，水果种植等。广义上的农业是指农林牧渔业，即"大农业"，包含农业、林业、畜牧业、渔业、农林牧渔专业及辅助性活动5个大类，其中的农业范畴与"小农业"种植业一致。从一、二、三次产业划分来看，第一产业对应的是农业，是与工业、服务业相对应的一个概念。国家统计局根据《国民经济行业分类》(GB/T 4754—2011)重新制定了三次产业划分规定，[②]明确了第一产业是指农、林、牧、渔业，不含农、林、牧、渔服务业。

本书关于"农业"的表述，若没有特殊说明就是指"农林牧渔业"，而非指"种植业"。之所以没有使用国民经济行业分类的标准主要出于两点考虑：一是与仅仅收集种植业劳动力相比，收集农、林、牧、渔业劳动力能够捕捉到更多的农业劳动力，有利于更加全面地反映农业劳动力整体结构的变迁；二是不同普查年份因为国民经济行业分类标准不同而造成"大农业"的统计口径不同，个别年份将"水利业及其服务业"也统计在内，直接使用广义上的农业概念不利于各年份之间的比较。

---

① 国家统计局. 2017年国民经济行业分类[EB/OL]. (2017-10-12). http://www.stats.gov.cn/tjsj/tjbz/hyflbz/201710/t20171012_1541679.html.

② 国家统计局. 三次产业划分规定[EB/OL]. (2013-01-14). http://www.stats.gov.cn/tjsj/tjbz/201301/t20130114_8675.html.

因此，本书中提到的"农业劳动力"包含种植业劳动力、林业劳动力、畜牧业劳动力以及渔业劳动力。

四、关于调查方式的说明

调查资料来源主要有两种：一是问卷，二是访谈。这里需要特别说明的是访谈资料的来源方式。访谈资料由三个部分构成：一是村干部访谈，二是村民访谈，三是农家学子访谈。前两者属于常规访谈形式，农家学子访谈是课题组在调查中摸索获得的新经验。

安徽省地处中部，贯穿东西，承接南北，以淮河和长江为界，可以划分为皖北、皖中和皖南三块区域，就风俗习惯而言，皖北与皖中比较接近，偏向于北方，皖南与皖北异质性较大，皖南曾属于徽州地区，地形地貌与风土人情更加接近于江浙地区。在实际调查过程中课题组发现，无论是皖北还是皖南，语言沟通存在障碍，主要表现为调查人员听不懂调查对象的话语，这一问题在多方言的皖南尤其突出。同时，由于调查对象与调查人员受教育背景不同，以及村民们的戒备心理，使得访谈双方交流起来非常吃力。调查人员向调查对象提出问题时，他们经常选择忽略或者以三言两语应付，双方难以形成良好的互动机制。诚然，在近两个月的调查中，很多访谈流于表面，高质量的访谈并不多见。

面对如此情况，为了更有效地获得高质量访谈资料，课题组在后期补充材料时"另辟蹊径"，采取了"农家学子访谈→实地观察→村民访谈"的调查模式。将每次对农家学子的访谈时控制在60分钟左右，每位农家学子需要进行3次访谈，总共访谈时间为180～200分钟，访谈对象的选取主要根据研究需要确定，并依靠熟人关系获得联系。首先，通过电子邮件将访谈提纲提前告知访谈对象，约定访谈时间，采用电话访谈的形式。若访谈过程中访谈对象不了解或者拿不准某些情况，可由他去咨询自己的父母和其他亲属。除了了解所在村基本信息和访谈对象家庭基本信息之外，访谈内容重点关注农业生产的成本、收益、困境，农业生产的劳动力配置与劳动力外流情况，农业土地的流转环境，以及对于农业可持续发展的看法和思考四个方面。接着，调查人员深入访谈对象所在的村庄进行实地观察，并在观察中继续与村民进行简单的沟通交流，一方面是为了补充访谈内容，另一方面是为了核实此前的访谈内容。最后，课题组将访谈资料进行整理，并分享给接受访谈的农家学子，主要请他们查找纰漏，以确保访谈内容真实可靠。

实践证明，通过这样的形式获得的材料更加完备、真实和全面，也使得访谈的过程更加高效，突破了时间与地域的限制，大大减少了人力、物力和财力。同时，对于农民群体而言,农民眼中的农民、农民子女眼中的农民、大学生眼中的农民、学者眼中的农民等,都呈现出不同的农民特质。这种访谈方法,既能够还原当前农村农业生产过程的真实场景,又能获得农民子女对于农业发展的看法和态度。从某种程度而言,是一个一举两得的方法。

本章小结

贺雪峰在《谁是农民:三农政策重点与中国现代农业发展道路》一书中强调,我们一定要对"谁是农民"保持清醒。① 无独有偶,叶敬忠在温铁军编著的《中国农业的生态化转型:社会化生态农业理论与实践(2017)》一书中也强调,不要忘记"真正的农民"。② 农民与土地分离的现象在广袤的中国农村已是常态,继发问"谁是农民"之后,又可以自然而然地提出另外两个问题:谁在种地、怎么种地。本书内容正是对于这两个问题的回应。

本章主要介绍了研究的背景、目的、意义、写作思路、特色和创新点,为之后几个章节开展详细的论述指明了方向、奠定了基础,起到了提纲挈领的作用。农业可持续发展的首要条件是农业劳动力的可持续供给,进一步而言就是优质农业劳动力的可持续供给,若忽视了这一前提而一味强调农业科技的发展在某种程度上是"本末倒置"。

正是基于这样的认识,第一节回顾了20世纪以来农业劳动力性别结构在中国变动的一些特征及其与之相对应的社会环境,强调了研究农业劳动力性别结构变动不能忽视区域之间的差异,说明了留守妇女问题与农业劳动力女性化现象两者的异同,点明了农业劳动力性别结构变动尚未引起足够重视的事实。

第二节交代了本书的研究视角、研究内容和研究方法。立足于性别研究视角,本书从女性农业劳动力的生存和生产状况出发来探索其对农业可持续发展的影响,在此过程中说明了农业劳动力性别结构区域分布差异以及差异原因,利用安徽省一手调查资料,并辅之以湖南省、浙江省、江苏省的访谈资料,描述了在农业发展过程中,农村妇女的农业生产参与情况,以期以小见大回应"中国是否存在农业女性化"这一基础性问题。在研究方法上,除了利用文献法、问卷法、访谈法、观察法等常规社会学研究方法来收集资料之外,课题组结合调研经验,使用了"农家学子访谈→实地观察→村民访谈"的模式来获取一手访谈资料,有效确保了资料收集过

---

① 贺雪峰.谁是农民:三农政策重点与中国现代农业发展道路[M].北京:中信出版社,2016.
② 温铁军.中国农业的生态化转型:社会化生态农业理论与实践 2017[M].北京:中国农业出版社,2017.

程的顺利进行。

第三节说明了本书的研究特色和创新之处,总体来看,立足于农业女性化的基础性研究,正视农业劳动力性别结构变动的区域差异,客观反映实际农业生产中农村妇女的角色演绎,是本书的主要特色。此外,第三节还对宏观历史数据的来源以及由于行政区划调整导致的数据变动问题一一做出了说明,体现了研究过程的严谨与客观,增加了研究的真实性。

多元文化视角的观察有助于研究者更为全面、深刻、长远地把握社会脉动,而利用以往最容易被忽视的性别视角,对于社会大众已熟悉的问题或者现象进行重新思考,会呈现一幅全新的结构变化图景,对于农业劳动力性别结构变动及其区域差异的考察便是其中典型。社会转型时期,对于社会的各个阶层,"变"成为当前一个重要的热点话题,由于男女两性天然的生理差异与传统的文化规训,致使他们对于社会变迁的反馈并非同步同质。城镇化固然给农村妇女带来了职业身份的转变、经济参与的机会,以及在家庭中拥有了更多的发言权与决策权,然而,她们在非农转移中滞后于男性的事实和随之引发的农业女性化现象,再次生动演绎了"男士优先"这一农村家庭在性别分工过程中的"字典式"逻辑。研究城镇化进程中农业劳动力女性化现象,弄清不同区域农业劳动力性别配置状况,对于促进农村妇女发展、农村发展活力、农业生产可持续都具有积极的现实意义。

第二章 文献综述、理论基础与概念界定

第一节 国内外相关研究综述

以男性为中心的社会文化中,女性的存在事实以及她们生存的价值一直附着在以男性为主流的社会边缘,因此,在中国,性别研究在很长一段时间内属于边缘研究。李小江在《性别与中国》一书中提到,性别是一种关系过程,各种社会发展均在这一视角下得到反映,是一种分析方法,改变着全部旧的观念。① 改革开放以来,"三农"问题始终是学术界关注的前沿问题和讨论热点。在"三农"问题中,农民对于社会变迁的后果最为敏感,而从性别视角出发去审视农民问题的研究却起步较晚。以农村女性问题为例,一般认为,中国农村女性研究经历了四个阶段,即起步于20世纪80年代中期,平稳发展于20世纪90年代前期,蓬勃发展于20世纪90年代中期,繁荣发展于20世纪90年代后期。②

在农村女性问题研究历程中,从现有文献资料来看,国内学术界对于农业劳动力性别结构变动的研究大致始于20世纪80年代末90年代初。历经30载左右的探索发展,一批先行的社会学家、经济学家、人口学家、政治学家、女性学家对农业女性化现象展开了细致而卓有成效的讨论,围绕其成因、影响、应对策略、发展趋势、政策启示等方面逐渐形成了一系列经得起事实考验且对后辈学者富有启迪意义的研究成果,对于这些研究成果的归纳与讨论是继续开展农业女性化研究的必要之举。在梳理这些文献过程中,将国外学者关于农业女性化研究的具有代表性的文献进行有效整合,既充分说明了农业女性化普遍存在于发展中国家的事实,是全球经济发展过程中的一个一般现象而非仅仅存在于中国,又将国外应对农业女

---

① 李小江,朱虹,董秀玉.性别与中国[M].北京:生活·读书·新知三联书店,1994:02.
② 黄雯,李录堂.中国农村妇女问题研究综述[J].哈尔滨工业大学学报(社会科学版),2008(3):55-61.
高小贤.农村妇女研究综述:1991—1995年[J].妇女研究论丛,1997(2):13-18.

第二章
文献综述、理论基础与概念界定

性化的对策措施单独提出来讨论,对于我国应对农业劳动力结构变动所引发的一系列问题具有借鉴意义。在此基础上,课题组还梳理了国外学者对于中国农业女性化问题的最新研究成果,能够加深我们对于城镇化进程中农业女性化现象的认识,并为后续研究奠定基础。

需要说明的是,基于对本书整体结构布局的考虑,关于农业女性化概念界定的文献回顾将在本章第三节进行讨论。

一、国内研究[①]

(一) 关于农业女性化成因的讨论

一个社会现象或者社会问题的出现,是多重因素共同作用的结果。关于农业女性化现象的成因,学术界大致形成了现代化冲击论、差异流动论、社会分工论、素质决定论、城市排挤论、理性选择论、农业比较效益论等七个方面的解释范式。近些年,受到扎根理论的影响,乡土经验重新受到关注,农村社区传统运行逻辑和家庭集体利益被视为农业女性化的内在动力机制。[②]需要说明的是,这些解释范式并非独立存在,而是互相交叉、相互包容、彼此补充,严格区分它们并非易事,在分析农业女性化成因过程中学者们往往综合使用,如此分类是为了整理归纳所做的一次尝试。

1. 现代化冲击论对于农业女性化成因的解释

这一解释范式主要包含两个方面的内容:一是将农业女性化置于全球化背景进行探究;二是从工业化、市场化、农业现代化角度来审视女性在农业生产中的地位。胡玉坤首先将农业女性化置于全球化背景之下,她认为,守望农田只不过是全球化背景下已婚妇女迫不得已的无奈选择,很大程度上折射出农村妇女缺乏独立于土地之外的选择。[③]

从20世纪30年代开始,我国就已经出现了区域性农业女性化现象,改革开放之后,男性劳动力和农村年轻女性劳动力获得了较快的转移,而已婚女性则不成比

[①] "国内研究"部分主要根据蔡弘的《农业女性化研究:回顾与展望》(发表于《山东农业大学学报(社会科学版)》2019年第3期)整理而成。
[②] 梁栋,吴惠芳.农业女性化的动力机制及其对农村性别关系的影响研究:基于江苏、四川及山西三省的村庄实地调研[J].妇女研究论丛,2017(6):85-97.
[③] 胡玉坤.社会性别与生态文明[M].北京:社会科学文献出版社,2013:225.

例地滞留了下来,进入新世纪之后,农业女性化现象在中国愈演愈烈,而造成这种局面的原因正是全球化。"全球化已成为重构家庭等社会制度并重塑家庭生活的一个主要推手",①农业女性化是"被全球化过程所裹挟的亚、非、拉发展中国家普遍面临的一个共同现象",②是"全球化时代小农经济和乡村社会日渐式微的派生物"。③曹东勃从农业现代化的角度解释了农业女性化成因。他在总结了发展中国家两类典型的以家庭为本位的农业生产经营方式后,认为农业现代化并不意味着妇女从农业劳动队伍中退去,反而呈现出一种农业女性化的新图景。④可见,曹东勃的解释逻辑是农业现代化对农业劳动力强度和数量要求降低,在一定程度上为农业女性化创造了条件。金一虹看到了工业化、市场化对传统农村、农业的冲击,将现代化与农村社区传统的运行逻辑相结合,认为现代工业体系对农村传统社区的渗透打破了原有的地缘关系和血缘关系,女性在"农业经济组织到工业组织的结构性转换中"被"沉积"在了弱质行业,即农业。⑤

2. 流动差异论对于农业女性化成因的解释

学者们在阐释农业女性化成因时往往将社会结构变迁嵌入到分析体系当中,认为城乡二元体制下非农转移过程中以及农村劳动力回流过程中的性别差异是造成农业劳动力性别结构女性化的重要原因。在城乡二元体制下,农村劳动力向城镇流动过程中,由于"男外女内""男强女弱"的传统性别定位,稀缺资源分配过程中"男士优先"的"字典式"逻辑,女性"耐心、手巧、温顺"的天然气质等因素,当夫妻之间发生分工时,女性更有可能从事本村的、技术性较差的、劳动量较小的、经济报酬较低的、劳动性质非正规的、劳动时间临时性的工作。⑥金一虹认为在稀缺资源的分配过程中,男性优先的利益分配秩序依旧未变,男性选择了报酬较高、接受新技术机会更多、有更好发展前景的工作,而把不利工作留给了女性;"男尊女卑"思想不仅造成资源配置过程的性别不平等,而且这种性别不平等反过来又加剧了资源配置不均,造成资源配置性别差异的恶性循环。⑦例如,她在《"男人生活"与"女人

---

① 胡玉坤.全球化冲击下的农村家庭:困境与出路[J].人口与发展,2012(1):36-38.
② 胡玉坤."农业女性化"的双面影响[N].中国妇女报,2011-01-09(A01).
③ 胡玉坤.转型期中国的"三农"危机与社会性别问题:基于全球化视角的探究[J].清华大学学报(哲学社会科学版),2009(6):54-69.
④ 曹东勃,蒋晴霞.现代化进程中农业女性化现象研究[J].农林经济管理学报,2014(2):223-229.
⑤ 金一虹.农村妇女发展的资源约束与支持[J].浙江学刊,2000(6):73-76.
　金一虹.非农化过程中的农村妇女[J].社会学研究,1998(5):106-114.
⑥ 孟宪范.改革大潮中的中国女性[M].北京:中国社会科学出版社,1995:7-8,235.
⑦ 金一虹.农村妇女发展的资源约束与支持[J].浙江学刊,2000(6):73-76.

生活":苏南农村工业化过程中的性别分工变化》中指出,比较利益驱动了男女分工差异,男性在分工过程中总能保持利益优势,而女性则在利益末端。[①] 高小贤既分析了农村劳动力输出过程中的性别差异,也看到了农村劳动力从城镇回流过程中的性别差异。当劳动力从城市向农村逆向转移中,由于女性在劳动力市场上的劣势和女性婚姻年龄的压力,女性回流的可能性又大于男性。[②] 可见,农村女性面临着"流动难、流出少、回流多"的困局。

3. 社会分工论对于农业女性化成因的解释

从社会分工的性别差异来看,"男主外,女主内"的传统性别分工在当下农村依然具有旺盛的生命力。这种性别分工似乎规定了恰当的男性与女性的行为方式,若突破了此种模式反而会招来非议。贝克尔(1991)在《家庭论》一书中就提出了家庭里的性别分工,认为男女两性之间存在比较优势,男性主要从事"市场"活动,而女性则主要操持家务劳动。郝亚光进一步解释了社会性别分工对于农业女性化的作用机理,认为农业女性化本质上是社会分工的产物。他认为,从"男耕女织"到"男工女耕"的演变过程,便是农业生产的社会化过程。在传统农业社会,家庭内部分工是将劳动强度较大、劳动力需求较多的田间劳作分给男性,而将劳动强度相对较小的家务劳动分给女性。尤其是裹足之风的兴起、流行,将传统的小农经济牢牢地固定在"男耕女织"的生产生活模式上。新中国成立后,男女平等的观念逐渐深入人心,农村妇女在集体和家庭的生产生活中扮演着"半边天"的角色。联产承包责任制实行后,农民生产积极性的提高为粮食单产的提高做出了巨大贡献,也保障了农户的基本生活需求。同时,社会化的生产过程也促使大量农村富余劳动力不断转移到非农产业,参与到社会大分工之中。当农业生产的社会化足以支撑农村女性完成农业生产时,家庭内部分工就会自然倾向选择"男性外出务工、女性留守"的策略,而这一选择倾向与两性社会资本差异密切相关。[③]

4. 素质决定论对于农业女性化成因的解释

程绍珍指出了人力资本对于非农转移的重要性,同时从国家投入层面、传统伦理层面、人口经济学视角进一步说明了农村女性人力资本薄弱的主要原因。她认为人力资本是决定妇女非农部门转移的根本因素,非农转移的性别差异是农村女

---

① 李小江,朱虹,董秀玉. 主流与边缘[M]. 北京:生活·读书·新知三联书店,1999:110-129.
② 高小贤. 当代中国农村劳动力转移及农业女性化趋势[J]. 社会学研究,1994(2):83-90.
③ 郝亚光. 从男耕女织到男工女耕:农业女性化产生的缘由:以生产社会化为分析视角[J]. 社会主义研究,2012(2):82-86.

性劳动力人力资本薄弱的主要原因。造成女性人力资本薄弱的原因有:第一,女性人力资本投资不足,女性占国家对初等、中等、高等教育投资的比例相对较少,农村对女性人力资本投资更显不足,使农村女性文盲半文盲比例明显高于男性;第二,重男轻女的传统观念,使父母对子女的教育期望存在性别差异,传统的性别教育规范不但根深蒂固,而且还具有传递性;第三,子女经济价值效用的影响,女性经济上的弱势地位导致家庭对其人力资本投资上的性别差异,致使农村女性文化素质的较低,而女性素质的高低则直接影响着她们的就业及向非农产业的转移。①

5. 城市排挤论对于农业女性化成因的解释

在解释农村女性非农转移滞后问题过程中,既需要看到农村女性因自身素质、传统角色定位、社会分工模式等原因而难以摆脱农村,也需要看到其进入城镇之后难以生存的事实。潘毅在《中国女工:新兴打工者主体的形成》一书中生动描述了农村妇女进城务工的各类遭遇,打工妹的个人生命所遭遇的那些社会暴力似乎无法逃避,但也对自己的处境进行抗争,她们的抗争对象"不仅仅是经济和政治因素,而且还有文化和心理的经验"。② 杰华在《都市里的农家女:性别、流动与社会变迁》也描述了打工妹在城市的际遇,她指出由于内与外、轻与重、技术与非技术这三套二元对立观念,男性总是与前者相关并备受重视,而女性在教育、参政及就业上始终处于从属地位,影响了农村女性的择业机会,加剧了农村女性的择业难度。③ 由此窥见,农村妇女进城务工所遭遇的艰辛与阻力。从目前研究来看,通过城市排挤论视角直接审视农业女性化成因的文献寥寥无几,只能从相关文献中捕捉"蛛丝马迹"。如金一虹在论述女性的非正规就业模式时,认为企业主在劳动力选择中往往存在性别偏好,社会发展带来的技术进步对低技能岗位构成了威胁,而女性恰恰是企业主排挤的对象,也是低技能的"代名词",因此,女性较男性被"困"在非正规就业之中。④ 汪超和姚德超则直接讨论了农村进城务工女性的生计脆弱性,认为她们面临金融资本虚化、人力资本不足、物质资本薄弱、社会资本匮乏等生计问题。⑤

---

① 程绍珍.农业女性化趋势与农村女性人力资本关系的实证研究[J].郑州大学学报(哲学社会科学版),1998(3):83-88.
② 潘毅.中国女工:新兴打工者主体的形成[M].任焰,译.北京:九州出版社,2010:191-198.
③ 杰华.都市里的农家女:性别、流动与社会变迁[M].吴小英,译.南京:江苏人民出版社,2006.
④ 金一虹.女性非正规就业:现状与对策[J].河海大学学报(哲学社会科学版),2006(1):6-10.
⑤ 汪超,姚德超.新型城镇化下农村进城务工女性生计脆弱性治理[J].新疆社会科学,2015(1):134-139.

第二章 文献综述、理论基础与概念界定

6. 理性选择论对于农业女性化成因的解释

从"男耕女织"到"男工女守"再到"男工女耕",这一系列家庭分工模式的转变并不是农村女性个体意愿,往往是家庭理性抉择的结果。在这些转变过程中,张凤华认为,农村女性既要承担家庭劳动,还担负着人口再生产的重任,在体力和素质等方面女性也不具有男性的优势,尤其在当下的社会经济环境下,男性得到的利益往往大于女性,因此,男性外出务工、女性留守是一种收益大、成本小的家庭策略。[①] 陈会广认为,"男工女耕"的分工模式,能使农户在家庭层面上获得专业多样化经济,在个人层面上获得个人专业化经济,这种分工合作策略是农民家庭利益最大化的理性选择。[②] 金一虹依据托达罗的"预期收入"模型、乔根森的"农业剩余"模型、刘易斯的劳动力转移模型,认为"男耕女织"到"男工女耕"的转变,是农业劳动力性别替代的结果,这一替代过程又受到了资本选择与"男主外、女主内"角色定位的影响。[③] 也有学者探讨了农村妇女能力的多样性,认为传统的"男耕女织"性别分工模式具有一定程度的弹性,农村妇女既能"织"也能"耕",是劳动的多面手。言下之意,女性留守务农并不会阻碍农业生产,而男性外出务工又能增加家庭收入,家庭似乎形成了"退能留守种田,进能出村务工"的和谐局面。

7. 比较效益论对于农业女性化成因的解释

刘筱红和姚德超在分析了已有解释理论的基础上,重新构建了一个农业女性化成因机制图,试图对农业女性化的成因有一个更为完备且富有社会发展动态性意义的解释路径。解释的逻辑从农业比较效益低下出发,认为农业女性化的内在驱动力或根源是农业产业比较效益低下,从而极大地限制了农户家庭利益最大化目标的实现,也促使农民进行理性思考并做出理性选择,在农民进行理性选择的过程中又将受到公共政策和制度规范的制约,即"农民个体的理性选择,无论是非农就业行为还是农业就业行为,都要受到制度结构内的规则和规范的内在约束"。他们进一步解释道,"农业比较效益低下"直接刺激了农民个体的理性选择行为,是农民产生非农就业意愿与行为的直接驱动力,是农业女性化的根本原因;"制度的约束与限制因素"则使农民理性选择行为受制于国家制度结构的限制,而"男工女耕"

[①] 张凤华. 乡村转型、角色变迁与女性崛起:我国农村女性角色变迁的制度环境分析[J]. 华中师范大学学报,2006(4):7-11.
[②] 陈会广. 农民家庭内部分工及其专业化演进对农村土地制度变迁的影响研究[M]. 上海:上海人民出版社,2010:5.
[③] 金一虹. 农业女性化:影响及前景[N]. 中国社会科学报,2010-07-06(011).

的性别分工模式无论是否是性别歧视的产物,它都只是一个"过渡性"环节,不是导致农业女性化的深层次原因。[①]

(二)关于农业女性化影响的讨论

现代化进程中农业劳动力性别分工的历史变迁,不仅改变了乡村从业人员的性别结构与年龄结构,也改变了妇女在农业生产中角色、地位以及贡献,对农业女性的个人发展、家庭生活,对小农经济乃至村庄发展产生了至深、至远的影响。

1. 农业女性化对农村妇女的影响

一方面,农业女性化对农村妇女发展有着积极作用。特纳的社会交换理论认为,在交换行为中,重要的是参与交换的人通过交换维系了他们之间的关系。农村家庭中的夫妻双方都掌控着促进家庭发展的必要资源。丈夫外出务工,在经济上占据优势;妻子留守,在抚育子女、照顾老人、农业生产上也能产生较大价值。当两者在完善家庭功能上进行交换时,便有效维护了夫妻关系和家庭关系的整合,并在一定程度上改善了妇女的家庭地位。姚德超在《农业女性化:农村妇女发展的机遇与挑战》一文中对农业女性化的积极影响进行了概括,"在角色扮演中寻求独立,角色期待中追求平等,毕竟从家庭'内'领域走向了家庭'外'领域,为进一步进入公共平台提供了'过渡性'支持"。[②]

孟宪范从马克思主义人学的角度阐述了"男工女耕"对女性发展的影响。第一,使农村女性由自在的劳动者变为自为的劳动者,从而推动了农村女性社会劳动的参与进程;第二,使农村女性掌握了对家庭事务和农业生产的"缺席性领导权",这极大地增长了她们的才干,提升了她们的自我意识、自主意识;第三,使农村男女两性劳动力的劳动内容异质化,从而使农村女性有了可以清楚计算的收入,这使她们的自我意识增强;第四,农业生产在农民家庭经济中的特殊地位使得"男工女耕"下农村女性社会声望提高,强化了自我意识。[③] 其在《农村劳动力转移中的中国农村妇女》一文中再次强调了"男工女耕"对女性的积极影响。她认为在当前中国农业劳动力中,"男工女耕"的分工模式已是一种普遍的存在,劳动分工的递补效应把女性推向了农业生产的主角位置,"这无疑有助于妇女潜能的发挥和独

[①] 刘筱红,姚德超.农业女性化现象及其形成机制分析[J].湖南科技大学学报(社会科学版),2012(4):99-102.
[②] 姚德超,汪超.农业女性化:农村妇女发展的机遇与挑战[J].农业展望,2012(4):32-35.
[③] 孟宪范."男工女耕"与中国农村女性的发展[J].社会科学战线,1995(1):248-251.

第二章
文献综述、理论基础与概念界定

立人格的发展以及对于男性依附性的减弱"。① 范水生认为农业女性化使农村妇女成为了农业发展和农村发展的主力,促进了农村剩余劳动力的转移,增强了性别平等的信心。②

李新然在农村妇女素质提升方面做了补充,认为农业女性化能使农村妇女获得更多更好的锻炼机会、实践机会、学习培训机会、经营管理机会等,从而有利于提高农业劳动者素质乃至整个农村人口素质。③

另一方面,农业女性化对农村妇女发展的消极影响不容忽视,较之于积极响应,消极影响似乎是当前学术界讨论的主流。部分学者认为农业女性化是农村妇女被进一步"边缘化"的过程,难以从根本上改变男女不对称的客观发展环境,总体而言,农业女性化困境大于机遇。④ 农业女性化在劳动时间、家庭地位、社会地位、经济收入、身体健康、心理健康、文化素质、农业技能、公共参与、土地权益、社会网络等方面对农村妇女产生了消极影响。

胡玉坤通过分析两次全国妇女社会地位调查和"时间利用"调查的数据表明,农业女性化增加了农村妇女的劳动时间,尤其是无酬劳动时间。1990 年开展的首期中国妇女社会地位调查显示,在 15~64 岁农村妇女中,妇女每天用于家务劳动的时间比男性多 3 个小时,2000 年第二期中国妇女社会地位调查时这一数据略微减少,但仍比男性多接近 3 个小时。国家统计局 2008 年的时间利用调查数据揭示,男性有酬劳动的参与率(74%)高于妇女(63%),而无酬劳动的参与率(65%)则远低于女性(92%),乡村女性无酬劳动参与率(93%)高于男性 35 个百分点。2008年,女性每天有酬劳动时间为 4 小时 23 分,比男性少 1 小时 37 分,无酬劳动时间是 3 小时 54 分,较男性多出 2 小时 23 分,农村女性的无酬劳动时间更是比男性多出了 2 小时 41 分。⑤ 不仅如此,虽然付出了艰辛的劳动,农业女性在经济收入上并未取得丰厚的收入,反而拉大了与男性的差距。一方面,农村居民工资性收入增长很快,而农业收入的贡献率却不断下降,与 1990 年相比,2011 年工资性收入增长了 21.4 倍,但种植业收入只增长 6.2 倍;另一方面,虽然女性经济收入有了较大幅度增长,但与男性收入差距明显拉大,第三期中国妇女社会地位调查揭示,18~64岁女性在业者的劳动收入多集中在低收入组和中低收入组。⑥

---
① 孟宪范.农村劳动力转移中的中国农村妇女[J].社会科学战线,1993(4):147-154.
② 范水生,朱朝枝.新农村建设背景下的福建省农业女性化问题研究[J].福建农林大学学报(哲学社会科学版),2007(6):28-33.
③ 李新然,方子节.试论农业女性化对农业和农村发展的影响[J].农业现代化研究,1999(2):25-27.
④ 黄鹂,蔡弘."农业女性化"与农村妇女发展[N].中国人口报,2016-03-07(003).
⑤ 胡玉坤.社会性别与生态文明[M].北京:社会科学文献出版社,2013:228.
⑥ 胡玉坤.社会性别与生态文明[M].北京:社会科学文献出版社,2013:231.

叶敬忠和吴惠芳讨论了留守妇女的种种遭遇。留守妇女扮演角色多重,劳动强度大,精神负担重,由于家庭遭受不安全事件、性骚扰威胁和对丈夫的担心,留守妇女生活在低安全感的环境之中,丈夫外出又导致了留守妇女社会关系网络的弱化。尽管丈夫外出务工后,大多数留守妇女掌管着家庭财务,但她们仍然是家庭财务的被动掌管者,她们对家庭财务管理概念更多的是"看管"而非决策。他们进一步指明,若在男性能够挣到足够收入的情况下,部分留守妇女会放弃农业耕作,出现将土地转租给他人的现象,加大了女性对男性的经济依赖。①

高小贤明确指出,在关注农业女性化对于农业生产发展的影响时,更需要关注这一现象对于农村妇女发展的影响。农业女性化对妇女社会地位的提高明显不利,它使妇女劳动在家庭收入和社会总产值中的比重相对下降;农业女性化并没有改善女性在农业生产中的从属地位;全国不同程度的女性化,掩盖了农村妇女严重就业不足的现象;农业女性化使女性与男性地位的差距越拉越大。②

李新然概括了农业女性化对妇女地位提高和生存状况改善明显不利的六个方面:第一,农村妇女的收入边界虽然清晰了,但是在家庭收入中的比重却下降了;第二,虽然因为独立的农业活动获得了一份自己的收入,但在心理上,她们失去了另一半"精神家园",从而加重了心理负担,直接有损于其身心健康;第三,虽然获得了农业生产的更多机会,但加重了其劳动强度和生理负担;第四,限制了农村妇女文化素质的提高,甚至可能降低她们对于文化素质的期待;第五,女性的农业化加重了她们对男性的依赖,固化了农村妇女的不利地位;第六,减少了她们应有的发展机会,限制了她们对发展活动的选择与参与。③ 之后又从农业科技推广角度审视了农业女性化的影响,认为"这一切并没有自然而然地从根本上改变妇女的地位,在不少情况下,农村妇女依然被排斥在农业经营决策之外,而且也被排斥在新兴科技与农业推广之外",即使参加农业推广,推广的内容没有走出"家政",只获得最初级的培训和最简单的技能。④

邓赞武和周庆行从农业女性化扩大两性异质性角度展开了论述。邓赞武认为,农业女性化现象本身就是一个性别差异的结果,在形式上并未改变传统的性别分工模式,权利上不平等依然存在,义务却得到了加强,其实在"两口子共同决定"的主流模式中,妻子一般也只能"参政议政",最终的决策权还是在丈夫手里。男性在向现代部门转移后留下的"空洞"便成了女性被加强的义务。农业女性化导致农

---

① 叶敬忠,吴惠芳. 阡陌独舞:中国农村留守妇女[M]. 北京:社会科学文献出版社,2008.
② 高小贤. 当代中国农村劳动力转移及农业女性化趋势[J]. 社会学研究,1994(2):83-90.
③ 李新然,方子节,普雁翔. 试论女性农业化对农村妇女发展的影响[J]. 农村经济,2000(5):3-5.
④ 李新然. 浅论农业推广中的农村妇女[J]. 农业科技管理,1997(10):22-24.

第二章
文献综述、理论基础与概念界定

村妇女无暇学习,阻碍了其文化水平提高,阻碍了其向现代女性转变,但又增强了男性发展的机会,男性与女性本身固有的差距被进一步拉大。[①] 周庆行指出,农业女性化导致女性无暇学习,从而阻碍了女性自身文化和管理水平的提高,阻碍了女性与男性公平分享改革红利,迟滞女性角色的现代化转变。[②]

姚德超认为,农业女性化导致女性的角色冲突,一是农村妇女的传统家庭角色被进一步强化;二是农村妇女的现代农业生产者角色开始确立,而女性的家庭地位并未因为扮演双重角色而发生改变。[③] 同时,女性地位被进一步"边缘化",同城市女性和乡村男子的差距不断拉大,农业女性化充其量只是彰显了务农妇女的劳动贡献和部分决策权,但这绝不意味着妇女完全掌握了土地、资金和劳动力等生产要素的自主权,所以更准确地讲,处于劣势地位的妇女在农村改革与发展中进一步被"边缘化"了。[④]

向东则从法律的角度考察了农业女性化对妇女土地权益保护的影响,认为由于缺乏性别视角,法律规定可操作性不高,法律规定体系化程度差,当前妇女主要在土地承包经营权、宅基地权和土地流转方面受到侵害。[⑤] 通过向东的论述可以发现,虽然农业女性化广泛存在,在名义上农业的生产主体开始由男性转向女性,但是土地的经营权依然掌握在男性手中,种地似乎成为了农村妇女的一项"工作"。

2. 农业女性化对家庭发展的影响

专门论述农业女性化对家庭发展影响的文献相对比较匮乏,但是讨论留守家庭的文献比较丰富。借助关于留守家庭研究的文献,来观察家庭性别分工选择对家庭发展、家庭功能发挥的影响。

从家庭发展的长远角度来看,农业女性化的积极影响明显,虽然流动家庭中出现了夫妻分居的现象,但是可以通过各种行为来尽量使家庭功能得以完整。金一虹认为,离散家庭存在适应性行为、维持性行为和修复性行为,目的都是为了家庭功能的正常发挥。[⑥] 同时,"男工女耕"的家庭分工模式能够实现粮食自给、食物保障、降低家庭非农转移风险,改善家庭福祉,解除后顾之忧,农村妇女农闲时期从事

[①] 邓赞武. 农业女性化与女性发展[J]. 湘潮,2008(12):5-7.
[②] 周庆行,宋常青. 农业的女性化、老龄化趋势及其风险化解[J]. 石家庄经济学院学报,2008(2):68-72.
[③] 姚德超,汪超. 农业女性化:农村妇女发展的机遇与挑战[J]. 农业展望,2012(4):32-35.
[④] 胡玉坤. 正视农业的"女性化"[J]. 中国经济报告,2013(7):84-89.
[⑤] 向东. 农业女性化背景下农村妇女土地权益问题:基于自由发展观下的性别法律分析[J]. 河北法学,2014(2):84-91.
[⑥] 金一虹. 离散中的弥合:农村流动家庭研究[J]. 江苏社会科学,2009(2):99-102.

二三产业工作可以增收,又可以在确保家庭经济收入的前提下实现对家庭的照顾,维护家庭功能。①②

从消极影响看,主要是不利于子女教育和威胁夫妻关系。赵玲认为,大量农村男子远离家园,不利于对其子女的教育和培养。③叶敬忠认为,夫妻分离对相关农村家庭的稳定性构成一定的威胁,夫妻关系受到影响,婚姻功能被打折;④但其在《阡陌独舞:中国农村留守妇女》一书中通过实证研究又认为,外出务工对夫妻关系影响不大或没有影响,在认为夫妻关系因此而变化的人群中,绝大部分农村妇女认为夫妻关系反而变好。当然,不排除一部分家庭婚姻关系因为观念不一致、丈夫不顾家、情感基础不高、第三者插足、子女培养等因素走向破裂。⑤

总体而言,在家庭功能方面,女性留守务农能够在丈夫缺席的前提下确保家庭功能相对稳定地发挥,这是最主要的积极影响;在家庭关系方面,包括夫妻关系和子女关系,学界存在两种不同的声音,但从叶敬忠关于中国留守家庭的研究来看,实证研究和理论探讨获得的结论并不一致,"男工女耕"的家庭存在模式并不一定对家庭关系大打折扣,绝大部分留守家庭认为男性缺席并未对夫妻关系产生严重影响。

3. 农业女性化对农业发展的影响

有学者认为农业女性化可能会对粮食安全产生影响,降低管理水平,阻碍农业现代化。但近些年来,越来越多的学者或者机构认为,在当前中国农业发展模式下,石油农业和化学农业大大降低了对于劳动力的需求,农业女性化并不会影响粮食生产。

(1) 关于农业女性化影响粮食安全的讨论

吴惠芳认为,农业女性化不一定会带来农业生产的退化,但留守妇女对家庭粮食安全问题考虑和认知不足会影响粮食作物的种植面积和国家粮食安全。⑥朱启臻在2010年中国农业大学农业与农村法制研究中心举行的"中国农业产业安全学术研讨会"上发言指出,依靠留守妇女和老农民对土地的感情难以维持农业生产的可持续发展,而由此导致的农业粗放经营、复种指数降低和撂荒现象已经成为了我

---

① 李新然,方子节.试论农业女性化对农业和农村发展的影响[J].农业现代化研究,1999(2):25-27.
② 胡玉坤."农业女性化"的双面影响[N].中国妇女报,2011-01-09(A01).
③ 赵玲.民族地区农业女性化与公共政策选择[J].中共云南省委党校学报,2009(1):140-143.
④ 叶敬忠.留守人口与发展遭遇[J].中国农业大学学报(社会科学版),2011(3):5-12.
⑤ 叶敬忠,吴惠芳.丈夫外出务工对留守妇女婚姻关系的影响[J].中州学刊,2009(3):130-134.
⑥ 吴惠芳,饶静.农业女性化对农业发展的影响[J].农业技术经济,2009(2):55-61.

第二章
文献综述、理论基础与概念界定

国农业安全的潜在威胁。①

(2) 关于农业女性化降低农业管理水平的讨论

金一虹认为,农业女性化是农村劳动力与农业弱质化的过程,劳动力弱质化是指女性劳动力比例上升拉低了农业劳动力的整体水平,农业弱质化是由劳动力弱质化引起的。② 周庆行认为,农业女性化在某种程度上会造成农业劳动力结构性文化水平的下降,以及管理水平、种植水平下降,使农业生产和日常管理相分离,会存在降低农业生产率的风险。③④ 李新然基本上与周庆行持相同观点,认为农业女性化将导致农业劳动力、农业劳动技术和农业经营管理水平的结构性下降。⑤

(3) 关于农业女性化阻碍农业现代化的讨论

赵敏认为,虽然农业女性化使得农村妇女成为对农业和中国农村经济贡献最大的劳动人群,但管理权与决策权的分离使得农村妇女无法自由表达土地流转的意愿,降低了土地流转的效率,同时,农业规模化与产业化对劳动力素质提出了更高的要求,农业女性自身素质的制约不利于农业规模化与产业化。⑥ 于宏认为,农业女性化对农业经营方式和农业产业结构产生影响,导致粗放式经营,阻碍了劳动生产率提高;由于农村妇女素质较低,阻碍了农业科技的推广,也对农业产业化和规模化产生影响。⑦ 杨小燕和赵敏、于宏持有类似的观点,认为农业女性化不利于农业现代化,就当下农业妇女的整体受教育水平来说,很难胜任新型农民的角色。⑧

一些机构和部分学者也肯定了农村妇女的劳动付出,认为发挥女性能动性不一定会带来农业生产退化。蔡弘认为,在男性缺席的情况下,由于农业生产方式变革、季节性雇佣农供给、农忙期间男性回归,农村妇女在实际生产中并未遭遇明显的性别障碍,农业生产并未因为妇女参与而受到影响。⑨ 聂裕鹏认为,农业女性化

---

① 朱启臻,杨汇泉. 谁在种地:对农业劳动力的调查与思考[J]. 中国农业大学学报(社会科学版),2011(1):162-169.
② 金一虹. 农业女性化:影响及前景[N]. 中国社会科学报,2010-07-06(11).
③ 周庆行,孙慧君. 我国女性劳动参与率的变化趋势及效应分析[J]. 经济经纬,2006(1):65-67.
④ 周庆行,宋常青. 农业的女性化、老龄化趋势及其风险化解[J]. 石家庄经济学院学报,2008(4):68-72.
⑤ 李新然,方子节. 试论农业女性化对农业和农村发展的影响[J]. 农业现代化研究,1999(2):25-27.
⑥ 赵敏. 农地流转对妇女权益的影响:基于农业女性化引发的思考[J]. 中国经贸导刊,2011(21):78-80.
⑦ 于宏,索志林,许静波. 农业经济管理制度之农业女性化视角浅析[J]. 中国集体经济,2009(34):77-79.
⑧ 杨小燕. 农业女性化与性别歧视[J]. 山西高等学校社会科学学报,2008(8):52-54.
⑨ 蔡弘,黄鹂. 谁来种地?对农业劳动力性别结构变动的调查与思考[J]. 西北农林科技大学(社会科学版),2017(2):104-112.
　　蔡弘,黄鹂. 农业女性化下农村妇女生产参与及其生产意愿研究:安徽省调查实例[J]. 人口与发展,2017(2):2-13.

在一定程度上加速了土地流转的速度,推动了农业生产规模化。① 联合国粮农组织在《粮食及农业状况(2010—2011)》报告中充分肯定了女性在农业生产中的作用。② Zhang、Brauw、Rozelle 等认为,中国与世界其他地区不同,即使出现了农业女性化,农村妇女的生产效率并不会逊于男性,粮食生产不会受到影响。③ 彭代彦认为,随着我国农业生产现代化,有效降低了农业生产的体力强度,弱化了农村劳动力老龄化与女性化的负面效应,农村劳动力老龄化与女性化并未对我国粮食生产构成显著的负面影响。④

4. 农业女性化对农村社会发展的影响

学术界关于农业女性化对农村社会发展影响的研究比较薄弱。汤月华调查了闽北的农业女性化情况,认为农业女性化在一定程度上有利于"三农"问题的解决和农村社会的稳定,"男工女耕"是农村男性进城就业,是一次男性劳动力的大解放,这为农村劳动力融入城市夯实了基础,推进了农村城市化进程,在某种程度上有效地促进了"三农"问题的解决;大量农村女性留在乡村种田,担负起农业生产和照顾老人孩子的重担,不仅为家庭生活提供了基本的生活保障,也维持了农村家庭的正常生活和农村社会稳定。⑤ 于宏从更深、更广的视角阐释了这一问题,他认为农业女性化会对城镇化产生影响。我国农业劳动力的非农化和我国农村的城镇化趋势是不可逆转的,那么农村女性向非农产业转移的滞后已不再是个妇女发展的问题,将直接影响我国城镇化进程中的人口性别结构的均衡以及未来农村社区的

---

① 聂裕鹏.农业女性化对农村土地流转的影响[J].贵州农业科学,2013(10):217-221.
② Food and Agriculture Organization of the United Nations. Women in agriculture: closing the gender gap for development[R/OL]. (2015-07-10). http://www.fao.org/catalog/inter-e.htm.
③ ZHANG L X, Rozelle S, et al. Feminization of agriculture in China: debunking the myth and measuring the consequence of women participation in agriculture[R/OL]. (2015-07-10), http://siteresources.worldbank.org/INTWDR2008/Resources/2795087-1191427986785/ZhangL&RozelleSEtAl_FeminizationOfAgriInChina.pdf.
  DE BRAUW, et al. Feminization of agriculture in China? Myths surrounding women's participation in farming[J]. The China Quaeterly,2008:327-348.
  BRAUV A, HUANG J K, ZHANG L X. et al. The feminisation of agriculture with chinese characteristics[J]. The Journal of Development Studies, 2013(5):689-704.
  ZHANG L X, DE BRAUW A, ROZELLE. China's rural labor market development and its gender implications[J]. China Economic Review,2004(15):230-247.
④ 彭代彦,文乐.农村劳动力老龄化、女性化降低了粮食生产效率吗?基于随机前沿的南北方比较分析[J].农业技术经济,2016(2):32-44.
⑤ 汤月华,李小珍.关于闽北"农业女性化"的现状思考[N].闽北日报,2009-02-02(006).

第二章
文献综述、理论基础与概念界定

建设和发展。① 李新然认为,农业女性化使农村剩余劳动力逐渐集中于女性群体,由于农村妇女普遍在文化、科技和管理水平上的限制,加大了就地转移的难度,这不仅加大了城市的就业压力,也不利于城乡差距的缩小,尤其是不利于东西部差距的缩小。②

(三)关于农业女性化应对策略的讨论

农业女性化的应对策略可以分为宏观策略和微观策略。在宏观层面,学者关注如何改变农业女性化现状,如何在城镇化浪潮下缩小非农转移中的性别差距,强调社会性别意识主流化,将性别意识纳入各类决策之中,在公共政策中体现性别意识;在微观层面,主要是农村妇女自我应对的策略,如调整生产和重构社会网络。

在宏观层面上,李新然较为全面地阐述了农业女性化的应对策略。他认为,首先需要针对农业女性化,重新思考农村与农业的发展,必须重建农村与农业的发展理论,确立性别观念;其次,针对农业女性化中的女性,重新看待农村妇女的发展,培育各种适合农村妇女发展的项目和领域;最后,从长远来看,不排除另一条可能的出路——男性的回归与女性的转移并存。③ 同时,在农业推广中要增设"农业推广与农村妇女"相关的内容,把农村妇女纳入目标群体,组建切实为农村妇女服务的组织和人事,推广内容上要立足于农村妇女的发展,并且发挥妇女在农业推广中的作用。④

在微观层面上,叶敬忠、吴惠芳等在研究留守妇女现状时指出,当遇到生产问题时,农村妇女往往通过减少耕种面积和调整生产类型,或者延长劳动时间来应对劳动量过大的问题,多途径学习农业生产技术(向种养殖能手学习、接受销售部门反馈的信息、自己阅读资料、通过其他媒体学习),通过帮工、换工合理利用劳动力,调整家庭生产结构;⑤当遇到生产以外的问题时,会通过家庭网络主动寻求社会支持或重构已有的社会网络来解决所面临的问题,包含经济支持、生活支持、安全支持、感情交流、应对紧急事件支持等,会增加与"娘家"的互动,希望得到"娘家"的支持;⑥也会借助通信设备与丈夫交流以获得情感慰藉;或通过宗教信仰来寻求心灵安慰。⑦

---

① 于宏,索志林,许静波.农业经济管理制度之农业女性化视角浅析[J].中国集体经济,2009(34):77-79.
② 李新然,方子节.试论农业女性化对农业和农村发展的影响[J].农业现代化研究,1999(2):25-27.
③ 李新然,方子节.农业女性化及女性农业化对策探讨[J].经济问题探索,1999(11):52-53.
④ 李新然.浅论农业推广中的农村妇女[J].农业科技管理,1997(10):22-24.
⑤ 叶敬忠,吴惠芳.阡陌独舞:中国农村留守妇女[M].北京:社会科学文献出版社,2008.
⑥ 吴惠芳,饶静.农村留守妇女的社会网络重构行动分析[J].中国农村观察,2010(4):81-88.
⑦ 吴惠芳,叶敬忠,刘鹏.农村留守妇女与宗教信仰[J].农村经济,2010(1):108-111.

此外,还有学者从促进非农转移和提升农村妇女人力资本的视角提出了对策。例如,林惠俗认为要推动农村妇女非农转移,需要引导和转变农村妇女观念,加强非农转移的技能培训,提高农村妇女的竞争能力;或发挥妇联的网络优势,建立挂钩联系机制,有组织地进行非农转移;①程绍珍认为要改变农村女性在总体转移中的劣势,关键是要增强妇女人力资本总量和提高人力资本质量。②

也有学者从增加女性人力资本和培育"青年农民"的角度进行了思考。③ 其中,蔡弘结合以往研究,提出从"节流"和"开源"两个方面入手,认为既要在"耕者有其田"的基础上确保"耕者守其田",也要充分认识农业劳动力可持续是农业可持续发展的根本保障,确保农业劳动力足量、优质、可持续供给。④

总体来看,目前关于农业女性化的应对策略并不充分,大部分都建立在理论演绎层面。策略往往针对问题而言,问题不明确就会导致策略泛泛而谈。由于农业女性化的消极影响并未充分显现,关于中国是否存在农业女性化现象尚未定论,因此,难以"对症下药"。

(四)关于农业女性化存在事实、分布特征、发展趋势的讨论

关于中国是否存在农业女性化现象在学术界一直没有定论。目前流行的判定方法主要有两种:一是数理意义上的农业女性化,往往通过一系列统计数据来证明农业女性化的存在;二是事实意义上的农业女性化,涉及农业劳动时间与农业生产决策。

从数理上对于中国是否存在农业女性化的判断来看,胡玉坤通过梳理第一产业女性从业者比例、农林牧渔业女性从业者比例、外出务工者性别比例差异、女性劳动参与率等宏观数据,认为农业女性化在我国已经成为一个不争的事实。⑤曾艺在2002年的《中国就业报告》指出,从事纯农业劳动的农村妇女比例显著高于男性,而妇女占外出就业的农村劳动力人数的比例不到1/3,得出了"农业劳动逐渐呈现出女性化趋势"的结论。⑥王秀毅则从农村人口性别结构角

---

① 林惠俗.加快农村妇女非农转移的一些思考[J].妇女研究论丛,2003(12):38-41.
② 程绍珍.农业女性化趋势与农村女性人力资本关系的实证研究[J].郑州大学学报(哲学社会科学版),1998(3):83-88.
③ 杨士谋.台湾省的农村青年职业培训[J].台港澳职教,1989(19):24,47-48.
　COCCOSSIS, HARRY, PSYCHARIS Y. Regional analysis and policy: the greek experience[M]. Heidelberg: Physica-Verlag, 2008:355-374.
④ 蔡弘,黄鹏.谁来种地?对农业劳动力性别结构变动的调查与思考[J].西北农林科技大学(社会科学版),2017(2):104-112.
⑤ 胡玉坤.正视农业的"女性化"[J].中国经济报告,2013(7):84-89.
⑥ 曾艺.我国农村妇女就业问题研究[J].经济研究导刊,2007(4):55-57.

度进行了思考,认为不能断言全国普遍出现农业女性化,从农村性别结构而言,男性劳动力明显多于女性,但是并不排除局部农业女性化,全国普遍出现农业女性化需要进一步考证。①

从劳动时间、生产决策上对中国是否存在农业女性化的判断来看,以高小贤、金一虹等为代表的女性主义学者认为,农村妇女成为农业生产的主要力量,但并不意味着她们在农业生产中占主导地位,滞留在农业劳动中的大多数妇女则扮演着无技能的劳动力角色,因此,不能轻易断言中国出现了农业女性化现象。②姚德超也提出了类似的质疑,认为"中国存在'农业女性化'"这一命题需要进一步考究,对这一现象的存在时间、存在范围、存在生命力提出了疑问。③

(1) 关于农业女性化分布特征的探索

对于农业女性化的分布特征不同学者所持观点差异较大。周庆行通过对比2004年外出农民工分区域、年龄、性别结构分布以及2005年农村老龄人口比重两组数据,指出农业女性化趋势的快慢、程度与区域内经济发展水平呈负相关关系,总体上呈现为西部快于且大于东部。④而高小贤通过比较1985年福建、江苏、山东、陕西和四川的劳动力就业性别分布情况,以及1987年陕西长安、泾阳农村两性职业分布情况,得出了与周庆行完全不同的结论。高小贤认为,全国各地都不同程度地出现了农业女性化趋势,而且是经济越发达,此类现象越严重。⑤王秀毅对农业女性化分布特征的认识更加具体,他认为不发达地区由于转移出去的劳动力相对较少,因而也不足以影响农业,在这些地区农业女性化没有出现;发达地区农业劳动力大多是就地转移,男性劳动力具有一定程度的兼业性,所以,农业女性化的表现也并不明显;而欠发达地区,如我国中部的湖南、河南、四川等省份,转移出去的劳动力多,部分农村男性劳动力会因为转移成本的因素而把农业劳动完全交给留守家庭的妇女操持。⑥需要说明的是,任何事物的变化与发展都离不开社会环境,可能由于数据年代的不同,三位学者获得了不同的结论。

(2) 关于农业女性化未来发展的讨论

一部分研究认为农业女性化只是当前社会转型过程中的一个特殊现象,与其

---

① 王秀毅.也谈农业女性化[J].社会科学论坛(学术研究卷),2008(8):71-73.
② 高小贤.当代中国农村劳动力转移及农业女性化趋势[J].社会学研究,1994(2):83-90.
  金一虹.农村妇女发展的资源约束与支持[J].浙江学刊,2000(6):73-76.
③ 姚德超,汪超.农业女性化研究文献回顾与展望[J].农业展望.2012(2):25-29.
④ 周庆行,宋常青.农业的女性化、老龄化趋势及其风险化解[J].石家庄经济学院学报,2008(2):68-72.
⑤ 黄季焜,靳少泽.未来谁来种地:基于我国农户劳动力就业代际差异视角[J].农业技术经济,2015(1):4-10.
⑥ 姚德超,汪超.农业女性化研究文献回顾与展望[J].农业展望.2012(2):25-29.

他发展中国家相比,中国农业女性化的趋势和特征都并不显著,①随着城乡发展的渐趋平衡,这一现象将逐渐减弱,乃至消失。黄季焜利用人口数据测算表明,未来农业劳动力老龄化趋势将会更加明显而女性化趋势将有所缓解,由于我国农业劳动力基数庞大,对于"未来谁来种地"不必过于担忧。② 大部分学者认为中国农村的城市化和中国农民的非农化趋势不可逆转,城乡间的劳动力流动是具有男性优势的性别化流动,女性化趋势明显并且将长期存在。胡玉坤从"人地矛盾"出发,认为中国人多地少的小农经济格局在未来几十年不会有根本性变化,乡村居民也依旧会持续不断地从农村转移出来,而通过提高城市化水平来减少农民总量普遍被当作实现农业现代化的必由之路,由此可以推断农业女性化过程远未终结。③ 叶敬忠和吴惠芳认为,农村留守妇女的留守状态在一定时期内将会持续下去,有留守妇女的存在,就不可避免地存在女性从事农业生产的情况。

综合学者们的讨论,一般认为在城镇化加速推进背景下,只要人口流动的总体格局还未从根本上转变,农业女性化现象将长期存在。但是这一结论仍然存在讨论的空间。既然谈到了趋势就必然涉及年龄结构的问题,若将农业劳动力年龄结构与农业劳动力性别结构两者结合考察会发现,农业女性化与老龄化共同存在于中国农村,后者较前者更为突出。对于"80后""90后"的农村劳动力而言,流动过程中的性别差异已经不太明显。也就是说,随着人口流动性别差异的缩小,农业女性化这一命题的生命力就将大大减弱。

二、国外研究

马克思在《资本论》第一卷序言中提到,任何一个人类社会都存在社会的经济运行规律,它既不能跳过也不能用法令取消。④ 农业女性化作为现代化过程中的一个社会经济现象在全球范围内普遍存在。

世界银行(World Bank,简称 WB)、亚洲发展银行(Asian Development Bank,简称 ADB)、联合国粮农组织(FAO)宣称,过去由于数据收集方法和性别偏见等因素没有肯定女性在农业生产中作用,现在各国女性在农业生产中的参与越来越被

---

① SU W L, ERIKSSON T, ZHANG L X, et al. Off-farm employment and time allocation in on-farm work in rural China from gender perspective[J]. China Economic Review, 2016(41):34-45.
② 黄季焜,靳少泽. 未来谁来种地:基于我国农户劳动力就业代际差异视角[J]. 农业技术经济,2015(1):4-10.
③ 胡玉坤. 社会性别与生态文明[M]. 北京:社会科学文献出版社,2013.
④ 马克思. 资本论:第一卷[M]. 中共中央马克思恩格斯列宁斯大林著作编译局,译. 北京:人民出版社,2004:10.

广泛认可,并将其称为农业女性化。① Agarwal、Deere、Lastarria-Cornhiel 等人的研究也发现,在世界范围内,农业劳动力的绝对数量已从 20 世纪 90 年代开始不断下降,但是,女性在农业劳动力中的比重却呈现上升趋势,尤其是在一些亚、非、拉发展中国家。②

与国内农业女性化研究相比,从研究历时来看,国外学者对于农业女性化关注更早,起步于 20 世纪上半叶,2000~2010 年是研究高潮期;从研究资料来看,国际社会的农业女性化研究内容远比国内丰富,地处亚、非、拉的主要发展中国家都成为研究对象;从研究结论来看,国外学者对于农业女性化的研究更加细致,国内缺少文献专门探讨某一地区农业女性化的存在特征与存在事实,而国外学者却对中国不同区域乃至全国范围的农业女性化进行了基本判断。

(一)农业女性化在发展中国家的存在情况

通过分析亚、非、拉三大洲农业女性化存在情况可以看到:第一,农业劳动力分配出现了性别差异,传统男性为主的农业生产格局发生了转变,女性已经越来越多地参与到农业生产之中,并发挥着越来越重要的作用;第二,女性在农业劳动力中所占比重不断提升并不意味着她们掌握了优质生产资料,农业劳动力的性别分工并未带来农业生产资料的性别转移,男性依然拥有农业生产的优势资源;第三,女性的农业贡献与社会评价两者并不成正比,卓越的经济贡献并未带来社会地位的改善,性别歧视依然广泛存在,农业女性的生存状况并不理想。

1. 关于拉丁美洲农业女性化的研究

美国学者 Deere 和拉丁裔学者 De Leal 综合运用国家、区域等不同类型的数据,考察了哥伦比亚和秘鲁的农业生产和劳动力雇佣情况,撰写了 Women in Andean agriculture(《安第斯山脉地区女性的农业参与》)研究报告,③于 1982 年由国际劳动研究室发布。报告研究认为,越来越多的女性不仅积极参与到农田劳动

---

① GARTAULA H N, NIEHOF A, VISSER L. Feminisation of agriculture as an effect of male out-migration: unexpected outcomes from Jhapa district, Easter Nepal[J]. The International Journal of Interdisciplinary Social Sciences, 2010(2):565-577.

② AGARWAL B. Gender and land rights revisited: exploring new prospects via the state, family and market[J]. Journal of Agrarian Change, 2003(3):184-225.

DEERE C D. The feminization of agriculture? Economic restructuring in rural latin America [R/OL]. [2005-02-01]. http://www.unrisd.org/publications/opgp1.

LASTARRIA-CORNHIEL S. Feminization of agriculture: trends and driving force[EB/OL]. (2006-11-01)http://www.sarpn.org/documents/d0002435/Feminization_agric_Nov2006.pdf.

③ 笔者译,不妥之处望指正。文中出现的外文文献翻译均是笔者自译,之后不再批注。

和家畜饲养之中,而且也参与到农产品加工与销售之中,但是农业生产过程依然是男性起主导作用,生产资料控制、农业决策、农产品销售等环节女性参与情况并不理想。[1]

2005年,Deere在欧盟的资助下为世界性别平等研究提交了 *The feminization of agriculture? Economic restructuring in rural Latin America*(《农业女性化?拉丁美洲乡村地区经济转型研究》)研究报告,深入分析了在经济危机、自由主义改革和农村贫困率上升的背景下,拉丁美洲农村地区经济转型过程中的农业女性化表现及其特征。Deere在报告中指出,农业部门的农业女性化发生存在两种路径,一是农业劳动中女性承担越来越多的责任,二是她们作为雇佣劳动力在非传统农业出口部门的参与程度不断上升。但是,无论何种路径,人口普查数据与统计调查数据都不能很好地反映出农村女性社会地位的变化。在拉丁美洲,有40%~60%的拉丁美洲的农村妇女在非传统农业出口部门工作,并且随着土地数量的缩减、农业生产利润率降低、女性户主群体的扩大以及男性外出务工离开农田,女性作为自营农(Own-account Farmers)的比例还在不断上升,女性在非正规就业部门就业的比例还在不断扩大,如在非传统农业出口工厂从事新鲜蔬果出口的打包工作。尽管如此,她们所从事的职业仍然是非农行业中的弱质产业,女性权益仍然没有获得良好的保障,工资收入仍然徘徊在所在地区的最低水平,家庭地位与社会地位仍然没有发生本质变化。正如Deere在报告中所言,因为是女性气质(耐心、手巧、温顺)才使得她们适合从事蔬果打包和鲜花剪裁工作;而她们本身也希望能在非正规就业部门,从事具有临时性质、季节性忙碌的部门工作。[2]

2. 关于亚洲农业女性化的研究

联合国妇女发展基金会(United Nations Development Fund for Women, UNIFEM)南亚地区研究办公室研究员Kelkar在 *The Feminization of Agriculture in Asia: Implications for Women's Agency and Productivity*(《亚洲农业女性化:对妇女机构和农业生产的影响》)一文中详细探讨了由于男性外出务工,传统性别分工发生变化,原本由男性从事的农业生产转移到女性手中的现状,以及在此过程中妇女权益变化以及自我认知状况变化。Kelkar在文中关于中国农业女性化与南亚农业女性化的数据展示令人印象深刻,从中可以窥见亚洲农业女性化的存

---

[1] DEERE C D, DE LEAL M L. Women in andean agriculture: peasant production and rural wage employment in Colombia and Peru[R]. International Labour Organisation, 1982.

[2] DEERE C D. The feminization of agriculture? Economic restructuring in rural latin america. [R/OL]. (2005-02-01). http://www.unrisd.org/publications/opgp1.

在情况。

从中国来看,2005年,国际农业发展基金会(International Fund for Agricultural Development,简称IFAD)发布的《中国性别评估报告》指出,虽然不同区域存在差异,目前中国农业劳动力的70%都由女性构成,超过70%的农业劳动都由女性承担。从南亚来看,2006年世界银行的报告显示越来越多的女性参与到农业生产之中,孟加拉国女性从事农业生产的比例为75.7%,印度为74.8%,尼泊尔为85.2%,巴基斯坦为64.2%。其中,对于印度的农业女性化和孟加拉国的农业女性化,该报告进行了详细说明。印度全国抽样调查(National Sample Survey,简称NSS)数据显示,1993~1994年,约有86.44%的女性在第一产业;1999~2000年,仍然有85.77%的女性在第一产业;而2001年印度的官方数据显示,印度有75%的女性工作者和85%的农村女性劳动力都在农业相关领域。与印度毗邻的孟加拉国很早就显示出农业女性化现象,Kelkar在孟加拉国的调研发现,大约12年前,孟加拉国从事农业生产的女性的比例就开始逐步上升,并且在农业领域还存在"同工不同酬"现象,男性与女性从事相似的农业劳动,但是获得的报酬却并不一致,男性比女性能够多获得20~40的塔卡。①

3. 关于非洲农业女性化的研究

联合国粮农组织在2011年的世界粮食和农业发展报告中指出,撒哈拉沙漠以南的非洲地区农业女性化非常显著,女性已经成为农业生产的主要劳动力,其中位于非洲西部的加纳共和国就是典型。1997年,Duncan在弗里德里希-阿尔伯特基金会(Friedrich Erbert Stiftung,简称FES)和国际女律师联合会(International Federation of Women Lawyers,简称IFWL)的委托下,围绕农业生产中女性参与、角色扮演及其所处地位,首次对非洲西部国家加纳进行了调研,并于2004年对调研资料再次进行修订,用以反映农业部门已经发生的关键性变化,最后于同年4月出版了著作 *Women in Agriculture in Ghana*(《农业生产中的加纳女性》),著作扉页的一句话令人印象深刻——"谨以此书献给全体加纳的女性农民"。

通过Duncan的研究可以看到,农业是加纳国民经济的支柱性产业,约占GDP的51%、出口总额的45%、税收总额的12%,全国有近55%的劳动力受雇于农业部门。与此同时,女性在加纳的农业生产领域扮演了极其重要的角色,种植业中约有52%的劳动力是女性,农业生产部门中约有90%的劳动力是女性,全国约有

---

① KELKAR G. The feminization of agriculture in Asia: implications for women's agency and productivity [R/OL]. (2009-04-07) http://www.agnet.org/library.php? func=view&id=20110725164020&type_id=4,2009-4-7.

70%的粮食作物由女性生产。尽管加纳妇女在国家经济发展中扮演着核心角色,但在具有殖民烙印的社会性别歧视影响下,她们在教育、土地、农业推广和信贷等方面的资源远不如男性,也未给她们应有的社会地位与社会认可,反而将她们囿于贫困人群之列,她们与她们的孩子几乎无社会福利可言,还面临艾滋病的威胁,生活际遇悲惨。Duncan进一步指出,这种性别歧视可以追溯到殖民统治期间,殖民时期经济作物的引入带来了农业生产上的性别分工,男性在经济作物生产中扮演核心角色,而女性则被分配到粮食作物生产之中,农业劳作的性别分工逐步延伸到其他领域,例如,土地所有权、收入支配权、其他生产资源获得权等;同时,农民作为一种职业其社会认可度较为低下,而对女性农民的社会歧视则更为明显,女性农民如今面临双重风险:一是性别歧视,二是进一步被"边缘化";不仅如此,女性作为种植业劳动力主要群体,随着农村、城市和区域开发过程中的差异,经济地位将更加恶化。[1]

（二）农业女性化应对策略启示

亚、非、拉三大洲农业劳动力性别结构的变动表明,农业女性化普遍存在于发展中国家已是不争的事实。然而,由于不同地区具有不同的社会文化背景、经济发展水平、农业生产方式,各地农业女性化的存在情况、形成原因、影响程度既具有共通之处,也保持了地区特色,与之相应的应对策略也不尽相同。

Song等学者认为中国农村妇女非常紧迫地需要获得平等发展的机会来改变处境,如果未将性别意识纳入到决策之中和针对农村妇女展开配套的公共服务,那么农村妇女将会被进一步"边缘化"。[2] Brauw等学者认为在政策层面上要确保妇女获得土地权益,在法规层面上要规定妇女拥有获得信贷的资格,在市场层面上要积极营造有助于妇女获得成功的经济发展战略。[3] Kelkar针对亚洲农业女性化（主要是南亚,以印度为主）认为加强针对农村妇女的技术培训,增加农业生产知识,提高农业生产水平,提高农业管理技能,是完善农业生产、克服贫困、缩小收入

---

[1] DUNCAN B A. Women in agriculture in Ghana [M/OL]. 2th ed. Ghana: Courtesy(Pictures), 2004. http://library.fes.de/pdf-files/bueros/ghana/seitenumbruch/03531.pdf.

[2] SONG Y C, et al. Feminization of agriculture in rapid changing rural China: policy implication and alternatives for an equitable growth and sustainable development[R]. In FAO-IFAD-ILO Workshop, 2009(4):1-27.

[3] DE BRAUW A, et al. Feminization of agriculture in China? Myths surrounding women's participation in farming[J]. The China Quaeterly, 2008:327-348.

不平等的可行之道。① Vepa 针对印度农业女性化认为,政府要营造良好的就业环境,提高妇女收入,为妇女创造更多就业机会,最基本的要使妇女获得"同工同酬"基本权利。② Deere 在关于拉丁美洲农业女性化研究中始终呼吁男女应获得"同工同酬"的机会,给予农村妇女更多的发展机会,改变她们沉积在行业底层的现实状况,并在早期的书评中表明,希望国家在发展中将农业视为资源,而不是一味"摧毁"农民,要鼓励并扶持农民的发展。③ Duncan 针对加纳农村妇女农业参与现状认为,要切实提高农民职业的社会声誉,提升妇女的法律程序意识,加速完善妇女财产权的司法改革,去除因为死亡或者离婚带来的不平等的财产分配条款,有意识地提高财政和技术对于粮食生产部门的支持,推动"the Gender and Agricultural Development Strategy"(性别平等与农业发展战略)的实现。④

希腊政府则提出了"青年农民"计划。计划的核心是通过提供经济支持和生产指导,鼓励青年农民(小于 40 岁)进入农业生产领域。政策推行之后,希腊政府在北部的西马其顿选择了符合政策要求的 126 个样本女性进行研究。遗憾的是,研究结果大大偏离了政策预期,虽然大部分女性对于这个"青年农民"计划表示赞赏与肯定,她们通过接受指导确实掌握了农业技能,但是最后只有 16 个女性成为真正意义上的农民。这一研究一方面使得从全国性统计数据中发现的农业女性化现象不攻自破,其实女性并未投入到生产之中;另一方面要求今后决策过程中能够将性别意识纳入其中。⑤

这些针对保障或者改善女性农业参与的策略跨越了亚洲、非洲、拉丁美洲和欧洲,但是不同对策建议背后始终有一个核心的精神指向,即营造并促进男女平等发展的社会环境和政策环境。这也是联合国《2010—2011 世界粮食和农业发展报告》的主旨。⑥ 可以看到,"促进男女平等发展"在不同策略之中被赋予了丰富的含

---

① KELLAR G. The feminization of agriculture in Asia: implications for women's agency and productivity [R/OL]. (2009-04-07). http://www.agnet.org/library.php?func=view&id=20110725164020&type_id=4.

② SWARNA S. Feminisation of agriculture and marginalisation of their economic stake[J]. Economic and Political Weekly,2005(25):2563-2568.

③ DEERE C D. The Division of labor by sex in agriculture::a peruvian case study[J]. Econimic Development and Cultural Change,1982(4):795-811.
　DEERE C D. Agriculture:natural resources[J]. Journal of Economic Literature,1988(4):1785-1786.

④ DUNCAN B A. Women in agriculture in Ghana [M/OL]. 2th ed. Ghana:Courtesy(Pictures),2004. http://library.fes.de/pdf-files/bueros/ghana/seitenumbruch/03531.pdf.

⑤ COCCOSSOS H,PSYCHARIS Y. Regional analysis and policy:the greek experience[M]. Physica-Verlag Heidelberg,2008:355-374.

⑥ Food and Agriculture Organization of the United Nations. Women in agriculture:closing the gender gap for development[R/OL]. (2012-12-21). http://www.fao.org/catalog/inter-e.htm.

义,不仅仅包含一些基本权利上的平等,如就业机会、经济收入、土地权益、财产分配等,还包含了一些发展机会上的平等,如农业生产技能培训、农业知识获取、公共服务享有等,更包含了政策内涵上的平等,学者们希望将性别意识纳入到政府决策之中。

（三）关于中国农业女性化存在事实及其影响的判断

世纪之交以来,越来越多的学者将研究目光聚焦于中国的农村,他们运用不同研究方法和测量标准对中国的农业女性化存在情况进行了讨论。从研究时间来看,2000年以来,除联合国粮农组织2011年编写的 *Women in Agriculture: Closing the Gender Gap for Development*（《农业生产中的女性:促进男女平等发展》）之外,还有6篇中国科学院农业政策研究所与国外专家合作的成果值得关注。分别是:

（1） 2003 年, *Are Women Taking Over the Farm in China?*（《在中国农村女性是否主导了农业生产?》）。

（2） 2004 年, *China's Rural Labor Market Development and Its Gender Implications*（《中国农村劳动力市场的发展及其性别启示》）。

（3） 2006 年, *Feminization of Agriculture in China: Debunking the Myth and Measuring the Consequence of Women*（《中国的农业女性化:存在情况及其影响》）。

（4） 2008 年, *Feminization of Agriculture in China? Myths Surrounding Women's Participation in Farming*（《中国存在农业女性化? 女性农业参与探索》）。

（5） 2009 年, *Feminization of Agriculture in Rapid Changing Rural China: Policy Implication and Alternatives for an Equitable Growth and Sustainable Development*（《中国农村快速发展下的农业女性化:政策含义、公平增长与可持续发展》）。

（6） 2013 年, *The Feminisation of Agriculture with Chinese Characteristics*（《中国农业女性化特质研究》）。

联合国粮农组织的研究员 Alan de Brauw,于 2003 年发表了 *Are Women Taking Over the Farm in China* 一文,正式开启了国外学者关于中国农业女性化研究的大门。在此研究成果发布之前,众多西方研究机构和学者认为农业女性化已经在发展中国家普遍存在,但是,Alan de Brauw 通过历史回顾和利用现有数据检验表明,在中国,女性参与农业劳动并不广泛,并且未来出现农业女性化的可能性也极小。Alan de Brauw 的论断是从劳动力市场角度切入获得的,在 20 世纪 90 年代初期,男性更加倾向于从事非农工作,但最近的研究表明,女性进入非农领域

第二章
文献综述、理论基础与概念界定

从20世纪90年代末期就开始增长了,这间接暗示了随着改革的深入,女性也不再从事农业生产,即从20世纪90年代开始,非农劳动力市场开始接受男性和女性,性别不再是非农转移的影响因素。之后,他对于自己的研究结论进行了追问,如果女性不是农业生产的主体,那么谁是呢?对于此问题他给出了两个潜在回答:一是资本介入取代劳动力;二是年长的男性似乎可以从事农业生产,因为其研究表明,超过55岁的男性从事农业生产的比例远高于女性。[1]

Alan de Brauw 对于中国农业女性化的研究并未止步于此。2008年,他在 *Feminization of Agriculture in China? Myths Surrounding Women's Participation in Farming* 一文中继续追问:女性在中国农村到底扮演了何种角色?农业女性化是否在中国真实存在?其对劳动力、生产力和社会福利带来了哪些影响?Alan de Brauw 在研究中首先建立了判断不同农业女性化的标准,即从农业劳动力女性化与农业管理女性化两个层面来衡量,通过综合运用中国健康与营养调查(China Health and Nutrition Survey,简称CHNS)和中国农村调查(China National Rural Survey,简称CNRS)的数据表明,两种农业女性化在中国农村均未发生。虽然在家畜饲养领域女性的劳动贡献达到了64%,但是家畜的销售决策仍然掌握在男性手中,也仅仅是出现了农业劳动力女性化。Alan de Brauw 还比对了不同年龄组劳动力人口的农业生产情况,发现中国社会学家所观察到的农业女性化现象仅仅在中年组(26~45岁)有所体现,低龄组人口都倾向于从事非农行业,而超过55岁的人口组,女性从事农业生产的比例下降速度明显快于男性,也就是说,年长的男性相较于女性更多地从事农业生产,这在一定程度上回答了其在2003年提出的猜测。[2] 2013年,de Brauw 再次对中国农业女性化进行了深入剖析,并获得了与此前并不相同的研究结论。他认为,从收集到的家庭调查数据来看,农村妇女同男性一样,已经掌握了农业生产的资源,而且农业生产效率和粮食产量并没有因为女性主导而出现下降,中国农村确实出现了农业女性化(包括农业劳动力女性化以及农业管理女性化),不容忽视的是,农业女性化在一定程度上影响了农村妇女的福利与发展。[3]

---

[1] DE BRAUW A. Are women taking over the farm in China[R/OL]. (2003-07-10). http://web.williams.edu/Economics/wp/debrauw_fem.pdf.

[2] ZHANG L X, et al. Feminization of agriculture in China: debunking the myth and measuring the consequence of women participation in agriculture[EB/OL]. (2006-11-01). http://siteresources.worldbank.org/INTWDR2008/Resources/2795087-1191427986785/ZhangL&RozelleSEtAl_FeminizationOfAgriInChina.pdf.

[3] DE BRAUW A, et al. The feminisation of agriculture with Chinese characteristics[J]. The Journal of Development Studies, 2013(5):689-704.

China's Rural Labor Market Development and Its Gender Implications 和 *Feminization of Agriculture in China：Debunking the Myth and Measuring the Consequence of Women* 的核心作者都是中国科学院农业政策研究中心的张秀林。第一篇文章并没有直接讨论中国农村是否存在农业女性化，而是集中讨论了农村劳动力非农转移中的性别差异，以及部分女性留守在农村是否影响了农业生产效率，由于篇幅限制，对于第二个问题并未进行深入讨论。张秀林通过调研中国河北、辽宁、陕西、浙江、湖北、四川6个省的60个村庄的1199个家庭所获得的结论中，有两点值得关注：一是非农转移过程中的性别差异确实存在，男性较女性更早地进入非农领域，但是从20世纪90年代末开始，女性比男性更快地进入非农领域，1990年女性在非农领域的占比为10%，到了2000年则增加到了30%；二是女性在当前的中国农村扮演着越来越重要的角色，农业生产率并未因为由女性掌握主导权而出现下降，世界上其他国家经验表明，当男性缺席女性成为农业生产主要劳动之后，农业收入将会有所降低，但在中国出现了特例，换言之，农业女性化并不会影响农业生产。[①] 在第二篇文章中，张秀林认为女性在农业领域和非农领域都从事了大量工作，但是作为农业劳动力的比例并没有不断上升，与此同时，女性作为农业生产管理角色仍然相当少见，因此，无论是农业劳动力女性化还是农业管理女性化在中国农村都不存在；并且非常乐观地认为，即使出现了农业女性化，如果农村女性能够及时、有效、便捷地获得农业生产知识、信息和技术，农业生产效率不会有所降低。可见，两篇文章所获得的结论基本一致。

Feminization of Agriculture in Rapid Changing Rural China：Policy Implication and Alternatives for an Equitable Growth and Sustainable Development 是"粮农组织-农发基金-国际劳工组织（FAO-IFAD-ILO）"联合举办的专题讨论会的会议论文。与其他研究不同之处，宋一青等学者研究发现，由于农业比较效益低下，农业收入在家庭收入中所占比重不断下降，导致拥有更多人力资本和社会资本的男性离开农田转向非农，将收益较低的农业留给了妇女和老人，农业女性化与农业老龄化现象在农村同时存在。同时，由于劳动力的缺乏和生产回报率过低，很多农村家庭将原本双季种植的耕作方案转变为单季种植，一部分家庭没有放弃农田的原因仅仅是为了守护家里的自留地和满足家庭日常粮食需求，而不是为了从中获得收益。在这样的情形下，尽管农业女性在劳动力分配和农业生产之中扮演了越来越重要的角色，但是她们仍然难以掌握农业生产技术和获得相关生产

---

① ZHANG L X, de BRAUW A, ROZELLE S. China's rural labor market development and its gender implications[J]. China Economic Review, 2004(15)：230-247.

资源,在家庭内部和农村社区的"大事"决策上,她们仍然属于边缘人群。

我们可以从以上六篇文献中看到当前中国农业女性化的三个核心特征:

第一,从20世纪90年代开始,伴随规模宏大的人口流动,中国农村农业生产劳动力再分配出现了与以往不同的情况,越来越多的农业生产责任转移到女性肩上,无论是劳动力女性化,还是管理女性化,抑或是农业老龄化,都可能广泛存在于中国农村。

第二,女性在农业生产中扮演了越来越重要的角色,但是这并不意味着她们获得了与男性同等的发展资源和生产资源,她们依然属于"边缘人群",农业女性化对农村女性发展的影响不容忽视。

第三,农业劳动力分配中的性别差异并未影响中国的粮食产量和农业生产效率,如果女性能够及时获得有关农业生产知识、技能、信贷等培训,中国未来粮食生产仍然乐观。

三、研究评析

通过梳理可以看到,进入新世纪以来,国内外学术界对于中国的农业女性化问题已经有了一个较为全面、清晰的研究体系和回答机制。

从国内研究来看,以高小贤、金一虹、孟宪范、刘筱红、胡玉坤、李新然、叶敬忠、姚德超等为代表的一批学者从20世纪90年代中期开始不断推动国内农业女性化研究的进程,关于农业女性化的概念、形成的缘由、对农村妇女发展的影响、对"三农"发展的影响、分布特征、发展趋势等相关领域有了卓越而丰富的研究成果。通过他们的研究看到,农业女性化并不是一个单纯的农业劳动力性别失衡现象,其背后涉及社会发展中的经济、文化、政治等一系列因素,是社会转型发展中多重因素综合作用的结果,是当前中国农村问题的一个缩影,更是社会对于妇女问题再思考的一个窗口。

在短暂的研究历程中,不可避免地存在一些问题没有解答,主要体现以下六个方面:

第一,关于农业女性化的界定不够清晰,缺少判断农业女性化存在事实的专门研究,大部分研究直接建立在中国已经出现了农业女性化的事实判断之上。

第二,关于农业女性化的成因机制解释不够全面。一方面,当前研究基本上是站在农村社区的角度思考农村妇女为何"出不去"或"难出去",却少有研究思考农村妇女为何在城镇"留不下",即对于"农业劳动力回流过程中性别差异问题"和"农村妇女非农务工生计艰难问题"的回答还不够;另一方面,当前研究对于一部分没有发生人口流动家庭的分工变化中显现出来的性别差异并未引起足够的重视。

第三,关于农业女性化的影响过多地侧重于妇女本身而忽视了其对于农村家庭、农村社会,乃至粮食生产、粮食安全的影响。

第四,关于区域比较的研究十分薄弱,描绘全国不同地区农业女性化现状,解释不同区域农业女性化成因,加强农业女性化区域异质性研究是推动农业女性化研究的必然之举,也是学术界的一大挑战。

第五,关于农业女性化的定性研究和理论研究丰富,实证研究和定量研究较少。一批较早研究农业女性化的学者,如高小贤、孟宪范、金一虹、黄西谊等,在她们的著作中都能见到一部分实证材料;近年来,范水生、周丕东、何军、陈欢、赵文杰等分别对福建省、贵州省、江苏省、甘肃省的农业女性化及其影响进行了实证调研。但是,总体而言,利用一手资料开展的实证研究依然缺乏。

第六,关于农业女性化的应对策略大部分停留在理论演绎阶段,未能联系实际、深入基层提出具有现实意义的针对性方案。

从国外研究来看,学者们为我们生动地展现了一幅世界农业女性化的图景,农业女性化不是中国改革开放历程中农业劳动力性别变动的特殊现象,在亚、非、拉国家普遍存在,甚至在欧洲的一部分国家也能看到掠影。以 Alan de Brauw 为代表的一批专家学者严谨地讨论了农业女性化的界定,农业劳动力女性化与农业管理女性化及其测量标准的提出令人印象深刻,虽然在实际判断过程中会遇到一些困境,但无疑将农业女性化的研究推向了纵深。中外学者合作的研究报告奠定了中国农业女性化研究的基础,他们对于中国农业女性化的存在判断、成因描述、影响探索、后果评估为国际社会了解中国农业女性化打开了一扇明窗。当然,不同国度、不同研究背景的一批国外研究者面对不同地区的农业女性化现实,不约而同地在字里行间透露出对于农村女性未来发展的担忧,对男女平等、平权发展的期待值得引起高度的重视,促进男女平等的政策含义以及将性别意识纳入决策主流的管理方式将是下一个阶段推动农村性别平等、提高女性社会福利、促进农业生产效率的可行之举。

中国农业女性化研究是一个富有生命力和女性主义关怀的研究领域,是从劳动力性别视域对传统"三农"问题的一次有益审视,是涉及社会学、经济学、女性学、管理学、政治学等多门学科的交叉议题。法国社会学家皮埃尔·布尔迪厄曾指出,面对社会大众的苦难,社会科学若不想变成社会巫术,就必须深入生活,传达底层的声音,这就要求研究者深入农村、扎根基层,用科学的态度和方法反映真实情况。应当看到,农业女性化作为一个富有时代生命力和女性主义关怀的研究领域已经进入了公众视野。学界从现代化浪潮、社会结构变迁、传统农村伦理束缚、家庭经济理性思考等视角对农业女性化的成因进行了细致的回应,针对农村妇女、农村家庭、农业生产、农村发展,对农业女性化的影响进行了详细的阐述,围绕宏观层面性别平等的发展环境营造,以及微观层面农村妇女自我社会网络塑造与社会资本积累提出了务实的农业女性化应对策略。然而,要保持农业女性化研究的生命力,除了深化已有研究领域、克服已有研究不足之外,更要结合新的社会经济运行环境,拓宽农业女性化研究的视野。

第二节 理 论 基 础

在研究过程中,本书综合借鉴并运用了国内外多种理论,这些理论贯穿研究始终,助力了研究的开展与推进,既涉及经济学关于人口流动的基本理论,用于解释城镇化进程中农村大量剩余劳动力向城镇转移,大量农业劳动力者转向非农部门的社会经济现象;也关注了社会学中关于社会性别理论、性别分工理论和理性决策理论的重要成果,对于解释农村家庭性别分工变动、"一家两工"、"男工女耕"、"兼农兼业"等现象起到了至关重要的作用;与此同时,农业女性化对于农村妇女而言既是机遇亦是挑战,必须承认这一现象是农村妇女从私领域走向公领域的重要一步,对于农村妇女个人发展的作用不可否认,因此,本书对女性主义与妇女发展也做了的一些相关阐述。

一、人口流动理论

人口流动通常是指人口在地域空间上的移动,更确切地说,是指人口从一个地区到另一个地区的改变居住地的移动。[①] 从地域区域范围来看,一般包括国内流动和国际流动,国内流动又包含乡村之间、城市之间、乡城之间的流动。本书关注的人口流动与此有所区别,主要是指产业部门之间的人口流动,即从传统农业部门向现代非农部门输送剩余劳动力的过程。结合我国实际来看,这一过程往往就是城镇化过程中城乡非农转移,经典的二元经济理论和人口学的"推-拉"理论对此做出了一些解释。

---

① 李竞能. 人口理论新编[M]. 北京:中国人口出版社,2001.

(一) 二元经济理论回顾

1. 刘易斯模型①

20世纪50年代中期,威廉·阿瑟·刘易斯在《无限劳动供给下的经济发展》一文中提出了二元经济结构发展模型,也称为无限过剩劳动力发展模型,其目的是论证发展中国家农业劳动力向城镇工业部门流动的两部门人口流动模型。

刘易斯认为,发展中国家一般存在两个不同的经济部门:一个是聚集大量资本、具有较高劳动生产率的城市现代工业部门,另一个是拥有大量剩余劳动力的以自给自足为生产模式的乡村传统农业部门。在传统农业部门,不可再生的土地是生产的基础,耕地面积的扩展是有限的,生产技术简单且进步缓慢,由于劳动生产率较为低下,农业生产者只能维持最低的生活水平。在其他要素不增加的条件下,一部分劳动产值和边际生产率逐渐接近于零,也就是说,从传统部门抽出一部分劳动力并不会影响农业生产。

而在高劳动生产率的现代工业部门,由于生产规模扩大和生产速度提高,人口边际效益并未饱和,人口平均收入不断提高。传统部门和现代部门收入差异导致农业部门的剩余劳动力源源不断流向现代工业部门,只要工业部门需要,就可以从农业部门中得到无限的劳动力。这一发展状态一直到农村剩余劳动力全部转移到工业部门为止。

在刘易斯理论模型下,人口转移的根本原因是务农收益大大低于务工收益,当两者趋于平衡的时候,从农村向城镇的人口流动将基本停止,并且人口的转移能够促进农业现代化发展。

2. 费景汉-拉尼斯模型②

20世纪60年代,古斯塔夫·拉尼斯和费景汉认为刘易斯模型存在两点不足:一是在工业发展中,没有对农业部门所起的基础性作用引起足够的重视;二是忽视了农业劳动力生产率提高和农业剩余产品的增加是农业劳动力转入现代工业部门的先决条件。在刘易斯两部门结构发展模型基础上,建立了费景汉-拉尼斯模型,并在1961年在《经济发展的一种理论》一文中明确提出。

费景汉-拉尼斯模型把两部门经济发展划分为三个阶段,揭示了每个阶段中农

---

① 刘易斯. 二元经济论[M]. 北京:北京经济学院出版社,1989.
② FEI J C H, RANIS G. Development of the labor surplus economy: theory and policy[J]. Economic Journal, 1964, 77(306):480-482.

业劳动力向工业转移的不同特点。

第一阶段是数量庞大的显性失业人口聚集于传统农业部门,农村劳动边际生产率趋近于零,劳动力的再投入并不会带来实质性结果。与刘易斯理论模型相似,此阶段由于农业总产出并没有减少,粮价和工资不会上涨,农村剩余劳动力转移到非农生产部门不会遇阻。①

第二个阶段是由于农业劳动力持续减少,农业劳动边际生产率由趋零转向趋增,但仍然低于制度工资。这一阶段依然存在大量农村剩余劳动力,他们的非农流转意愿依然强烈。然而,转移规模的不断增大,降低了工业资本家的利润率,最终导致转移迟缓,经济由增长转向停滞。

第三阶段是农业部门已不存在剩余劳动力,农业劳动边际生产率等于或大于制度工资水平,此阶段农村剩余劳动力已经全部转移到工业部门,农业劳动力已经变成了竞争市场的产品,农民和工人的收入水平一样,均由劳动边际生产率决定,传统的农业经济就进入了发达的资本主义经济阶段,或者说,传统农业转化为商业化农业。费景汉-拉尼斯模型把第二阶段向第三阶段的转变点称为商业化点,由此开始进入稳定增长的发达经济。

3. 乔根森模型②

戴尔·乔根森出于对古典主义的反思,依据新古典主义分析方法创立了新的理论,于1967年在《过剩农业劳动力和两重经济发展》一文中提出乔根森模型。

乔根森理论认为,非农部门的工资率代表了边际生产力,而农业部门的工资率代表了劳动的平均产品,劳动力可以在两部门之间实现自由流动。农业剩余和人口规模决定了非农部门的发展,农业成为社会经济发展的基石。也就是说,农村剩余劳动力转移的前提条件是农业剩余。基于此,乔根森又提出了一个重要假设,即农业总产出与人口增长相一致。农业技术的进步推动劳动生产率提升,在同等条件下,农业剩余的规模也将不断扩大,"挤压"出更多的农村劳动力,输送到工业部门。在劳动力转移过程中,工资率不是固定不变的,而是会随着资本积累上升和技术进步而不断提高的。

乔根森模型与刘易斯模型和费景汉-拉尼斯模型最大的不同之处在于,前者是基于古典主义分析方法并以剩余劳动力为基础创立的理论,后两者则基于新古典主义方法并以农业剩余为基础创立的理论。

---

① 孙峰华.农村剩余劳动力转移的理论研究与实践探索[J].地理科学进展,1999(2):111-117.
② 李仲生.人口经济学[M].北京:清华大学出版社,2013.

4. 哈里斯-托达罗模型

哈里斯-托达罗模型揭示了在城市失业条件下农业劳动力继续向城市流动的原因。该模型的基本观点是，农业劳动力是否向城市转移取决于两点：一是农业劳动力流向城市非农部门后的预期收入，差异越大，流入城市的人口越多；二是在城市能够找到就业岗位的概率。在任一时期，迁移者在城市现代部门找到工作的概率与现代部门新创造的就业机会成正比，与城市失业人数成反比。

农村剩余劳动力是否决定转移到工业部门的决策不仅仅取决于城乡实际收入差距，而且还取决于城镇就业率、失业率和预期收益差别。同时，哈里斯-托达罗模型还讨论了当城镇失业率日趋恶化时，要通过提高农业劳动力收入水平以缩小城乡收入差距从而减缓农村剩余劳动力向城镇转移的速度和规模，为了减轻农村劳动力转移给城镇带来的巨大压力，可以通过大力发展农村非农产业和提升公共服务的方式来扩大农村内部就业机会，也就是说通过农村工业化就地吸收农业剩余劳动力，从而缓解农业人口向城市流动的压力。[①]

按照哈里斯-托达罗模型，人口流动基本上是一个经济现象，尽管城镇失业现象已经非常普遍，准备流动的剩余劳动力在城乡预期收入差异的刺激下也能做出理性决策。

这些经典的解释城乡之间人口流动的理论都试图回答两个问题：第一，为什么要流动，即农村剩余劳动力向城镇流动的机理问题；第二，流动到什么时候，即农村剩余劳动力流动的均衡点问题。但是，以上提到的劳动力流动模型都隐含着一个条件，即劳动力的单向流动，一定程度上夸大了劳动力从农村直接进入城市非农部门的可能性，也忽略了非农部门劳动力的回流现象。虽然哈里斯-托达罗模型已经提出了发展乡村工业能够缓解农村人口大规模转向城市非农部门的压力，但其框架依然未能跳脱刘易斯的二元结构，没有观察到城乡人口流动的多元经济背景。从欧洲城镇化和人口流动的历史经验来看，工业化都经历一个多元经济转变的过程，遵循了传统农业-过渡部门-城市非农业的阶段，其中大部分时期又是多元经济部门并存的状态，而不是单纯的二元结构。[②] 从中国经验来看，改革开放初期就出现了典型的三元经济结构特征，20世纪80年代兴起并繁荣于江浙地区的乡镇工业在我国国民经济演进中扮演了极为重要的角色。[③]

---

① HARRIS J, TODARO M. Migration, unemployment and development: a two sector analysis[J]. 1970, 60(01):126-142.
② 蒋尉. 欧洲工业化、城镇化与农业劳动力流动[M]. 北京：社会科学文献出版社，2013.
③ 李克强. 论我国经济的三元结构[J]. 中国社会科学，1991(3):65-82.

第二章
文献综述、理论基础与概念界定

(二)"推-拉"理论和人口迁移重心理论

除了从经济学视角出发考察劳动边际生产率变动来解释人口流动现象之外,根据迁移利益差异比较选择原理,可以从迁出地和迁入地的差异选择角度来解释我国城镇化过程中乡城之间的人口流动现象。"推-拉"理论对于人口流动问题也具有很强的现实解释力。

该理论认为,在市场经济和人口自由流动的情况下,人口迁移和迁移搬迁的原因是人口可以通过搬迁改善自己的生活条件和工作环境。于是,在流入地中,那些改善移民生活条件的因素就起到了拉力作用,如较高的收入水平、较多的就业机会、良好的人际关系、丰富的社会服务、优美的生态环境等,而流出地中那些不利的社会经济条件就成为推力,如收入水平比较低,就业机会或向上流动机会比较少,人际关系和社会环境比较差,甚至生态环境恶化,等等。人口流动就是在这两种力量的共同作用下完成的。上述推力和拉力越大,那么人口迁移的意愿也越强烈,迁移活动实现的可能性也越大。

在迁出地和迁入地之间,存在一定的迁移距离。因此,在做出迁移决策的时,不仅要考虑原居住地和迁移目的地的利益差异选择问题,还必须考虑两地之间的迁移距离。迁移距离的长短同迁移意愿的强弱在不考虑其他影响因素前提下,是一对反向变动关系。也就是说,对于具备迁移意愿的个体而言,若迁移距离越长,迁移决策的难度也越大,迁移意愿就会因此而相应减弱;反之,若迁移距离越短,迁移决策的难度也会随之降低,迁移意愿就会相应增加。

进一步而言,人口迁移量和迁出地推力与迁入地拉力的合力呈正向变动关系,而和迁移距离呈反向变动关系。在人口理论上将这个规律称为"迁移重力作用原理",用理论模型表示为

$$M_{ij} = P_i P_j / D_{ij}$$

其中,M_{ij}表示迁出地和迁入地之间的人口迁移量,包括意愿强度、迁移规模、迁移速度;P_i表示迁出地推力,P_j表示迁入地拉力,$P_i P_j$表示两者的合力;D_{ij}表示迁出地和迁入地之间的迁移距离。

不容忽视的是,人口迁移除了面临利益选择和距离制约外,还是一个双向选择的过程。当人们选择离开农村、农业进入城镇及比较效益更高的非农部门时,迁入地也从本地利益出发对意愿迁入者进行选择,尽可能选择对本地有用的人才。因此,那些在文化教育、技术专长、年龄性别、婚姻状况、思想品质等方面符合迁入地要求的人更占优势。从这一点来看,也解释了男性青年劳动力较妇女和老人拥有更大迁移能力的现象。

城乡人口流动是一个过程复杂、影响多面的社会现象,其不仅仅受到宏观经济条件的制约,还将受到流动者个体素质和决策影响,也会受到社会网络的作用。因此,在认识人口流动的过程中,需要将这一现象置于更加宽阔的认识视野和研究思路之中,既要尊重经典经济模型对于人口流动规律的归纳总结以及趋势预测,也要看到社会学理论对于人口流动现象的基本阐述,同时要重视中国传统文化在人口流动中的作用机制。

二、社会性别理论

从性别视角考察农业劳动力结构的变动、分布及其对农业可持续发展、农业现代化转型的影响是本研究的特色之一。社会学家用生理性别(Sex)这一术语来指限定男人和女人身体的解剖学和生理学方面的差异,与此相反,社会性别(Gender)则是指男性和女性在心理、社会和文化等方面的差异,社会性别关系到社会建构出来的男性特质(Masculinity)和女性特质(Femininity)概念,它并不一定是一个人生理性别的直接产物。[①] 生理性别与社会性别的区分至关重要,因为男性与女性之间的许多差异在起源上并非生物性的,而是在后期社会化过程中逐渐形成的。社会性别理论将人的生理性别与社会性别加以区别,强调性别的社会构建性,认为社会对两性角色和行为的期待往往是对两性生理性别的衍生,人们现在形成的性别观念是社会化的产物。尽管女人和男人的角色因文化而不同,但学者们还没有发现在哪一个社会中,女性比男性更加强大。社会性别理论通常认为,自从人类进入农业社会以来,大多数都是"以男权为中心"的,有学者称之为"父系社会"。这样的社会对于女人和男人设置了一整套行为规范、文化模式和评价体系,形成了性别定势,在这一社会中的个体,为了适应这个定势,从出生开始就被不断地培训,直到被社会化为一个"成熟的""合格的"女人或者男人,其基本特征就是"男强女弱",并由此派生出"男尊女卑"。[②] 相比于女性的角色,男性的角色通常被赋予更高的价值,获得更高的回报:几乎在所有文化中,都是女性承担生儿育女和家务劳动的主要责任,而男性则承担挣钱养家的责任,这一性别分工导致男性和女性在权力、声望和财富等方面所占据的位置不平等。[③]

可以看到,社会性别是社会创造的一个概念,它赋予男人和女人不同的社会角

[①] 吉登斯. 社会学[M]. 5版. 李康,译. 北京:北京大学出版社,2009.
[②] 郑杭生. 社会学概论新修[M]. 3版. 北京:中国人民大学出版社,2002.
[③] 恩格斯. 家庭、私有制和国家的起源[M]. 3版. 中共中央马克思恩格斯列宁斯大林著作编译局,译. 北京:人民出版社,1998.

色和社会认同。社会性别理论是基于生理性别的男女两性在社会文化的建构下形成的性别特征和差异,以及在社会文化中性别属于男性或者女性的群体特征和行为方式,表现为男性和女性在婚恋、文化、教育、经济、政治、生活、性格等领域所演绎的角色的固定期待。因此,社会性别在不同时期、不同政治制度、不同文化背景、不同社会传统、不同风俗习惯中有不同的含义及其表现。也就是说,社会性别是一个相对的、动态的概念,具有历史阶段性、社会经济性、区域文化性等特征。从20世纪90年代以来,西方的社会性别理论逐渐进入中国学者的研究视野,并开始用社会性别视角来分析研究当前中国发展过程中所面临的各类与性别相关的社会议题,研究社会性别结构、社会性别文化、社会性别制度、社会性别分工,关注经济、政治、社会、文化、生态与社会性别之间的互动联系,尤其是对于女性发展问题的关注,社会性别理论成为常见且有效的分析工具。

农业女性化是在一定社会制度下,社会经济运行到某一阶段时,农业领域劳动力变动的特殊现象,而又由于不同区域社会文化和风俗习惯不同,这一现象存在明显的区域差异性。将这一现象置于社会性别理论中进行考察可以看到,这种区域差异很大一部分原因就是不同文化背景下对于性别角色的社会期待不同,从而导致最终的性别分工情况存在差异。若突破中国的区域限制,从全球来观察这一现象发现,非洲很多部落男子游手好闲,而女性则扎根农田,与传统观念中认为农业属于男性、家庭属于女性的事实并不相同。因此,在分析农业劳动力女性化现象、动力、机制、后果、趋势的过程中,需要时刻利用社会性别视角去思考、观察、分析、总结在现实中面临的各类问题。

三、性别分工理论

性别分工是一个古老的话题,在拥有不同文化背景的社会中具有普遍性。正如马克思、恩格斯所言,最初的分工是男女之间为了生育子女而发生的分工,基于性别的劳动分工,起码和人类社会分工的历史一样古老。恩格斯在《家庭、私有制和国家的起源》中指出,随着私有制和个体家庭的出现,家务劳动失去了公共属性,妻子则成为家庭劳动的主要承担者,被排斥在社会生产之外,只有现代化大工业出现,社会分工的细化,妇女才获得了参加社会生产的途径。[①] 海迪·哈特曼在《资本主义、家长制与性别分工》中鲜明指出,目前妇女在劳动力市场的处境和当前按

[①] 恩格斯. 家庭、私有制和国家的起源[M]. 3版. 中共中央马克思恩格斯列宁斯大林著作编译局,译. 北京:人民出版社,1998.

性别划分职业的做法是家长制与资本主义长期互相影响的结果,性别分工与男性的支配地位长久存在至今是极难根除的。① 也就是说,基于社会生产力发展确定的两性分工会伴随工业化持续推进而不断固化,性别分工是社会经济发展的产物。费孝通在《生育制度》中对于性别分工有一段浅显而生动的描述:"社会的形成是靠分工,若每个人都做相同的事,各个人对付各个人的生活,就不会有社会了。我们若注意各社会分工的体系,不免会有一种印象,好像任何差别都能被人们利用来作为分工基础的:年龄、性别、皮肤的颜色、鼻子的高度,甚至各种病态,都可利用。性别可说是用得最普遍的差别了。到现在为止,人类还没有造出过一个社会结构不是把男女的性别作为社会分工的基础的。"②

在调查过程中,有一个饶有趣味的现象,课题组成员在和村民聊天过程中,当询问"家里谁种地""家里谁说了算""家里钱谁管"等问题时,被访问的对象无论是男性还是女性,无论是上了年纪的老年人还是四五十岁的中年人,无论是村干部还是普通村民,他们都"模糊回答",诸如"谁有空就谁种呗""谁说了都算,商量着来嘛""都是一家的钱,谁管都一样啊",等等。我们惊奇地发现,在村民口中,家庭中的性别分工似乎都消失了。那么,劳动的性别分工在调查地区是真实存在,还是确实不明显呢?继续深入聊天发现,让调查对象简单罗列日常的工作时,其实性别分工依然存在,并且深受传统习惯的影响,男女有别在田间劳动和家庭劳动中充分体现,男性该干的活和女性该干的活大家心里都分得一清二楚。正如美国社会学家威廉·J·古德(William·J·Goode)在《家庭》一书中对于家庭性别分工的描述:"性别分工的总规则是非常明显的。在所有社会中,有一系列任务是分配给妇女的,而另有一系列任务则是分配给男子的,此外,还有一些任务是两性都有份的。两性在社会化过程中很早就知道上述任务是什么,他们在干的过程中学得本领,并认为这类分工是合适的。尽管人们认为性别分工是'天生的',但不同的社会仍有所不同。"③

不同的性别分工理论对于性别分工的形成有不同的解释范式,常见的解释理论包括生物特性决定论、经济制度变迁论、投资比较效益论和性别角色论。

生物特性决定论认为,人类社会中普遍存在着男性以从事公共领域工作为主、女性以从事私人领域劳动为主的性别劳动分工模式,这是基于男女两性在生物学上的差别而形成的。女性体力不如男性强壮,女性因生育特点和与孩子之间存在

---

① 李银河.妇女:最漫长的革命:当代西方女权主义理论精选[M].北京:生活·读书·新知三联书店,1997.

② 费孝通.乡土中国 生育制度[M].北京:北京大学出版社,1998.

③ 古德.家庭[M].魏章玲,译.北京:社会科学文献出版社,1986.

第二章
文献综述、理论基础与概念界定

的生理心理联系,使之难以像男性一样长期离家,从事户外活动,且女性因缺少男性那样的竞争性、冒险精神从而很少涉足公共活动,因而,女性多从事私人领域工作而从属于男性。从男女两性的自然差异解释性别分工运用最为普遍,赞同"自然差异"的思想流派的学者往往认为,男女之间的劳动分工是有生理学基础的,女人和男人各自从事那些从生理学上讲最适合他们/她们的工作。例如,美国人类学家默多克基于一项对200多个社会的跨文化研究得出结论,劳动的生理性别分工存在于所有文化之中,因而,默多克认为,女性应该专注于家务和家庭责任,而男人在外工作,这既切合实际,也方便可行。[①] 在功能主义社会学家帕森斯看来,劳动的生理性别分工职责分明,这样的家庭运转最有效率。其中,女性扮演表达性(Expressive)角色,负责照料孩子并为其提供情感支撑;而男性则扮演工具性(Instrumental)角色,负责挣钱养家。由于男性角色要承担压力,因而女性的表达性和关爱性的倾向也应该用来抚慰男性。这种互相补充的劳动分工源自生理性别之间的生物性别,将会确保家庭的团结。生物学决定论是性别分工的基础,在说明性别分工具有普遍性方面有一定的说服力,但是在解释不同社会制度、不同文化习俗和不同社会经济发展水平的区域时,可能会遭遇阻碍。"在任何情况下,妇女的体力也没有完全局限在家务劳动上,在许多农业社会,妇女同男人一样,从事农业劳动,甚至承担了比男人更多的劳动。"[②]例如,20世纪初期,当商品经济刚刚入侵中国农村时,部分地区男性离开农田而从事收入更高的工作,女性则不得不终日在农田劳作,显然,此时经济因素在性别分工中占了上风,而非男女两性之间身体的自然差异。

经济制度决定论认为,经济制度的变迁在性别分工的演变方面起到关键作用。经济制度演变的背后是社会生产力的发展和社会经济发展水平的提升。比如,在人类早期社会,男人从属于狩猎、战争,女人哺育儿童、采集食物和种植;在农业文明时期,性别劳动分工发生了极大变化,男人包揽了农业劳动和公共事务,女人则照料孩子、以从事辅助性农活及家务为主;而到了工业文明,性别劳动分工又发生了新的变化,男子从事付酬劳动,女子虽然较多地走出家门,参加到社会经济活动中去,但还要继续从事无报酬的家务劳动,可见,性别分工与整个社会经济制度的演进有着密切相关性。[③] 我国从1949年新中国成立以来,社会经济制度建设一直在摸索前行,最终才走上了符合中国国情的中国特色社会主义市场经济制度。在

---

① 吉登斯. 社会学[M]. 5版. 李康,译. 北京:北京大学出版社,2009.
② 李银河. 妇女:最漫长的革命:当代西方女权主义理论精选[M]. 北京:生活·读书·新知三联书店,1997.
③ 金一虹. 父权的式微:江南农村现代化进程中的性别研究[M]. 成都:四川人民出版社,2000.

此之前,尤其是在人民公社时期,大量女性在制度号召下进入社会生产领域,身体健康的农村妇女都几乎投入到农业生产队伍之中,男性与女性的生理差异被极大缩小,男女劳动的界限被突破,女性所承担的劳动强度并不弱于男性,女性的潜能被极大挖掘。若要分析这一时期男女两性的分工情况,社会制度和政策号召这两个因素不可回避。

投资收益比较决定论认为,现代家庭中的性别劳动分工是由两性在不同劳动部门的比较收益造成的。有学者认为,由于妇女在照料孩子和从事家务方面比男性更加擅长,她们在家庭部门的效率高于其在市场部门的效率,因此,她们愿意在这方面作专门的人力资源投资;而男性在市场部门更有优势,他们愿意把主要投资用于提高市场效率,把大部分时间和精力用于市场活动,家庭中的两性分工是根据男女投资收益比较来决定的。① 投资收益比较论与下文的理性选择理论在分析逻辑上基本类似,都秉持了"经济理性人"的基本理论假设,将在分析理性选择理论时详细阐述,在此不做赘述。

还有就是从性别角色的角度来解释性别分工,这里的性别角色主要是指社会性别角色。该理论认为性别劳动分工的差别来自不同文化对性别角色的规范。作为社会人,男女从出生之日起,便受到不同文化背景下性别角色规范的模塑,从而形成了男女不同的行为方式和相应的劳动技能,决定了男女不同的劳动分工模式,受到传统文化规训的影响。"男主外、女主内"的性别角色定位是从小就耳濡目染,社会文化在历史发展中似乎就已经规定了哪些工作由男性承担,哪些工作由女性负责。例如,在农业生产中,虽然男性较女性优先获得了非农转移,从表面上看留守在农村的妇女成为农业生产的主要劳动力,但是在走访中可以发现,其实农业生产的核心技术依然掌握在男性手中,女性只是起到辅助性作用,难以"独当一面"。之所以会产生这样的结果,很大一部分原因是女性的性别角色要求其只需要完成辅助男性完成工作,而并非要求她完全掌握生产要领。女性主义学者也探讨了性别分工,且性别分工在女性主义理论框架内是一个极为重要的概念,她们认为性别分工把社会划分为以男性为主的公共领域和以女性为主的私人领域,将分工的性别差异引入人类社会组织之后,女性似乎就被标签化和禁锢化了。例如,恩格斯在《家庭、所有制和国家的起源》一书中将性别分工与资本主义制度结合在一起,认为男女之间的劳动分工迫使妇女和儿童屈服于资本主义的父权制体系。② 女性主义对于性别分工的看法,支撑了部分学者关于农业劳动力女性化影响的总结,可以说

---

① 贝克尔. 家庭经济分析[M]. 彭建松,译. 北京:华夏出版社,1987.
② 恩格斯. 家庭、私有制和国家的起源[M]. 3版. 中共中央马克思恩格斯列宁斯大林著作编译局,译. 北京:人民出版社,1998.

农业劳动力女性化是农村妇女一次极好的自我发展机遇,从家庭院落走向了田间地头,拥有了更多的主动权,但与家庭中的男性相比,其依然从事弱质行业,是又一次"边缘化"的过程。

四、理性选择理论

理性选择理论是于20世纪50年代以来在经济学、政治学等学科领域内逐渐发展起来的,一度成为学术界关注的焦点,其主要代表人物是詹姆斯·科尔曼、M.赫克特和乔·埃尔斯特等。理性选择理论的发展与经济学有着密切的联系,其主要观点主要源于新古典经济学的基本假设——人以理性的行动来满足自己的偏好,并使其效用最大化。主要原因有以下几点:其一,个人是自身最大利益的追求者;其二,在特定情境中有不同的行为策略可供行动者选择;其三,行动者在理智上相信不同的选择会导致不同的结果;其四,行动者在主观上对不同的选择结果有不同的偏好排列。这一理论的基本原理就是,一个理性的行动者倾向于采取最优策略,以最小的代价取得最大的收益。从方法论来说,理性选择理论者所坚持的是与整体主义相对立的个人主义方法论,即强调对有目的的个体行动的研究。因此,也有学者将理性选择理论简称为最优化或效用最大化理论。[①]

从整个社会宏观环境来看,理性选择理论的主要目的是对社会秩序的重新说明,它试图解释当各类行动者在抱有目的进行社会活动的时候,社会制度是怎样形成的。正如科尔曼所指出的,理性选择理论关注的最基本问题是"人与社会作为两种独立而又相互作用的行动系统(个人行动系统和社会行动系统)是如何共存的"。[②] 科尔曼的理论体系有别于传统社会学理论在于,认为社会规范是一种既定的存在,是在行动者的围观互动过程中形成的、伴随着一定赏罚措施来影响人们行动的宏观社会建构,其更加强调个体利益的既定性特征。科尔曼指出,社会规范是理性的行动者的有意创造,而不是既定的,是微观层面的产物。整个社会行动在科尔曼理论体系中遵循着如下逻辑思路:个体拥有某些资源,并通过对事件的控制来满足自己的最大利益,为达到这个目的往往需要与他人进行交换,事件的价值和行动者各自的实力则决定着事件的结果。理性选择理论通过微观-宏观的模式,从研究个体行动入手,通过对个体行动的解释来分析社会现象,也是社会学研究的中心。但有学者却认为,理论选择理论的适用范围比较狭窄,它只有在特定条件下才

[①] 侯钧生.西方社会学理论教程[M].3版.天津:南开大学出版社,2010:425-426.
[②] 科尔曼.社会理论的基础[M].邓方,译.北京:社会科学文献出版社,1999:8.

可能从经验角度对某些社会现象做出解释,因此,不可能像大众所期望的那样成为一种综合的宏大社会理论。

理性选择理论从个体行为选择角度和家庭利益最大化安排角度很好地解释了农业劳动中的女性化现象。在农村劳动力非农转移过程中,男性率先从农村流动出去,进入非农邻域,一部分仅在农忙季节回归,大量农村妇女滞留在农村,成为事实上农村常住人口的构成主体,主要在家赡养老人、抚养子女和从事农业生产,"半边天"的农村妇女某种程度上已然成为农业生产的主力军,从数量规模上正在撑起农业生产的"一片天",传统的"男耕女织"生产模式逐步演化为"一家两业""兼农兼业""男工女耕"的生产格局。理性选择在农村家庭的性别分工中起到重要作用,市场经济下的"经济人"理性为劳动转移中性别的先后次序提供了依据。农民作为一个理性的个体,家庭中谁出去务工谁留守务农是出于家庭利益最大化和个人效益最大化的考虑。一般而言,女性要承担人口再生产的任务,且社会资本、个人素质、身体强度、环境适应能力等方面均不如男性,男性非农转移要比女性更有优势、更为便捷,且能够以最小的代价获得最高的经济报酬,"男工女耕"就成为成本小、收益大的理性策略。[①] 当这一理性选择模式被大部分农村家庭所接受之后,其就从个体行为上升到了普遍的社会现象。

检索和归纳已有的研究理论,在获得较多启迪的同时,也感到一些不满足之处,每一个理论对于农业女性化现象都能够形成一套完整的解释机制,但实际调查中能够观察到的现象比理论探索来的更为复杂和丰富。恰如金一虹在《父权的式微》一书中分析"男人生活"与"女人生活"时提到,性别分工作为一种具有内部结构的劳动组织形式和劳动资源的配置模式并不是孤立存在的,两性分工并不是两性权利关系在分工领域的简单"复制",它受到多种因素的综合制约。[②]

那么,从历史角度来观察,中国农村在社会变迁过程中,农村家庭性别分工发生了哪些变化,这些变化背后的规则或者说运作的逻辑是什么?男性和女性是在怎样的社会经济条件和社会制度约束下,通过分工体系纳入整个社会生产体系之中?以及不同区域所特有的性别分工模式又有怎样的文化解释系统和自然环境条件进行加持?这些变化对于农村今天以及未来的社会结构特别是性别结构,对于农业可持续发展又会产生什么样的影响?不一而足。在现有理论指导下,需要结合实际,进一步探索与分析。

---

① 张凤华.乡村转型、角色变迁与女性崛起:我国农村女性角色变迁的制度环境分析[J].华中师范大学学报,2006(4):7-11.

② 金一虹.父权的式微:江南农村现代化进程中的性别研究[M].成都:四川人民出版社,2000:13.

第三节 农业女性化内涵界定与讨论[①]

农业女性化作为一个较为年轻的学术领域，从20世纪80年代末进入研究视野以来，学术界围绕农业女性化的成因、影响、应对策略、发展趋势等方面展开了丰富且卓有成效的讨论。至于，何谓农业女性化问题却尚未形成有效的回答机制。明确什么是农业女性化是研究的逻辑起点，对于农业女性化的概念、内涵、外延、范畴的模糊认知往往导致其研究难以深入，致使围绕农业女性化展开的其他拓展性研究失去根基。农业女性化作为最为核心的概念，本书无意另辟蹊径重新建构全新的概念体系，旨在尝试整合国内外学者的已有研究成果，对农业女性化内涵有一个更为全面、深刻、细致的认识。

一、研究回顾

（一）国内研究

姚德超于2010年前后提出要加强农业女性化的基础性研究，回答"什么是'农业女性化'"以及"是否存在'农业女性化'"的学术期许。[②] 遗憾的是，学界对此反应并不积极，与农业女性化的拓展性研究相比，农业女性化的基础性研究则显得相对薄弱，目前，国内缺少专门探讨农业女性化概念的文献资料。

孟宪范、高小贤、金一虹等学者较早讨论了农业女性化问题，她们在讨论过程中所使用的词汇并不一致，例如，高小贤使用了"农业生产部门女性化"一词来描述"随着男性农民大量外出做工、经商，农村第一产业越来越成为妇女、儿童的事情"这一性别分工现象；[③]孟宪范将农村劳动力非农化进程中以男性流动为主而造成的格局称之为"男工女耕"；[④]金一虹则将农民职业分化过程中的性别差异导致女性留守务农的趋向称之为"农业劳动力女性化"。[⑤] 直到1994年，农业女性化才作

[①] 本节主要根据笔者的三篇论文，即《何谓"农业女性化"：文献述评与概念提出》（蔡弘、黄鹂）、《何谓"农业女性化"：概念体系的建立与讨论》（蔡弘、黄鹂）、《何谓"农业女性化"：讨论与反思》（蔡弘、黄鹂）整理而成。
[②] 姚德超，汪超. 农业女性化研究文献回顾与展望[J]. 农业展望. 2012(2)：25-29.
[③] 高小贤. 女性人口迁移与城镇化[J]. 中国农村观察，1990(6)：22-28.
[④] 孟宪范. 农村劳动力转移中的中国农村妇女[J]. 社会科学战线，1993(4)：147-154.
[⑤] 金一虹. 农村妇女职业分化研究[J]. 学海，1995(2)：47-52.

为一个专门的学术词汇被明确使用,高小贤在《当代中国农村劳动力转移及农业女性化趋势》一文中指出,"女性在非农转移中明显表现出滞后性,致使全国不同程度地出现了'农业女性化'趋势"。① 可以看到,三位学者在刻画农村妇女向农业生产部门转移这一现象过程中均强调了"非农转移性别差异"这一要素。此后,程绍珍、周庆行、孙秋、周丕东、吴惠芳、刘筱红等一批学者基本都沿用了农业女性化的表达方式,并基本延续了高小贤的界定逻辑。例如,刘筱红认为,农业女性化是指在农业剩余劳动力向非农行业转移过程中,女性非农转移滞后于男性,妇女逐渐成为农业生产的主要劳动力的现象。② 向东认为,农业女性化是指在农村劳动力非农转移中,由于性别选择男性率先从农业中转移出来,农村传统产业劳动主要由妇女承担的现象。③ 周丕东则指出了农业女性化的两个显著特征,一是不管作为独立的生产者还是农业工人,从事农业生产的女性劳动力的绝对数量不断增加;二是从事农业的女性劳动力相对于男性劳动力的比例也在不断增加。④ 周庆行在其研究中则使用了"泛女性化"一词,本质也是为了说明非农转移中女性滞留在第一产业的特征。⑤

农业主导权问题自农业女性化现象被讨论以来一直受到学界关注。金一虹对于农业主导权的讨论简洁而深刻。她认为,"'主力军'与'农业女性化'是两种不同的提法,是观察同一现象的两种不同视角,一种强调妇女的贡献,另一种着眼于性别平等的社会结构分析;而农业劳动力中女性所占比例多少仅仅是现象层面的东西,比例并不能说明实质问题,关键需要审查女性在新的农村生产组织和社会结构中占有什么样的位置。"⑥"妇女在经济人口中的数量以及在劳作中份额的优势,都不能说明她们在农村社会中已然获得了主体性地位,农村妇女的数量和价值存在背离。"⑦言下之意,判断农业女性化不仅仅要考察女性在农业劳动力中的数量比例、变动趋势,更为关键的是要考察其在实际生产中是否拥有农业主导权,是否成为农业生产的"主人",是否能够主导自家的农业生产。在农业主导权讨论中有一

---

① 高小贤.当代中国农村劳动力转移及农业女性化趋势[J].社会学研究,1994(2):83-90.
② 刘筱红,赵德兴,卓惠萍.改革开放以来中国农村妇女角色与地位变迁研究:基于新制度注意视角的观察[M].北京:中国社会科学出版社,2012:15.
③ 向东.农业女性化背景下农村妇女土地权益问题:基于自由发展观下的性别法律分析[J].河北法学,2014(2):84-91.
④ 周丕东.农业女性化及其影响研究:基于贵州省六个村的实证分析[J].贵州农业科学,2009(5):214-218.
⑤ 周庆行,曾智,聂增梅.农村留守妇女调查:来自重庆市的调查[J].中华女子学院学报,2007(1):63-66.
⑥ 金一虹.农村妇女发展的资源约束与支持[J].浙江学刊,2000(6):73-76.
⑦ 金一虹.主体的寻找:新农村建设中的农村妇女[J].中华女子学院学报,2009(3):9-11.

第二章 文献综述、理论基础与概念界定

种提法不容忽略,即"女性农业化"。高小贤最早给出了是农业女性化还是"女性农业化"的判断。"尽管在家里照顾责任田的是妇女,但妇女并没有在农业中占主导地位,当然并不排斥部分妇女在男人外出后独自挑起农业重担现象的存在,看来与其说农业的女性化,不如说'女性农业化'更为准确。"[①]方子节与李新然也对"女性农业化"的提法表达了自己的见解,他们语境下的"女性农业化"主要是针对农村妇女的发展。方子节认为,农业女性化还是"女性农业化"是对同一现象的两种不同的表述,仅是所指代的对象不同,"女性农业化"的提法更加侧重对农村妇女的影响。[②]李新然则认为,只有较少学者从妇女发展的角度来关注农业劳动力中女性比重上升现象,并将"越来越多的农村妇女将她们的精力投入到农业生产而对妇女自身发展所带来的影响的现象"称之为"女性的农业化"。[③]

此外,也有学者从农业劳动力绝对数量变动的角度来释义农业女性化的内涵。例如,杨小燕认为,农村劳动力结构发生变化,女性劳动力的数量超过男性就视为农业女性化;[④]文华成认为,"农业劳动力女性化"是指"农业从业劳动力中女性劳动力超过男性劳动力的状态";[⑤]胡玉坤则进一步锁定了农业女性化中"农业"的范畴,认为其通常是指妇女在种植业劳动中所占比例的不断攀升。[⑥]

总体来看,国内学者对于农业女性化内涵的探索大致包含了三个方面的内容:一是抓住了农业劳动力性别结构变动的结果,即女性农业劳动力的比重不断上升;二是强调了农业劳动力性别结构变动的原因,即非农转移过程中性别差异的流动取向;三是看到了农业劳动力性别结构变动的影响,即农业主导权问题以及农业女性化对农村妇女发展的影响。

(二)国外研究

农业女性化不仅是中国改革开放过程中社会结构变迁的特殊结果,也普遍存在于其他发展中国家,已成为世界范围内的热门议题。从文献检索来看,中国的农业女性化现象尤其受到国际社会的关注。

国外学者往往从两个方面拓展农业女性化的内涵。一是拓展"农业"的内涵,

---

① 高小贤.当代中国农村劳动力转移及农业女性化趋势[J].社会学研究,1994(2):83-90.
② 方子节,李新然,龙蔚.论我国农业劳动力的女性化趋势[J].经济问题探索,1998(6):18-20.
③ 李新然,方子节,普雁翔.试论女性农业化对农村妇女发展的影响[J].农村经济,2000(5):3-5.
④ 杨小燕.农业女性化与性别歧视[J].山西高等学校社会科学学报,2008(8):52-54.
⑤ 文华成.中国农业劳动力女性化:程度、成因与影响基于历史宏观截面数据的验证[J].人口学刊,2014(4):64-73.
⑥ 胡玉坤.转型期中国的"三农"危机与社会性别问题:基于全球化视角的探究[J].清华大学学报(哲学社会科学版),2009(6):54-69.

从仅仅关注种植业拓展到整个农业部门,如 Deere 对于拉丁美洲农业女性化的研究;①二是拓展"女性化"的内涵,从仅仅关注农业劳动力中女性的比例发展到关注女性在农业生产中扮演的角色,主要通过农业劳动力女性化(Feminization of Agricultural Lab or Labor Feminization)和农业生产管理女性化(Feminization of Farm Management or Managerial Feminization)来综合界定。②

农业劳动力女性化是界定农业女性化的基础。Maman 和 Tate 整理了与女性农业劳动者相关的各类文献,文献最早可以追溯到 18 世纪中叶,内容包括女性在农业经济发展中和农业政策实施中的角色扮演、农业生产中的性别分工、农业决策中的女性地位、农业女性的教育问题等,较为全面、系统地展示了近现代以来,国际上对于女性农业劳动者的研究。③ 遗憾的是,著作中仅列举了一篇关于罗马尼亚农业女性化的研究。Michael 认为罗马尼亚的农业女性化现象令人印象深刻,1974年农业合作者对于女性农业劳动者的雇佣比例达到了 63.2%,远高于男性的 36.8%。④ 可见,Michael 对于农业女性化的界定是通过劳动力性别比例这一元素进行判断。

继续追溯发现,农业女性化的概念最早由 Boserup 于 1970 年首次使用,用于描述女性在农业劳动力中占比的增加。⑤ 之后,美国学者 Deere 向在联合国社会发展研究所提交的关于拉丁美洲农业女性的报告中,对于农业女性化的界定也紧扣

---

① 参见:*Women in Andean Agriculture: Peasant Production and Rural Wage Employment in Colombia and Peru*(《安第斯山脉地区农业生产中的妇女:哥伦比亚和秘鲁的农民生产方式和农村雇佣市场》)和 *The Feminization of Agriculture? Economic Restructuring in Rural Latin America*(《农业女性化?拉丁美洲农村经济结构研究》)两篇关于拉丁美洲的研究报告。

② 在农业劳动力女性化与农业生产管理女性化提法之外,国外学者也提出了与国内学者相似的"女性农业化(Agriculturalisation of Females)"。如 Xiang 在论述中国农村的留守问题时发现,越来越多的妇女承担起农业生产的重担,有将近 70% 的留守妇女扮演了家庭农业生产者的角色,而从事农业生产的妇女并没有摆脱"男主外,女主内(Men in charge of external affairs, women in charge of internal affairs)"的传统性别规训,他们从事农业生产但是并没有掌握农业技术和支配农业产品,从而发出是农业女性化还是"女性农业化"的疑问。但是,Xiang 的疑问只是再次强调了"生产参与而决策边缘"的事实,本质上是对农业主导权的追问。参见:Biao X. How far are the left-behind left behind? A preliminary study in rural China[J]. Population, Space and Place, 2007(3):179-191.

③ MAMAN M, TATE T H. Women in agriculture: a guide to research[M]. New York: Roudedg, 2011.

④ CERNEA, MICHAEL. Macrosocial change, feminization of agriculture and peasant women's threefold economic role[J]. Sociologia Ruralis, 1978(1):107-122.

⑤ 详见 *Feminization of Agriculture in Rapid Changing Rural China: Policy Implication and Alternatives for an Equitable Growth and Sustainable Evelopment*(《快速变迁的中国农村中的农业女性化:政策含义和选择一个公平增长和可持续发展的模式》),该报告在联合国粮食与农业组织(FAO)、国际农业开发基金会(IFAD)和国际劳工组织(ILO)合办的关于"Gaps, trends and current research in gender dimensions of agricultural and rural employment: differentiated pathways out of poverty"(农业生产和农村就业在性别层面的差距、趋势和现阶段研究:消除贫困的差异化路径)研讨会上宣读。

第二章
文献综述、理论基础与概念界定

数量变动。Deere认为,农业女性化就是指女性在农业生产领域参与度的提升,男性的退出导致女性在农业劳动力中的占比不断扩大。[①] Kelkar对于亚洲农业女性化及其政策启示的研究、[②] Safiliou-Rotschild等对于希腊农业女性化趋势的研究、[③] Song与Jiggins对于农业女性化与中国玉米生产发展的研究、[④] Abdelali-Martini等对于叙利亚西北部地区农业女性化状况的研究,[⑤] 在本质上都使用了与Deere相似的界定,即将农业劳动力中女性所占比重不断提升或者女性越来越多地参与到农业生产之中的情况视为农业女性化。

农业生产管理女性化是对农业女性化内涵的挖掘与深化。2006年,由中外学者合著的 *Feminization of Agriculture in China: Debunking the Myth and Measuring the Consequence of Women Participation in Agriculture*（《农业女性化在中国的存在情况及其影响测量》）报告对于农业管理女性化进行了细致的讨论。

报告认为,农业管理女性化的出现有两个核心表现:一是越来越多的女性成为家庭农业生产的主要决策者,二是越来越多的女性能够支配农业收入。与劳动力女性化的测量相比,管理女性化的测量更加困难。为了尽可能接近事实,报告共提出了三种测量方法:第一种是"名义农业管理者测量法（Nominal Farm Manager Measure）",主要考察有多少家庭认为他们是"女性主导的家庭",通俗来讲,就是计算"女当家"的数量,这一方法不足之处在于低估了女性作为家庭成员对于农田的日常照料;第二种是"核心农业管理测量法（Primary Farm Management Measure）",主要从历史剖面来看,女性较男性哪个花费更多的时间在农业生产之上,并将男性完全从事非农或仅是农忙回来的家庭视为女性掌管农业,这一方法的弊端在于不能准确观测到哪些农田确实是由女性管理的,但较之"名义农业管理者测量法"能够捕捉到更多管理农田的女性;第三种是"收入支配测量法（Earnings-access

---

① DEERE C D. The feminization of agriculture? Economic restructuring in rural latin America. [R/OL]. (2005-02-01). http://www.unrisd.org/publications/opgp1,2005-2-1.

② KELKAR G. The feminization of agriculture in Asia: implications for women's agency and productivity[R/OL]. (2009-04-07). http://www.agnet.org/library.php?func=view&id=20110725164020&type_id=4.

③ SAFILIOU-ROTSCHILD C. et al. Trends of agricultural feminisation in kastoria, greece[J]. Journal of Comparative Family Studies,2007,(03):409-421.

④ Song Y C, JIGGINS J. The feminisation of agriculture and the implications for maize development in China[J]. LEISA Magazine,2002(4):6-8.

⑤ ABDELALI-MARTINI M, et al. Towards a feminization of agricultural labour in northwest Syria. The Journal of Peasant Studies,2003,(30):71-94.

Measure)",主要考察农作物销售权和农业收入支配权掌握在谁人手中。① 之后，Alan de Brauw 于 2008 年和 2013 年再次撰文讨论了中国农业女性化问题，并都沿用了报告中的界定范式。②

此外，Gartaula 等学者以尼泊尔东部的乡村地区为样本，在讨论男性迁移与妇女劳动参与之间的关系以及妇女权益增加与妇女劳动参与之间关系时，对于农业女性化的认识与 de Brauw 基本一致，认为农业女性化是指在农业生产方面女性劳动力的增加（无论是数量的增加还是时间的投入）和女性作为农业决策者的角色不断增加。③ 不难发现，与国内研究相比，国外学者在界定过程中将概念进行了操作化，提出了各种测量方法。

（三）国内外研究比较评析

国内外学者运用不同的表达方式、采用不同的研究视角、通过不同的研究思路对农业女性化进行了内容丰富且卓有成效的界定。从国外研究来看，研究者富有洞见地从农业劳动力女性化与农业管理女性化两个层面、两种视角相互结合来考察某一地区农业女性化的存在情况令人印象深刻。尤其是以 Alan de Brauw 为代表的一批专家学者，对抽象的概念进行了操作化，通过两个方面来综合判断，既包含了对劳动力性别结构的直接观察，又从农业主导权切入继续追问女性农业劳动者的生产角色，并且对每个方面选取关键指标进行测度，有效避免了概念判断过程中"空对空"的主观弊端。

从国内研究来看，既从历史维度生动地描绘了农业劳动力性别结构变动的图景，又结合国情探索了导致这种变动的原因，也从农业主导权入手刻画了女性劳动者的真实角色，并富有创见地比较了"女性农业化"与农业女性化的概念差异。但与此同时，国内研究中通过"农业女性化"还是"女性农业化"的表述来表明农业主导权是否掌握在女性手中仍有待商榷。首先，两者所指向的学科范畴不同，"农业女性化"属于人口学与经济学相互交叉的概念，涉及农业劳动力的性别结构变化；

---

① ZHANG L X, et al. Feminization of Agriculture in China: Debunking the Myth and Measuring the Consequence of Women Participation in Agriculture [EB/OL]. (2006-11-01). http://siteresources. worldbank. org/INTWDR2008/Resources/2795087-1191427986785/ZhangL&RozelleSEtAl _ FeminizationOfAgriInChina. pdf.

② 详见 *Feminization of agriculture in China? Myths surrounding women's participation in farming*（《中国存在农业女性化吗？农村妇女农业生产参与的"神话"》）和 *The feminisation of agriculture with Chinese characteristics*（《具有中国特色的农业女性化》）两篇文章。

③ GARTAULA H N, NIEHOF A, VISSER L. Feminisation of agriculture as an effect of male out-migration: unexpected outcomes from Jhapa district, Easter Nepal[J]. The International Journal of Interdisciplinary Social Sciences, 2010(2): 565-577.

"女性农业化"的提法则更多偏向于经济学,表达了女性劳动力在职业选择过程中越来越倾向于农业。其次,两者讨论的劳动力主体存在差异,"农业女性化"专门讨论农业劳动力,而"女性农业化"专门讨论女性劳动力。最后,"女性农业化"的提法仍然未能准确表达出女性在农业生产中的角色困境,与其出现的初衷有所背离。因此,两者涉及学科不同、所指对象不同、研究内容不同,不能简单地来区分谁掌握了农业主导权,在界定农业女性化时没有必要再引入"女性农业化"的概念。

综合国内外学者的研究可以看到,农业女性化的界定大致存在两种方式:一是通过描述农业领域劳动力性别结构的变动来界定,如果女性农业劳动力比重不断增加就视为存在农业女性化,也有学者为了强调劳动力的数量变动而使用了"农业劳动力女性化"的表达;二是通过考察农业主导权来刻画农村妇女在实际农业生产过程中所扮演的角色,仅仅是简单的劳动参与还是农业生产的管理者与决策者,国内学者据此引入了"女性农业化"的概念,国外学者则使用了"农业生产管理女性化"的表达。

二、内涵整合与界定尝试

(一)概念构建中的基础性问题

"农业女性化"是一个富有现实主义色彩的学术性词汇,一般而言,它说明了越来越多的农村妇女开始承担家庭农业生产责任的事实,但在使用过程中,仍然存在一些问题值得讨论。例如,农业女性化中的"女性"是指谁,"农业"的范畴怎么界定,"化"作为一种趋势如何把握? 不一而足。这些问题恰恰是认识农业女性化的关键。因此,在重新阐释农业女性化内涵之前,有必要先厘清与之紧密相关的四个基础性问题。

1. 需要明确农业女性化主体的指代

研究主体的不清晰往往导致研究结论的不准确。农业妇女作为农业女性化的主体,其与"留守妇女"既有交集,也存在差异。从中国来看,关于留守妇女的研究起步晚于农业女性化,但是其后劲充足,并且越来越多的学者将农业女性化视为留守妇女问题的表现之一,农业女性化研究逐步囿于留守妇女研究框架之内而未能独成体系。叶敬忠在《阡陌独舞:中国农村留守妇女》一书中,将留守妇女界定为丈夫每年在外务工 6 个月及以上且不在家中居住,而自己长期留守在家庭的 55 岁及以下的农村妇女。① 从这一界定来看,一是抓住了分居的事实,二是强调了分居的时间,三是限定了年龄上限。简单来说,农业女性化的主体就是指从事农业生产的农村妇女,除了留守妇女,还包括那些非留守家庭中从事农业生产的农村妇女,以及年龄超过了55岁尚未离开土地的农村妇女。可见,两者的判定角度不同,留守妇女从夫妻相处状况出发,农业妇女从性别分工角度出发,后者所包含的范畴比前者更加宽泛,但后者是前者的主要构成群体。因此,在研究过程中不能仅仅讨论留守妇女群体,要将研究视野拓宽到所有从事农业生产的农村妇女,可以粗略地将农业女性化的研究对象锁定为第一产业中的女性劳动力人口。

2. 需要突出"女性化"特征

生物特性决定论认为,女性体力不如男性强壮。农业生产作为一种主要以体力支出为劳动特点的工作,男性始终是农业生产的主角。如今,随着社会变迁,女性代替男性成为农业生产的主角,农业劳动力性别结构出现"女性化"特征,这是农业劳动力性别结构在特定历史时期的特殊变动。如果女性就业人口比重不断上升的现象在其他产业中也普遍存在,而不仅仅局限于农业生产领域,甚至部分产业女性劳动力的比重还高于农业生产领域,那么,农业女性化的表述就有必要再斟酌。那么,如何来突出"女性化"特征?这就要求在概念建构过程中要蕴含比较思维,一是三次产业间劳动力性别结构的横向比较,二是农业劳动力内部性别结构的纵向比较,并且要点明比较的结果。

3. 需要重视农业女性数量和结构的变化过程

即如何体现农业女性化中的"化"。"化"是一个动态而非静止的概念,在借助相关数据说明问题的过程中,不能用某一时点的农业劳动力人口数据来简单判断某一地区是否存在农业女性化现象,而是需要放到一定的时间维度中去把握,时间维度截取越长,统计周期间隔越短,判断就越准确。国家和政府层面的统计数据、人口普查数据、农业普查数据往往没有包含农村妇女农业生产参与的详细情况,因此,在判断过程中需要结合研究者调查的一手资料进行综合判断。

4. 需要理清农业女性化中"农业"的范畴

以往研究中,鲜有学者关注或者提及这一问题。胡玉坤在论述转型期中国的"三农"危机与社会性别问题时,则特别注明了农业女性化中的"农业"主要指代"种

---

① 叶敬忠,吴惠芳. 阡陌独舞:中国农村留守妇女[M]. 北京:社会科学文献出版社,2008:25.

第二章 文献综述、理论基础与概念界定

植业"。① "农业"是个多范畴的词汇,不同的语境中其所涉及的范围并不一致。日常生活中所讲的"农业""务农"往往是指"小农业",即种植业。本书在界定过程中所使用的"农业"则是指第一产业,即"大农业",包含种植业、林业、畜牧业、渔业。那么,为什么选择"大农业"而弃用"小农业"呢?原因有三:

(1)为了三次产业间劳动力性别结构的可比性,若选择"小农业",其与二产、三产不属于同一语境。

(2)从最近的四次人口普查②数据来看,1982年第三次人口普查第一产业就业人口中女性占46.24%,其中种植业中女性占46.35%;1990年第四次人口普查这两组数据分别为47.48%和47.67%;2000年第五次人口普查这两组数据分别为48.57%和48.27%;2010年第六次人口普查这两组数据分别为49.22%和49.21%,可见,历次普查种植业劳动力人口中女性占比基本高于或者接近于第一产业就业人口,这意味着"大农业"的"女性化"通常已经包含了"小农业"的"女性化"。

(3)"大农业"除了种植业还包括林业、畜牧业、渔业,涉及的面更宽,蕴藏的信息更丰富,也使得农业女性化的内涵更加饱满。因此,在界定农业女性化过程中将研究视野放宽到了整个第一产业,而非仅仅局限于种植业。③

(二)概念构建与测量方法

什么是农业女性化?通过文献梳理和比较分析,借鉴国内外学者对于农业女性化界定的两种范式,在此基础上,本书从三个层面提出研究农业女性化内涵的思路:一是侧重产业比较的"农业数理女性化",利用统计数据将农业领域劳动力性别结构变动特征与其他产业进行比较;二是侧重劳动参与的"农业劳动女性化",是对

---

① 胡玉坤.转型期中国的"三农"危机与社会性别问题:基于全球化视角的探究[J].清华大学学报(哲学社会科学版),2009(6):54-69.

② 新中国成立以来,我国分别于1953年、1964年、1982年、1990年、2000年、2010年组织过六次全国人口普查,其中,1982年第三次全国人口普查首次使用计算机汇总材料。由于条件限制,本书没有获得第一次和第二次普查资料,因此仅使用了后四次人口普查的数据。

③ 前文已经说明,依据最新的行业划分,第一产业包含农、林、牧、渔。其实,在此之前,第一产业包括农、林、牧、渔、服务业,在早些年份还包括水利业及其服务业(如第三次全国人口普查)。从国外研究来看,尤其是Deere对于拉美国家农业女性化的研究(*Women in Andean Agriculture*: *Peasant Production and Rural Wage Employment in Colombia and Peru* 和 *The Feminization of Agriculture? Economic Restructuring in Rural Latin America*),将"农业"的视野拓宽到整个农业相关部门,不仅仅包含本书提到的农、林、牧、渔,还包括农业服务业、农业运输业、农业公共管理部门等。本书考虑到研究数据的收集和产业部门的设置问题,若将"农业"放宽到整个农业相关部门,反而加大了数据捕捉的难度。因此,本书对于"农业"的界定介于胡玉坤和Deere之间,以《国民经济行业分类》(GB/T4754—2011)为标准,将其范畴锁定在第一产业。

女性农业劳动参与份额的回应;三是侧重生产决策的"农业管理女性化",是对农业主导权的回应。

1. 农业数理女性化

国内学者在讨论中国是否存在农业女性化的过程中,基本上都从农业劳动力数量变动的角度出发,利用不同的宏观历史数据来佐证自己的判断,只有小部分学者反思了统计数据的"可靠性",即实际生产中是否有如此庞大数量的农村妇女参与到农业生产之中。那么,如果只有统计数据显示农业劳动力性别结构趋于女性化,而实际生产中并未有大量农村妇女参与到农业生产之中,这样的情况能否就可以认为出现了农业女性化呢?

显然,仅仅考察数据而脱离实际并不能准确地反映问题。课题组在调查安徽省农村妇女农业生产参与情况时,就遇到了这种状况。在男性缺席的情况下,由于农业生产方式变革、农忙期间男性回归、季节性雇佣农供给,农村妇女实际作业经历并不丰富,她们仅仅扮演了日常田间管理者的角色,农业生产中的重活、技术活仍然由男性承担。[①] 但是,这并不意味着不需要重视宏观统计数据的结果,如果没有宏观统计数据的"女性化"特征,之后关于农业主导权的探讨就将失去根基,可以说,界定数理女性化是界定农业女性化的逻辑起点。因此,数理女性化的引入将农业女性化的内涵又往前推进了一个层次,在讨论农村妇女实际农业生产参与情况之前,从统计数据变动角度出发,对农业劳动力性别结构变动态势先行进行了探索。

这里认为,数理女性化是指第一产业就业人口中女性比重不断增长且超过其他产业和总就业人口中女性比重的动态。这一界定方式从三个方面回应了前文提出的四个基础性问题:一是对农业女性化主体的回应,数理女性化将界定对象锁定在第一产业,有效区别了其与留守妇女的差异,避免了概念所指对象之间的交叉;二是对"化"的回应,明确了农业劳动力性别结构在确定统计周期内的变动趋势,即女性农业劳动力比重不断增长的动态;三是对"女性化"特征的回应,比较了产业间劳动力性别结构的变动情况并突出了比较的结果,即农业劳动力中女性比重最大。

运用1982年第三次至2010年第六次全国人口普查的数据,能够对中国是否存在农业女性化进行数理层面的基本判断。[②]

---

① 蔡弘,黄鹂.谁来种地?对农业劳动力性别结构变动的调查与思考[J].西北农林科技大学学报(社会科学版),2017(2):102-112.

② 数据由《中国1982年人口普查资料》第六卷、《1990中国人口普查资料》第二册第六部分、《中国2000年人口普查资料》中册第四卷、《中国2010年人口普查资料》中册第四卷中的就业人口数据统计获得。

第二章 文献综述、理论基础与概念界定

首先,从第一产业就业人口中女性比重变动态势来看,1982~2010年间第一产业就业人口中女性比重分别为46.24%、47.48%、48.57%、49.22%,总体呈现上升趋势。其中,第六次人口普查较第五、四、三次人口普查分别上升了0.65、1.74、2.98个百分点,若继续保持这一上升趋势,下一次普查时第一产业中女性劳动力绝对数量将超过男性。①

其次,从三次产业间女性劳动力比重比较来看,除第二产业外,第一产业与第三产业均呈上升趋势,第二产业中女性劳动力比重从1982年的37.72%下降到2010年的35.58%,第三产业中女性劳动力比重从1982年34.99%上升到了2010年44.64%,虽然第三产业上升幅度最大,但是,历次普查第一产业女性劳动力比重明显高于第二、三产业。

最后,进一步比较第一产业女性劳动力比重与总就业人口中女性比重发现,两者的差距正在逐步扩大。四次全国人口普查中,总就业人口中女性比重分别为43.69%、44.96%、45.34%、44.66%,1982年第一产业女性劳动力比重高于总就业人口2.55个百分点,1990年高于2.51个百分点,2000年增加到3.22个百分点,2010年则扩大到4.56个百分点。综上,仅从四次全国人口普查数据来看,中国已经存在农业女性化现象。

2. 农业劳动女性化

数理女性化利用统计数据描述了农业劳动力性别结构的变动特征,但是无法了解实际农业生产中农村妇女的生产参与情况,农村妇女是否真正投入到农业生产之中才是农业女性化的内涵所指。

以 Alan de Brauw 为代表的学者认为,劳动女性化是指家庭中由女性承担的农业劳动的份额不断增加的现象。本书与 Alan de Brauw 持相似观点,通过考察家庭农业生产中女性完成份额变动情况来界定劳动女性化。那么,如何来判断劳动女性化呢?与数理女性化判断相比,其无疑更加复杂。农业生产的开展受到多种因素的综合影响,如经济要素、时间要素、体力要素、技术要素等,在众多影响要素之中考虑到测量的明确性、简易性和可比较性,本书主要通过考察时间要素的变化来衡量劳动女性化。

首先,考察有多少农村妇女过去不参加农业生产而现在参加了,这一点可以与数理女性化相结合进行评估,通过劳动力数量的变动就可以获得结论;其次,考察

---

① 据2010年第六次人口普查数据,上海市、江苏省、安徽省、山东省、河南省、湖北省、重庆市、四川省、宁夏回族自治区第一产业就业人口中女性的绝对数量已经超过了男性。

整个家庭和家庭中的女性每年大约花费多少时间在农业生产上,可以从月、周、日、时逐步细化问题;①最后,考察女性在家庭农业生产时间中所占份额的变动情况。一般而言,如果投入到农业生产队伍的农村女性在不断增加,她们花费在农业生产上的时间在不断增加,且占家庭农业生产时间的份额也在不断增加,那么,基本可以判断出现了劳动女性化,说明越来越多的农村妇女真正投入到家庭农业生产之中,承担了越来越重的生产重担。通过劳动女性化的判断标准可以看到,劳动女性化的内涵基本囊括了数理女性化,是在数理女性化基础上对于农业女性化存在事实和存在程度的进一步追问。

从安徽省的调查来看,虽然农业科技的普及和生产技术的进步对农业劳动力体力和数量要求大大降低,但农村妇女花费在农业生产上的时间却在不断增加,一个显而易见的事实是,农闲季节在丈夫外出务工的情况下,她们就必须担负起田间管理的责任。换言之,丈夫只是农忙季节选择回归,有些责任田少的家庭丈夫可能全年在外务工,仅在过年回家,而妻子即使农业生产参与程度不深,但表面上则全年要被土地"绑架",除非她放弃农业生产。从这一层面来看,劳动女性化也广泛存在。

此外,中外学者运用1991~2009年中国健康与营养调查(China Health and Nutrition Survey,简称 CHNS)数据②和2000年、2008年中国农村调查(China National Rural Survey,简称 CHRS)数据,③通过测量家庭中女性参与农业劳动的时间及其占家庭农业劳动的份额表明,中国的劳动女性化有一个变化的过程,在20世纪90年代初尚未在中国农村出现,而从20世纪90年代末开始,中国农村则出现了明显的劳动女性化。

---

① 农业生产时间不同于企事业单位有明确的上下班时间规定,其具有相对随意性和隐蔽性,难以准确判断,只能在实际调查中获得一组尽量准确的数据。由于直接询问样本对象每年花费多少小时在农业生产上并不现实,为了获得尽可能准确的数据,也为了不同年份的数据可以进行比较,在问卷设计过程中,可以先调查样本对象每年哪几个月份基本投入到农业生产上,接着调查每个月大约花费几周在农业生产上,再调查每周大约花费几个小时在农业生产上,最后调查每天大约花费几个小时在农业生产上。通过这组数据可以估算出一个家庭每年投入到农业生产上的时间。

② 由美国北卡罗来纳大学人口中心与中国预防科学医学院联合进行的大规模的社会健康调查,目前共有1989、1991、1993、1997、2000、2004、2006、2009、2011年9个年份的数据,累计调查了15个省级行政单位(北京、重庆、广西、贵州、黑龙江、河南、湖北、湖南、江苏、辽宁、陕西、山东、上海、云南、浙江)的7200个家庭的30000多个样本,调查内容涉及住户、营养、健康、成人、儿童、社区等。详见 CHNS 中心(https://www.cpc.unc.edu/projects/china)和公共卫生科学数据中心(http://www.phsciencedata.cn/Share/index.jsp)相关公告。

③ 中外学者展开的调查,并非官方统计数据。

3. 农业管理女性化

管理女性化是在农业管理、生产主导、资金支配层面对农村妇女农业生产参与过程中角色扮演的深入考察。关于管理女性化的思考在学术界早已有之。王海莉尝试将劳动参与率、科普知识与技能(培训)、生产决策权、经济贡献率作为农业女性化的测量维度,并在此基础上构建了包含9个一级指标和23个二级指标的综合测评指标体系。① 但是,指标体系建立之后她并未明确说明如何依据指标做出判断,并且在实际调查过程中要落实这套指标实属不易。

从农业女性化内涵界定研究回顾中看到,中外学者也提出了一套测量农业管理女性化的方法,并对每种测量方法的优劣进行了评价。第一种是"名义农业管理者测量法(Nominal Farm Manager Measure)",第二种是"核心农业管理测量法(Primary Farm Management Measure)",第三种是"收入支配测量法(Earnings-access Measure)"。2013年当再次讨论中国女性化特征时,Alan de Brauw 将农业生产管理女性化的界定进行了凝练,认为只要是男性外出务工6个月以上的家庭,就视为女性管理家庭和女性主导农业。② 其实,Alan de Brauw 的这种测量方式并非完美。Mu 和 Walle 在研究中国农村留守妇女时发现,即使在男性缺席情况下,男性仍然会通过其他方式干预家庭决策和农业生产;③ 类似的情况不仅存在于中国,Gartaula 等对于尼泊尔的农业女性化研究表明,对于一些"大事情",独自居住的妇女不得不通过电话向丈夫咨询,或者向村中年长的亲戚(主要是丈夫的父亲)咨询。④ 但是,正如 Alan de Brauw 在 *The Feminisation of Agriculture with Chinese Characteristics* 一文中所言,在没有更好的测量方式下,这一测量手段能够捕捉到更多的女性管理者。

可以看到,即使在男性缺席的情况下,女性仍然很难改变或者决定农业生产和家庭事务的"大事",她们对于农业的作用更多地体现在她们对农田的日常管理上,这与自古以来男性掌握着农业生产的关键技术、知识、信息密切相关,也与妇女长期在教育、培训、对外交往上的机会与男性不均等有关。那么,是否存在其他更加

---

① 王海莉,李一,汪超. 农业女性化综合评价指标体系研究[J]. 农业展望,2013(8):28-37.
② DE BRAUW A,et al. The feminisation of agriculture with Chinese characteristics[J]. The Journal of Development Studies,2013(5):689-704.
③ MU R,VAN DE WALLE D. Left behind to farm? Women's labour re-allocation in rural China[J]. Labour Economics,2011(1):S83-S97.
④ GARTAULA H N,NIEHOF A,VISSER L. Feminisation of agriculture as an effect of male out-migration:unexpected outcomes from Jhapa district,Easter Nepal[J]. The International Journal of Interdisciplinary Social Sciences,2010(2):565-577.

贴近实际的测量方法,既能体现女性参与农业生产的价值,又能相对准确地反映女性掌握了农业生产的主动性。

本书将上述学者们的观点进行整合,重点把握两个测量指标:一是考察家庭中谁是农业生产的日常管理者,若男性以非农职业为主或者仅在农忙时节从事农业生产,均视为女性掌管农业,至于女性到底如何管理农业生产,到底投入了多少生产资料,运用了何种科技手段等,均不在考察之列;二是考察家庭中谁是农业收入管理者,掌握生产成果就能够主导生产过程,若家庭中女性能够支配农业收入,就视为女性主导农业生产,至于是否入不敷出,是否将农业收入用于非农活动,农业收入占家庭收入多少比重等,均不在考察之列。

综上,可以将农业管理女性化界定为:在男性以非农职业为主的情况下,女性主动承担起家庭农业管理责任并能够自主支配农业收入的现象。

三、测量体系的构建

通过对农业女性化内涵的解读及其测量方法的讨论,在学理上可以构建一个完整的农业女性化测量体系。通过图2-1看到,农业女性化的内涵由农业数理女性化、农业劳动女性化、农业管理女性化三个层面构成。农业数理女性化是指第一产业就业人口中女性比重不断增长且超过其他产业和总就业人口中女性比重的动态。农业劳动女性化是指家庭中由女性承担的农业劳动的份额不断增加的现象。农业管理女性化是指在男性以非农职业为主的情况下,女性主动承担起日常农业生产田间管理责任并能够自主支配农业收入的现象。

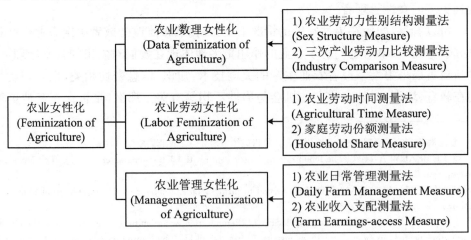

图 2-1 农业女性化测量体系

第二章
文献综述、理论基础与概念界定

农业数理女性化运用比较思维,利用统计数据,回应了农业女性化现象,其包含两个测量方法,通过农业劳动力性别结构测量法,可以从历史剖面观察农业劳动力性别结构的变动趋势,通过产业比较测量法,可以进一步认识农业劳动力性别结构的变动特征。

农业劳动女性化在数理女性化基础上继续追问现实生产中农村妇女是否真正参与到农业劳动之中,通过家庭劳动时间测量法,能够获得整个家庭以及家庭成员花费在农业生产上的时间的变动情况;通过家庭劳动份额测量法,可以进一步获知女性在其中所占的份额。在实际运用过程中,即使家庭农业劳动时间和女性农业劳动时间都处于下降趋势,但是女性的农业劳动时间所占份额在不断上升,就可以视为存在劳动女性化现象。

农业管理女性化探索了农业女性化的实质,在现有农业生产结构中考察了女性所处的地位,从女性主义视角强调和肯定了女性在农业生产中所付出的劳动。由于测量管理女性化较为复杂,为了能够在最大范围内捕捉到更多的女性农业管理者,在综合已有研究之后提出了农业日常管理测量法和农业收入支配测量法,前者考察了农村妇女是否主导了农业生产的过程,后者考察了在她们是否掌握了自己的劳动成果。

综合来看,通过农业女性化测量体系,运用统计数据和调查数据,能够对某一区域是否存在农业女性化现象,以及存在哪类农业女性化现象做出相对清晰的判断。

通过农业数理女性化、农业劳动女性化、农业管理女性化重新释义农业女性化是对已有研究成果的总结与发展,既体现了中外学者最新的理论成果,又在此基础上按照不同维度进行了分类,使得农业女性化概念更加丰满、清晰。

其一,从内在逻辑来看,三个方面的女性化是层层递进的关系。农业数理女性化是研究的基础,没有在数量层面上推断农业劳动力性别结构变动的异样就难以进行农业劳动女性化还是农业管理女性化的深层次探讨。一般而言,存在农业数理女性化并不意味着一定存在农业劳动女性化与管理女性化,而后两者的存在事实往往可以推断前者的存在。如果只存在农业数理女性化而不存在农业劳动女性化或农业管理女性化,那么农业女性化的影响及其后果需要重新审视。

其二,从包含内容来看,三个方面的女性化基本体现了不同解释范式所提及的各个要素。农业数理女性化通过农业内部劳动力性别结构变动和产业之间劳动力性别结构变动的比较,能够较为清晰地刻画女性农业劳动力数量变动特征;而农业劳动女性化与农业管理女性化不仅表明了农村妇女农业生产参与的事实,而且进一步考察了参与过程中的角色扮演情况。

其三，从实际判断来看，由于有历史宏观统计数据的支撑，要确定数理女性化较为容易，而要判断劳动女性化与管理女性化并非易事，需要调查者深入基层，挖掘实情。不可忽略的是，从理论探索到实际运用需要一个检验的过程，课题组对于农业女性化内涵的细致分析能否有效运用到实际之中仍需进一步观察，本章之后几个章节的分析在某种意义上就是对农业女性化内涵认知深化的过程。但是，本书所建立的农业女性化内涵分析思路为认识这一现象提供了一些参考，而对于某一区域农业女性化的判定，要建立时间跨度意识、产业比较意识、劳动份额意识、生产管理意识，科学、客观、准确地认识农业女性化及其后果。

四、对于农业女性化概念的再思考

虽然我们对于"何谓农业女性化"这一问题做了如此大篇幅的讨论，甚至构建了完整的农业女性化判断体系，然而，在实际运用过程中依然困难重重，不可能用三个判断指标严格地对某一地区农业女性化存在的事实进行分析。

这种侧重学理的探索更大的意义是有助于我们对于农业女性化这一提法、这一现象的认知，也提醒我们不能仅仅通过女性农业劳动力数量的增加来轻易断言某一地区出现了农业女性化现象。

鉴于此，本书第四章至第六章对于中国农业劳动力性别结构变动态势、分布特征与影响因素的分析，主要利用了农业数理女性化这一逻辑概念；本书第七章对于安徽省农业女性化的分析，则较为翔实地阐释了农业女性化各个方面的内涵。无论如何，对于农业女性化概念的讨论和阐释是对农业女性化基础性研究的一次有益补充，这也是本研究的基本任务之一。

本章小结

本章通过对国内外相关文献的整理为本书的研究奠定了理论基础。

第一节梳理了国外内学者关于农业女性化现象的研究核心成果。我们看到，从20世纪80年代以来，城镇化进程中农业劳动力性别结构变动导致的农业女性化现象引起了众多学者的浓厚兴趣与深切关注，但相对于农业女性化影响的重要性与深刻性来说，学界对于这一现象的研究还显得不够全面，诸多问题仅仅浅尝辄止。通过文献综述发现，现有研究在研究内容上，大多停留在对形成原因、产生影响与应对策略方面进行一般性研究，基础性研究、专门性研究、综合性研究成果少见；在研究方法上，多限于定性研究和理论演绎，定量研究和实证研究成果较少；在

第二章
文献综述、理论基础与概念界定

研究范围上,表现出区域性研究、比较性研究明显不足。这也要求研究人员在研究过程中,需要立足于农业女性化的基础性研究,重视农业劳动力性别结构的变动及其后果,拓宽研究视野、拓展研究领域、丰富研究方法,融入区域比较思维,理清不同区域之间农业女性化存在的事实、程度与差异,正视农业现代化的客观环境,将农业女性化研究与农业转型发展、农村社会治理紧密结合。

第二节选取了四个与农业女性化现象紧密相关的分析理论,涉及经济学、社会学、女性学等学科,分别是人口流动理论、社会性别理论、性别分工理论和理性选择理论。在社会发展中,虽然农村社区较城镇社区变革速度和变革程度相对隐蔽,但不可否认,生活在农村社区的人口对于社会在制度、经济、文化方面的变革最为敏感,受到的影响也最为深刻,最为明显的是,改革使农村妇女的社会劳动者的角色得到了强化。从农村剩余劳动力非农转移和农村家庭面对高度商品化的农村生活而进行新一轮的性别分工这两个现象入手,结合四个理论凝练地分析了农业女性化现象产生的机理和性别分工可能的内在规则。当然,本书对于现象及其后果的阐释并不局限于此,一方面这些理论将贯穿研究始终,另一方面对于调查中观察到的新问题、新现象将在这些已有理论基础上进行新的分析和讨论。

第三节就本书最核心的概念,即农业女性化,从三个层面详细论述了研究思路,推进了农业女性化的基础性研究。一是侧重产业比较的农业数理女性化,利用统计数据将农业领域劳动力性别结构变动特征与其他产业进行比较;二是侧重劳动参与的农业劳动女性化,是对女性农业劳动参与份额的回应;三是侧重生产决策的农业管理女性化,是对农业主导权的回应。这样分类讨论农业女性化的目的,不仅仅是为了说明或者判断某一地区是否出现了农业女性化,从更深层次来看,其为认识这一现象提供理论基础,从而能够更加准确地把握农业女性化的后果以及与之对应的政策含义。

第三章 乡村转型与农村妇女劳动角色变迁

20世纪是中国历史上社会变迁最为剧烈的一百年。在追求富强、民主、开放的过程中,社会各方各面的运作机制、人民生活、生产状况都发生了翻天覆地的变化。在此过程中,两性分工似乎是一种必然现象,农村家庭的性别分工发生了顺应时代潮流的改变——女性逐步从家庭"私"领域走向了社会"公"领域,参与社会劳动的深度、广度都达到了前所未有的程度。中国作为一个疆域辽阔的多民族国家,性别分工又不可避免地存在区域异质性,通常来说,经济基础较好、生产力水平较高、对外开放较早的地区对社会变迁的反应更加敏锐。这一百年来农村妇女性别角色的变化历程绝非三言两语能说清道明,因此应撷取一些具有现实价值的历史片段或者细节来刻画不同时期农村妇女的性别角色。

按照不同的社会发展阶段大致可以将20世纪分为三个时期:

第一个时期是从晚清到民国再到新中国成立,也就是20世纪上半叶。这一阶段社会性质发生了本质改变,从半殖民地半封建社会转变为新民主主义社会,农村妇女在身心层面均获得了较为彻底的解放,农村生活的商品化推动了农村妇女进入社会生产领域,同时,"杀女"陋习的破除,①为广大的农村妇女进入社会生产领域提供了生理上的可能。②

第二个时期是从新中国成立到农村经济体制改革。在这近30年间,我国经济建设、政治建设、社会建设、文化建设都在曲折中前进,这一时期最大的特征是,由

---

① 李小江,朱虹,董秀玉. 主流与边缘[M]. 北京:生活·读书·新知三联书店,1999:238-254.

② 裹脚具有阶级性,并不是所有妇女都会裹脚,农村穷人家需要妇女下田从事繁重的劳动,她们较之精英家庭的妇女不太可能裹脚。正如宝森(Laurel Bossen)在讨论云南禄村妇女裹脚问题时写道:"小脚、财富与懒惰是连在一起的,就像大脚同贫困、农业劳动有关一样。"(参见:宝森. 中国妇女与农村发展:云南禄村六十年的变迁[M]. 胡玉坤,译. 南京:江苏人民出版社,2005:42.)裹脚也具有经济性,"在沉重的经济压力之下,无可挽回地裹了脚的妇女可能也不得不走出家门下田劳动,而男性则不得不增加迁移以寻求新的家庭收入来源"。(参见:宝森. 中国妇女与农村发展:云南禄村六十年的变迁[M]. 胡玉坤,译. 南京:江苏人民出版社,2005:81.)因此,不能简单地把妇女裹脚现象与她们不参与农业生产只限于家庭院落的劳动两者等同起来,而秉持裹了脚的妇女不能干任何农活的强大的传统观念。但是,裹脚陋习的破除能够促进农村妇女生理解放,推动她们走出家庭院落是毋庸置疑的。

于政策因素,"妇女解放"这一命题以中国特色的方式如火如荼地开展,男性与女性在生理上的差异性被极大缩小,农村妇女生产积极性被最大限度地调动起来,劳动者角色得到了进一步强化。

第三个时期是农村经济体制改革至今,也就是改革开放以后。在此期间,在探索土地集体所有制过程中建立的人民公社(含互助组、初级社、高级社)逐渐退出历史舞台,[①]取而代之的是家庭联产承包责任制,以农业经营制度、农村土地管理制度为代表的农村制度发生了巨大改变。[②] 随着社会经济发展速度加快,城镇化在短时间内以行政的力量被迅速推进,农村的大量剩余劳动力在经济利益驱使下呈现出从乡村到镇,再从镇向城市的流动趋势,流动过程中的性别差异使得越来越多的农村女性逐渐被沉积在比较收益较为低下的农业部门,"男工女耕"模式开始形成,并成为当前农村家庭性别分工的主流。

第一节　20世纪初至新中国建立:"男耕女织"的动摇

传统的乡土社会,男性与女性被赋予了不同的社会期待,以至于当人们用到"农民"一词时,若没有特别说明,往往指的是男性农民,似乎这个生产性角色与农村妇女并不相关,她们只属于家庭,家庭主妇才是她们的归宿。

一、商品经济的发展与传统性别分工的动摇

1840年鸦片战争之后,原本封闭的中国社会被迫渐次发生了一系列重大变化。一般来说,内陆地区较沿海地区、北方地区较南方地区、农村地区较城镇地区,社会变化有明显的滞后性。经过1911年辛亥革命对社会结构的再一次冲击,农村地区的生活才开始有了一些变化,根植于农村的传统文化观念和生活方式才有了一些细微的改变。

20世纪二三十年代,资本主义萌芽逐渐向农村地区渗透,自给自足的生活、生产方式受到了侵扰,农村加速了商品化进程,在经济利益刺激下,"男耕女织"的劳

[①] 1953年土地改革并没有消除土地私有制,只是消除了租佃关系,农民变成了自耕农,土地买卖现象依然存在。1955~1956年在农村社会主义运动中才建立了高级合作社,完成了土地集体所有制。

[②] 陈锡文,赵阳,陈剑波,等.中国农村制度变迁60年[M].北京:人民出版社,2009.

动力分配模式开始动摇。不过与男性相比,绝大多数农村妇女仍然紧紧地被束缚于传统的自然经济之中,她们的生活变化速度缓慢、幅度不大。在广阔的中国大地上,虽东西有别、南北不一,但农村妇女特别是劳动妇女,她们的变化大同小异,辛勤地过着保守封建的耕织生活。操持家务,生儿育女,平日忙于纺线织布、缝衣制鞋、做饭、洗衣服、舂米磨面、侍老育幼、饲养家禽家畜,农忙下田劳动等,依然是农村妇女生活的真实写照。① 受到传统伦理的影响,女性在中国历史发展中具有特殊性,这种特殊性也使得农村社会变迁在农村妇女身上的表现格外引人注目。

二、农村妇女农业生产参与简溯:基于历史资料的考察

从掌握的资料来看,关于我国近代农村女性农业生产参与和性别分工的记录并不丰富,"中国妇女和世界上其他地方的妇女一样,在历史上处于'失语'状态,对妇女劳动特殊性的研究并不多见"。②

(一)李景汉关于定县的调查

20世纪30年代,李景汉在河北定县开展了社会调查,他根据这一社会调查资料编纂了《定县社会概况调查》一书,该书细致地记录了关于定县农村的人口、教育、娱乐、风俗、信仰、税负、灾荒等方方面面,其中该书第四章详实地叙述了两性的职业分布情况,是研究农村性别分工和农村社会生活的经典著作。在定县,"男耕女织"的性别分工并不是绝对的,两性分工更倾向于"共耕共织"的模式。男性除了种地以外,织布是他们从事最多的职业,其次是卖木料,而女性则"除室内家事外多半在田间与男子一同工作","除家事及田间的主要工作外,还要从事多种手工业,主要是纺纱,其次是织布"。③ 至于为何存在这样的分工模式,李景汉没有详细解释。定县是华北平原农村的典型,基本可以反映当时华北农村的性别分工情况。从李景汉的描述中至少可以看到,务农作为农村家庭的职业首选没有改变,但务农并不是男性专利,女性已经充分参与到农业生产之中,并且务农是女性除家庭内务劳动之外的第二职业,织布和纺纱反而成为种地之余的副业,同时,家庭手工业获得了充分发展,男性和女性配合生产的图景已经呈现,严格意义上"男耕女织"的传统分工模式基本上已经被打破。

---

① 吕美颐.20世纪二三十年代中国农村妇女状况的历史考察[J].妇女研究论丛,1996(1):39-43.
② 邵晓,任保平.妇女缠足、性别分工和经济变革:19世纪和20世纪早期的中国农村[J].南大商学评论(第10辑),2006(3):166.
③ 李景汉.定县社会状况调查[M].重印本.北京:中国人民大学出版社,1986:149-167.

第三章　乡村转型与农村妇女劳动角色变迁

（二）陈翰笙对于华南农村的观察

陈翰笙通过《解放前的地主与农民：华南农村危机研究》一书详实地记录了 20 世纪二三十年代华南农村土地配给和农业生产状况，全书以事实描述为主，没有获得经验性的结论。"这部研究著作无意为任何理论提供有结论性的证据，它不如说只是一个可供研究者亲自加以检验的当代生产片段。"①

在考察工资变动和农业劳动力流失问题时，陈翰笙发现，当农业发展迟滞、农业生产下降时，家庭中男性就会外出寻觅收益更高的工作而把农业让与女性，"妇女劳动力在用于土地的总劳动力中所占的比例异常之大，即使在妇女从事田间劳动已成惯例的那些地区也是如此"。② 其中，对于梅县家庭性别分工的状况令人印象深刻。当家庭中的男性到南洋（东南亚）务工以来，女性已经完全替代男性成为农村农业生产劳动力的主要来源，而且这种女性劳动力异常普遍的现象源远流长，在 1875～1908（清光绪年间）的《梅县县志》中就有记载，"男子谋生各抱四方之志；而家事多任之妇人。故乡村妇女耕田，采樵、织麻、缝纫，中馈之事无不为之"。③ 也就是说，当男性缺席之后，农村妇女既没有放弃在原先性别分工中需要负责的家庭内务，又需要承担起家庭农业生产的重担。

（三）费孝通和宝森对于云南禄村的田野

费孝通和张之毅合著的《云南三村》调查报告和加拿大人类学家宝森的《中国妇女与农村发展：云南禄村六十年的变迁》，④以人类学视角详细地记录了云南禄村在时代变迁中农业生产性别分工情况，说明了晚清时期由于传统经济遭遇现代工商经济的侵扰，在家庭经济压力下，女性不得不走出家门走向农田，而男性则转入非农部门以寻得新的经济来源的现实情况。尤其是宝森，深刻地分析了农村社会性别制度的嬗变，通过其独特的女性视角，证实并更正了费孝通在云南禄村研究中构建的社会性别印象，鲜明地指出了禄村妇女对于农业生产所做的贡献，"她们

---

① 陈翰笙.解放前的地主与农民：华南农村危机研究[M].冯峰，译.北京：中国社会科学出版社，1984：123.

② 陈翰笙.解放前的地主与农民：华南农村危机研究[M]冯峰，译.北京：中国社会科学出版社，1984：110-111.

③ 陈翰笙.解放前的地主与农民：华南农村危机研究[M].冯峰，译.北京：中国社会科学出版社，1984：114-115.

④ 宝森对于云南禄村的观察与费孝通的视角和立场不同。作为一名女性学者，同时也是一位女性主义学者，宝森更加关心云南禄村在半个多世纪中，随着社会剧烈变迁，农村妇女所扮演的角色变动情况及其对她们的影响，因此，在叙述过程中，宝森更加注重对于农村妇女这一群体的刻画。

过去是、现在仍是农业劳动力不可分割的组成部分"。①

费孝通在田野中观察到,无论是有田的人家还是无田的人家,女性一样要下地劳动。在农忙时节,除了一定要留在家庭里预备伙食的农村妇女外,禄村的妇女可以说全部动员起来参加到农业劳动之中,"女子是农田劳动的中坚力量,这并不是偶然"。② 两性之间有明确的性别分工,总的来说,男性干重活,女性干辅助性的对于体力要求较低的农活。妇女的劳动并没有意味着她们拥有田产,家庭的田产依然属于父兄,她们在任何一家都是个没有田产的人,哪怕丈夫较早离世,儿子没有长大的过渡期,她们也不过是一个暂时的保管者——农田是父系世袭,是属于男性的东西,女性是没有份的。可见,即使农村妇女已经扮演了农业劳动者角色,积极参与到农业生产之中,但她们的家族地位依然卑微,农地"传男不传女"的潜规则依旧。

宝森在费孝通的基础上,借助卜凯《中国农家经济》③中的相关资料,重新评估并进一步肯定了禄村妇女在农业生产中发挥的重要作用,认为妇女作为能动者,她们在参与换工和雇工以及在种植蔬菜和养猪上发挥了重要的作用。但是,宝森并没有否定性别不平等的存在,"我们不应忘记禄村各户之间存在的显著的社会与经济不平等""妇女干多少和干什么农活、她们能否养得起猪、有没有种菜、能否产后坐月子,都受到家庭财富和因男性征兵或外出劳动而导致的男人在身边还是缺席的深刻影响"。④ 在宝森的描述中,我们还发现技术方面的传统社会性别分工依然很明显,"尽管印有女拖拉机手形象的中国纸币已发行多年了,在禄村就像在别的地方一样,开拖拉机成为一项男性专长"。⑤

（四）黄宗智关于华北与长三角小农经济的研究

黄宗智通过《长江三角洲小农家庭与乡村发展》和《华北的小农经济与社会变迁》两本著作,系统地探讨了在小农经济的框架下,在商品化入侵背景下长江三角洲地区和华北地区农村家庭分工情况。

从《华北的小农经济与社会变迁》来看,20世纪初的冀鲁西北地区是一个人口

---

① 宝森.中国妇女与农村发展:云南禄村六十年的变迁[M].胡玉峰,译.南京:江苏人民出版社,2005:109.
② 费孝通,张之毅.云南三村[M].天津:天津人民出版社,1990:87-88.
③ 卜凯.中国农村经济[M].张履鸾,译.上海:商务印书馆,1937.
④ 宝森.中国妇女与农村发展:云南禄村六十年的变迁[M].胡玉坤,译.南京:江苏人民出版社,2005:113-116.
⑤ 宝森.中国妇女与农村发展:云南禄村六十年的变迁[M].胡玉坤,译.南京:江苏人民出版社,2005:121.

第三章
乡村转型与农村妇女劳动角色变迁

比较稀少、商品化程度较低的地区,是一个以自耕农为主的未经阶级分化的社会,到了20世纪30年代,此地区已变成一个人口密集、地主和佃农、雇主和雇工阶级相当分明的社会,人口增长给农耕带来了严重的压力,同时,商业性农业的成长又促进了阶级的分化——获利于经济作物和因经济作物的风险而遭受损失的两种小农之间的分化,富农、中农、贫农、雇农逐渐形成并不断固化。在此过程中,处于不同阶层家庭中的农村妇女的生产参与状况并不一致。在贫农家庭,一个成年男子无法依靠自家产出和农业雇工的工资来养活一家人时,农村妇女为了确保家庭生计不得不终年纺纱织布来扩大经济来源;在富农家庭,农村妇女虽然也需要纺纱织布但并不是为了生计,而是出于发展性消费需求。[①] 无论是哪个阶层的农村妇女,在劳动力过剩的状态下,她们几乎完全被排斥于雇佣劳动之外,根本进入不了劳动力雇佣市场,也就是说,农村妇女并没有投入到农业生产之中。家庭性别分工虽然维持了"男耕女织"的模式,但已不是自然经济下的"男耕女织",而是由自给自足转向寻求生计而艰难生存。

从《长江三角洲小农家庭与乡村发展》来看,经济因素在性别分工中起到了决定性作用,其次才是体力。一般情况下,以农村妇女为代表的农村弱势群体往往从事一些男性"剩下"的工作或者一些对劳动力体力要求较小的"轻活"。"副产业生产通常带来比'主业'农作低的单位工作日报酬,它们某种程度上由成年男子在闲暇时间从事,但更大程度上由妇女、儿童、老人承担。"[②] "日本人在20世纪三四十年代的实地调查报告说,妇女和儿童承担的农活不多,除了插秧时节帮助拔秧外,她们的作用仅限于帮助脱粒,有时帮着车水、除草或松土。"[③] 但是,在一部分经济条件较差的家庭,贫农妇女就没有那么"幸运",她们不得已要离开家庭院落从事更多的农活,除从事较轻的农活外还要从事中等强度的活,例如耙地,个别甚至要从事被认为是男人专有特权的农活:插秧。[④] "总之,较贫困的农妇趋于干较重的农活,因为她们的男人往往在农忙时外出佣工;中等和富裕的农民妇女几乎很少干农活,一是没有必要,二是在更大程度上效仿士绅的价值观念。"[⑤]

[①] 黄宗智.华北的小农经济与社会变迁[M].北京:中华书局,1986:301-318.
[②] 黄宗智.长江三角洲小农家庭与乡村发展[M].北京:中华书局,1992:13.
[③] 黄宗智.长江三角洲小农家庭与乡村发展[M].北京:中华书局,1992:51-52.
[④] 在水稻种植过程中,农村妇女从事脱粒、碾米的工作与封建思想密切相关,因为这些工作不需要离开家门。
[⑤] 黄宗智.长江三角洲小农家庭与乡村发展[M].北京:中华书局,1992:55.

三、关于 20 世纪初期至新中国成立农村妇女农业生产参与的评价

文献资料的整理为我们在宏观上把握新中国成立前农村家庭性别分工状况以及农村妇女农业生产参与特征提供了可能。借助上述材料,我们大致可以勾勒出 20 世纪前半叶中国农村妇女农业生产参与情况。

"男耕女织"作为传统性别分工的典型正在随着时代发展而开始褪色,一定程度上已经不能代表这一时期中国农村的性别劳动分工。与历史上的农村妇女相比,这一时期农村妇女的角色地位获得了明显的提升,农业生产者的地位逐渐显现,她们同男性一起,共同支撑了家庭经济运转。进一步而言,在农村妇女从家庭院落走向田间地头的过程中,我们发现家庭经济因素起到了核心作用,只有当家庭中男性的收入无法支撑家庭生存,或者说农业收入过于低下逼迫男性弃农务工时,农村妇女才有可能普遍地、不同程度地投入到农业生产之中。农村妇女从家庭妇女成为生产妇女是角色更替的结果,家庭中的男性往往把弱质行业留与女性而自己尽可能从事具有发展前景、收入更高的职业;或者农村妇女只是在男性"忙不过来"的时候"搭把手",同时,农村妇女处于农业生产技术的最末端,先进的、高效的生产工具由男性把持,她们往往只能使用最简陋的、传统的、低效的生产工具。

在肯定这一时期农村妇女劳动的同时,也需要看到,农村妇女的社会地位并没有显著提升,无论是男性进入非农部门,或者男性与女性共同完成农业生产,农业的主导权与管理权仍然掌握的男性手中,农村妇女只是一个"配角"。农村妇女的劳动参与在一定程度上使得土地经营者和所有者有所分离,但妇女的生产参与并不意味着拥有了家庭的田产。

第二节 新中国成立至农村经济体制改革:"去性别化"下的"共耕共工"

一、劳动"去性别化"时代的开启

在传统中国,妇女参加社会劳动似乎是一种"禁忌","娶妻娶妻,生儿育女"等

轻视妇女的观念非常普遍,少有质疑之声,妇女自然而然地被视为"不顶事"。北方轻视妇女的风气盛于南方,为了维护传统的伦理价值,华北地区还流行"妇女到田间,连续旱三年""妇女犁田、耙田会遭雷劈""妇女打井冲了龙王不出水"等性别歧视现象极其浓厚的俚语。①

刚进入20世纪下半叶,当农村女性尚未有自觉意识和强烈愿望跨出家门去参加社会生产劳动时,集体化运动便接踵而至,加之各种社会主义实践,就以压倒之势将绝大部分农家妇女裹挟到集体的农田劳动之中,妇女成为农业生产一支不可忽视的力量,开启了"男女共工共耕"的时代,这里的"共工"与"共耕"意指男性与女性的无差别化劳动,"共"则强调了"时代不同了,男女都一样""妇女能顶半边天"的男女劳动模式,而不是为了说明男女两性的具体分工状况。进一步而言,前文在讨论社会性别理论时提到了两个性别概念:一是生理性别,二是社会性别。前者是与生俱来的,是之所以为男人和之所以为女人的自然属性,后者需要后天习得,是何为男人与何为女人的社会期望,或者说社会文化中对于男人和女人的角色期待。"男女共工共耕"的时代并没有消除传统文化中"男尊女卑"的性别定势,而是在社会劳动上缩小了男女之间的生理差异。

换言之,这一阶段的"去性别化"分工使女性"名正言顺"地进入了原本由男性把持的农业生产领域,并且挑起了生产重担。

二、政策推动下农村妇女的生产与劳动

新中国成立后,对于长期无法摆脱"生在锅前、死在锅台"命运的农村妇女来说,终于能走出家庭小天地,投身于"社会主义革命与建设"中,可以说是一场革命性变革。

(一)农村妇女生产参与的扩大

新中国成立后的第一个10年,也就是20世纪50年代,是中国农村妇女解放史上的一个重要时期,中国妇女从家庭"私"领域走向社会"公"领域的第一个巅峰时期,农村妇女不仅成为农业、副业的主要劳动力,而且成为水利建设、钢铁生产的重要力量。

据统计,1952年全国参加农业生产的农村妇女约占农村妇女劳动力的60%,

---

① 光梅红.观念·竞赛·制度:20世纪50年代中国农村妇女参加劳动动因再探讨[J].古今农业,2013(3):90-96.

原本生产基础较完善的地区则高达80%~90%。① 到1956年,大约有1.2亿万户的家庭妇女加入了农业生产合作社,从事农业牧业和副业生产。②《1956年至1967年全国农业发展纲要(草案)》(以下简称《纲要》)中要求,"从1956年开始,妇女除了从事家务劳动的时间以外,在七年内,要求做到每一个农村女子劳动力每年生产劳动的时间不少于120个工作日"。③ 在1958~1959年的"大跃进"时期和人民公社化运动时期,农村妇女对社会生产劳动的参与更是达到了高峰。到了后期高级社时期,几乎90%的妇女都参加了农田劳动,年均劳动日高达250天左右,相当于男性劳动力的3/4。④ 个别地区与男性持平甚至超过男性。

可以说,为了全面响应党和政府的号召,当时农村妇女参与社会生产劳动的热情之高、规模之大、范围之广史无前例,她们成为了社会生产中不可缺少的"半边天"。⑤

(二)关中地区的"银花赛"

高小贤笔下的"银花赛"是20世纪50年代农村妇女全身心投入农业生产的缩影。⑥

新中国成立初期,特殊的国际政治环境使新中国的工业化不能依靠外资只能靠自己的积累,中国自古就是农业大国,农业底子厚而工业底子薄,工业化之路特别依赖农业的积累;随着战后经济的复苏,人民群众的需求和购买力逐步增长,这两个方面都导致了对棉花的需求量激增;按照当时的农业生产力水平,棉花生产难以满足市场需求,于是国家一方面限制棉布的供应,另一方面则通过行政命令要求各地增加棉花产量。

关中地区是历史上著名的棉花产区,棉花品质较好,但是产量不高,1949年平均亩(1亩≈666.67平方米)产只有13千克。为了实现中央要求,陕西省政府提出了开展棉花增产运动,提出"扩大棉田面积、改进植棉技术、提高棉花产量"的口号,在全省范围内进行自上而下的社会动员。在这样的社会经济背景下,"银花赛"应运而生,它是陕西省妇联在关中一带产棉区发动农村妇女参与棉田管理、夺取棉花丰产的劳动竞赛。

---

① 杨湘岚.新中国妇女参政的足迹[M].北京:中共党史出版社,1998:25-26.
② 章蕴.勤俭建国勤俭持家为建设社会主义而奋斗[J].中国妇女,1957:533.
③ 国家农业委员会办公厅.农业集体化重要文件汇编:上[M].北京:中共中央党校出版社,1981.
④ 李小江,朱虹,董秀玉.性别与中国[M].北京:生活·读书·新知三联书店,1994:113-114.
⑤ 马慧芳,鲁媛.20世纪50年代中国农村妇女社会劳动参与的动因探析[J].延安大学学报(社会科学版),2008(3):25-28.
⑥ 高小贤."银花赛":20世纪50年代农村妇女的性别分工[J].社会学研究,2005(4):153-171.

第三章
乡村转型与农村妇女劳动角色变迁

"银花赛"始于1956年,20世纪50年代末至60年代中期形成高峰,70年代末再度兴起,一直持续到80年代初期。由于棉花生长中的每一个环节都需要有人照料,在那个农业科技和农业机械化不发达的年代,要完成1956年棉花增产的任务,一个首要条件便是必须大量地投放劳动力。关中一带的农村妇女在新中国成立前多数不参加田间劳动,她们主要从事家庭副业。新中国成立后,在妇女解放、劳动光荣等意识形态宣传动员下,特别是互助合作、农业社建立之后,劳动工分逐渐成为内部分配的一个重要因素,妇女参加田间劳动的人数多了起来,但仍不普遍。结合《纲要》,陕西省政府认为"妇女劳动力的潜力是非常巨大的"。之后,张秋香典型事迹的宣传工作有组织地展开,1958年4月陕西省委发出"推广张秋香植棉经验"的指示,省妇联提出"学秋香、赶秋香"的竞赛口号,随着意识形态的宣传和动员,大量农村妇女投入到棉花种植之中。与此同时,分配制度的改革在经济层面配合了棉花增产工作,除了同工同酬被广泛推行外,劳动工分在分配中作用逐渐增大,钱和物都按照工分进行分配,使得一个家庭收入多寡和生活好坏完全取决于挣多少工分,这时,为了能够解决家庭经济问题,无论妇女是否情愿都"义无反顾"地投入到田间管理之中。在1956年之后,"银花赛"走向高潮,男性"被迫"退出了棉花种植领域,"体面地"加入了显得"技术一些"、能挣更多工分的大炼钢铁和兴修水利的队伍,棉花种植管理完全由妇女承担。

通过高小贤的描述可以看到,整个20世纪50年代,在"男女平等""妇女解放"的旗号下,妇女被动员走出家门,大规模地参加了棉田生产与管理,为棉花丰产立下汗马功劳。不仅仅是20世纪50年代,从新中国成立到改革开放这近30年间,农村妇女进入农业生产领域的事实不容争辩,进入的模式和方式大体一致,党和政府在社会建设过程中强有力的政治动员成为了核心推力。[①]

(三)"文革"中的"铁姑娘"

当进入风云多变的20世纪六七十年代,劳动性别分工和国家动员模式都被深深地打上了时代烙印,动员妇女参与社会生产的模式继续被高度政治化。金一虹梳理了1955~1980年《人民日报》每年"三八"妇女节发表的社论,通过表3-1可以看到,不同时期除了政治话语表达方式存在差异外,其中心思想高度一致,妇女解放在中国特殊的国情下被等同于妇女运动,也就是动员妇女参与生活生产活动的过程。

---

① 胡玉坤.社会性别与生态文明[M].北京:社会科学文献出版社,2013.

表 3-1　1955~1980 年《人民日报》"三八"妇女节发表的社论文章标题

年份	社论标题	年份	社论标题
1955	《全国妇女动员起来,参加建设社会主义祖国、解放台湾、保卫和平的伟大斗争》	1963	《妇女们,为争取新的胜利而斗争》
1956	《充分发挥妇女在社会主义建设中的伟大作用》	1964	《妇女们,发扬革命精神争取新的胜利》
1957	《更充分地发挥妇女群众的社会主义积极性》	1965	《大树革命雄心,苦练过硬本领——纪念"三八"国际妇女节》
1958	《行行都出女状元》	1966	《突出政治,进一步发挥妇女的伟大作用》
1959	《妇女们,鼓起冲天的干劲,做出更大的贡献》	1967~1973	—
1960	《我们妇女解放运动的新阶段》	1974	《妇女都动员起来》
1961	《妇女们,为今年农业丰收贡献更大力量》	1975~1979	—
1962	《把妇女工作做得更切实更深入更细致》	1980	《全世界妇女光辉战斗的节日》(主题:动员妇女为实现四化而奋斗)

金一虹对于"文革"时期"铁姑娘"的刻画令人印象深刻。[①] 主流意识在20世纪六七十年代出现了极"左"化倾向,在当时的宣传环境中,动员妇女参加社会生产具有浓厚的政治色彩,并在"文革"期间达到了顶峰——不仅论及妇女必冠以"革命的妇女""贫下中农妇女""劳动妇女"或"资产阶级妇女""不革命妇女"等阶级成分,而且所有的性别问题都被纳入政治斗争范畴之中。在这种模式下,无论是组织各色各样妇女专业队,还是开展一般性的生产活动,很少是出于妇女自身的选择,而表现出明显的被动性和高度的一致性,"人人生活在组织之中,人人生活在制度之中"是当时生活的真实写照。"铁姑娘"最早是人们对大寨青年妇女突击队的赞誉之称,赞扬其铁肩挑重担,"一不怕死,二不怕苦"的精神,并没有包含与男子竞争的含义,更无挑战传统性别分工的企图,只是单纯地对于大寨青年女性的褒溢之词。但

[①] 金一虹."铁姑娘"再思考:中国"文化大革命"期间的社会性别与劳动[J].社会学研究,2006(1):169-193.

第三章
乡村转型与农村妇女劳动角色变迁

是,在"文革"期间,则演变成为"男同志能办到的事情,女同志也能办得到"①思想,以及批判"妇女无用论"和"妇女落后论"的利器,并由此掀起一场女性挑战传统性别分工,甚至挑战生理极限的社会运动。

"铁姑娘"之所以能够短时间内在全国"遍地开花"有其特殊的历史经济原因。金一虹指出,农业的整体过剩和局部、暂时的劳动力不足并存是推动农村妇女投入农业生产的重要动因。当男性投入到农田基础建设和社队建设之中,农业生产就失去了劳动力支撑,原本由男性承担的农活自然而然地就被落在农村妇女身上,她们"被迫"成为了农业生产的主要劳动力。以夏锄为例,上海郊区女性劳动力已占到 65%,个别地区甚至达到 70%。从某种意义而言,农业女性化在那时就已初露端倪。同时,国家"统分统配"的劳动用工制度造成某些重工业部门和重体力劳动领域女性劳动力难以安置的矛盾。一些女知青回城后就被调配到搬运装卸部门,甚至一些重型工业部门,"铁姑娘"突击队在很多工业部门都存在,石油部门尤其常见。

如何看待"文革"中的"铁姑娘"?金一虹对于城市"铁姑娘"和农村"铁姑娘"的比较分析值得关注。当回顾"火红年代"的"战斗生活",农村妇女往往把它视为平淡无奇人生中的最美好回忆,而城市妇女则相对平静。因为与城市妇女相比,农村妇女需要面对的文化规范和文化禁忌更加顽固,比如类似前文提到的"女人不能扶犁""妇女曰墙,人畜不旺,妇女摸梁,人病畜亡"等俚语,在农业生产过程中不可避免地要与种种旧的性别角色规范、禁忌发生直接冲突。她们受到男权文化的压抑更深,在进行劳动性别分工时,她们体验到更多的是"男女不一样"和"男女不能一样",因此,当"男女都一样"的政治口号深入人心,破除劳动性别禁忌获得合法性支持之后,对于农村妇女而言无异于一场精神解放。

在某种程度上,那个年代的"男女平等"似乎已经部分地触及到了"男主外,女主内"的传统性别分工模式以及加持这一模式的文化观念系统,但必须清醒地认识到,当时的"男女平等"是"畸形"的,仅仅是男性与女性在体力上的比拼,绝大部分妇女为了"不落后"只是在"争口气",其骨子里还是认可旧观念,男女不平等在她们心中早已根深蒂固。一个最直接的反映就是,男女同工同酬只是一种口号而并未严格执行,大部分妇女即使和男性干同样的活,所记的工分仍然低于男性,并且面

---

① 这句话本是 1946 年 6 月毛泽东同志和刘少奇同志在北京十三陵水库游泳时,毛泽东同志看到几个女青年从身旁游过来后发出的感慨。《人民日报》首次披露也只是作为"毛主席畅游十三陵水库"报道中的一件轶事。正式引用这段语录是 1970 年 3 月 8 日《人民日报》,以此为通栏标题报道了劳动妇女们的先进事迹。此后,这个语录便频繁地被引用,有时甚至是铺天盖地而来,不仅被赋予妇女不甘落后、要与男子一比高低的含义,而且成为 20 世纪六七十年代对男女平等的最高诠释。

对这一场景个别妇女甚至"引以为傲",认为"只有干得多,拿得少,群众才能服我"。但是,不管妇女参与社会生产的动因如何、结果如何、影响如何,一个不容争辩的事实是,只要身体尚允许的,年龄在15~50岁的农村妇女都需参与到大队生产之中,农村妇女劳动者角色得到了巩固。

三、关于新中国成立至农村经济改革期间农村妇女农业生产参与的评价

可以看到,从20世纪50年代后期开始,随着中央高度集权的行政管理体制的确立,计划经济时期"家国一体"的社会治理模式也逐渐形成,即在党和国家的统一计划和领导下,公与私、国家与社会、社会与家庭形成了高度的一体化。在这种政治理念中,个人的生老病死都被纳入政府管辖的范围,尤其是女性群体,可以毫无后顾之忧地投入到党和国家所倡导的革命和建设之中。[①]

"家国同构"模式的推行除了绝对权威与崇拜之外,浩大的声势和近乎"忘我"的热情也发挥着不可或缺的作用,在一系列能够充分激发群众极大热情甚至狂热的符号、口号和仪式中,农村妇女不断突破自身原本的生理极限,劳动激情被一次又一次点燃,同那个时代一起发酵。不可否认,无论是"银花赛"中的妇女,还是"铁姑娘",一小部分农村妇女已经触及到了男女平等的较深层面,除在形式上和口号上平等之外,还不断争取权利与义务的平等。虽然在实践层面,"去性别化"的分工模式将劳动分工中的性别差异降至最小范围,事实上,农村妇女的身份依然"卑微"、命运依然"悲惨",她们依然作为男性的"附属品"而存在,她们的劳动参与并不意味着生产技术的掌握、管理权的获得和政治身份的提升,"男外女内"的性别分工仍然顽固。

妇女只是在特定历史背景下尝试将触角从"内"伸向"外",原本属于女性的"内"依然没有被放弃,当部分妇女在生产领域一马当先地"向外"拓展时,女人必须包揽家庭"内务"的格局依旧存在,男性并未因此多分担一点家务。从这一层面来看,离妇女解放还有一段很长的路要走。当"文革"的"阴云"逐步散去,社会发展步入20世纪80年代后,农村家庭性别分工又发生了一次深刻变化。

---

① 蒋永萍."家国同构"与妇女性别角色的双重建构[J].山东女子学院学报,2012(1):1-6.

第三节 农村经济体制改革之后："男工女耕"成为主流

非农转移中的性别差异是农业女性化的直接因素,这一观点已经在学术界获得普遍认可。需要强调的是,中国农民的非农化并不是在农村经济体制改革之后才开始出现的,而是一个漫长的历史过程,与中国社会的现代化相伴而生。例如,1929~1933年,对中国101个地区38256个农户调查表明,7岁以上的男性劳动力从事农业生产的有45%,有27%既务工又务农,还有20%完全从事非农劳动。[①]之所以在20世纪80年代之后才强调非农转移,主要是因为农转非在80年代之后迅猛加速,庞大的农民工群体成为中国特色城镇化进程中一个特殊的群体,并对中国社会建设产生了深远影响。这部分要讨论的也恰恰是20世纪80年代之后农村家庭性别分工情况,以及农村妇女是如何走向农业生产的。

一、新一轮性别分工的兴起:"男工女耕"

我国的经济体制改革是从农村开始的,是一场围绕土地关系的改革。李景汉先生早在1936年就看到中国农村问题的关键在于农村土地问题,其在《定县土地调查》一文中提到:"总之,我们不能不承认土地问题是农村问题的重心;而土地制度即生产关系,又是土地问题的重心;其次才是生成技术及其他种种的问题。"[②]以家庭联产承包经营为主要内容的农村经济体制改革是一场经营制度而不是产权制度的改革,家庭经营方式的确立是对古老家庭经营形式的重新发现,其既释放了农业生产热情,农业劳动力的劳动付出不再受到工分制的羁绊而能够完全享受自己的劳动成果,也最大限度地解放了农业生产力,使农业劳动力脱离公社制度捆绑之后更加自主。当农业分工从人民公社"公"领域转为家庭"私"领域时,性别分工状况又发生了调整,男性"与生俱来"的性别优势在此过程中又淋漓尽致地上演。无论是20世纪末期,还是进入21世纪之后,调整的过程基本遵循了"男士优先"的逻辑,这里的"优先"主要是指家庭中的男性较女性拥有更多的机会接触非农部门,获

---

① 金一虹.非农化过程中的农村妇女[J].社会学研究,1998(5):106-114.
② 李景汉.定县社会状况调查[M].重印本.北京:中国人民大学出版社,1986:3.

得更多的发展机会。

中国的城镇化并非一帆风顺,新中国成立后的前10年经历了迅速的城镇化过程,20世纪60年代至70年代出现了暂时的中断,80年代又重新回到高速轨道,在90年代达到了高潮。20世纪80年代初期,城乡流动机制并不十分通畅,出门务工在大部分地区还是"新鲜事"。此时,江浙地区的乡镇企业在政策支持下开始崛起发展,为劳动者从农民身份向工人身份的转变提供了一些机会,社区内流动或者说社区内转移成为农村家庭接触非农部门的主要渠道。在农转非的过程中,家庭分工遵循了"先长后幼""先男后女""先本地人后外地人"的血缘和地缘顺序。

金一虹对于20世纪90年代苏南地区农村妇女非农转移发现,社区内转移存在明显的"利益差序性",即家庭利益分配过程中基本遵循了以父系制为本,由亲缘疏密关系决定的由内及外的潜规则,当就业机会来临时,家庭成员并不是拥有平等的机会,女性往往处于利益链的后端,外来农民工中的女性则处于利益差序结构的最外层,因而社区内转移的模式并未导致"男工女耕"现象。① 一般来说,跨地域迁移流动女性成本大于男性,往往只能由素质较好的、年轻的未婚女性构成流动主体;而在社区内流动则会大大降低转移成本,"家门口上班"的方式对已婚妇女的非农转移特别有利,年龄、文化、婚姻对她们都不再是制约因素;与此同时,乡村企业的社区倾向抵消了企业的性别偏好,社区壁垒的存在也在一定程度上"排斥"了外来民工,使本地女性受到较多保护。在社区内部的转移方式,虽然在社区和家族庇护下有利于本地农村妇女的非农就业,但随着乡镇企业的改制、市场经济体制的完善和城乡流动的放开,血缘与地缘关系逐渐被冲淡,农村妇女的非农之路将面临更多挑战。

随着城乡流动机制的完善,"民工潮"开始来临,大批农村剩余劳动力在经济利益刺激下流向东南沿海城市,以寻求非农就业的机会,从而获得更高的报酬来应对日益商品化的农村生活和促进家庭的发展。城镇化进程并不青睐女性,流动人口中的性别结构失调现象一直存在,较高的流动性别比致使大量农村妇女被沉积在了农村,农村妇女再一次把发展的机会交给了家庭中的男性,而自己选择守望农田,"男性外出务工,女性留守务农"成为绝大部分农村家庭的选择。为何农村妇女甘愿留守务农,而把发展机会让与男性?文献回顾已经细致总结了不同学者从不

---

① 社区内转移中的利益分配差序格局可能只是存在于乡镇企业发展较为健全的江浙地区,如果放眼全国就会发现,20世纪90年代,流动人口中的性别差异就已经比较明显。当时外出务工经商的农村劳动力男女比例大致是2:1,如劳动部1995年对80个行政村进行调查,性别比为2.7:1;北京市1994年流动人口调查,性别比为1.74:1;零点调查公司1994所做京沪外来民工调查,性别比为2:1;中国社会科学院社会研究所1995年调查湖南某农村发现,外出劳动力性别比为1.84:1。参见:谭深.农村劳动力流动的性别差异[J].社会学研究,1997(1):42-47.

同学科、不同视角出发对于这一问题的不同解释。这些解释的核心内容包含两个方面:一方面是家庭利益最大化,"男工女耕"的模式既能确保家庭有足够的收入用于再生产,为家庭发展、子女成长累积资本,也能够确保农业生产的延续,为家庭最后的保障兜底,还能够照看子女、照顾老人;另一方面是女性人力资本单薄,与男性相比,女性由于多种因素的制约确实比男性更加难以离开农村,男性外出的成本较低、机会较多、收入较高、回流较易,当家庭不得已做出选择时,往往女性被沉积下来。

除此之外,宝森通过研究又指出了土地权益对农村妇女的羁绊也迫使她们留下来。农村妇女在其丈夫家并没有同样的与生俱来的权利,不像她的丈夫在村里有一份土地的权利,她只是代表自己的子女行使土地的"使用权",因此这些权利必须通过使用才能保留,"只要农村妇女在外面用锄头不停地劳动,她们自己和她们外出务工的丈夫就觉得放心"。这与中国土地"传男不传女"的潜规则有关系,妇女结婚外嫁之后,她在本村的土地权就消失了,农村妇女既不是土地的所有者,也不是土地的管理者,而只是土地的劳动者。农村妇女之于土地的关系,也反映出即使在"男工女耕"的性别分工模式下,农村妇女在表面上看起来扮演了家庭农业生产的核心角色,其实不然,越来越多的研究表明,她们只是参与了农业生产的日常管理,生产决策和生产技术依然掌握在男性手中。从这一点来看,她们仅仅扮演了农业生产的"辅助者"角色。

二、关于农村经济改革以来农村妇女农业生产参与的评价

那么,如何来评价20世纪80年代以来农村妇女角色地位的变迁?一个事实是,劳动分工的性别递补效应把女性推向了农业生产的主要位置,农村妇女承担起家庭农业生产活动,在男性缺席的情况下,她们似乎掌管着农业生产的"大权",但事实上,农村妇女的数量和价值存在背离。

"男工女耕"用来描述当前农村家庭性别分工状况其实不够准确,面对高昂的生活成本,无论是男性还是女性,只要条件允许,他们的工作模式或者说他们渴望的工作模式基本上是"兼工兼农",即农业兜底、非农创收。这就意味着"男工女耕"并不是绝对的,男性进入非农领域之后并非不再接触农业,女性留守之后并非仅仅从事农业,恰恰是一部分男性在农忙季节会回归农村主导农业生产,农村妇女则在农闲期间从事简单的手工业劳动或者在附近的乡镇企业上班以增加收入。因此,用"半工半耕"来概括当前的农业劳动力对待农业生产的状态在一定程度上显得更为准确。之所以使用"男工女耕"一词,一方面为了与"男耕女织"的表达方式相对

应,另一方面则是为了强调女性劳动力角色的变迁,突出"男外女内"这一分工的变动。原先的"男耕女织"中的"耕"对应的是"外","织"对应的是"内",如今女性从"织"到了"耕",女性不再仅仅受限于家庭院落,而进入了社会生产领域,农村妇女的地位较过去有所提升。

当然,无论是"男工女耕"还是"半工半耕"都没能准确说明的是,无论是农业生产占主导的过去,还是工业经济唱主角的今天,绝大部分男性依然在农业生产活动中、在家庭生活和生产中处于核心位置的现实。因此,当我们认识"男工女耕"时,一方面要肯定农村妇女所扮演的生产性角色,另一方面也要看到以男性为中心的分工逻辑从未改变。

本章小结

在历史发展的长河中,中国农村妇女就业一直被深深地打上了时代的烙印,妇女在农业生产中的角色伴随国家农村政策而不断发生改变。伴随着乡村转型,农村妇女迈出家门走向农田有一个历史过程,在不同的时期有不同的表现。

诚然,仅仅用一个章节来回顾整个20世纪农村妇女角色地位变迁的"野心"太大,"以点概面"式的叙述方式难免"挂一漏万"。农村妇女角色身份的每一次转变与每一次社会经济制度的变迁紧密相连,不同的社会环境对农村妇女提出了不同的角色期待,她们努力调整自身状态来"迎合"时代要求,有时候甚至以牺牲自己作为代价。

纵观农村妇女角色变迁的整个过程,随着社会制度的不断完善和经济发展水平的不断提升,农村妇女的社会生产参与程度也不断加深,反映在农业生产方面的表现是,农村妇女逐渐成为农业生产的主体力量,家庭农业生产越来越依赖农村妇女的参与。当从一个个鲜活的历史片段中,窥探整个20世纪我国社会经济的巨变深刻地改变着中国农村妇女的经济活动及其生存境况时,我们要时刻保持着女性主义学者对待男女平等问题时的清醒与敏锐。一个不争的事实是,当把男性纳入分析视野,比照男性,农村妇女的"边缘化"地位过去如此,如今亦然,她们始终是男性的"附庸",独立、自主、健全的人格特质还尚未完全形成。

从20世纪初到新中国成立,对于中国妇女而言,其角色地位的转变是根本性的。虽然小农生产方式一直主宰着中国农村,但"男耕女织"作为传统性别分工模式的代表已被动摇和突破,在家庭经济利益与传统文化观念的博弈中,前者以极其微弱的优势占据上风,女性开始尝试从家庭"私"领域进入社会"公"领域,农业生产不再是男性的专属,女性种地也不再是一种"可怕"的生产禁忌。当我们考察河北

第三章
乡村转型与农村妇女劳动角色变迁

定县、冀鲁西北和云南禄村的农业生产性别分工情况时,一方面为农村妇女进入生产领域而受到鼓舞,另一方面也发现,只有当家庭男性劳动力不足以完成农业生产或者男性离开农业进入非农领域之后,农村妇女才有机会接触农业生产,如果在劳动力充沛的情况下,农村妇女仍然"无缘"农业,黄宗智对于雇工市场的描述就是最好的例子。这就意味着,农村妇女只是农业劳动力的"蓄水池","男强女弱"依然盛行于广袤的中国农村,"男士优先"的"字典式"分工逻辑一直延续至今而未能从根本上改变。

新中国成立后,男女平等,或者说女性的社会地位被抬升到了一个新的高度,整个社会的风气是鼓励、鼓动、要求女性积极参与到生产活动之中,"妇女能顶半边天"是那个时代妇女价值的浓缩。浓厚的政治色彩渲染着生产活动的各方各面,在肯定妇女价值的同时也极大地缩小了男女两性之间的生理差异,女性甚至为了证明自己不比男性差而超负荷地参与到劳动之中。但是,性别弱势并未因为妇女的拼命奉献而得到本质改善,从劳动回报来看,她们所获得的工分或者说劳动报酬难以与男性持平,始终低于男性标准,"同工同酬"成为了一种鼓动妇女参与生产的口号。更令人惊讶的是,妇女自身也觉得"同工不同酬"的方式"天经地义",在她们的价值观念中,"窗户再大大不过门,女人再能能不过男"的性别差异似乎天然存在,她们极少质疑男性权威,而支撑这一逻辑的恰恰是根深蒂固的传统性别规训。

十一届三中全会之后,社会建设呈现一番全新的景象,农村社区的生产方式从人民公社转向家庭联产承包责任制,"干多干少一个样"的"大锅饭"年代一去不复返,农民生产积极性又一次被推向高潮。由于农业生产分配方式的调整、农业生产水平的提升、农业科技的发展,农业发展中农村出现了大量的剩余劳动力。与此同时,"先城市后农村"的整体发展策略导致城乡差距逐步拉开,城乡二元体制开始形成,在农村推力和城镇拉力的共同作用下,农村剩余劳动力开始了从农村向城市的转移,20世纪80年代开始,民工潮"一发不可收拾"。在此过程中,出于家庭理性选择的结果,越来越多的已婚农村妇女"无奈"地滞留在乡村,扶老育幼、守望农田,农业劳动力的女性化开始在许多地方出现,并业已成为当今中国农村家庭性别分工的主流,农村妇女新一轮的角色地位调整开始上演。

第四章　农业劳动力性别结构及其历史变动

在过去的研究中,学者们较多关注了农业劳动力年龄结构的变动。农业老龄化是一个时常被提及且受到社会广泛关注的现象,常被提及的农业劳动力"青黄不接"现象,指的就是农业劳动力新老交替问题。与农业劳动力年龄结构变动相比,农业劳动力性别结构变动及其后果更为隐蔽,这一现象往往不被察觉,也较少受到社会关注。

第一节　世界部分国家农业劳动力结构变动比较

在经济发展过程中,产业结构调整的方向是从第一产业向第二、第三产业过渡,第一产业劳动力逐步从农业部门流入到工业部门和服务业部门。随着农业机械化推广、农业科技普及和现代制造业水平提升,农业部门和工业部门的劳动力会获得进一步解放,富余出来的劳动力将不断涌入服务业领域,从而形成第三产业吸纳大量劳动力的产业格局。这是产业结构变动的一般性规律。中国作为农业大国以及农民大国的身份并没有因为经济总量的改变而发生根本性变化。《2020中国统计年鉴》显示,2019年末,依然有大量劳动力富集在农业,第一产业就业人口占总就业人口的25.1%。这一情况仅仅略好于东南亚国家,与发达国家相比仍有着明显的差距。

通过表4-1可以看到,农业劳动力比重下降在世界各国都普遍存在,发展中国家下降速度显著快于发达国家。以东南亚为例,2005~2018年,印尼下降幅度最大,速度最快,农业劳动力比重从45.2%下降到30.5%,下降幅度达到14.7个百分点,年均下降1个百分点以上,泰国从42.6%下降到30.7%,年均下降超过0.9个百分点,菲律宾从36%下降到25.2%,年均下降速度超过0.8个百分点。与此同时,一部分农业劳动力占比极低的国家也存在农业劳动力比重继续下降的趋势。

第四章
农业劳动力性别结构及其历史变动

日本、意大利、澳大利亚、法国、荷兰、德国、美国、英国的农业劳动力人口占总就业人口的比重在2018年末均低于5%。以美国为例,2005～2018年,农业劳动力占总就业人口的比重从1.6%下降到1.4%,全国大约有300万人从事农业生产,但每年有1.5亿吨粮食出口,长期稳居世界第一,每年粮食出口的总额达到了1400多亿美元,占到了全球粮食总出口额的10%左右。可见,农业发展程度与农业劳动力多寡并无必然联系。在传统经济中,农业属于劳动密集型行业,束缚了大量劳动力,如今,随着生产力发展和农业经营模式改变,农业生产方式和农业科技才是决定农业发展的核心要素。

表4-1 世界部分国家农业劳动力人口比重变动情况

国家	2005年	2010年	2015年	2017年	2018年
中国	44.80%	36.7%	28.30%	27.00%	26.10%
印度尼西亚	45.20%	39.11%	32.90%	30.80%	30.50%
泰国	42.60%	38.28%	32.30%	30.90%	30.70%
菲律宾	36.00%	33.18%	29.20%	25.40%	25.20%
墨西哥	14.90%	13.86%	13.00%	13.10%	13.00%
俄罗斯	10.20%	7.92%	6.70%	5.90%	5.80%
日本	4.40%	4.04%	3.50%	3.40%	3.40%
意大利	4.20%	3.79%	3.80%	3.80%	3.63%
澳大利亚	3.60%	3.60%	2.60%	2.60%	2.60%
法国	3.60%	2.92%	2.80%	2.60%	2.60%
荷兰	3.20%	2.78%	2.10%	2.30%	2.20%
德国	2.40%	1.63%	1.40%	1.30%	1.30%
美国	1.60%	1.59%	1.60%	1.40%	1.40%
英国	1.40%	1.21%	1.10%	1.20%	1.10%

数据来源:不同年份《中国人口和就业统计年鉴》,墨西哥、日本、澳大利亚、法国、美国由于缺少2015年数据,故用2016年数据代替。

目前,中国农业劳动力占就业人口比重依然处于较高水平,仍然存在较大的非农转移潜力。[①] 如何调整农业生产方式、提升农业生产效率、安置农业富余劳动力,以及提高农业劳动力素质是未来我国农业发展过程中面临的挑战。在解放农

---

① 蔡昉.农村劳动力转移潜力耗尽了吗?[J].中国农村经济,2018(9):1-12.

业劳动力的过程中,改革开放的前30年,基本是农民自发式流动,在经济利益刺激下一部分农村剩余劳动力进入城镇谋取非农就业,成为了具有中国特色的农民工群体,在后30年(现在正处于这一阶段),通过对农村公共建设的支持、农村土地政策的调整、三次产业结构的升级和农业生产力的发展,有序将农村劳动力引导进入城镇,从而提高常住人口城镇化水平,在此过程中,农业劳动力比重会明显下降。

第二节 我国三次产业劳动力结构变动特征

在中国社会经济转型过程中,三次产业劳动力数量结构变动的态势基本呈现出由第一产向第二、第三产业流动,第三产业劳动力增长速度逐渐超过第一、第二产业的规律。通过图4-1可以看到,选取GDP作为衡量社会经济发展的指标,第三产业劳动力比重与GDP曲线趋势一致,两者增长速率不同,但始终保持上涨局面;第二产业劳动力比重变动幅度较小,总体趋势也在上涨,进入2010年之后基本保持了平稳,稳定在30%左右;第一产业劳动力变动幅度最大,变动趋势与GDP曲线相对较大。也就是说,在社会经济发展过程中,一方面,在已有的就业人口中,越来越多的劳动力脱离第一产业,进入到第二、第三产业谋取非农职业;另一方面,在进入就业市场的新生劳动力中,也有越来越多的人倾向于第二、第三产业,尤其是第三产业,极少从事第一产业。

具体而言,伴随经济快速增长和就业结构演变,农业劳动力占比呈现快速、波动、持续下降态势。1978年第一产业就业人口占总就业人口的70.53%,此时,第二、第三产业劳动力分别占17.3%、12.18%,第一产业劳动力比重处于绝对领先地位。随着城镇化推进,农村剩余劳动力源源不断转移到第二、第三产业,但在此期间,农业劳动力也基本上占据主导地位,无论在户籍人口层面,还是在劳动力数量结构层面,我国作为农业人口大国的身份在2010年之前均是无可争议的事实。2011年,我国第三产业,即服务业劳动力比重达到35.7%,首次超过第一产业,占比高于第一产业0.9个百分点;2014年,第二产业劳动力比重首次超过第一产业,占比高于第一产业0.4个百分点。2018年,第一产业劳动力比重下降到26.1%,较1978年下降了44.4个百分点,并与第三产业劳动力比重的差值从2011年的0.9个百分点扩大到20.2个百分点,第三产就业人口在总就业人口中占比达到了46.3%。卢锋利用人口普查和1%人口抽样调查数据估算表明,到2030年农业劳

第四章 农业劳动力性别结构及其历史变动

动力数量将下降到1.07亿人,比重降低到13.6%。[1]

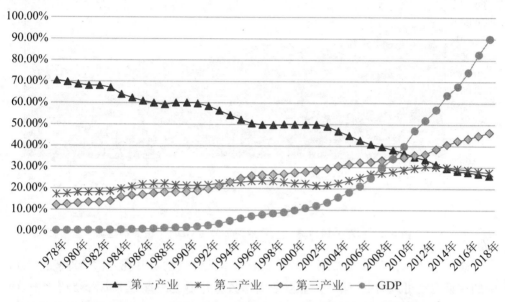

图4-1 1978～2018年三次产业就业人口比重及GDP变动趋势[2]

通过三次产业增加值占GDP比重的变动趋势,我们继续观察三次产业劳动力数量结构的变动特征。图4-2显示,自1978年以来,三次产业在国民经济中的地位有了较大改变,第一产业持续下降,第二产业变动较为平稳,但总体呈现波动下降趋势,第三产业占国民经济的比重则持续上升。改革开放初期,第二产业产值占据主导地位,其次是第一产业,最后才是第三产业;在1985年,第三产业产值超越第一产业,成为国民经济的第二大产业;2012年,第三产业产值又超越第二产业,成为国民经济的支柱性产业,而此时第一产业产值比重已降到10%以下。

结合三次产业就业人口变动态势和产业产值比重变动态势可以看到,三次产业产值占GDP比重的变化态势与其劳动力数量结构变动态势基本吻合。第一产业劳动力数量比重和第一产业产值占GDP比重均呈现较快的下降趋势,第二产业变化幅度不大,无论是劳动力数量还是占GDP比重,在三次产业中最为平稳;第三产业与第一产业呈现完全相对的变动趋势,第三产业劳动力数量持续稳步增加,其在国民经济中的地位日益凸显。

---

[1] 卢锋,杨业伟.中国农业劳动力占比变动因素估测:1990—2030年[J].中国人口科学,2012(4):13-24.
[2] 图4-1、图4-2、图4-3中数据均来自于2019年《中国统计年鉴》;本章中涉及的数字若没有特别说明也均来源于该年鉴;图4-2、图4-3中2019年的数据来源于《中华人民共和国2019年国民经济和社会发展统计公报》。

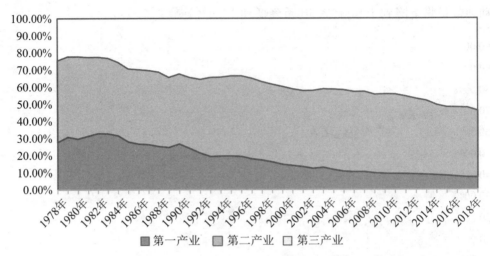

图 4-2　1978～2019 年三次产业增加值占 GDP 比重变动趋势

通过图 4-3,进一步观察第一产业就业人口数量变动及其在三次产业就业人口中的比重变动可以看到,第一产业就业人口数量并不是一直处于下降轨道之中,而存在一个明显的波动式下降趋势,1989～2005 年,是第一产业就业人口数量最为充沛的一段时期。1978～1991 年,第一产业就业人口数量稳步上升,1991 年成为第一产业就业人口数量最为庞大的一个年份,达到了 39098 万人;之后出现缓降,在 1996 年形成第一个谷底,但第一产业就业人口数量仍然高于 1990 年之前的所有年份。1996～2002 年,又出现一个上升的过程,在 2002 年出现第二个历史小高峰,但就业人口数量已较 1991 年下降了 2400 多万。2003 开始后十几年间始终维持一个相对稳定的下降速度,2005 年第一产业就业人口数量又回到了 1989 年的水平。粗略统计可知,2002～2017 年,第一产业就业人口每年大约以 1000 万的速度在减少,直到 2018 年下降速度才有所减慢,截至 2018 年底,第一产业劳动力数量仅为 20258 万人,明显低于 1978 年的 28318 万人,较第一产业就业人口最为充沛的 1991 年减少了整整 18840 万人。

第一产业劳动力数量总体呈下降趋势主要受到产业结构调整的影响。查阅改革开放以来劳动年龄人口数量可以发现,在此期间,劳动力数量一直在增加,"人口红利"并未减少,而是市场机制配置要素资源的直接体现,受到了政治、经济、社会、文化等因素的综合影响。从宏观的人口流动理论来看,最为关键的是国家宏观层面产业结构的调整和高速城镇化的政策导向,吸纳了大量农村剩余劳动力从农业部门转入非农领域,这是农业劳动力规模减小的宏观社会环境。图 4-3 显示,2011 年我国常住人口城镇化率首次突破 50%,成为城市人口国家,2019 年我国城镇化

第四章 农业劳动力性别结构及其历史变动

率超过60%。从微观的理性选择理论来看,第一产业劳动力的数量变动是农户劳动收益最大化理性决策后的结果。

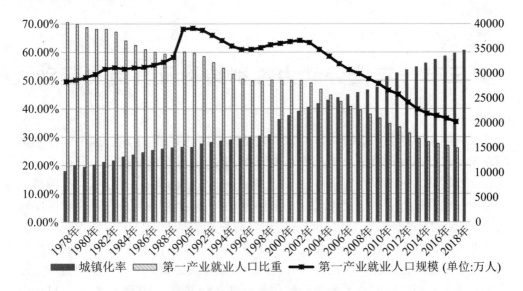

图4-3 1978~2018年第一产业就业人口数量及其比重变动①

综上,改革开放以来中国农业劳动力变动呈现以下特点:一是农业劳动力在总就业人口中的比重从改革开放以来呈波动下降趋势,改革开放之初,农业劳动力在总就业人口中占据绝对地位,随着产业重心转移和城镇化推进,农业劳动力不断向工业、服务业流动,服务业劳动力比重持续上升,农业劳动力比重则持续下降;二是第一产业产值占GDP比重变动与农业劳动力数量变动亦步亦趋,随着产业升级,第一产业产值在国民经济中所占份额下降明显,第一产业劳动力转向第二、第三产业。但是,农业劳动力数量的减少和第一产业份额降低并不意味着第一产业的重要性有所减弱,第一产业依然是国民经济的基础性产业,培育新型农民,发展现代化农业,实现农业可持续发展是国家发展重心之一;②三是从经济发展的规律和西方国家的经验来看,未来农业劳动力的数量还有一个明显的下降过程,农业劳动力比重将降到10%以下,与此同时,服务业即第三产业劳动力数量还会进一步上升,

---

① 2016年常住人口城镇化率来源于《中华人民共和国2016年国民经济和社会发展统计公报》。
② 国务院发布的《全国农业可持续发展规划(2015—2030年)》《全国农业现代化规划(2016—2030年)》两个规划在宏观层面部署了我国农业发展的整体战略。2015年底中央颁布《深化农村改革综合性实施方案》,提出了农地"三权分置"的农村土地改革措施,为土地集约化利用,为农业规模化生产,为农业现代化发展奠定了良好的基础。同时,2004~2020年,中央"一号文件"连续17年关注"三农"问题,强调了"三农"问题在中国的社会主义现代化时期"重中之重"的地位。

第二、第三产业对第一产业的挤压会更加明显,未来农业发展将不再过分依赖劳动力数量资源,传统农业向现代农业转变的过程也是农业劳动力从数量向质量转变的过程。

第三节 农业劳动力性别结构及其历史变动

农村剩余劳动力非农转移是城乡二元结构作用的结果,在此过程中的性别选择现象不仅使得其在数量意义上能够被观察,更提示我们可以从结构层面给予关注。非农转移之所以存在性别差异,是因为进入非农部门存在一定的门槛,转移的劳动力一般情况下具备三个特征:一是年轻化,二是男性化,三是受教育程度较高。[①] 与劳动力选择性非农化过程密切相关的是农业从业群体的变化,其一,当青壮年劳动力源源不断转入非农部门,且当新劳动力很少选择农业部门时,农业生产者必然趋于老龄化;其二,男性劳动力转移的直接后果是农业生产中女性劳动力比重的显著上升;其三,农业生产者老龄化和女性化将并存,只要城市对于农村优质青壮年劳动力吸纳的逻辑没有根本性扭转,老人和妇女将在未来很长一段时间内都是农业生产的主体。这三点既是国际经验,又是中国特色。

一、农业劳动力中女性比重整体呈波动上升趋势

记录农业劳动力性别结构变动的数据资料并不丰富,除了一部分学者通过田野获得某一地区的一手资料外,从课题组掌握的资料来看,只有人口普查和农业普查的数据有所反映。中国的人口调查分为两种,一是每十年一次的全面普查,又称为"大普查",[②]一是两个普查年份之间、每五年一次的1%人口抽样调查,又称为"小普查",[③]前者的数据更为准确、详细,后者的数据由于从样本推测总体,存在一定的误差。与此同时,农业普查与人口普查的统计口径并不一致,不能简单地将两者杂糅进行比较。因此,在处理人口普查和农业普查数据时,本研究采取分别讨论的方式。

---

① 郭剑雄,李志俊.劳动力选择性转移下的农业发展:转变中国农业发展方式研究[M].北京:中国社会科学出版社,2012:3-5.
② 我国共经历六次普查,分别是1953年、1964年、1982年、1990年、2000年、2010年,受研究条件限制,只收集到后四次人口普查资料。
③ 我国共经历四次1%人口抽样调查,分别是1987年、1995年、2005年、2015年,其中2015年抽样调查数据暂未全面公布。

第四章
农业劳动力性别结构及其历史变动

（一）来自全国人口普查数据的观察：1982～2010年

20世纪80年代以来，全国人口普查数据清晰地刻画出了我国农村妇女不断沉积在农业的事实。

图4-4显示，从1982年、1990年、2000年、2010年四次全国人口普查数据来看，我国农业就业人口中女性劳动力比重分别为46.24%、47.48%、48.57%、49.22%，近30年间上升了2.98个百分点。其中，1982～1990年上升速度最快，8年间上升了1.24个百分点，之后的两个十年上升速度有所减缓，但依然处于上升通道。可以预见，如果农业女性劳动力比重继续保持这一上升趋势，等到下一次普查时，农业劳动力中女性的比重将会超过男性，届时农业女性劳动力的绝对数量也将超过男性。由此，引发出一个现实问题，农业劳动力中女性比重不断增加是绝对增加还是相对增加，即相对于男性而言，新增农业劳动力中女性数量多于男性，还是男性离开农业的速度快于女性。前者涉及两性择业过程中性别隔离问题，后者涉及人口流动中性别选择问题，侧重点不同。这一问题后文将详细分析。

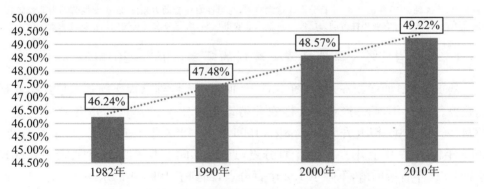

图4-4　1982～2010年农业劳动力中女性人口比重变动

数据来源：《中国1982年人口普查资料》第六卷"行业、职业"，《1990中国人口普查资料（第二册）》第六部分"职业、行业"，《中国2000年人口普查资料（中册）》第二部分"长表数据资料"中第四卷"行业、职业"，《中国2010年人口普查资料（中册）》第二部分"长表数据资料"中第四卷"就业"。

分性别就业人口数据显示（表4-2），1982～2010年，无论是男性农业就业人口还是女性农业就业人口，其占各性别总就业人口的比重都在不断下降，并在2000～2010年这10年间突然加速，这与整个社会产业重心由农业向工业、服务业转移的趋势基本吻合。具体而言，无论在哪个历史时期，女性农业就业人口在女性总就业人口中的比重均高于男性，其中，男性农业就业人口1982年为70.32%，到2010年下降为44.16%，下降幅度为26.16个百分点，女性农业就业人口1982年为77.97%，到2010年下降为53.05%，下降幅度为24.92个百分点，下降幅度低于男性1.24个百分点。与此同时,男女两性农业就业人口占各性别总就业人口的比重差值也出现一个先轻微下降而后迅速提升的过程,但总体趋势在不断扩大,即从1990年的7.65个百分点,扩大到2010年的8.89个百分点。这意味着,与男性农业劳动力相比,农业女性劳动力非农转移速度更慢,当大部分农业男性劳动力已经转移进入非农部门时,大部分农村女性依然富集在农业。

表4-2 1982~2010年各性别农业就业人口占各性别总就业人口比重

年份	男性	女性	差值(女-男)
1982年	70.32%	77.97%	7.65
1990年	68.66%	75.97%	7.31
2000年	60.38%	68.72%	8.34
2010年	44.16%	53.05%	8.89

数据来源:《中国1982年人口普查资料》第六卷"行业、职业",《1990中国人口普查资料(第二册)》第六部分"职业、行业",《中国2000年人口普查资料(中册)》第二部分"长表数据资料"中第四卷"行业、职业",《中国2010年人口普查资料(中册)》第二部分"长表数据资料"中第四卷"就业"。1990年的7.65个百分点,扩大到2010年的8.89个百分点。这意味着,与男性农业劳动力相比,农业女性劳动力非农转移速度更慢,当大部分农业男性劳动力已经转移进入非农部门时,大部分农村女性依然富集在农业。

(二)来自1%人口抽样调查数据的观察:1987~2015年

从1%人口抽样调查来看(图4-5),农业劳动力性别结构变动基本呈现出女性化趋势。1987年,第一产业中女性农业劳动力占比47.42%,1995年这一比重为48.44%,到2005年上升到49.68%,1995年较1987年上升了1.02个百分点,2005年较1995年上升了1.24个百分点,近30年间上升了2.26个百分点。2015年较2005年有所回落,下降了1.2个百分点,回到了1995年的水平。

(三)来自农业普查数据的观察:1996~2006年

结合农业普查资料,继续来考察农业劳动力性别结构变动特征。表4-3是1996年和2006年两次全国农业普查农业从业人员性别结构变动情况,1996年全国农业从业人员为4.34亿人,其中,女性和男性分别占51.61%和48.39%;到2006年第二次全国农业普查时,全国农业从业人员则下降到了3.42亿人,较1996年减少了0.92亿人。在农业从业人员总体减少的大环境下,两性劳动力比重表现出不同变动趋势。

在此期间,男性劳动力比重有所下降,与农业从业人员变动表现出一致的趋势,而女性劳动力比重却上升了1.61个百分点,达到了53.22%,女性农业从业者比男性多出2000多万人。同时,两性劳动力占农业从业人员比重的差值存在扩大趋势,1996年两者差值是3.22个百分点,2006年则扩大了一倍,增加到6.44个百分点。

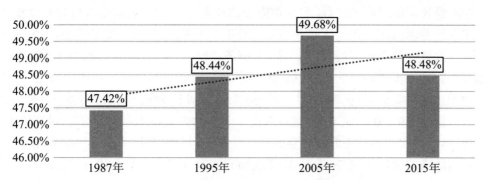

图 4-5　1987～2015 年农业劳动力中女性人口比重变动

数据来源:《中国 1987 年 1% 人口抽样调查资料(全国分册)》第六卷"行业、职业",《1995年全国 1% 人口抽样调查资料》第三卷"经济活动人口",《2005 年全国 1% 人口抽样调查资料(全国分册)》第五卷"就业",《2015 年全国 1% 人口抽样调查资料》第五卷"就业"。

可见,农业普查数据统计结论与人口普查数据基本吻合,即虽然一部分农村妇女已经从农业领域转移出来,女性农业劳动力总体数量有所下降,但与男性相比,她们转移的速率更慢,导致大量女性被沉积在农村,承担起农业生产的责任,农业劳动力女性化趋势显现。

表 4-3　1996～2006 年农业普查农业从业人员性别结构变动①

年份	合计 (亿人)	男性劳动力 (亿人)	男性比重	女性劳动力 (亿人)	女性比重	比重差值 (女−男)
1996 年	4.34	2.10	48.39%	2.24	51.61%	3.22
2006 年	3.42	1.60	46.78%	1.82	53.22%	6.44

数据来源:《中国第一次农业普查资料综合提要》第二部分"农业普查单位基本情况";《中国第二次全国农业普查资料汇编(综合卷)》第三部分"农业生产条件和生产状况"。

二、农业劳动力中女性比重始终高于其他产业和总就业人口

在构建农业女性化概念的过程中,我们不仅要观察农业劳动力性别结构变动的情况,也要融入产业比较思维,考察其他产业和总就业人口性别结构变动的趋势,并与农业劳动力性别结构进行比较。

---

① 农业普查与人口普查统计口径存在差异,所以女性农业劳动力数据整理的结果并不一致,但是不影响对农业劳动力性别结构变动趋势的判断。

表4-4显示,在任何一个人口普查年份和1‰人口抽样调查年份,农业就业人口中女性比重始终高于工业、服务业以及总就业人口。工业就业人口和总就业人口中女性劳动力比重相较于农业和服务业基本保持稳定,变动幅度较小,而农业和服务业女性劳动力比重持续增加,其中,服务业即第三产业女性劳动力比重上升幅度最大。进一步比较农业女性就业人口比重与总就业人口女性比重可以看到,两者差距正在逐步扩大,从1982年的2.55个百分点扩大到了2015年的5.88个百分点。由此推测,在产业结构调整,以及农业劳动力整体规模下降的宏观环境下,一方面,女性农业劳动力非农转移的滞后性提升了农业劳动力中女性比重,降低了农业劳动力的性别比;另一方面,市场上原有的部分女性农业劳动力转移进入服务业,新加入就业市场的女性劳动力也倾向于服务业,其结果使得服务业女性劳动力比重快速上升。就目前来看,农业仍然是女性的主要就业渠道,多重因素牵制了农村适龄女性转向非农部门。

表4-4 1982~2010年各产业就业人口中女性劳动力比重及其变动

年份	农业	工业	服务业	总就业	差值(农业-总就业)
1982年	46.24%	37.72%	34.99%	43.69%	2.55
1987年	47.42%	37.84%	36.76%	44.52%	2.90
1990年	47.48%	39.72%	37.10%	44.96%	2.52
1995年	48.44%	38.97%	40.13%	45.74%	2.70
2000年	48.57%	37.81%	41.14%	45.34%	3.23
2005年	49.68%	36.40%	41.75%	45.42%	4.26
2010年	49.22%	35.58%	44.64%	44.66%	4.56
2015年	48.48%	31.72%	44.90%	42.60%	5.88

数据来源:《中国1982年人口普查资料》《中国1987年1‰人口抽样调查资料(全国分册)》《1990中国人口普查资料(第二册)》《1995年全国1‰人口抽样调查资料》《中国2000年人口普查资料(中册)》《2005年全国1‰人口抽样调查资料(全国分册)》《中国2010年人口普查资料(中册)》《2015年全国1‰人口抽样调查资料》。

通过对20世纪80年代以来全国人口普查数据、1‰人口抽样调查数据和农业普查数据的描述,以及对三次产业就业人口性别结构变动态势的比较,都说明了一种事实,即城镇化过程中存在大量女性农业劳动力滞留在农业生产领域,从而导致农业劳动力中女性占比不断增加,农业劳动力女性化趋势已经显现,且随着国家对于新一轮城镇化布局的落实,这一趋势可能还将持续。

第四章
农业劳动力性别结构及其历史变动

三、女性农业劳动力年龄结构分布及其变动

将农业劳动力性别结构与年龄结构相结合继续观察发现,第一,女性农业劳动力主要集中在35~50岁,超过60岁之后,女性农业劳动力比重急速下降,男性迅速占据绝对优势,农业老龄化与高龄化的构成主体是男性农业劳动力。

图4-6清晰地展现了1982年以来随年龄增长两性农业劳动力分布比重变动的态势。1982年和1990年,除了15~19岁,其他年龄段性别比均高于100,也就是说,这些年龄段内男性农业劳动力比重高于女性,男性是农业劳动力的主体,且随劳动力年龄增加性别比存在较为明显的上升趋势,比重结构曲线呈"喇叭口"状分布。到了2000年,曲线出现了交叉,在25~44岁,女性比重曲线高过了男性,其中35~39岁女性比重最高,改变了1990年普查时男性占据农业劳动力绝对优势的局面;整体性别比随劳动力年龄增加呈现先降后升的趋势,高性别比出现在高年龄段,"喇叭口"依然存在,但较1990年有所收缩。2010年,20~49岁年龄段女性农业劳动力比重超过了男性,在2000年基础上又扩大了年龄段范围,意味着更多女性集中在了农业;性别比随年龄结构变动的整体态势与2000年时基本一致,性别比最低点出现在40~49岁,较2000年约往后延了10年,由此推测,2000年普查时,那批集中在农业生产部门的女性劳动力在十年后可能依然没有离开农业。

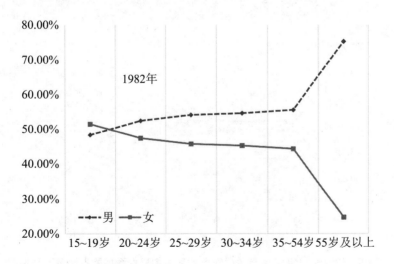

117

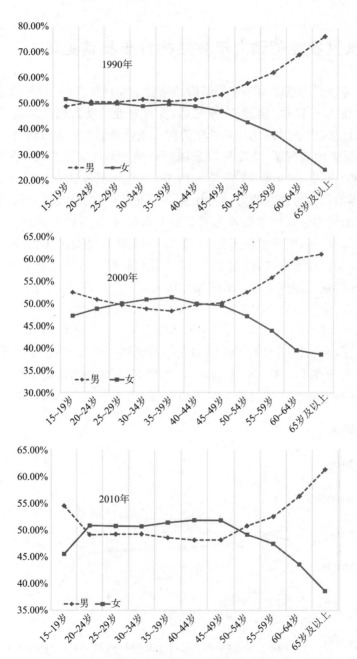

图 4-6　1982～2010 年各年龄段农业劳动力中男女两性所占比重变动情况

数据来源：《中国 1982 年人口普查资料》《1990 中国人口普查资料（第二册）》《中国 2000 年人口普查资料（中册）》《中国 2010 年人口普查资料（中册）》。

特别需要注意的是，无论哪个普查年份，当农业劳动力年龄超过 50 岁之后，特

第四章
农业劳动力性别结构及其历史变动

别是60岁之后,男性劳动力又迅速超过女性,并开始占据主导地位。2000年和2010年普查显示,65岁及以上农业劳动力男性数量是女性的1.5倍以上,而1990年则是3倍以上(表4-5)。

表4-5　1982~2010年各年龄农业劳动力性别比及其变动

年龄段	1982年①	1990年	2000年②	2010年
15/16~19岁	93.96%	94.51%	111.11%	119.81%
20~24岁	110.53%	101.49%	104.24%	96.66%
25~29岁	118.32%	101.14%	99.36%	96.99%
30~34岁	120.56%	105.46%	95.95%	97.18%
35~39岁		102.34%	93.99%	94.47%
40~44岁	125.23%	105.47%	99.50%	92.80%
45~49岁		114.13%	101.18%	92.90%
50~54岁		136.45%	111.43%	103.32%
55~59岁		163.38%	127.15%	110.72%
60~64岁	304.71%	223.35%	152.58%	129.19%
65岁及以上		323.42%	158.68%	158.68%

数据来源:数据来源:《中国1982年人口普查资料》第六卷"行业、职业",《1990中国人口普查资料(第二册)》第六部分"职业、行业",《中国2000年人口普查资料(中册)》第二部分"长表数据资料"中第四卷"行业、职业",《中国2010年人口普查资料(中册)》第二部分"长表数据资料"中第四卷"就业"。

同时,高龄农业劳动力群体性别比下降明显,说明高龄劳动力中女性比重有所增加。

通过表4-5,比较1990~2010年不同年龄段农业劳动力性别比变动态势发现,25~29岁、40~65岁及以上,这些年龄段农业劳动力性别比存在明显下降趋势;除15/16~19岁这个年龄段外,其他所有年龄段2010年性别比均低于1990年,其中60~64岁、65岁及以上这两个年段性别比差值分别高达94.16和164.74。这说明在各个年龄段女性农业劳动力的比重都有所增加,农业劳动力女性化正在从中年龄段向高年龄段渗透。这提醒我们,在讨论农业老龄化、高龄化现象时不能忽视女性化倾向,农业劳动力老龄化与农业劳动力女性化共同存在。

---

① 1982年第四次全国人口普查年龄段划分与其他年份有所差异,为了便于比较,对年龄层进行了重新整合。
② 自2010年人口普查开始,初始年龄段划分有所调整,从原来的15~19岁调整为16~19岁。

四、农、林、牧、渔各部门劳动力性别结构变动特征

在讨论农业劳动力女性化现象时,绝大多数学者只是观察了农业领域劳动力性别结构变动情况,而很少关注农业与其他产业以及农业内部各行业劳动力性别结构变动情况。通过表4-6可以看到,农林牧渔业各个农业生产部门的劳动力性别结构变动趋势与整个农业劳动力性别结构变动趋势并不完全一致,各部门表现出不同的特征。

表4-6 1982~2010年农、林、牧、渔业女性劳动力占比情况

年份	农林牧渔业	种植业	林业	畜牧业	渔业
1982年	46.24%	46.35%	32.41%	54.32%	25.29%
1990年	47.48%	47.67%	36.03%	46.69%	20.23%
2000年	48.57%	48.27%	35.87%	67.16%	25.49%
2010年	49.22%	49.21%	36.27%	57.01%	29.03%

数据来源:《中国1982年人口普查资料》《1990中国人口普查资料(第二册)》《中国2000年人口普查资料(中册)》《中国2010年人口普查资料(中册)》。

(一)农、林、牧、渔业就业人口性别结构的变动

1. 种植业部门

如图4-7显示,20世纪80年代以来,种植业中女性劳动力占比呈稳步缓慢上升趋势,1982~2010年四次全国人口普查分别为46.35%、47.67%、48.57%、49.21%,上升了2.86个百分点。结合全部农业劳动力中女性比重变动态势可以看到,两者女性劳动力比重变动态势基本一致,且占比非常接近。1982和1990年两个普查年份,种植业女性劳动力比重略微高于全部农业劳动力中女性比重,分别高出0.11个百分点和0.19个百分点;2000和2010年则是后者略高于前者,分别高出0.3个百分点和0.01个百分点。

2. 林业部门

通过图4-8可以看到,林业劳动力中女性比重的变动比较平稳,上升幅度不高,上升速度缓慢。1982年林业劳动力中女性比重与之后三次人口普查相比相对较低,女性占比接近1/3,为32.41%;1990年、2000年和2010年三次人口普查女

性劳动力占比则围绕36%轻微波动,2010年为36.27%,达到最高值,较1982年上升了3.86个百分点。但林业劳动力中女性比重明显低于总的农业劳动力中女性比重,1982年两者相差13.83个百分点,1990年缩小到11.45个百分点,2000年有所扩大,达到12.7个百分点,2010年又略微抬升,达到了12.95个百分点。

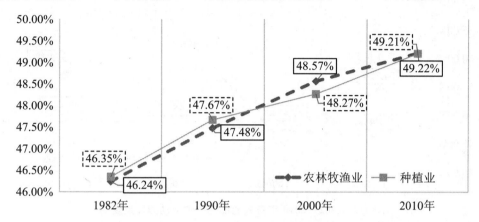

图 4-7 1982~2010年种植业部门女性劳动力比重变动

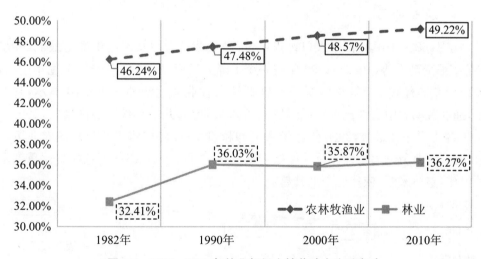

图 4-8 1982~2010年林业部门女性劳动力比重变动

3. 畜牧业部门

畜牧业劳动力中女性比重波动较大,且绝大部分年份女性比例显著高于男性。图 4-9 显示,1982年畜牧业中女性比重达到了 54.32%;1982~1990年有个快速下降的过程,8年间下降了7.63个百分点,跌破50%,仅为47.48%,男性劳动力数量超过了女性;1990~2000年,则快速上升,2000年畜牧业中女性劳动力比重高达

67.16%,而同年农业劳动力中女性比重仅为 48.57%,前者远高于后者,多出 18.59个百分点;2000~2010 年期间再次呈现高速下降趋势,2010 年较 2000 年下降了 10.15 个百分点,为 57.01%,但是仍高于同年农业劳动力 7.79 个百分点。

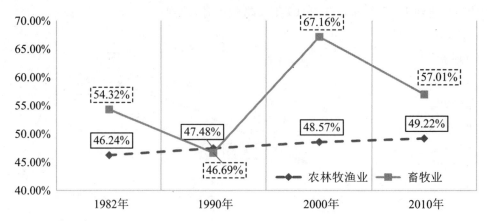

图 4-9　1982~2010 年畜牧业部门女性劳动力比重变动

4. 渔业部门

在 1982~2010 年四个人口普查年份,渔业劳动力中女性比重都是最低,并呈"V"字形变动态势,1982~1990 年有一个下降的过程,从 1990 年开始则逐年增加,2010 年仍未超过 30%,总体变动趋势不像畜牧业如此激烈。图 4-10 显示,1990 年,渔业劳动力中女性比重最低,只有 20.23%,此后几个年份则逐渐增长,1990~2000 年上升速率最快,2000 年已经恢复并超过 1982 年的水平。与总体农业劳动力相比,渔业劳动力女性比重始终处于低位状态,但低位状态并不意味着比重变动的停滞,整体来看,依然处于上升趋势。

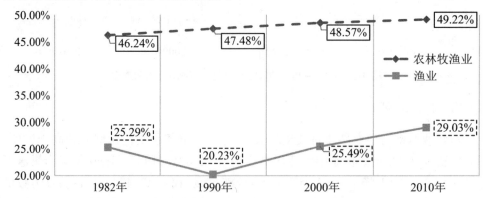

图 4-10　1982~2010 年渔业部门女性劳动力比重变动

第四章
农业劳动力性别结构及其历史变动

综上,在农业内部,种植业部门女性劳动力占比呈现平稳上升的态势;林业部门女性劳动力比重变动幅度较小;畜牧业部门女性劳动力比重呈高位波动状态,变动幅度较大;而渔业部门女性劳动力比重则表现出低位上升趋势。

(二)女性农业就业人口主要集中在种植业与畜牧业

事实上,农业女性化是一个较为宽泛的描述方式。虽然农业劳动力性别比逐年降低,但农业各部门劳动力性别结构变动态势并不一致,通过比较农、林、牧、渔业各部门劳动力性别结构变动情况可以发现,女性农业劳动力主要集中在种植业和畜牧业,且种植业劳动力女性化趋势变动更具有代表性。

从农林牧渔业劳动力数量及其比重变动来看(表4-7),绝大部分农业劳动力集中在种植业,且劳动力数量表现出较为明显的减少趋势。1982年,种植业在农业劳动力中比重达到97.65%,1990年有一个小幅上升的过程,上升了0.74个百分点,2000年与2010年较1990年则分别下降了2.31个百分点和3.67个百分点。在此期间,与其他三个农业部门相比,只有种植业部门女性劳动力比重呈稳定上升趋势,其他农业部门均有波动。可见,在城镇化背景下,在农业劳动力性别结构再分配过程中,种植业部门劳动力变动呈现出两个清晰的特征:一是劳动力比重不断减少,二是女性劳动力比重不断上升,前者是人口流动的结果,后者是性别分工的结果,可以说农业女性化主要体现在种植业部门。

表4-7 1982~2010年农、林、牧、渔业劳动力数量及其比重变动

年份	种植业		林业		畜牧业		渔业	
	数量(万人)	比重	数量(万人)	比重	数量(万人)	比重	数量(万人)	比重
1982年	37512.38	97.65%	269.26	0.70%	449.00	1.17%	184.86	0.48%
1990年	45815.82	98.39%	192.34	0.41%	320.48	0.69%	238.16	0.51%
2000年	41224.93	96.08%	157.14	0.37%	1189.78	2.77%	336.22	0.78%
2010年	32589.21	94.63%	257.47	0.75%	1278.07	3.71%	314.30	0.91%

数据来源:《中国1982年人口普查资料》《1990中国人口普查资料》《中国2000年人口普查资料》《中国2010年人口普查资料》。

与种植业部门相比,畜牧业部门劳动力数量和结构变动显得较为曲折。在数量上(表4-8),畜牧业劳动力占农业劳动力比重上升速度较快,上升趋势明显,从1982年的1.17%上升到2010年的3.71%,虽然远低于种植业部门劳动力比重,但超过了林业和渔业。劳动力数量的上升并没有伴随着女性劳动力的同步增加。与其他三个农业部门相比,畜牧业部门女性劳动力比重变动幅度较大,且基本处于高

位,除了 1990 年,其余三个普查年份女性劳动力比重均高于种植业、林业和渔业,且都超过了 50%,2000 年更是高达 67.16%(图 4-8),超过种植业 18.89 个百分点。总体来看,畜牧业部门劳动力变动虽然不太稳定,但从劳动力性别结构角度审查,女性劳动力优势地位突出。

对于农业各部门劳动力性别结构变动状况的刻画及比较是对农业女性化进一步探索的尝试。研究发现,种植业劳动力数量在总体农业劳动力中占据绝对优势,其次是畜牧业,林业和渔业则占据了很少的比重。历次普查数据显示,农、林、牧、渔、业各部门劳动力对于社会经济发展都做出了相应的反应,各个部门呈现出不同的变动态势,但农业女性化趋势并不是普遍存在于各个农业部门,或者说,除了种植业部门劳动力女性化趋势较为明显,其他三个部门则表现得不够清晰。

综上来看,农业女性化更多是指种植业劳动力的女性化,因此,对种植业劳动力性别结构变动趋势的准确把握是探索农业女性化及其后果的关键所在。

本章小结

改革开放以来,随着产业结构调整和城镇化战略的推行,刘易斯、费景汉、拉尼斯、乔根森等发展经济学家笔下的城乡二元经济结构在我国开始形成。在城乡比较利益的驱动下,大量农业劳动力流向非农部门,促进了非农产业的快速发展,并加快了我国工业化与城镇化进程,农业劳动力在农业部门和非农部门之间的再配置对我国农业经济结构和增长方式产生了深远影响。在农业劳动力流动过程中,出现了年龄差异、性别差异、文化差异,一部分年纪尚轻、受教育程度较好、社会资源更为丰富的男性劳动力优先离开农村社区进入非农部门,而那些老人、妇女则被沉积下来。从年龄维度来考察农业劳动力变动特征的研究已经比较丰富,农业老龄化是一个不争的事实,而从性别维度来考察农业劳动力结构调整的研究还未形成完整的体系,是一个值得探索的学术领域。

本章通过观察宏观历史数据,运用横向比较和纵向比较两种手段,首先描述了世界部分国家农业就业人口占总就业人口的比重变动情况以及中国与其他国家的比较,接着说明了我国产业结构调整过程中农业劳动力比重不断下降的事实以及波动式下降特征,最后着重考察了我国城镇化进程中农业劳动力性别结构变动情况,发现农业女性化特征已经显现,并进一步描述分析了农业内部农、林、牧、渔业各部门劳动力性别结构变动态势。需要说明的是,由于本章使用的数据来源于不同的统计资料,在数据记录过程中存在统计口径的差异,导致相似的数据在不同资料中存在事实有所出入,但这并不影响研究结论。

第四章
农业劳动力性别结构及其历史变动

从农业劳动力数量占总就业人口比重来看，中国作为一个典型的农业大国，农业虽然拥有几千年的发展历史，但农业生产力水平仍然落后于一些发达国家，农业经济增长依然倚靠大量廉价的农业劳动力资源，农业机械化水平总体不高，即使农业劳动力不断流入非农领域，目前还有近30%的劳动力集中在农业领域，与发达国家存在较大差距。

从三次产业劳动力变动情况来看，改革开放之初，农业劳动力占据绝对优势，随着经济发展，农业经济在GDP中的比重逐年下降，农业劳动力也逐渐转向第二、第三产业，总体呈现波动下降趋势，2015年末中国拥有农业劳动力2.19亿，比农业劳动力最充裕的1991年减少了1.72亿，结合产业结构调整的规律以及西方国家发展的经验，在未来产业升级过程中，农业劳动力数量还将进一步减少。

从农业劳动力性别结构变动来看，通过比较1982~2015年四个普查年份和四个1‰人口抽样调查年份的数据发现，农业劳动力中女性比重显著高于其他产业和总就业人口，农业女性化趋势已经显现。农业劳动力性别结构与年龄结构不能完全割裂，从女性农业劳动力年龄结构来看，35~50岁是女性农业劳动力比重最高的年龄段。

深入考察农业劳动力内部结构我们发现，农、林、牧、渔四个农业部门的劳动力性别结构从1982年以来有着较大的变动，农业女性化不能一概而论，需要区别对待。种植业和畜牧业中女性劳动力比重明显高于林业和渔业，其中，畜牧业部门无论是劳动力数量还是劳动力性别结构，均表现出较大的波动性，1990年畜牧业劳动力数量和女性劳动力比重有一个明显的突降过程，2000年与2010年则迅速反弹；种植业部门不仅集中了主要的农业劳动力，而且其劳动力女性化变动趋势最为明显，历次普查都呈现稳定上升趋势，且与其他三个农业部门相比，只有种植业劳动力占农业劳动力比重表现出下降趋势，呈现出劳动力数量减少而女性劳动力增多的现象。因此，可以认为，农业女性化主要是指种植业部门劳动力的女性化。

第五章 农业劳动力性别结构变动的区域差异及分布特征

本章将着眼于区域差异,从横向比较和纵向发展两个角度出发,更加细致地考察农业劳动力性别结构变动。一方面,研究视野从宏观转向中观,聚焦于全国各地区(省、自治区、直辖市)农业劳动力性别结构变动的特征及其差异;另一方面,从空间层面继续讨论农业劳动力性别结构变动,探索农业劳动力性别结构区域分布特征、分布差异和影响因素。

第一节 各地区农业劳动力性别结构变动差异分析

农业劳动力性别结构总体变动态势并不能够准确反映个体特征,有必要通过人口数据对全国各省(自治区、直辖市)农业劳动力性别结构变动状况进行考察。一般而言,由于调查方式的不同,拥有更大样本量的人口普查数据较之1%人口抽样调查数据更加精确,因此,在判断趋势、描述现象、分析问题、说明情况的过程中,我们更加重视全国人口普查数据,辅之以1%人口抽样调查数据。

一、来自人口普查数据的观察:1990~2010年

对于各地区农业劳动力性别结构及其变动的考察,主要采取了横向比较与纵向比较的手段。横向比较能够说明同一年份不同地区农业劳动力中女性比重差异情况,纵向比较能够揭示同一地区农业劳动力性别结构的历史变动。两种观察角度的结合在一定程度上较为全面、系统地刻画了农业劳动力女性化的区域差异。

第五章
农业劳动力性别结构变动的区域差异及分布特征

（一）横向观察

表 5-1 显示，1990 年各地区农业劳动力中女性比重最高的是经济较为发达的上海，为 57.57%，其次是北京；女性劳动力比重最低的是农业生产条件较好的黑龙江，为 37.18%，其次是吉林。女性劳动力比重最高的上海与比重最低的黑龙江相比，两者相差 20.39 个百分点。在 31 个省（自治区、直辖市）中，有 4 个地区农业劳动力中女性比重超过 50%，分别是北京（50.18%）、上海（57.57%）、江苏（50.16%）和宁夏（50.05%），其余地区比重都在 40%～50%，且绝大部分超过了 45%。

2000 年全国各地区农业劳动力中女性比重最高的是江苏，为 54.33%，最低的是浙江，为 39.88%，也是唯一一个比重低于 40% 的地区，两者相差 14.45 个百分点。2000 年，在全国 31 个省自治区、直辖市中，同样有 4 个地区农业劳动力中女性比重超过 50%，分别是上海（50.20%）、江苏（54.33%）、山东（50.01%）和宁夏（50.71%），与 1990 年比较，北京农业劳动力中女性比重下降了，而山东女性劳动力比重增加了，其余 26 个地区比重都在 40%～50%，且绝大部分超过了 45%。

2010 年第六次全国人口普查数据显示，全国各地区农业劳动力中女性比重最高的依然是江苏，为 55.64%，最低的也依然是浙江，为 41.1%，两者相差 14.54 个百分点，与 2000 年相比，两地比重差异幅度基本保持不变。全国 31 个省市（自治区、直辖市）中，有 8 个地区农业劳动力中女性比重超过了男性，即比重超过了 50%，依次是江苏（55.64%）、安徽（51.82%）、河南（51.4%）、山东（51.02%）、重庆（50.97%）、四川（50.7%）、宁夏（50.41%）和湖北（50.17%）。其中，江苏和宁夏两地在三次普查中比重均超过 50%，属于比重偏高的地区，是今后研究的重点区域；除浙江外，其余 22 个地区比重都超过了 45%。

表 5-1 1990～2010 年中国内地农业劳动力中女性比重变动比较

地区	1990 年	2000 年	2010 年	地区	1990 年	2000 年	2010 年
北京	50.18%	48.03%	45.34%	湖北	47.90%	48.79%	50.17%
天津	45.61%	46.72%	46.05%	湖南	46.28%	46.37%	47.32%
河北	46.42%	48.90%	48.82%	广东	47.65%	47.84%	48.24%
山西	43.13%	44.93%	45.13%	广西	48.04%	47.23%	48.60%
内蒙古	42.15%	45.60%	45.91%	海南	49.55%	47.44%	46.81%
辽宁	44.40%	46.82%	46.99%	重庆	—	49.97%	50.97%

续表

地区	1990年	2000年	2010年	地区	1990年	2000年	2010年
吉林	40.13%	44.24%	45.60%	四川	48.89%	49.88%	50.70%
黑龙江	37.18%	42.75%	44.39%	贵州	49.17%	48.42%	49.38%
上海	57.57%	50.20%	49.85%	云南	49.95%	48.77%	49.35%
江苏	50.16%	54.33%	55.64%	西藏	49.27%	49.62%	48.04%
浙江	40.39%	39.88%	41.10%	陕西	46.42%	48.23%	48.57%
安徽	48.20%	49.81%	51.82%	甘肃	49.10%	48.93%	49.60%
福建	43.13%	46.82%	45.66%	青海	49.07%	49.03%	49.00%
江西	46.82%	49.44%	49.08%	宁夏	50.05%	50.71%	50.41%
山东	49.66%	50.01%	51.02%	新疆	46.19%	45.44%	45.98%
河南	48.90%	49.39%	51.40%				

数据来源：《1990中国人口普查资料（第二册）》第六部分"职业、行业"，《中国2000年人口普查资料（中册）》第二部分"长表数据资料"中第四卷"行业、职业"，《中国2010年人口普查资料（中册）》第二部分"长表数据资料"中第四卷"就业"。

（二）纵向观察

农业女性化的提法本身就蕴含了一种趋势意识，提醒我们要用动态比较的眼光去审视问题，这一点在界定概念的过程中已经强调。比较中国大陆31个省（市、自治区）1990年与2010年两个年份农业劳动力中女性比重看到，各地区之间女性农业劳动力比重呈"差距缩小""缓慢增长""区块分布"的特点（图5-1）。

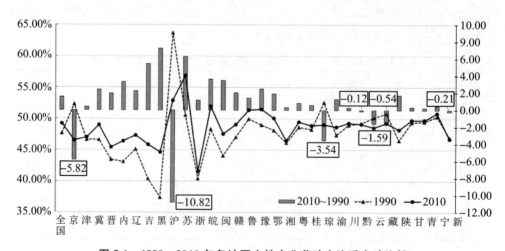

图5-1　1990~2010年各地区女性农业劳动力比重变动比较

第五章
农业劳动力性别结构变动的区域差异及分布特征

1. 比重增加型

通过表5-1,比较1990~2010年三个普查年份数据可知,山西、内蒙古、辽宁、吉林、黑龙江、江苏、安徽、山东、河南、湖北、湖南、广东、重庆、四川、陕西这15个省(自治区、直辖市)农业劳动力中女性比重在不断增加,占中国31个省(自治区、直辖市)的48.39%。虽然其中山西、内蒙古、辽宁、吉林、黑龙江、湖南、广东、陕西这8个省份(自治区、直辖市)截至2010年第六次人口普查时,农业劳动力中女性比重依然未超过50%,但比重多寡和趋势变动是两个不同的方面。这15个地区中,农业劳动力中女性比重变化幅度最大的是黑龙江,从1990年的37.18%上升到2010年的44.39%,增加了7.21个百分点;其次是江苏,从1990年的50.16%上升到2010年的55.64%,增加了5.48个百分点;再次是吉林,从1990年的40.13%上升到2010年的45.60%,增加了5.47个百分点。

比较黑龙江、江苏、吉林三省女性农业劳动力比重变动特征发现,从数据增长形式来看,黑龙江和吉林都是低位增长,江苏则属于高位增长。从三地区位条件来看,黑龙江和吉林地处东北,属于黑龙江和松花江的冲积平原,耕地面积开阔平整,作物生长土壤肥沃,不仅是小麦、大米、玉米等粮食的主要产地,也是大豆、甜菜等经济作物的重要产地;江苏地处江淮之间,属于"鱼米之乡",是重要的商品粮基地,也是棉花、油菜等经济作物的主产区之一。综合来看,三地有一个共同特征,即都拥有悠久的农业生产历史,具备充沛的农业生产资源,农业生产技术和农业经济都比较发达。

虽同属商品粮基地,东三省和江苏省在农业生产方式上又存在各自的特色。东三省农业生产自然条件优越,目前,农业生产基本实现了机械化,其中黑龙江2017年机械化程度高达96.8%,农业机械化程度继续领跑全国。以往的研究表明,女性往往与机械化操作"无缘",她们更多的是从事简单的田间管理,在农业生产中扮演"辅助者"角色,因此,东三省高度机械化作业的方式很大程度上需要依赖男性来完成,某种程度上可能"解放"了女性农业劳动力,导致总体农业劳动力中女性比重并不高。同时,东北人口非农流动有其特殊性。20世纪90年代以来东北地区经济发展速度相对缓慢,经济发展后劲不足,地理位置又相对偏远,交通不如其他内陆地区便捷,加上北方人相对传统的思想观念,导致人口流动的机会、范围、频率不如靠近长三角的内陆省份,往往局限于东三省内部之间的流动。因此,东北人口流动的性别差异没有充分显现,或者说显现相对滞后,致使以黑龙江为代表的东北农业劳动力中女性比重虽在快速上升,但总体比重在全国排名并不靠前。未来随着人口流动的通畅,东北地区被禁锢在土地的女性也会越来越多。换言之,东三省未来可能成为农业女性化现象最显著的地区之一。

江苏的情况与东北大不相同。20世纪80年代末开始,苏南的乡镇企业就如火如荼地发展,在机会有限的情况下,乡镇企业吸纳劳动力的过程中优先选择了男性劳动力,女性一开始就被沉积在了农业,因此1990年人口普查时江苏女性农业劳动力绝对数量就已经超越了男性。此后,人口非农就业的性别差异伴随社会经济发展一直存在,但速度有所减缓,女性劳动力也逐渐跟上了非农转移的步伐。表5-1中,2000~2010年,江苏农业劳动力中女性比重增加幅度明显小于1990~2000年的增加的幅度。比较东北和江苏农业劳动力中女性比重变动趋势发现,不同地区农业劳动力中女性比重变动的根本原因还是地区经济发展方式和农业生产方式上的差异。

2. 比重减少型

表5-1中,北京、上海、海南、青海这4个省(自治区、直辖市)农业劳动力中女性比重在趋于减少,占中国31个省(自治区、直辖市)的12.9%。其中,上海下降幅度最大,从1990年的57.57%下降到2010年的49.85%,下降了7.72个百分点,在所有地区中变动幅度居于首位;其次是北京,从1990年的50.18%下降到2010年的45.34%,下降了4.84个百分点;再次是海南,从1990年的49.55%下降到2010年的46.81%,下降了2.74个百分点;青海下降的比重很小,只有0.07个百分点。

在这四个地区中我们重点关注两个直辖市——上海和北京。农业女性化趋势出现的一个直接原因是在城镇化和工业化过程中农村剩余劳动力非农转移的性别差异。上海和北京的社会经济发展水平在全国位列前茅,城镇化率已经达到了一个非常高的水平,甚至能够和一些发达国家相当,1990~2010年这20年间,吸纳了大批本地区和其他地区的流动人口。一般而言,城镇化对于农村劳动力的吸纳主要存在两种途径:一是城镇用地面积的拓展,运用行政手段使农业用地变为了城市用地,本地区失去土地的农民自然要转向非农;二是城市快速建设过程中提供了大量非农就业岗位,本地周边农村剩余劳动力由于距离的优势较其他地区优先获得了转移。其中,第二种途径又可以分为两个阶段。第一个阶段中,城镇对农村劳动力的吸纳存在明显的性别差异,在资源有限的情况下男性获得了优先转移权,女性则相对滞后,从全国范围内看,由于上海和北京城镇化起步较早,非农转移性别差异在20世纪90年代已经非常显著,因此,农业劳动力中女性比重与其他地区相比已经相对较高。随着社会经济的进一步发展,劳动力非农转移从第一阶段转入第二阶段。此时,具备外出条件的农村男性劳动力已经获得了充分转移,女性农业

第五章
农业劳动力性别结构变动的区域差异及分布特征

劳动力转移的速度便开始增快、数量开始增加,直至农村只剩下那部分必要的维持农业生产活动的劳动力,以及由于身体、年龄等原因确实无法完成非农转移的劳动力,非农转移才告一段落。2000年之后,上海和北京非农转移可能进入了第二阶段,女性在男性之后也开始大量流向非农,致使农业劳动力中女性比重出现了迅速下降。

非农转移的两阶段理论引发的另一个问题是,为何上海和北京变化如此明显,而其他地区也在经历城镇化,却未出现农业劳动力女性比重迅速下降的现象呢?课题组认为主要由两个方面的原因决定:一是因为两地特殊的直辖市身份,使得他们在城镇化过程中更具优势;二是因为两地在前期发展中已经积累了扎实的经济基础,较其他地区更早地经历了劳动力转移的第二阶段。也就是说,农业劳动力中女性比重随着城镇化推进有一个先升后降的过程,北京和上海的经验表明,农业女性化现象不一定会长期存在,起始于城镇化,也必将被城镇化所"终结"。

3. 比重波动型

除15个女性农业劳动力比重增加和4个女性农业劳动力比重减少的地区外,还存在12个女性农业劳动力比重波动地区,分别是天津、浙江、河北、福建、广西、江西、贵州、云南、甘肃、宁夏、西藏、新疆,占中国31个省(自治区、直辖市)的38.71%。

总体来看,这些地区的波动主要呈现出两个特征:一是波动幅度较为平稳,除了河北、福建、江西、西藏四地波动幅度超过1个百分点外,其余地区都不高于1个百分点,四个地区中波动幅度最大的福建也仅为2.53个百分点;二是大部分地区呈现波动上升趋势,除了云南、西藏和新疆三地2010年农业劳动力中女性比重略低于1990年,其余9个地区均存在不同程度的上升。这9个地区上升的模式又可以分为两类:天津、河北、福建、江西和宁夏呈现"凸"字形上升趋势,即农业劳动力中女性比重从1990~2000年上升幅度较大,2000~2010年有些回落;浙江、广西、贵州、甘肃呈现"凹"字形上升趋势,即农业劳动力中女性比重从1990~2000年有所下降,2000~2010年则又开始所有回升。

在这12个地区中宁夏尤其值得关注。其农业劳动力中女性比重表现出高位波动上升的特征,三个普查年份农业劳动力中女性比重均超过了50%,1990年比重为50.05%,2000年上升到50.71%,2010年又回落0.3个百分点,但仍高于1990年0.36个百分点。为何在西北部地区唯独宁夏农业劳动力中女性比重相对偏高呢?除了通常所说的人口流动性别差异之外,还可能与宁夏的种植结构和人口结构密切相关。[①]

从区域地理来看,宁夏虽然属于西北地区,位于400 mm等降水线以西,年降水量不足200 mm,但是黄河"几"字弯穿越宁夏,冲击形成了有"塞上江南"美誉的宁夏平原。[②] 两岸湖泊遍地、水草丰美、土壤肥沃,加之西北地区昼夜温差大,光照充足,形成了得天独厚的适合灌溉农业发展的自然条件。小麦、水稻高产稳产,枸杞、瓜果品质优良,银川附近的湖泊是宁夏重要的水产基地,贺兰山前的草场则是滩羊的重要产区,宁夏种植业、畜牧业和渔业发展并不亚于长三角地区。农业的发展离不开农业劳动力资源的支持,宁夏整体农业生产效率并不算高,因此,农业生产过程中捆绑了大量劳动力,在男性普遍外出务工的大环境下,女性自然承担起日常田间管理的责任。同时,枸杞种植是宁夏的特色农业,枸杞成熟期果实比较脆弱,且植株布满两厘米左右的刺,生长形状不规则,因此采摘过程无法实现机械化,必须人工采摘,采摘一亩枸杞需要10个左右的劳动力,而这部分工作几乎全部由女性承担。[③] 从民俗文化来看,宁夏是回族的聚居区,在回族传统文化价值体系内,女性的家庭地位远不如男性,"男外女内"的家庭性别分工不但明显而且"顽固"。一些较为贫困落后的地区,女性受教育机会被天然剥夺,她们会甘愿留守在家,承担家务、繁衍人口、管理农田。

二、来自1%人口抽样调查数据的观察:1987~2015年

三次人口普查数据基本揭示了中国各地区农业劳动力性别结构变动特征,在此基础上,本研究进一步利用1%人口抽样调查数据,来补充在非普查年份各地区农业劳动力性别结构变动情况。

(一)横向观察

表5-2显示,1987年农业劳动力中女性比重最高的是上海,为62.18%,是历次普查和抽样调查中唯一一个超过60%的地区,其次是江苏,为57.78%;最低的是黑龙江,为30.55%,其次是吉林,为32.98%;女性农业劳动力比重最高的上海和女性农业劳动力比重最低的黑龙江相差31.65个百分点。女性农业劳动力比重超过50%的有7个地区,分别是北京(52.48%)、上海(62.18%)、江苏(57.78%)、

[①] 崔淑丽.宁夏南部山区农业劳动力转移中的农业女性化研究[D].北京:中国农业大学,2006:21-23.
[②] 宁夏平原,又称银川平原,是河套平原"西套"的组成部分。河套平原还包括内蒙古狼山、大青山以南的"后套平原"和土默川平原(又称"前套平原")。整个河套平原被誉为"塞上江南"。
[③] 崔淑丽.宁夏南部山区农业劳动力转移中的农业女性化研究[D].北京:中国农业大学,2006:29.

云南(50.53%)、西藏(53.50%)、青海(50.03%)和宁夏(52.21%);低于40%的有3个地区,除了上文提到的黑龙江和吉林外,还有浙江(39.74%);其余地区都在40%～50%。除重庆和海南外,29个地区女性农业劳动力比重中位数为48.17%。①

表5-2　1987～2015年中国内地各地区农业劳动力中女性比重变动比较

地区	1987年	1995年	2005年	2015年	地区	1987年	1995年	2005年	2015年
北京	52.48%	49.47%	49.40%	42.09%	湖北	48.82%	48.81%	50.12%	48.26%
天津	44.31%	46.30%	44.83%	45.48%	湖南	44.53%	47.26%	47.19%	47.41%
河北	44.61%	48.18%	50.47%	49.75%	广东	48.77%	50.77%	48.48%	46.35%
山西	44.40%	43.37%	44.64%	42.32%	广西	48.73%	48.21%	48.88%	48.12%
内蒙古	41.95%	43.80%	46.38%	43.48%	海南	—	48.35%	46.64%	45.81%
辽宁	43.43%	45.08%	48.04%	45.61%	重庆	—	—	51.70%	50.88%
吉林	32.98%	42.50%	39.85%	45.25%	四川	48.17%	50.39%	52.14%	50.83%
黑龙江	30.55%	39.81%	41.92%	42.08%	贵州	49.60%	49.10%	50.52%	48.80%
上海	62.18%	56.55%	52.50%	47.24%	云南	50.53%	49.03%	48.79%	49.03%
江苏	57.78%	55.26%	57.90%	55.83%	西藏	53.50%	51.02%	48.12%	49.01%
浙江	39.74%	37.94%	39.65%	39.02%	陕西	46.38%	48.02%	49.84%	47.17%
安徽	47.83%	49.55%	52.41%	51.70%	甘肃	49.41%	48.78%	50.77%	49.41%
福建	43.59%	44.56%	45.76%	42.12%	青海	50.03%	49.05%	49.59%	48.21%
江西	48.93%	47.64%	49.48%	48.64%	宁夏	52.21%	50.23%	52.37%	48.84%
山东	48.12%	50.33%	52.45%	52.21%	新疆	45.26%	46.18%	44.96%	44.83%
河南	49.39%	49.30%	50.63%	50.46%					

数据来源:《中国1987年1%人口抽样调查资料(全国分册)》第六卷"行业、职业",《1995年全国1%人口抽样调查资料》第三卷"经济活动人口",《2005年全国1%人口抽样调查资料(全国分册)》第五卷"就业",《2015年全国1%人口抽样调查资料》第五卷"就业"。

1995年农业劳动力中女性比重最高的依然是上海,为56.55%,但较1987年已经下降了5.63个百分点,其次是江苏,为55.26%,较1987年下降了2.52个百分点;最低的是浙江,为37.94个百分点;女性农业劳动力比重最高的上海和女性农业劳动力比重最低的浙江相差18.61个百分点,比重差较1987年缩小了13.04

---

① 中位数是考察数据总体分布情况的重要手段,中位数的上升说明各地区农业劳动力中女性比重总体在增加。

个百分点。有 7 个地区农业劳动力中女性比重超过 50%，分别是上海(56.55%)、江苏(55.26%)、山东(50.33%)、广东(50.77%)、四川(50.39%)、西藏(51.02%)和宁夏(50.23)；除浙江和黑龙江外，其余地区比重都在 40%~50%。除重庆外的 30 个地区，比重中位数为 48.57%，较 1987 年上升了 0.4 个百分点。

2005 年农业劳动力中女性比重最高的是江苏，为 57.9%，较 1995 年上升了 2.64 个百分点，其次是上海，为 52.5%，较 1995 年下降了 4.05 个百分点；最低的依然是浙江，为 39.65%，较 1995 年上升了 1.71 个百分点，与比重最高的江苏相差 18.25 个百分点，其次是吉林，略微高于浙江，为 39.85%；除这两个地区外，其余地区比重都在 40%~50%。有 12 个地区比重超过 50%，分别是河北(50.47%)、上海(52.5%)、江苏(57.9%)、安徽(52.41%)、山东(52.45%)、河南(50.63%)、湖北(50.12%)、重庆(51.70%)、四川(52.14%)、贵州(50.52%)、甘肃(50.77%)和宁夏(52.37%)。31 个地区的女性农业劳动力比重的中位数继续保持上升趋势，较 1995 年上升了 0.83 个百分点，为 49.4%。

2015 年农业劳动力中女性比重最高的是依然是江苏，为 55.83%，回落到了 1995 年的比重水平，较 2005 年下降了 2.07 个百分点；比重最低的还是浙江，为 39.02%，与江苏相差 16.81 个百分点。不仅仅是江苏省出现回落，全国绝大部分地区 2015 年的比重均小于 2005 年，下降幅度比较大是北京和上海，分别是 7.31 个百分点和 5.26 个百分点；吉林省出现了较大幅度的上升，较 2005 年增加了 5.4 个百分点。江苏、安徽、山东、河南、重庆、四川这 6 个地区比重超过了 50%，数量较 2005 年有明显下降。31 个地区比重中位数为 48.12%，在四个 1% 人口抽样调查年份中最低。2015 年 1% 抽样反馈的数据释放了一个信号，随着女性流动人口比重的增加和农业劳动力的进一步老化淘汰，未来农业劳动力中女性比重可能不会再有大幅度的上升。

（二）纵向观察

通过纵向观察继续探索四个人口抽样调查年份各地区农业劳动力中女性比重随时间推移的变动特征。

1. 比重增加型

表 5-2 中，1987~2005 年，有 9 个地区农业劳动力中女性比重在不断增加，分别是河北、内蒙古、辽宁、黑龙江、安徽、福建、山东、四川、陕西。其中，黑龙江虽然整体比重不高，但上升幅度最大，从 1987 年的 30.55% 上升到 2005 年的 41.92%，上升了 11.37 个百分点。结合人口普查数据分析的结果，有 7 个地区在普查和抽

样调查数据统计中均显示出了增长趋势,分别是内蒙古、辽宁、黑龙江、安徽、山东、四川、陕西,这些地区将是研究农业女性化过程中需要重点关注的地区。然而,结合2015年的数据,只有黑龙江省的女性农业劳动力比重在统计年份内不断增加,但是这种比重上升与江苏、安徽又有区别,属于"低位上升",在大幅上升之后农业劳动力中女性比重在全国仍然处于末端位置。

2. 比重减少型

1987~2005年,有3个地区农业劳动力中女性比重在不断减少,分别是北京、上海、海南。其中,上海下降幅度最大,从1987年的62.18%下降到2015年的47.24%,下降了14.94个百分点。结合人口普查数据分析的结果,以上3个地区在两次统计中都显示出了下降趋势。

3. 比重波动型

剩余地区农业劳动力中女性比重存在波动,分别是天津、吉林、山西、江苏、浙江、河南、江西、湖北、湖南、广东、广西、贵州、甘肃、宁夏、青海、新疆。其中,吉林变动幅度最大,1987年时农业劳动力中女性比重为32.98%,1995年比1987年上升了9.52个百分点,2005年在1995年基础上下降了2.65个百分点,2015年又较2005年回升了5.4个百分点。若仅比较2015年与1987年两个年份的数据,天津、辽宁、吉林、黑龙江、河北、内蒙古、山东、安徽、河南、湖南、四川和陕西这些地区农业劳动力中女性比重出现了增加,幅度最大的是吉林,增加了12.27个百分点,其次是黑龙江,增加了11.53个百分点。随着机械化和农业科技的进一步发展,东北地区在城镇化过程中女性农业劳动力的比重可能还会上升。

三、观察小结

利用全国人口普查数据和1%人口抽样调查数据,通过静态观察和动态比较,研究发现农业劳动力女性化分布具有显著的地域差异性。这种差异性体现在两个方面:一是相同统计年份各地区农业劳动力中女性比重的分布存在差异,二是不同统计年份各地区农业劳动力中女性比重的变动存在差异。

(一)横向观察的结果

农业劳动力性别结构呈现显著的区域差异性,有些地区女性农业劳动力比重始终居于高位,有些地区则一直相对偏低。1990~2010年的普查数据显示,江苏和宁夏始终居于高位,浙江和黑龙江则始终在低位徘徊。1987~2015年的1‰人口抽样调查数据也显示出相似的地区特征,江苏在每个抽样调查年份比重均超过了50%,黑龙江、吉林、浙江在每个统计年份的比重都处于各地区的末端。进一步延伸横向观察的结果:第一,除2015年外,每个普查年份或者每个抽样调查年份,各地区农业劳动力中女性比重的中位数呈显著上升趋势,且上升速度有所加快;第二,每个普查或者抽样调查年份的比重极差呈缩小趋势,说明各区域女性农业劳动力比重差异在缩小。

(二)纵向比较的结果

从1990~2010年普查数据来看,结合比重不断增加的15个地区和波动上升的9个地区,总体而言,农业劳动力中女性比重不断上升成为农业劳动力性别结构变动的主流,只有上海和北京的农业劳动力中女性比重出现了显著下降。除2015年外,1987~2005年1‰人口抽样调查数据来看,30个地区中有21个地区2005年农业劳动力中女性比重超过了1987年,只有个别地区女性劳动力比重出现了显著下降,获得与普查数据观察一致的结论,即农业劳动力中女性比重整体呈现上升趋势。与此同时,结合普查数据和调查数据发现,有7个地区在普查年份和抽样调查年份都出现女性农业劳动力比重不断增长的趋势,分别是内蒙古、辽宁、黑龙江、安徽、山东、四川和陕西,本书的第七章将选取安徽为样本,深入探索农业女性化的存在事实及其后果。

(三)对于观察结果的思考

通常而言,农业劳动力中女性比重的增加存在两种途径:一是进入农业生产领域的农村妇女增长速度超过同期的男性,二是离开农业部门的农村男性数量超过同期的女性。前者一定是女性农业劳动力绝对数量的增加,后者则主要是因为男性离开提升了女性比重。结合中国发展实际,第二种路径更加具有解释力。在农业劳动力数量波动减少的宏观环境下,越来越多的男性劳动力离开了农业生产领域,而女性劳动力因为转移滞后则被沉积在农村,男性的离开抬升了女性在农业劳动力中的比重,而不是越来越多新的女性劳动力加入到农业生产队伍之中。结合数据可以看到,2010年女性农业劳动力规模约为1.7亿人,较1990年下降了近5156.61万人,男性约为1.75亿人,较1990年下降了6971.15万人,下降幅度分别为23.32%和28.5%,男性减少规模超过女性1814.54万人,下降幅度高于女性

第五章
农业劳动力性别结构变动的区域差异及分布特征

5.18个百分点。[①] 很显然,产业结构调整中两性农业劳动力规模都在下降,只是男性下降的速度快于女性。由此来看,农业劳动力性别结构变动是一个"此消彼长"的过程。这也解释了第四章第三节留下的疑问。

农业劳动力中女性比重变动是社会经济多重因素共同作用的结果。通过对"增长型""下降型"和"波动型"三种变动趋势的比较分析,我们认为地区经济发展水平、农业生产方式和农业种植结构是影响农业劳动力性别结构的三个核心因素。报告对于江苏、黑龙江、北京、上海、宁夏这些典型地区农业劳动力中女性比重变动动因的分析,可能既不准确,亦不全面。本书第六章就农业劳动力性别结构区域分布差异问题还将进一步讨论。

农业女性化本身就包含了一个动态的内涵,不能仅仅通过静止的女性农业劳动力的比重来简单判断。以吉林和黑龙江为代表的东北地区农业劳动力中女性比重,无论是变动幅度还是变动趋势,在各地区都比较突出,在日后的研究中值得进一步关注。新一轮东北振兴战略中是否会吸纳大量男性劳动力而将女性滞留农村,在机械作业和农药化肥辅助下完成农场管理呢?以女性为主导的农场是否会出现呢?部分女性是否会成为农业生产的精英呢?这一系列问题仍有待探讨。

第二节 各地区农业各部门劳动力性别结构变动分析

一、农、林、牧、渔业劳动力性别结构变动区域比较:1990~2010年

(一)种植业劳动力性别结构变动区域比较

表5-3中,1990~2010年,仅有4个地区种植业劳动力中女性比重在不断减少,分别是北京、海南、云南、西藏。其中,上海变动幅度最大,从1990年63.72%下降到2010年的52.9%,下降了10.82个百分点,但其下降后的比重在各地区中仍位居前列,表现出高位下降的特征。比较1990年和2010的数据发现,有23个地

---

① 数据通过1990年和2010年人口普查数据计算获得,其中2010年普查数据进行了10%的换算。

区 2010 年种植业劳动力中女性比重高于 1990 年,种植业女性劳动力比重增长趋势显著。

具体而言,有 14 个地区种植业劳动力中女性比重在不断增加,分别是山西、内蒙古、吉林、黑龙江、江苏、安徽、福建、江西、山东、河南、湖北、广东、重庆和陕西。其中,种植业女性劳动力比重增加幅度最大的是黑龙江,2010 年较 1990 年增加了 7.23 个百分点;其次是江苏,增加了 6.28 个百分点;再次是吉林,增加了 5.43 个百分点。可以看到,三个增长幅度最大的地区有两个位于东北平原,结合本章第一节发现,这三个地区农业劳动力中女性比重变动趋势也最为显著。

表 5-3 1990～2010 年中国内地各地区种植业劳动力中女性比重变动比较

地区	1990 年	2000 年	2010 年	地区	1990 年	2000 年	2010 年
北京	52.33%	49.67%	46.51%	湖北	48.16%	48.55%	50.08%
天津	46.62%	47.33%	47.01%	湖南	46.15%	44.47%	46.49%
河北	46.61%	49.08%	49.01%	广东	48.66%	48.89%	49.49%
山西	43.44%	45.09%	45.41%	广西	48.29%	47.33%	48.89%
内蒙古	43.11%	46.12%	46.41%	海南	52.61%	49.40%	49.07%
辽宁	45.12%	47.47%	47.36%	重庆	—	47.40%	48.69%
吉林	40.41%	44.49%	45.84%	四川	49.00%	48.13%	49.31%
黑龙江	37.43%	42.91%	44.66%	贵州	49.25%	48.20%	49.13%
上海	63.72%	52.67%	52.90%	云南	50.17%	48.82%	48.58%
江苏	50.58%	54.83%	56.86%	西藏	50.82%	50.64%	49.28%
浙江	40.41%	38.59%	41.55%	陕西	46.51%	47.66%	48.25%
安徽	48.35%	49.41%	51.97%	甘肃	49.41%	49.06%	49.76%
福建	44.08%	47.42%	47.57%	青海	49.52%	49.17%	49.76%
江西	47.04%	48.15%	49.06%	宁夏	50.35%	51.31%	50.83%
山东	49.97%	50.24%	51.37%	新疆	46.95%	46.55%	46.74%
河南	49.01%	49.32%	51.51%				

数据来源:《1990 中国人口普查资料(第二册)》第六部分"职业、行业",《中国 2000 年人口普查资料(中册)》第二部分"长表数据资料"中第四卷"行业、职业",《中国 2010 年人口普查资料(中册)》第二部分"长表数据资料"中第四卷"就业"。

(二)林业劳动力性别结构变动区域比较

表 5-4 中,1990～2010 年,有 9 个地区比重在不断增加,分别是辽宁、江苏、山

东、河南、四川、西藏、陕西、甘肃和青海;有6个地区比重在不断下降,分别是内蒙古、吉林、安徽、湖南、广西和云南;其余地区则存在波动。三个普查年份各地区林业劳动力中女性比重中位数在不断增加,1990年为31.57%,2000年较1990年增加3.3个百分点,2010年较1990年增加了4.23个百分点。因此,总体来看,虽然各地区女性林业劳动力比重差异幅度较大,但整体呈上升趋势。

表5-4　1990～2010年中国内地各地区林业劳动力中女性比重变动比较

地区	1990年	2000年	2010年	地区	1990年	2000年	2010年
北京	35.42%	42.10%	38.23%	湖北	34.77%	37.60%	33.00%
天津	15.92%	40.00%	34.80%	湖南	39.71%	39.33%	34.79%
河北	20.61%	41.01%	40.68%	广东	38.89%	36.10%	37.62%
山西	18.18%	34.34%	30.61%	广西	39.02%	36.47%	35.49%
内蒙古	30.59%	28.27%	22.75%	海南	41.95%	41.97%	41.70%
辽宁	25.12%	28.85%	33.00%	重庆	—	30.05%	40.44%
吉林	31.18%	28.99%	27.20%	四川	31.49%	32.82%	37.59%
黑龙江	31.64%	22.71%	25.34%	贵州	34.75%	33.49%	33.81%
上海	39.03%	35.31%	35.76%	云南	42.62%	42.38%	38.91%
江苏	42.32%	44.13%	45.07%	西藏	23.69%	34.81%	39.86%
浙江	32.63%	28.93%	29.41%	陕西	13.74%	40.02%	44.76%
安徽	38.34%	34.87%	31.36%	甘肃	19.46%	29.77%	41.95%
福建	23.06%	28.39%	27.90%	青海	17.14%	25.10%	44.89%
江西	26.54%	28.09%	25.77%	宁夏	40.07%	39.92%	43.02%
山东	24.27%	34.12%	38.82%	新疆	35.42%	41.98%	35.80%
河南	21.83%	38.61%	44.20%				

数据来源:《1990中国人口普查资料(第二册)》第六部分"职业、行业",《中国2000年人口普查资料(中册)》第二部分"长表数据资料"中第四卷"行业、职业",《中国2010年人口普查资料(中册)》第二部分"长表数据资料"中第四卷"就业"。

(三)畜牧业劳动力性别结构变动区域比较

表5-5显示,1990～2010年,有7个地区比重在不断增加,分别是内蒙古、辽宁、吉林、广东、海南、云南和甘肃,云南上升最为显著;只有北京一个地区比重在不断下降,但总体幅度不大,30年间仅下降了4.79个百分点;其余地区都存在波动

趋势,且波动特征比较一致,即 2000 年比重尤其之高。仅观察 1990 年和 2010 年两个年份的数据,只有 7 个地区比重出现了下降,浙江下降幅度最大,为 21.92 个百分点,其次是湖南,为 13.42 个百分点,但这两地由于 1990 年基数较高,即使大幅下降之后畜牧业女性劳动力比重仍然非常之高;其余 23 个地区都有不同程度的上升,有 4 个地区增加幅度超过了 20 个百分点,其中云南增加幅度最大,为 37.28 个百分点。因此,整体来看,各地区畜牧业女性劳动力比重呈波动上升趋势。

表 5-5　1990~2010 年中国内地各地区畜牧业劳动力中女性比重变动比较

地区	1990 年	2000 年	2010 年	地区	1990 年	2000 年	2010 年
北京	42.45%	40.38%	37.66%	湖北	40.58%	77.36%	69.51%
天津	42.96%	47.99%	41.07%	湖南	84.56%	89.70%	71.14%
河北	30.49%	43.92%	43.03%	广东	34.33%	46.34%	47.06%
山西	24.39%	41.15%	36.90%	广西	34.34%	55.07%	50.43%
内蒙古	32.65%	42.89%	44.12%	海南	28.41%	42.55%	46.43%
辽宁	33.88%	44.11%	50.19%	重庆	—	89.73%	79.78%
吉林	34.00%	40.40%	44.49%	四川	50.39%	83.66%	72.66%
黑龙江	42.39%	52.42%	48.04%	贵州	45.17%	78.45%	64.32%
上海	34.64%	37.87%	37.29%	云南	29.64%	55.94%	66.92%
江苏	43.49%	65.15%	52.76%	西藏	45.25%	46.93%	45.40%
浙江	80.19%	76.16%	58.27%	陕西	57.14%	71.29%	63.16%
安徽	56.41%	80.85%	58.79%	甘肃	39.81%	45.74%	46.87%
福建	43.07%	70.91%	46.96%	青海	48.32%	49.02%	47.05%
江西	51.97%	88.51%	61.61%	宁夏	43.80%	36.33%	42.55%
山东	40.78%	53.78%	47.58%	新疆	41.71%	35.50%	37.86%
河南	28.28%	58.10%	48.69%				

数据来源:《1990 中国人口普查资料(第二册)》第六部分"职业、行业",《中国 2000 年人口普查资料(中册)》第二部分"长表数据资料"中第四卷"行业、职业",《中国 2010 年人口普查资料(中册)》第二部分"长表数据资料"中第四卷"就业"。

(四)渔业劳动力性别结构变动区域比较

表 5-6 中,1990~2010 年,有 18 各地区渔业劳动力中女性比重在不断增加,分别是天津、河北、内蒙古、辽宁、黑龙江、上海、浙江、福建、山东、河南、广东、广西、海

第五章
农业劳动力性别结构变动的区域差异及分布特征

南、四川、云南、陕西、甘肃和青海；其余地区比重有所波动，没有地区比重呈现减少趋势。除安徽外，所有地区2010年的比重较1990年都有所增加，有3个地区增加幅度超过20个百分点，其中青海最大，为33.06个百分点。结合各地区渔业劳动力比重的中位数来看，1990年比重中位数为17.65%，2000年则迅速增加到30.14%，2010年又在2000年的基础上增加了2.78个百分点。比较种植业、林业和畜牧业比重中位数发现，渔业是变动幅度最大的，也是上升最为明显的。综合来看，渔业女性劳动力比重整体上升趋势显著。要特别引起注意的是，西藏地区渔业劳动力中女性比重的变动态势，三次普查中陡升陡降的方式令人费解，这一点将在本节第三部分再详细讨论。

表5-6 1990～2010年中国内地各地区渔业劳动力中女性比重变动比较

地区	1990年	2000年	2010年	地区	1990年	2000年	2010年
北京	19.98%	32.23%	32.04%	湖北	37.29%	40.87%	40.19%
天津	6.70%	14.15%	16.88%	湖南	37.06%	39.48%	38.39%
河北	7.16%	15.35%	22.51%	广东	17.50%	25.21%	26.95%
山西	17.79%	35.45%	34.68%	广西	19.12%	27.58%	33.95%
内蒙古	13.31%	24.33%	29.01%	海南	16.40%	20.20%	24.02%
辽宁	10.64%	13.71%	16.48%	重庆	—	30.94%	42.31%
吉林	21.02%	25.82%	25.10%	四川	23.30%	32.25%	35.33%
黑龙江	17.15%	23.28%	27.08%	贵州	29.02%	26.81%	32.92%
上海	21.89%	31.77%	33.62%	云南	22.01%	32.24%	36.93%
江苏	32.87%	32.15%	33.67%	西藏	7.48%	46.15%	12.50%
浙江	13.21%	14.61%	18.81%	陕西	15.56%	34.27%	40.30%
安徽	34.71%	30.14%	32.29%	甘肃	13.85%	37.50%	43.67%
福建	8.37%	17.60%	24.90%	青海	12.30%	25.00%	45.36%
江西	32.90%	32.86%	34.77%	宁夏	28.06%	32.74%	32.30%
山东	14.60%	15.10%	22.13%	新疆	30.75%	26.34%	35.59%
河南	16.42%	31.83%	33.69%				

数据来源：《1990中国人口普查资料（第二册）》第六部分"职业、行业"，《中国2000年人口普查资料（中册）》第二部分"长表数据资料"中第四卷"行业、职业"，《中国2010年人口普查资料（中册）》第二部分"长表数据资料"中第四卷"就业"。

二、各地区农业各部门女性劳动力比重变动的启示

(一) 启示一:研究农业女性化重点关注种植业劳动力性别结构的变动

首先,在三个普查年份中,林业、渔业、水利业及其服务业劳动力中女性比重相对偏低,没有一个普查年份超过全部农业劳动力中女性比重;而种植业、畜牧业劳动力中女性比重则相对较高,尤其是畜牧业,各地区比重差异较大、变化波动较大。因此,从各年份各地区农业各部门劳动力中女性比重的静态比较来看,特别要关注种植业和畜牧业。

其次,农业各部门劳动力中女性比重变动趋势显示,女性农业劳动力似乎主要集中在种植业和畜牧业,两者相比,后者女性劳动力比重普遍比前者更高,但比重高并不意味着数量多。结合各农业部门劳动力数量结构来看,种植业劳动力数量在全部农业劳动力中占据了绝对优势,林业、畜牧业、渔业、水利业和它们的服务业劳动力数量仅占全部农业劳动力的一小部分。

表 5-7 中,在各个统计年份,绝大部分省份(自治区、直辖市)种植业劳动力占全部农业劳动力的比重都超过了 90%,1990 年和 2000 年有 26 个地区超过 90%,2010 年有 24 个地区超过 90%。西藏和青海两个地区种植业劳动力比重始终相对偏低,他们都属于高海拔地区,自然条件相对恶劣,不利于种植业发展而适合高原牧业的发展,因而较其他地区种植业劳动力比重相对较低,但其绝对数量在本地区农业劳动力中依然占据首位,远高于其他农业部门劳动力数量的总和。可见,综合农业各部门劳动力数量结构和性别结构来看,种植业吸纳了绝大部分女性农业劳动力,讨论农业女性化的地区差异,关键在于把握各地区种植业的生产特征。

表 5-7 1990~2010 年中国内地各地区种植业劳动力占全部农业劳动力比重

地区	1990 年	2000 年	2010 年	地区	1990 年	2000 年	2010 年
全国	97.98%	95.76%	94.23%	河南	99.61%	98.51%	97.43%
北京	89.17%	85.47%	86.97%	湖北	98.29%	95.88%	94.99%
天津	95.87%	94.90%	93.12%	湖南	97.96%	94.29%	93.76%
河北	99.22%	98.19%	97.68%	广东	95.91%	93.84%	90.73%
山西	98.62%	97.24%	97.11%	广西	98.68%	97.30%	93.45%
内蒙古	91.90%	90.07%	89.82%	海南	79.43%	85.11%	77.65%

第五章
农业劳动力性别结构变动的区域差异及分布特征

续表

地区	1990年	2000年	2010年	地区	1990年	2000年	2010年
辽宁	97.00%	95.89%	94.90%	重庆	—	93.10%	91.18%
吉林	97.73%	97.63%	97.56%	四川	99.33%	94.21%	92.65%
黑龙江	96.61%	95.20%	95.00%	贵州	99.59%	98.77%	97.53%
上海	84.44%	87.92%	82.84%	云南	98.64%	97.26%	91.20%
江苏	97.99%	94.93%	91.45%	西藏	76.43%	74.30%	68.45%
浙江	94.81%	87.32%	83.83%	陕西	98.69%	96.64%	96.26%
安徽	98.78%	97.16%	96.92%	甘肃	98.22%	98.20%	96.48%
福建	96.56%	91.01%	86.17%	青海	83.60%	83.93%	75.33%
江西	98.73%	94.83%	95.66%	宁夏	97.94%	96.30%	95.48%
山东	98.98%	97.54%	96.40%	新疆	91.09%	91.39%	90.84%

数据来源:《1990中国人口普查资料(第二册)》第六部分"职业、行业",《中国2000年人口普查资料(中册)》第二部分"长表数据资料"中第四卷"行业、职业",《中国2010年人口普查资料(中册)》第二部分"长表数据资料"中第四卷"就业"。

再次,纵观农林牧渔业劳动力中女性比重的极差发现,任何一个统计年份各地区极差最小的都是种植业,其次是林业,再次是渔业,最后是畜牧业;种植业和畜牧业的极差在不断减小,林业和渔业变动相对平稳,渔业则有小幅上升(图5-2)。

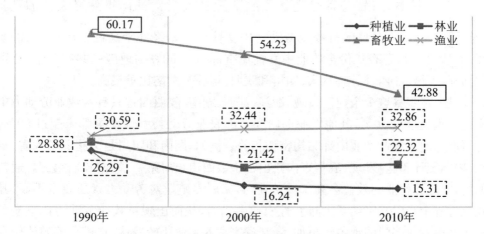

图5-2 1990~2010年中国内地各地区农、林、牧、渔业劳动力中女性比重极差变动

极差越小,一定程度上说明各地区之间劳动力性别结构差异程度越小。通常情况下,极差缩小在理论上存在两种途径,一种是比重最低的地区比重不断升高,

且速度大于比重最高的地区,另一种是比重最高的地区比重不断降低,且速度大于比重最低的地区。

以种植业为例,每个统计年份各地种植业劳动力中女性比重极差的缩小是通过第二种途径实现的。在各地区种植业劳动力中女性比重普遍不断升高的整体趋势下,比重最高的地区升高速度相对较慢,而比重最低的地区则上升较快,导致各地区之间的极差被不断缩小,到2010年,没有一个地区种植业劳动力中女性比重小于40%。然而,其他农业部门则没有呈现出同种植业相似的变动态势。也就是说,各地区都不同程度地表现出女性农业劳动力集中在种植业的现象。那么,为何女性农业劳动力倾向于种植业而非其他农业部门呢?一个重要原因是,相较于其他部门,种植业的进入门槛和比较效益都是最低的,女性更加容易上手,男性也愿意把低收益的部门让与女性。

最后,从各地区种植业劳动力中女性比重的中位数变动来看,较其他农业部门表现出两个特征:一是始终维持了一个较高的水平,二是总体上呈现上升趋势。1990年种植业劳动力中女性比重中位数为48.32%,2000年比重中位数为48.20%,2010年比重中位数为49.01%。

因此,从以上4点来看,我们讨论农业女性化,核心在于种植业劳动力的女性化,把握各地区种植业结构特征及其对农业劳动力配置的影响,是解释农业劳动力女性化区域差异的关键所在。

(二)启示二:留意部分地区畜牧业劳动力中女性比重始终偏高的现象

研究发现,部分地区畜牧业劳动力中女性比重始终处于高位。1990年、2000年、2010年三次普查年份畜牧业中女性比重都超过50%的地区一共有7个,分别是浙江、安徽、江西、湖南、重庆、四川和陕西。其中,湖南比重最高。

进一步观察这7个地区发现,浙江、江西、湖南、陕西四省只有畜牧业劳动力中女性比重超过了50%,其他农业部门和全部农业劳动力女性比重都未超过50%,这可能与地区农业产业内部结构密切相关。例如,湖南和四川是肉猪养殖大省,查阅《中国统计年鉴》发现,近年来肉猪出栏头数四川长居第一、湖南长居第三。通常而言,家庭养殖业的效益会高于种植业,且家庭养殖业对劳动力素质要求不高,其发展过程中吸引并吸纳了大量女性农业劳动力,从而出现畜牧业劳动力比重显著高于其他农业部门的现象。再如,浙江省家禽养殖业比较发达,规模化养殖比例在全国处于领先地位,在家禽养殖业发展过程中也吸纳了大量女性农业劳动力。

第五章
农业劳动力性别结构变动的区域差异及分布特征

(三)启示三:谨慎对待一部分地区农业劳动力女性比重陡升陡降的现象

2000年第五次全国人口普查数据较其他两个年份存在一些异样,表现一是畜牧业劳动力中女性比重显著高于其他两个年份,并且变动十分剧烈;表现二是个别地区渔业劳动力中女性比重出现了非常规性升降。

从畜牧业来看,一部分地区畜牧业劳动力中女性比重较1990年陡然升高后在2010年又迅速下降,形成了"山"字形变动特征。例如,江西上升了36.54个百分点后陡降了26.9个百分点,福建上升了27.84个百分点后陡降了23.95个百分点,安徽上升了24.44个百分点后也陡降了22.06个百分点,不一而足。

从渔业来看,最值得关注的是西藏。2000年西藏渔业劳动力中女性比重位居全国第一,高达46.15%,而联系前后两个普查年份会发现,1990年比重仅为7.48%,30个地区中列第28位,2010比重也仅为12.50%,31个地区中位列最后,1990年和2010年的数据都表明,西藏渔业劳动力中女性比重较全国其他地区非常低,而为何2000年的数据显示西藏居全国之首了呢?

这些现象难以获得合理的解释。通常来说,在没有重大政策推动和社会变革情况下,由于各地区产业结构相对稳定,自然资源禀赋也不会在短时间内发生改变,各产业部门劳动力性别结构变动可能会呈现一定的社会经济规律,但几乎不会出现剧烈变动的现象。课题组在研究过程中也质疑是否存在不同年份数据统计口径的改变或者说政策的调整,查阅相关资料后发现,各普查年份关于畜牧业劳动力统计口径并无显著差异,也没有找到相关重大政策的颁布。因此,笔者推测可能是数据调查或者统计过程中的纰漏。[①]

(四)启示四:时刻保持"两个区别"意识

研究农业女性化,要重视"化"的含义,用发展、动态的目光来审视农业劳动力中女性比重的变动,在此过程中,既要看到在某一调查年份各地区女性农业劳动力高低的差异,也要从多个连续调查年份中提取其具体走势的差异。

在横向观察与纵向比较的基础上,还务必保持"两个区别"意识:一是各地区的区别,二是各农业部门的区别。前者是指不同地区农业劳动力性别结构存在区别,不能一概而论;后者是指在前者基础上要进一步观察农业各部门劳动力性别结构的变动,准确捕捉到底是哪个农业部门对整体农业劳动力性别结构变动起到核心

---

① 注意,这仅仅基于理论分析的一种推测。

作用,或者说,农业女性化具体体现在哪个农业部门。这样才能清晰地解答农业女性化的表现、成因、后果和趋势,并准确地给出相应的对策与建议。

本节正是基于"两个区别"意识,细致地考察了各地区农业各部门劳动力中女性比重的存在情况和变动特征。例如,在地区区别意识指导下,结合第一节中关于各地区全部农业劳动力性别结构变动的分析发现,黑龙江农业女性化不仅仅表现在全部农业劳动力中女性比重明显的增加趋势,在农业部门区别意识指导下,发现黑龙江种植业部门的女性劳动力比重增长趋势在各农业部门中最显著。

第三节 农业劳动力性别结构区域分布差异分析

人口的地域分布是人口发展过程在地理空间中的表现形式,任何人口过程和人口现象及其影响因素都离不开特定的地理空间,农业劳动力性别结构的空间分布也不例外,其表现出鲜明的地域差异。

一、空间分布分析说明

通过对各省(自治区、直辖市)历次人口普查数据和1%人口抽样调查数据的分析,一方面在时间维度上观察到各地区农业劳动力中女性比重的历史变动趋势,另一方面在空间层面对于农业劳动力中女性比重地区差异建立了一个较为笼统的印象。在此基础上,使用最新的2010年人口普查数据资料,以农业劳动力中女性比重为对象,绘制了更为细致的区域分布图,以期更加直观地观察各地区之间农业劳动力性别结构的差异与联系。需要说明的是,区域分布图只能提供2010年度农业劳动力中女性比重的区域分布差异,并不能说明各地的变动趋势。

制图的过程并非一帆风顺,在样本选择过程中遇到了困难。不同省份(自治区、直辖市)2010年人口普查统计资料的详细程度存在差异,一部分省份(自治区、直辖市)对于"分性别行业大类人口"的统计精确到县级行政单位,一部分只精确到了市级行政单位。课题组试图利用其他统计资料来补充人口普查的数据,然而,分性别就业人口数据只有人口普查资料才有,其他统计资料即便有相关资料,也只统计了全部就业人口数据,不能清晰地体现性别结构。

面对数据有两种分析方案。方案一是统一使用市级行政单位数据,方案二是混合使用数据。前者的优势在于统一了数据口径,使得制图过程更加规范性,弊端

第五章
农业劳动力性别结构变动的区域差异及分布特征

在于地图反映的区域差异显著性和细腻性不如后者。为了获得更加详细的农业劳动力性别结构区域分布图，反映更多的信息，以达到细致呈现区域差异的目的，综合比较两个方案后课题组采取了第二种方案，即尽可能最大化地利用能够捕捉到的所有数据，采用市县数据交叉利用的方式。具体而言，河北、山西、辽宁、黑龙江、内蒙古、江西、山东、湖南、河南、四川、贵州、广西、西藏、新疆使用了市一级分性别就业人口数据，其他地区则使用了县一级分性别就业人口数据。①

二、区域分布特征分析

结合一些重要的地理标识看到，女性农业劳动力比重较高的区域主要分布在400毫米等降水线以南，基本呈现以北纬30度向南北递减的态势，东北地区、西北地区与青藏高原地区女性农业劳动力比重相对较低。具体而言，主要呈现以下四个分布特征。

第一，黄河与长江之间是女性农业劳动力比重偏高的核心区域。除了湖北和陕西接壤的部分，甘肃和陕西、四川三省接壤的部分，以及陕西北部和内蒙古接壤的区域比重较低外，黄河和长江之间基本上都是比重偏高的区域。比重最高的区域分布在黄河中下游平原和长江中下游平原及其两个平原之间，主要涉及河北南部、山东全省、河南全省、湖北中部和东部、安徽全省和江苏全省。四川东部、重庆全市以及甘肃南部，也有比重偏高的区域。

第二，长江以南地区女性农业劳动力比重偏高区域分布较为分散。若以黄河和长江为界，将中国分为三个部分，那么黄河北部目前尚未呈现女性农业劳动力偏高的分布特征，黄河与长江之间是重点分布区域，长江南部则分布较为零散，并不像黄河和长江之间呈片状、块状分布。具体表现为：江西、广州、福建三省及广西、广州两省接壤区域最为明显；云贵高原与滇东高原地区次之，涉及贵州全省和云南东部、北部和西部大部分地区；东南丘陵地区尚不明显，浙江全省、福建全省和江西与浙江、福建接壤的一块区域，除了零星几个地区有高比重区域外，其余均是低比重区域，并且是中国女性农业劳动力比重最低的地区之一。

第三，黄河以西和以北地区基本未呈现农业劳动力中女性比重偏高的现象。黄河的西北部主要由两个部分构成：一部分是种植业发达的东北平原，包含内蒙古东北部和黑龙江、吉林、辽宁全省；另一部分是畜牧业发达的西藏、新疆、青海、内蒙

---

① 按照地图管理相关规定，本书没有提供农业劳动力性别结构区域分布图，如有需要请发邮件至 eric-caihong@163.com 邮箱。

古、甘肃地区。总体来看,这两个部分女性农业劳动力比重都不算太高,只有小部分地区比重相对较高,例如,塔里木河流经的新疆南部有一块大面积比重偏高区域,雅鲁藏布江中国境内的中下游也出现了一大块高比重地区,这两块区域都是种植业比较发达的地区,南疆地区是我国重要的商品棉花种植基地之一。需要特别强调的是东北地区。从分布图来看,东北地区是比重最低的区域之一,但这并不能说明东北地区女性农业劳动力比重没有在增加。结合 1990~2010 年的三次普查数据来看,东三省的女性农业劳动力比重恰恰是各地区中增长最快、变动幅度最大的地区。东北地区是我国农业机械化程度最高的地区,也是土地最为集中和最为开阔的地区,东北地区农业劳动力性别结构变动对农业现代化推进的影响值得继续深入分析。

第四,农业劳动力比重偏高的区域与棉花种植区、商品粮基地存在较大幅度的吻合。从棉花种植区来看,全国可以划分为三大棉区,分别为长江中下游棉区,包括沪、浙、苏、鄂、皖、川、赣、湘等地;黄河中下游棉区,包括豫、冀、鲁、晋、陕等地;和新疆棉区,包括南疆、北疆、东疆和甘肃等地。女性农业劳动力比重偏高的区域与上述棉花种植区域非常相似,在江淮平原、江汉平原、南疆棉区、冀中南、鲁西北、豫北平原、长江下游滨海沿江平原等地几乎实现了重合。这种有规律地重合并非偶然,而是受到了复杂的社会经济和农业生产各方面因素的综合影响。可以推测,其中一个重要原因是,棉花种植和采摘工作需要耗费大量的劳动力,而这部分劳动力往往由女性来承担,例如,每年赴南疆的采棉大军中超过 80% 都是女性。① 从商品粮基地来看,②黄淮海平原与长江中下游平原,涉及豫、鲁、皖、苏、鄂五省,与南方原有高产商品粮基地和淮河平原商品粮基地有部分吻合;甘、宁、陕三省交界区域,与西北干旱区商品粮基地吻合;川、渝、黔、云四省组成的一个片区与成都平原商品粮基地有部分吻合;赣、粤、闽三省交界区域及珠江三角洲,与南方原有高产商品粮基地吻合。

综上可以发现,女性农业劳动力比重偏高的区域往往是农业资源较多、发展历史较早、发展条件较好、发展水平较高的地区。换言之,社会经济发展相对落后的传统农耕区更有可能沉积女性农业劳动力,从而出现农业女性化景象。

---

① 刘宁,崔燕.中西部地区农村女性人口流动问题研究[M].北京:中国社会科学出版社,2013:208-209.
② 目前,中国拥有四类商品粮基地:第一类是南方原有高产商品粮基地,包括长江三角洲、江汉平原、鄱阳湖平原、洞庭湖平原、珠江三角洲等五片区域。第二类是新发展的淮河平原商品粮基地,包括苏北和皖北两片,是我国重要的水旱轮作粮食产区。第三类是水平尚低、发展潜力最大的东北商品粮基地,包括三江平原和松嫩平原、吉林中部平原及辽宁中部平原三片。第四类是西北干旱区商品粮基地,包括河西走廊、内蒙古和宁夏河套地区三片。

第五章
农业劳动力性别结构变动的区域差异及分布特征

本章小结

在农业劳动力性别结构变动研究过程中,有两个方面没有受到学术界的重视:一是农业劳动力性别结构变动的地域差异,二是农业劳动力性别结构变动的部门体现。这两个问题正是本章在撰写过程中最为重视,也最希望能够回答清晰的问题。

本章在宏观层面了解中国农业劳动力性别结构变动的基础上,从三个角度进一步讨论了不同统计年份各地区之间不同农业生产部门农业劳动力中女性比重的分布和差异情况,并就个别变动现象扼要阐释了原因。在讨论的过程中,采用了普查年份数据和抽样调查年份数据分开观察的方式,最大限度地规避了因为调查方式不同而带来的数据偏差,采用了统计表、柱状图、折线图、分布图等多种数据分析手段,尽可能地以最为直观地方式呈现区域异质性。

第一节是对各地区全部农业劳动力在不同普查和抽样调查年份分布和变动的考察。在中国农业劳动力女性化趋势凸显的宏观环境下,农业劳动力女性化分布具有显著的地域差异性。一部分省份(自治区、直辖市)已经呈现出较为明显的劳动力女性化趋势,而另一部分地区农业劳动力中女性比重变化不稳定或者比重始终较低。仅从三次人口普查数据变动来看,山西、内蒙古、吉林、辽宁、黑龙江、安徽、江苏、山东、河南、湖南、湖北、广东、四川、重庆、陕西这些省份(自治区、直辖市)农业劳动力中女性比重在不断增加。在这些地区中,安徽省又最为特殊,1987~2010年,虽然没有一个年份其农业劳动力中女性比重位于各地区首位,但其农业劳动力中女性比重始终保持增长趋势而从未间断。可以说,安徽省是农业女性化的典型地区。也正因如此,我们将在第七章以安徽省为样本,进一步探讨农业女性化的存在事实、影响因素和现实后果。

第二节是对各地区农业各部门女性劳动力比重在不同普查和抽样调查年份分布和变动的考察。通过对农业各部门劳动力性别结构的考察,我们更加细致地了解到通常所说的农业女性化其实是指种植业劳动力的女性化。原因有以下四种:一是无论在哪个地区种植业劳动力在全部农业劳动力中占据了绝对优势;二是无论哪个地区种植业劳动力性别结构变动趋势与本地区全部农业劳动力变动趋势最为一致;三是无论哪个地区种植业劳动力中女性比重变动态势都最为稳定;四是总体而言种植业女性劳动力比重在农业各部门中始终相对偏高。除此之外,我们还观察到畜牧业和渔业劳动力性别结构变动的一些异样,部分地区在统计年份内出现了陡升陡降的状态,并由此认识到,要时刻保持警惕,谨慎对待所掌握的数据资料。

第三节专门利用 2010 年全国人口普查数据，通过对比发现，女性农业劳动力比重分布并非无章可循，通过一些重要的、常见的地理标识，如长江、黄河、400毫米等降水线等，能够探索出一些符合事实的规律，女性农业劳动力比重偏高的区域基本存在于 400 毫米等降水线东部和南部，与棉花种植区域有较大程度的重合，与中国主要商品粮基地分布基本吻合，大江大河的中下游成为比重偏高的主要分布区，具体而言，长江中下游平原、黄淮海平原、珠江三角洲平原、河套平原、四川盆地、南疆地区成为现阶段女性农业劳动力比重偏高的主要区域。这些分布特征为下一章探寻农业劳动力性别结构区域分布差异的原因提供了一些可靠的思路。

综上，农业女性化区域分布差异包含了两个内容，一是空间维度的差异，不同地区由于自然条件、耕作历史、经济水平、生产方式、种植结构等与农业生产密切相关的各因素的不同而导致本地区农业劳动力性别结构与其他区域存在差异，二是时间维度的差异，同一地区在不同的历史阶段也存在不同的表现，有些地区农业劳动力中女性比重在不断上升，有些在不断下降，有些则呈现波动变化。简而言之，就是要求在研究中时刻保持"两个区别"的意识，即地区区别与农业部门区别。

第六章 农业女性化及其区域分布差异的成因讨论

从逻辑架构上来看,第四章、第五章和第六章是一个完整的体系,围绕农业女性化及其区域分布这一核心议题展开论述。其中,第四章和第五章分别从宏观的全国层面和中观的省际层面探讨了全部农业劳动力以及农业各部门劳动力中女性比重分布的地区差异,并利用2010年第六次全国人口普查数据绘制了以各地级市或者各县区为行政单位的农业劳动力性别结构分布图,更加直观地呈现了农业女性化的区域差异。在此过程中,也穿插着分析了区域差异的影响因素,研究发现,农业劳动力中女性比重偏高主要受到了农业生产方式和作物种植结构的影响。本章将在前两章的基础上,采取理论分析和实证研究相结合的方式,进一步讨论农业女性化区域分布差异的原因。

本章将从两个方面来阐释农业女性化区域差异的成因:一是解释为何城镇化进程中农业劳动力性别再分配时出现了女性留守务农而男性外出务工的场景,即"男工女耕"的成因;二是分析不同地区"男工女耕"缘何存在差异,即为何有些地区农业劳动力中女性比重高而有些地区比重低,有些地区比重在不断提升而有些地区则有所下降或存在波动。通过第二章文献综述可以看到,以往研究中对于第一个部分的问题已经做了详细的探讨,尤其对于"男工女守"现象给出了各类解释范式,但解释过程中过分侧重了留守妇女问题的成因,而忽视了为何能够从"男工女守"走向"男工女耕"这一过程。对于第二个方面的问题,目前学术界研究还相对薄弱。结合第四章和第五章的分析经验和前人的研究成果,本书初步认为人口流动状况、地区经济发展水平、农业生产方式和作物种植结构是影响农业劳动力性别结构分布的四个核心要素,除此之外,还受到各地历史、社会、民俗、人口、文化、政治等因素的综合作用。

第一节 从"女守"到"女耕"

农村妇女留守务农经历了一个家庭决策的过程。农村经济改革过程中产生的大量剩余劳动力是流动的基础,城乡二元发展局势导致农村向城镇流动成为流动的主体方向,在此过程中,流动的性别差异逐渐显现,越来越多的男性获得了优先转移,而越来越多的女性则被沉积下来成为留守妇女。面对家庭经济压力和责任田耕种的义务,留守妇女往往选择继续务农。由于农业生产技术发展、农村雇佣劳动力兴起、丈夫农忙季节回归、政府惠农政策扶持等因素,农村妇女在男性"缺席"情况下完成家庭农业生产成为可能,也使得她们有条件去克服农业生产过程中的性别障碍,实现从"女守"到"女耕"。由于城镇化进程尚未结束,农转非的流动方向依然是当前主流,随着流动人口的新老更替,农业劳动力人口的新老更替,"男工"的生命力会更加旺盛,那么,"女耕"的生命力如何呢?围绕上述内容,本节将从四个方面来阐释农业女性化的成因(图 6-1)。

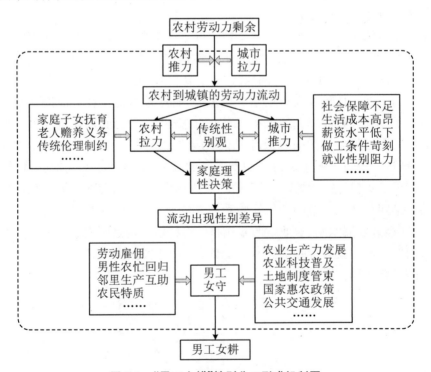

图 6-1 "男工女耕"性别分工形成机制图

第六章
农业女性化及其区域分布差异的成因讨论

一、农业生产方式转变与农业劳动力剩余

在中国现代化发展语境下,城镇化进程与农村剩余劳动力转移是相伴而生的一个话题,两者不能割裂讨论。衡量城镇化的一个指标是城镇化率。我们在谈论城镇化率时,经常忽略了前面还存在一个词汇——常住人口,常住人口城镇化率才是最准确的提法。1978~2020年,中国城镇人口从1.7亿增加到9.02亿,城镇化率从17.9%提升到63.89%,短时间内城镇化率的大幅度提升是城乡人口流动的直接结果,其方向是从农村到城镇,其目的是务工赚钱,其动力是经济刺激。在"进城"的过程中,农村土地其实并没有被荒废,依然被有序耕作,每年粮食产量还在增加。宏观层面的二元经济模型和推拉经济理论以及微观层面的理性选择理论,对于迁移动因给出了直观、经典、有力的解释,但是,关于农业生产方式改革对农业劳动力迁移的影响却并未特别强调。简单来说,以机械作业和农业科技运用为代表的农业生产方式的改进和以家庭联产承包责任制为核心的农业分配方式的调整,对于城乡人口流动起到了至关重要的作用,生产效率的提升解放了大量农业劳动力,这部分劳动力也就成为了农村剩余劳动力。

农村剩余劳动力是指在农业生产过程中生产资料与劳动人口的不均衡,在剩余劳动力存在的状况下,生产资料与劳动力无论是在数量上还是质量上都存有失调现象,不能实现高效结合。在人民公社时期,在吃"大锅饭"的环境下,施行"干多干少一个样"的分配逻辑,大家劳动积极性不高,生产效率低下,生产热情难以持久维持,加之生产工具落后,农业科技没有获得有效普及,为了保证一定的粮食产量,需要大量的农村劳动力人口。当生产方式转变之后,"大队制"模式被家庭联产承包责任制所取代,自家耕种自己的责任田,极大地鼓舞了生产热情。伴随农业生产力发展和农业科技进步,农业生产对劳动力数量需求进一步减少。有研究表明,农业机械化对农民"弃地进城"有显著的积极作用。[1] 当以农作物耕种收综合机械化率为机械化衡量指标时,1998~2012年,农业机械化对农业劳动力转移的贡献率为21.59%,以机耕、机播、机收三者乘积为机械化衡量指标时,机械化对劳动力转移的贡献率达72.5%。[2] 特别是在农闲季节,农村存在大量赋闲劳动力,这部分劳动力就是潜在城镇人口。伴随农业生产方式改革,城乡流动政策也进行了调整,城乡之间的流动渠道更加通畅,为农村剩余劳动力流动提供了可能。一部分劳动力

---

[1] 刘同山.农业机械化、非农就业与农民的承包地退出意愿[J].中国人口·资源与环境,2016(6):62-68.
[2] 周振,马庆超,孔祥智.农业机械化对农村劳动力转移贡献的量化研究[J].农业技术经济,2016(2):52-62.

流出农村转向非农意味着留在农村的农业劳动力规模大大缩减,但农业生产并未因此遭受影响,恰恰相反,在农业劳动力和耕地数量逐年减少的宏观趋势下,粮食产量不减反增。

面对被商品化裹挟的农村社会,农业生产的低效益,以及城镇的非农岗位,农村劳动力向城镇流动成为了最为理性的选择。在流动过程中,一部分劳动力选择完全放弃农业,一部分劳动力选择"兼农兼业",一部分则选择"男工女耕",无论采取何种流动方式,一个前提不能忽略,即他们是农村剩余劳动力,且是由于农业生产方式转变而产生的。因此,农业发展为劳动力转移提供了可能。

二、非农转移性别差异直接导致"女守"

在农转非的过程中,一个典型特征是男多女少。那么,为何女性难以实现与男性的同步转移呢?同时,劳动力转移具有双向性,主流是从农村到城镇的过程,也存在城镇回流农村的可能。在回流中,女性的流量大于男性,流速快于男性,又受到哪些因素的影响呢?这两个问题是解释"女守"的关键。

(一)农村的"拉力"与城镇的"推力"

传统的推拉理论认为,劳动力转移的动因有两个:一是城镇中积极因素的拉力,比如城镇拥有较多的工作机会、较高的工资水平、完善的基础教育、先进的医疗设备、良好的文化氛围,等等;二是农村中消极因素的推力,比如非农就业机会缺乏、收入水平低下、公共基础设施不健全、生态环境遭受破坏,等等,基本上城镇所具有的优势都是农村的劣势。同时,"推-拉"理论也认为城镇存在推力,农村存在拉力,如城镇生活成本高昂而农村则相对低廉,但总体上城镇的拉力大于推力。

"推-拉"理论只考虑了一般情况,并没有从性别差异视角进行审视。社会期望对于两性不同的身份期待以及传统文化对于两性不同的性别要求,导致男性与女性面临着不同的推力与拉力。对于绝大部分农村妇女而言,尤其是文化素质不高的农村妇女,农村的拉力与城镇的推力往往占据了上风,在两者共同作用下她们"被迫"留在农村。子女抚养和教育、老人赡养义务、传统伦理价值约束是农村妇女面临的主要的农村拉力,这些因素共同牵制着农村妇女离开农村。特别是在家庭经济不宽裕、男性不得不出去务工的情况下,抚育子女基本上由女性承担。对于一部分已经转移出去的农村妇女,虽然拥有了一份非农工作,但是面临城镇生活条件艰苦、工资收入低下、社会保障缺乏、生活成本高昂、做工条件苛刻、企业的性别歧视等困境,这些城镇推力因素把农村妇女排挤出城镇,她们较男性更加难以留在务工的城镇。当然,农村妇女面临的这些农村拉力和城镇推力,男性也同时面临着,只是程度不如农村妇女。

农村的拉力和城镇的推力以农村妇女婚育为节点而达到最大化。绝大部分农村妇女在未成家前选择外出务工,待成家之后,尤其是怀孕之后,若没有找到城镇的婆家,由于城镇高昂的生活成本、教育成本和医疗成本,不得不离开工作岗位而回到农村。待孩子能够独立生活,她们也因为年龄失去了再就业的机会。因此,对于大部分农村妇女而言婚姻就意味着回归,而这次回归对于一部分妇女而言又意味着从此再也不能离开农村,成为了留守妇女。

(二)人力资本对"外出"与"回流"的影响

人力资本是指通过教育、培训、卫生保健、劳动力迁移等方面的投资而形成于劳动者身上的"非物质资本",包括能力、技术和知识等。人力资本在现代经济发展中起着决定性的作用,现代化大生产对劳动力的选择首先是文化技术素质的选择。在现代社会经济条件下,产业结构不断升级优化,生产的技术含量不断提高,生产力对劳动者的要求也由数量转向质量。农村拉力和城镇推力之所以对于农村妇女的作用效果较大,一个重要原因是农村妇女人力资本单薄,文化素质不如男性,导致她们既"不好出去",又"难以留下来"。

关于农村妇女人力资本单薄导致流动困难的研究已经非常丰富,前文文献综述中也详细讨论。在中国的农村,长期以来由于发展资源的性别不平等,当面对紧俏的优质资源时,男性似乎天然地可以优先获得,导致农村女性人力资本存量远低于男性,其中,一个显著表现是,农村男性劳动力的受教育年限高于女性。人口普查和1%人口抽样调查数据显示,无论哪个统计年份,农村女性未上学比重始终高于男性一倍以上,2015年仍然存在近1/10的文盲女性农业劳动力;而接受高中教育的男性劳动力比重始终高于女性2倍左右,2015年仅有不到5%的女性劳动力完成了高中教育,尚未达到1990年男性水平。[①] 大量研究表明农村劳动力转移与其受教育程度呈明显的正向相关关系。较低的受教育程度使女性缺少了外出就业的知识和技能,也缺少了外出就业的胆识与自信,这必然限制了她们在农业以外的非农产业部门发展,成为农村女性非农转移滞后于男性的重要原因。

---

① 数据通过1982~2010年人口普查、1987~2015年1%人口抽样调查数据整理获得。

(三)家庭利益最大化的理性选择牵制了女性外出

农村家庭中,丈夫外出、妻子留守很大程度上也是家庭集体的决策行为,是家庭利益最大化的理性选择结果。

20世纪80年代以来,我国的农业剩余劳动力向非农产业部门的转移带有明显的不彻底性。[①] 尽管以户籍制度为核心的城乡隔离制度已有所松动,但当前我国城乡二元分割的社会经济体制依然存在,农民进城难以真正享受到城市居民的各种社会福利待遇,他们进入城市只能就业,却无法安家,很难融入到城市社会中去,且他们在城市的工作是极不稳定的。由此,土地依然是农民生存的最后保障,农业仍然承担着农民家庭"兜底保障"的任务。只要这种户籍制度依然存在,农民还没有真正改变户口性质并且享受城镇居民的各种权利之前,农民就始终会有后顾之忧,他们也就不可能完全放弃作为其生存最后保障的土地资源。

在当前以家庭为单位,按人头占有责任田的体制下,农村剩余劳动力是在自身占有土地、家庭成员分工分业、自己"兼农兼业"的情况下流动出去的。于是,为了尽可能地规避风险,实现家庭利益的最大化,农民便会做出"男工女耕"的理性选择。由于女性要承担人类自身再生产的任务及家务劳动,在劳动力市场上处于劣势地位,而男性由于在素质、体力等方面具有一定的优势,在当今的社会经济环境下,他们比女性更容易进入就业市场获得社会资源,而且在劳动力市场的工资收入也高于女性,在这种情况下,农村家庭选择男性外出打工、女性留守务农是一种收益大、成本小的理性策略。尽管转移出去的男性兼顾农田的庄稼,可留下来照顾责任田的仍是妇女,她们承担了日常田间照料的责任。外出务工相对于留守种田做家务而言是一种更具发展性的选择,多数农村家庭在"发展"与"保障"的选择中,将"发展"的机会让给了男性,"保障"性工作留给了女性。这种选择不仅仅是农村妇女的个人行为,更多还是家庭集体行为和集体决策的结果,其决策背后则是现实的无奈和制度的约束。

可以认为,只要转移出去的劳动力其就业稳定性和就业收入还没有达到放弃土地的程度,只要农业仍然承担着家庭就业和生活保险的任务,那么妇女的转移就将受限。

(四)传统的性别分工逻辑与主观层面的自我牺牲

留守农村很大程度上也是农村妇女自身选择的结果,其背后则是传统的性别

[①] 高小贤. 当代中国农村劳动力转移及农业女性化趋势[J]. 社会学研究,1994,(2):83-90.

第六章 农业女性化及其区域分布差异的成因讨论

文化以及传统的男女性别分工逻辑在起作用。

我国传统的性别观念和性别文化塑造了"男主外、女主内"的性别角色定位,它强调了男性养家的责任和女性对家庭照顾的职责。在非农转移的过程中,这种传统性别文化和观念仍以社区舆论或农村伦理道德的方式,塑造着农村女性的传统性别角色,影响着女性对自身的期望,左右着男性对女性的态度,并形成了女性特有的心理素质,使女性在实际生活中甘愿默默奉献,心甘情愿地把自己放在相夫教子的角色上,把帮助男性获得成功作为自己最大的成就,把男性的成就归为自己的价值实现。这在受教育程度低的女性中表现尤为明显,不少农村妇女把同村邻舍、家族对其"恪守妇道""相夫教子""传宗接代"等"传统美德"的赞赏作为实现自己人生价值的重要标尺。在传统性别文化影响下,她们形成了自卑依赖、柔弱胆小等特有的心理素质,在面对和男性同样的选择和机会时,常常怀疑自己的能力,主动退缩,使她们在发展机遇面前积极主动性不高,甘愿"主内"。传统性别观念像一条无形的绳索束缚着农村女性,使她们在非农化进程中,顺从以男性利益为主的安排,在新的发展机遇面前缺乏主动性和积极性,以至于错失机遇。

除了"男外女内"的传统性别定位,面对优势资源,在"男士优先"的性别逻辑下,女性往往把发展的机会让与男性,而把拥有弱势资源、发展前景相对较差、投资回报率较低的产业留给自己。非农职业比农业有着更高的投资回报比、更高的经济收入,并在工作过程中能够积累更多的社会资源,掌握更多的生存技能;而农业恰恰相反,比较效益低下是农业与非农的一个典型区别,并且,对当前农村家庭而言,农业收入占家庭收入比重的份额越来越低,农业与非农相比,其重要性似乎大大降低。在家庭决策过程中,女性把更加重要的非农就业机会给了男性,而自己承担了"次重要"的事情。

传统的性别角色定位还直接影响到家庭中父母对女孩进行人力资本投资的动力。在农村部分家庭,男孩一出生便享有绝对的资源优先权,特别是受教育权,在家庭经济条件有限的情况下,常常会牺牲女孩的受教育权利来保障对男孩的投资。这样的资源倾斜使女孩成家之后其自身积累的知识和获得的技能远小于自己的丈夫,从而在面对机会和选择时甘愿"主内",可见,农村女性的"主内"是传统性别文化选择下的无奈之举。

三、农业发展、资源支持与农民特质使"女耕"成为可能

以往研究对于农村留守妇女问题的成因和农业女性化的成因并没有严格区分,且后者往往囿于前者的解释逻辑和研究框架之中。本书第一章就明确指出,这

两者既有区别又有联系,不能笼统对待。以下从为何农村妇女能够在男性"缺席"的情况下完成农业生产这一问题入手,来解释"女耕"何以可能。

(一)农业生产方式的变革降低了对劳动力的体力要求

农业生产方式变革一定程度上解放了农业生产力,从而产生了农业劳动力富余,为乡城非农流动提供了可能。农业生产本质上属于高劳动力强度工作,在农业生产力不发达的年代需要投入大量的农业劳动力,如今,由于农业机械化的普及和农业科技的发展,对劳动力体力要求降低而技术要求提高。

一方面,以农业机械化普及为主要特征的农业生产力发展降低了农业生产对劳动力体力的依赖。2000年农业机械总动力为52573.6万千瓦,2019年就增加到102758.3万千瓦,20年间增长超过了一倍;中大型拖拉机数量从2000年的97.45万台增加到2019年的44386万台,小型拖拉机从2000年的1264.37万台增加到2019年的1780.42万台。[①] 2004年的《农业机械化促进法》对于我国农机发展起到了至关重要的作用。通过机械化翻耕、播种、收割、灌溉、田间管理、运输,大大减少了对畜力和人力的依赖,有效减轻了劳动强度,提高农业劳动生产率。课题组通过实地调查发现,水稻和小麦的收割基本上实现了机械化作业,尤其是皖北地区,由于土地平坦开阔,机械化程度高于皖南地区,只有个别地区受制于地理条件而不得不进行人工收割。

另一方面,农业科技的发展,主要是化肥、农药、塑料薄膜等现代农业技术的广泛运用,既减轻了日常田间管理的负担,也确保了土地产出。[②] 土地的反复耕作会降低土壤肥力不利于作物生长,而生物沤肥需要花费大量的人力和时间,化肥则有效解决了这一问题。从安徽省访谈资料来看,一季粮食作物需要施肥3~4次,农村妇女能够很好地适应这样的工作强度;病虫害是影响土地产出的首要因素,灾害重的年份可能导致颗粒无收,高效低毒农药的使用能够控制病虫害,减少农业损失,打药的过程比人工控制病虫害轻松得多,农村妇女也完全能够胜任。

因此,传统农业向现代农业的过渡改变了农业的生产方式,虽然农业生产本质上还是劳动密集型,但机械化作业和农业科技运用降低了对人力的依赖,为农村妇女务农奠定了基础,也提供了可能。简而言之,石油农业与化学农业对于古法生态农业的替代,使女性独立完成家庭农业生产任务成为可能。

---

① 数据来源于2020年《中国统计年鉴》。
② 调查中发现,过量使用化肥和农药已经成为常态。以农药为例,由于长期使用某些类型的农药,一部分害虫已经出现了抗药性,农户不得不过量使用或者增加打药次数来确保土地产出。

第六章
农业女性化及其区域分布差异的成因讨论

(二)雇佣农供给和丈夫农忙回归弥补了劳动力的不足

研究表明,留守妇女从事农业生产主要面临两大困境:一是劳动力资源不足,二是生产技术不够,其中前者是主要困境。[①] 叶敬忠和吴惠芳在《阡陌独舞:中国农村留守妇女》中指出,面对劳动力不足,她们往往采取互相帮工、成立互助小组、求助亲戚邻里、雇佣劳动力、增加劳动力时间等方式解决。[②]

自古以来,男性一直都是农业生产的主要劳动力,女性只是起到辅助性作用,当男性投入非农领域时,女性似乎不得不承担起农业生产的全部责任,但从安徽省调研的结果来看,事实并非如此。绝大部分农村妇女只是扮演了田间管理的角色,每当农忙季节,在外务工的男性往往会选择回家协助妻子,并且农用器械基本上都是男性来操作,只有极少的女性会使用,哪怕是最简单的农用拖拉机。一个重要原因是,女性一直被排除在"核心技术"之外,她们只是从事机械的、非技术性的、低端的劳动生产。可见,男性的回归既补充了劳动力,也弥补了女性的技术短板。

目前,农村已经衍生出一批专门在农忙季节帮别人家种地的劳动力,[③]他们本身是农民,也具备一定的农业生产技能,以按天计价的形式来协助劳动力不足的家庭完成农业生产,费用各地区有所差异,平均一人150元/日,并且这种劳动力市场日渐兴盛,成为一股风气。在男性"缺席"期间,一部分农村妇女会通过雇佣劳动力的形式来减轻自己的劳动负担,例如,将打药、灌溉等田间管理工作都交给雇佣农,这在皖北尤其常见。季节性雇佣农的出现有效解决了劳动力不足的问题,但也压缩了土地产出效益,农业收入被进一步削减。

此外,生产技术除了农用机械操作技术之外,还包括农业科技的运用,选种、施肥、打药等都需要具备一定的农业知识,留守妇女文化程度普遍不高,理论上在农业科技运用过程会遇到障碍,但现实中那些农用品供销站都会指导她们如何使用,即使不识字也能准确使用。

[①] 农业技术对于农业生产至关重要,但调研中发现,农业生产技术,或者说粮食种植技术,在近10年甚至近20年都没有发生本质改变。安徽省滁州市定远县是国家重要的商品粮基地和肉畜蛋奶基地,"稻麦复种,两年三熟制"是当地粮食生产的特色,在对种粮大户的访谈中了解到,自从开始从事农业生产以来,粮食种植技术几乎没有变动,过去怎么种现在依然怎么种,变化最大的就是机械化作业和化肥、农药的大量使用。由此思考,农村妇女从事农业生产其实并不会在种植技术上遭遇性别障碍,可能在现代化农用机械使用上存在技术障碍。换言之,文中"技术不够"主要是指农用机械操作技术不够。

[②] 叶敬忠,吴惠芳.阡陌独舞:中国农村留守妇女[M].北京:社会科学文献出版社,2008.

[③] 当前农村盛行的雇佣农与新中国成立前地主家雇贫农的性质不同,但形式差异不大。新中国成立前存在剥削压迫的意味,如今只是简单的劳动雇佣关系,就像临时工一样。

因此，总体来看，农村妇女在实际生产中并没有遭遇特别明显的性别障碍，或者说，她们能够有效调动身边资源来应对出现的生产困境。

（三）农民特质的驱使与责任田管理制度的约束

留守妇女往往是已婚妇女，她们从小生活在农村，在农业劳动力中对农民身份有充分且深刻的认知，即使存在务工经历，并不影响她们对土地的情感，"农民就该种地"的思想对于她们而言已经根深蒂固；此外，她们也具备一定的农业生产常识和农业生产技能。因此，无论是否具备务工经历，农民特质会促使农村妇女自然而然地接受农业生产。[1] 同时，如果农村家庭放弃家乡土地耕种，就要承担土地经营权被收回的风险。合理利用土地和切实保护耕地是我国的基本国策，我国《土地管理法》第三十七条明文规定，"承包经营耕地的单位或者个人连续2年弃耕抛荒的，原发包单位应当终止承包合同，收回发包的耕地""禁止任何单位和个人闲置、荒芜耕地"。可见，在法理层面上，农村妇女也会坚守农业，哪怕要举家外流，也会把土地流转给他人或者赠与亲戚朋友代为耕种。[2]

（四）农业政策的保障和乡镇公共交通体系的健全

国家和政府对于"三农"问题的重视毋庸置疑。1982~1986年，中央连续5年发布了以"三农"为主题的一号文件，对我国农业发展和农村改革做出了具体部署；2004~2021年，又连续18年发布以"三农"为主题的一号文件，不断强调"三农"问题在中国特色社会主义现代化时期的重要地位；2015年农业部联合国家发改委等6部委和国家林业局发布《全国农业可持续发展规划（2015—2030年）》对农业可持续发展提出具体要求，做出总体规划；2015年印发的《深化农村改革综合性实施方案》和2016年发布《全国农业现代化规划（2016—2020年）》，前者则侧重农村土地的"三权分置"，后者则是为了配套"十三五"规划。这一系列政策、规划、方案的目的都是扶农、强农、惠农、富农、安农。从微观来看，2006年我国起全面取消农业税，2016年起"三补贴"（良种补贴、种粮直补、农资补贴）制度的试点改革，以及粮食收购政策出台都在一定程度上降低了务农风险，提升了务农积极性。

此外，农业生产对于公共交通有一定的要求，过去农业资料进出村落都要靠人力、畜力，对劳动力体力有较大依赖，仅仅依靠妇女难以完成；如今"村村通"建设将

---

[1] 这一结论并不适用于她们的下一代，往往是指那些"85后""90后"等已经进入就业市场的新生代农民。他们缺少务农经历，也没有掌握农业生产技能，对于农村缺乏情感，在极力摆脱父辈赋予他们的农民身份。

[2] 土地不能抛荒也不是绝对的。通过对皖南的调查就发现，很多农家放弃土地，或者只耕种一部分土地，抛荒另一部分，其主要原因并不是种地辛苦，而是土地投入产出的比率太低，农户们认为不值得耕种。

道路修到了村口,部分经济条件较好的村甚至将道路修到了家门口,方便了化肥的运输、农业机械的进出、粮食的运输。机械运输代替人力作业大大降低了务农难度,但也增加了一定的生产成本。

(五)农村非农就业岗位的缺乏导致没有其他职业选择

前文已经提出,农村妇女留守务农的一个重要原因是为了实现家庭利益最大化,"男工女耕"的模式既确保了土地作为最后兜底的保障作用,又能通过土地获得一些微薄的收入,由于农村生活成本较低,土地的收入也基本能够满足日常开销。那么,留守在家的农村妇女为何不选择"兼农兼业"的形式呢?这样在既不耽误农业生产的情况下还能获得更高的经济报酬,扩大家庭利益。

一些研究指出,农村妇女劳动任务繁重,除了田间劳作之外还要负责家庭内务,每周休息时间极为有限。但是,从课题组对安徽省调查来看,农村妇女其实并不是非常的忙碌,全年仍有大量的空余时间。农忙时间有限,全年真正忙碌的只有两个月,且有丈夫支持和雇佣农协助;田间管理时间有限,每季打药、施肥的时间和次数都是相对固定的,若责任田不多,每次1~2天即可完成;家务劳动一般会有老人帮助。例如,位于皖南枞阳县的麒麟镇,镇上有一个服装厂,在厂里工作的清一色是农村妇女,只有管理人员和技术工是男性。访谈中了解到,她们完全能够胜任"兼农兼业"的状态;还有池州的峡山村,[①]位于贵池主干道旁,靠近经开区和开发区,村里的人基本上都是"兼农兼业",农忙期间早起种地,然后再去上班。在皖北,也会看到个别村庄的农村妇女在闲暇时间做着从镇上接来的手工活,比如串手链、裁剪衣服线头等,工作轻松,且按件计价;当询问一些正在闲聊的农村妇女时,她们认为只要年纪不超过60岁都有非农就业的意愿。她们也透露,其实能够在家附近找到一些工作,但要早出晚归,这样外出工作的意愿就不那么强烈了。

这些情景说明,第一,对于农村妇女而言,能够胜任"兼农兼业"的生活状态,只是要付出更多的时间和精力;第二,不是农村妇女不想从事非农工作,而是附近根本没有除务农以外的其他有收入的工作供她们选择,即使连一些非正规就业的渠道也非常之少,导致她们只能从事农业。概言之,非农就业机会的缺乏迫使农村妇女只能通过务农来增加家庭收入,减轻家庭负担。

四、外出冲动与"女耕"的生命力

如果具备了全家外流的能力,或者说拥有了在城镇扎根的条件,农村妇女还会

---

① 现已改名为社区,即池州市贵池区马衙街道峡山社区。

依然选择留守务农吗？农村家庭还会继续采用"男工女耕"的性别分工吗？在某种意义上，与探索农业女性化的成因相比，这一问题的回答更为关键，其不仅仅涉及农业女性化的生命力，更涉及"谁来种地"这一关乎国民经济根基的问题。周庆行在《农村留守妇女调查》中指出，农村外出妇女的回流只是暂时性回流，其回流除了生理因素之外，主要目的还是为了以后更好地外出。[①] 换言之，只要生理条件允许，农村妇女始终存在外出的冲动。也有其他学者指出，只要城镇化还在继续，人口流动从农村到城镇的方向没有本质改变，那么农业女性化就将继续。事实是否如此？我们认为需要分年龄结构进行讨论，明确到底哪个年龄层次的农村妇女是农业生产主力。

改革开放以来大致诞生了三代农民工。第一代农民工主要是"50后""60后"，他们是第一批出去的农民工，目前由于年龄原因，尤其是20世纪50年代末60年代初这一年龄层，面临着被市场淘汰回流农村继续务农的处境，将其称为祖辈。第二代农民工主要是"70后""80后"，是现在打工的中坚力量，将其称为父辈，留守妇女往往是这类群体的妻子。第三代农民工主要是"90后"，也称为新生代农民工，一般被称为"子辈"。这一群体逐渐壮大，经过两代人的积累，他们受到了更好的教育，生活观念和价值观念有了革新，赚钱养家不再是务工的目的。祖辈是典型的农民，随着劳动力回流，家庭得以重聚，逐渐从"女耕"过渡到"男女共耕"，他们是当前农业生产中最稳定的劳动力，对土地的情感最为深厚。父辈的务工还将继续，妇女留守也将继续，但他们的命运和第一代农民工相似，20年之后当他们退出劳动力市场时，农村将成为最终归宿，务农也成为唯一选择，庆幸的是，他们具备务农经验和生产技能，能够确保农业生产得以延续。事实上，这一群体也是当前农业劳动力的中坚力量，我们讨论的农业女性化构成主体也是指这一群体。子辈的身份最为特殊，他们并没有掌握农业生产的技能。完成学业之后，无论男女，都开始外出务工，外流并没有显著的性别差异，有部分甚至连学业也在父母务工的城市完成，对土地、对农村的情感不深，并极力摘除贴在身上的"农民"标签。这一群体中女性往往在生育时暂时回到农村，待生完孩子、断奶之后就又会出来务工，她们才是始终具备"外出冲动"的群体，称她们为留守妇女显然不合适，让她们从事农业生产更是不太可能，"女耕"似乎在这一代就面临断裂，不仅仅是"女耕"，整个农业劳动力在这一代也面临潜在的"断层"危机。

因此，"男工女耕"的生命力有限，这种分工模式仅仅存在于20世纪80年代之前出生的农村劳动力之中，非农流动的性别差异从"90后"开始就不太显著，且他

---

① 周庆行,曾智,聂增梅.农村留守妇女调查:来自重庆市的调查[J].中华女子学院学报,2007(1):63-66.

第六章
农业女性化及其区域分布差异的成因讨论

们也不具备农业生产的能力,农耕更无从谈起。关于农业女性化将伴随人口乡城流动而一直存在的论断也需要再斟酌,人口非农流动的生命将比"男工女耕"更加长久。

至此,我们可以勾勒出农业女性化形成的一般图景。① 随着城乡发展二元经济结构的形成,因农业生产方式转变而剩余的农业劳动力开始了从农村向城镇的转移;在农转非过程中,由于女性受到了各种来自农村的拉力和城镇的推力,以及自身社会资本单薄和传统文化对于女性的约束,男性流出的数量和速度都超过女性,大量女性沉积农村成为留守妇女;农业生产力和农业科技的发展,丈夫农忙期间的回归,农村雇佣劳动力的兴起,政府对于责任田耕作的规定,各项"三农"政策的保障,以及农村妇女本身的农民特质,使得从"女守"走向"女耕"成为可能,使得她们能够接替男性承担起家庭中农业生产的重担;从年龄结构来看,20世纪80年代之前出生的妇女是当前"女耕"的主角,尤其是上了年纪的妇女,她们对于土地情感最为深厚,农业女性化与农业劳动力共同存在,但"女耕"并不会一直延续,随着农业劳动力新老更替,新生代劳动力既不具备农业生产的技能,也对土地失去感情,"女耕"将逐步退出历史舞台,此时,对于农业而言,最大的危机将是农业劳动力的不可持续。

第二节 农业女性化区域分布差异实证分析

恩格斯曾在《家庭、私有制和国家的起源》一书中对世界人口地域分布的形成及演变过程作了深刻的分析。恩格斯认为,在原始社会初期,由于生产力水平极其低下,人口的地域分布完全受制于人们适应自然环境的能力。此后,随着火的发明和使用,生产技术不断进步,人类提高了适应自然、改造自然的能力,逐渐成为人口分布现象的主人,其分布方式也随着生产力发展不断演变。虽然人口的地域分布深受自然因素影响,但它从本质上讲并不是一种自然现象,而是社会经济现象,归根结底受社会生产在空间上分布及其区域结构特点的制约。② 例如,在史前时代,

---

① 为什么用"一般图景"这个词汇呢?因为在总结的时候并未强调因性别分工而把农村妇女推向农业生产的情况。分析过程中已经提出,留守妇女虽然是农业妇女的主要构成群体,但两者不能完全画等号。一部分非留守家庭中的女性也投入农业生产之中,主要是因为性别分工的递补效益把女性推向了生产者的位置,男性把"不重要"的工作让给了女性,自己去从事收益更高的工作。
② 张善余.人口地理学概论[M].3版.上海:华东师范大学出版社,2013:276.

人口极度稀疏、分散，人口密度极低，人口流动性强；在农业时代，人口开始定居于村落，人口密度与农业产量成正比，人口流动性逐步减弱，分布格局变动迟缓；进入工业时代，人口大量向城镇集中，工商业发达地区人口稠密，人口流动性再次增强，分布格局变动较快，我国当前正处于这一阶段；在后工业时代，平均人口密度趋于稳定，城乡差异缩小，一部分发达国家已经处于这一阶段。也就是说，人口分布受到了社会生产力和生产方式的共同影响。这是经典马克思主义人口学的理论观点。

农业劳动力性别结构的区域分布差异也和人口分布相似，综合反映出各地区之间自然禀赋、农业生产力发展水平、农业种植结构、社会经济结构类型等方面的差异，除此之外，还受到地区人口结构的影响，其中，以地形、气候、水源、土壤为主的自然条件在其中起到了制约作用。

一、理论探讨与研究假设

结合以往研究中对于农业女性化成因的探索以及人口地理学相关知识，我们认为农业女性化区域分布主要受到了两个方面的影响：一方面是农业资源禀赋，以地形、气候、水源、土壤为主的自然条件在其中起到了基本性作用；另一方面是人口流动的地区差异，主要受到社会经济发展和地区人口结构的影响，不同地区流出人口的性别差异直接影响留守人口的性别结构，留守人口性别结构又在很大程度上决定了农业劳动力的性别结构。概言之，自然、经济、人口三个因素对于农业劳动力性别结构区域分布起到了关键性作用。

（一）人口状况与农业劳动力性别结构区域分布

假设1：农业劳动力中女性比重与乡村人口比重呈正相关

这一假设主要反映了区域工业化水平与家庭两性分工的关系。乡村人口比重反映了一个地区城镇化水平。乡村人口比重越高意味着城镇人口比重越低，人口城镇化水平越低，也说明该地区工业化、现代化水平较差，非农就业机会和工作岗位较少。前人的研究已经表明，在非农就业机会有限的情况下，农户在做家庭劳动力分配决策时存在明显的性别偏好，男性较女性更有可能获得非农机会，而女性会被沉积在农业部门，承担起照顾家庭和责任田的责任。例如，金一虹在研究苏南地区城镇化进程中家庭分工时，就发现家庭性别分工存在"差序格局"，女性特别是外来女性往往被安排在非农就业末位。① 刘筱红又将这种分工视为家庭利益最大化的理性分工。② 然而,随着农村劳动力年龄结构更替和受教育水平提升,非农就业的性别隔离在新生代农村劳动力群体中正在被削弱,新生代流动人口中女性比重大幅提升。

假设2:农业劳动力中女性比重与流动人口比重呈负相关

城乡人口流动具有性别选择性但并不意味着具有性别先后性。已有研究指出,新一代流动人口不仅外出冲动更加强烈,而且性别差异正在减弱,社会分工细化和产业重心向第三产业转移,为女性创造了更多的就业岗位。因此,未来女性流动人口的比重将会越来越高,相应地,留守务农的女性比重将会持续降低,包括相对比重和绝对规模的共同降低。

此外,人力资本投资对农民非农就业的影响很早就受到学界的关注,较低的人口素质制约了农民的非农就业转移。③ 大量经验研究表明,受教育水平较高的农村妇女具备更高的人力资本,其非农转移意愿与非农转移能力也相应较强。一个典型现象是,随着代际更替,"80后""90后"甚至"00后"农村妇女与"60后""70后"相比,她们的非农转移更加频繁也更容易,从事非农职业的比重更高。2014年12月~2015年1月,通过对安徽省农业女性化调查发现,除了回家坐月子,在农村基本上看不到30岁以下的年轻妇女。因此,将就业女性劳动力人口受教育水平以控制变量的形式纳入模型。④

(二)农业状况与农业劳动力性别结构区域分布

农业状况包含农业生产的方方面面,结合安徽省调查经验,机械化程度和土地面积对于女性能否在丈夫"缺席"情况下参与并完成生产起到了关键作用,⑤为了进一步考察农业劳动力性别结构变动对于粮食安全的影响,将粮食产量也纳入模型。

---

① 金一虹.非农化过程中的农村妇女[J].社会学研究,1998(5):106-114.
金一虹.离散中的弥合:农村流动家庭研究[J].江苏社会科学,2009(2):99-102.
② 刘筱红,赵德兴,卓惠萍.改革开放以来中国农村妇女角色与地位变迁研究:基于新制度注意视角的观察[M].北京:中国社会科学出版社,2012.
③ 滕建华.农村人力资本投资与农村劳动力流动的相关性分析[J].农业技术经济,2004(4):30-34.
④ 人口普查数据没有直接体现受教育年限,只有受教育程度。按照以下方式折算,未上学视为1年,小学视为6年,初中视为9年,高中视为12年,大专视为15年,本科视为16年,研究生视为19年。
⑤ 蔡弘,黄鹂.农业女性化下农村妇女生产参与及其生产意愿研究:安徽省调查实例[J].人口与发展,2017(02):2-13,21.

假设3：农业劳动力中女性比重与粮食播种面积成正相关

所有历史上的农业类型都将耕地资源视为农业发展的根本。[①] 农业发展的原点也起源于拓荒。耕地面积和土壤肥力在相当大的程度上决定了土地产出能力，在农业生产力水平一定的情况下，前者多寡又直接决定了开展生产所需依赖的劳动力数量。通过比较中国耕地面积分布[②]可以看到，除机械化水平领先的东北地区外，耕地资源丰富的区域农业劳动力中女性比重也往往较高。由此推测，耕地数量与女性农业劳动力规模有着密切联系。考虑到耕地面积并不能反映复种率，本研究选用更能反映实际情况的播种面积来替代耕地面积。

除了粮食播种面积之外，在劳动生产率一定的前提下，粮食总产量也能反映粮食生产过程中劳动力投入情况。特别是丘陵与山地农业，在机械化难以推行的情况下，大部分还依赖劳动力直接投入。在"男工女耕"分工机制下，这种直接劳动力投入往往又是女性，尤其在日常田间管理环节，基本上由女性承担。因此，本研究将粮食总产量作为控制变量也纳入模型，虽然这在统计意义上存在共线性风险。

假设4：农业劳动力中女性比重与农业机械总动力[③]呈负相关

不同机械化水平影响着农业生产中劳动力的匹配规模。数据显示，2015年末我国耕种收综合机械化率为63.8%，[④]这意味着粮食生产的诸多环节仍然需要大量劳动力的投入。农业机械化能够大幅降低农业生产对于劳动力的依赖，增加单位劳动力所能承担的生产面积，在同等生产条件下，机械化程度较高的区域所需农业劳动力数量越少，美、加、澳大农场便是典型。农业机械化在有效提高劳动效率的同时，对于劳动力性别也做出了技术分工。关于性别与农业劳动分工的研究并不少见，简溯农业发展的历史可知，农业始终是"男人的农业"，男性始终处于技术最优端。从安徽省调查来看，在农业劳动力性别分工过程中，农业机械基本上都由男性操纵，这意味着机械化程度高的地区男性农业劳动力比例可能较高。

（三）经济状况与农业劳动力性别结构区域分布

农业女性化既是人口现象也是经济现象。人口逐利性流动和女性留守务农的理性决策都受到社会经济发展的影响。区域经济状况包含方方面面，目前用于地

[①] TAUGER M B. 世界历史上的农业[M]. 刘健,李军,译. 北京:商务印书馆,2014.

[②] 陈明星,李扬,龚颖华. 胡焕庸线两侧的人口分布与城镇化格局趋势:尝试回答李克强总理之问[J]. 地理学报,2016(2):179-193.

[③] 这个指标一定程度上抹杀了地区之间的差异。例如,有些地区耕地数量少,但机械化水平高;有些地区耕地数量多,但机械化程度一般,但机械总动力超过了前者。

[④] 参见:《全国农业机械化发展第十三个五年规划》(http://www.amic.agri.gov.cn/nxtwebfreamwork/upload/20170105103548215.pdf)。

区之间比较的最常见的指标是国民生产总值;而与农业发展相关的经济指标则是第一产业总产值。

假设5:农业劳动力中女性比重与地区生产总值(GDP)呈负相关

农业劳动力女性化既是人口现象也是经济现象。该现象的出现本质上是城乡二元结构下,农户家庭劳动力性别再分工的结果。农村剩余劳动力的逐利性流动和女性留守务农的理性决策都受到社会经济发展的影响,在众多考察区域经济发展状况指标中,GDP是最常见的也是被普遍接受的。城镇化的经验表明,GDP较高的地区城镇化水平相应较高,现代工业体系更为完善,社会分工更加细化,第三产业更加发达,将会提供更多适合农村妇女的非农就业岗位。因此,研究假设认为,社会经济发展水平高的区域其农村妇女拥有更加充分的非农就业的机会,农业劳动力中女性比重相对较低。

假设6:农业劳动力中女性比重与第一产业增加值呈正相关

从产业结构划分角度来看,第一产业对应了农、林、牧、渔业,其产值能够反映某一区域农业经济整体发展水平。对于传统农耕区与几大商品粮基地而言,第一产业增加值与非农业区域相比往往较高。换言之,GDP综合反映了某地区社会工业化水平,第一产业增加值则反映了农业生产水平,该指标较高的地区女性投入生产的可能性也往往越高。

诚然,这些研究假设并非全面。除了以上提到的影响因素之外,农业劳动力性别结构还受到历史、社会、文化、惯习等多重因素的综合影响。例如,某些少数民族保留了"女耕"的传统;有些少数民族则以狩猎采集为主,没有农耕的历史;有些习俗中则禁止女性下地,等等。由于数据收集的困难,以及指标难以建立,这些因素都不在模型讨论的范围之内。

二、实证探索与结论讨论

(一)数据来源与变量说明

数据来源由两部分组成:与人口相关的数据来自于各省(自治区、直辖市)2010年人口普查数据,与农业生产和区域经济相关的数据来自于2011年各省统计年鉴,部分地区来自于各地市2011年统计年鉴。之所以没有使用2020年最新的数据,是为了与2010年人口普查数据匹配。农业劳动力人口性别结构在可获得的数据中只有全国人口普查数据作了详细记录,而最新的第六次普查数据于2012年公布,反映的是2010年情况。我们采用以人口数据为基准,人口数据、农业数据、经济数据三者口径一致,县、市混合统计的原则。在此基础上,为保持回归样本完整性,剔除了缺失变量,共有993个样本进入模型。

人口普查数据没有直接公布农业劳动力中女性比重、乡村人口比重和流动人口比重,只有各区域分性别就业人口数据、农村人口数据、总人口数据、省内外流动人口数据,相关计算公式如下:

$$农业劳动力中女性比重 = \frac{女性农林牧渔及其服务业劳动力}{农林牧渔及其服务业全部劳动力} \times 100\%$$

$$乡村人口比重 = \frac{农村人口}{总人口} \times 100\%$$

$$流动人口比重 = \frac{省内流动人口 + 省外流动人口}{总人口} \times 100\%$$

研究计划以县级行政区划为单位来收集数据,然而,由于不同地区数据统计口径并不统一,在利用各省(自治区、直辖市)统计年鉴整理农业生产和区域经济数据时遇到了困难,相当一部分地区只有地级市层面的数据。为了捕捉更多的样本,采用以人口数据为基准,人口数据、农业数据和经济数据三者口径一致,县、市混合统计的原则,即一部分地区三者数据以县级行政单位为口径,另一部分地区以地级市行政单位为口径。具体而言,河北、山西、内蒙古、辽宁、黑龙江、江西、河南、山东、湖南、广西、四川、西藏、新疆这13个地区使用了地级市数据;上海、重庆两个直辖市直接使用了全市数据;其余16个地区使用了县级数据。样本基本情况见表6-1。

表6-1 变量基本情况

变量	统计量								
	农业劳动力中女性比重	流动人口比重	乡村人口比重	播种面积(千公顷)	农业机械总动力(万千瓦)	地区生产总值(亿元)	第一产业增加值(亿元)	就业女性受教育年限(年)	粮食总产量(万吨)
均值	47.61%	17.33%	57.93%	134.61	84.36	336.14	36.21	8.15	23.37
中位数	48.63%	12.65%	60.70%	30.57	26.00	103.00	16.07	8.20	13.41
标准差	6.73%	15.07%	18.16%	286.32	181.16	828.24	58.98	1.65	30.70
极差	74.28%	187.19%	93.46%	3359.38	1959.73	17164.28	685.07	15.30	302.50

(二)模型建构与回归结果

利用OLS回归模型来探索农业劳动力中女性比重分布差异的影响因素,其数学表达式为

第六章
农业女性化及其区域分布差异的成因讨论

$$LSex_i = c + \alpha pop_i + \beta agr_i + \gamma eco_i + \mu_i$$

其中，$LSex_i$ 为农业劳动力中女性比重；pop_i 为地区人口状况，"pop"是"population（人口）"的简写，用乡村人口占地区总人口比重和流动人口占地区总人口比重两个变量来衡量；agr_i 为地区农业生产状况，"agr"是"agriculture（农业）"的简写，用粮食播种面积、粮食总产量、农业机械总动力三个变量来衡量；eco_i 为地区经济状况，"eco"是"economic（经济）"的简介，用地区生产总值和第一产业总值两个变量来衡量；c 为常数项，α、β、γ、φ 为系数，u_i 为随机扰动项。

由于变量单位不统一，数量级差异较大，除人口数据外，进入模型的变量全部取自然对数。利用 STATA 12.0 统计分析软件，将变量逐一放入模型之中，模型一仅包含人口状况，模型二在人口状况的基础上加上了农业状况，模型三又加上了经济状况，分析结果见表6-2。

表6-2 回归结果

变量		模型一	模型二	模型三
人口状况	乡村人口比重	0.0507***	0.0545***	0.0683***
	流动人口比重	−0.0843***	−0.0364**	−0.0491***
农业状况	粮食播种面积		0.4585***	0.3878*
	农业机械总动力		−1.4316***	−1.1105***
经济状况	地区生产总值			−1.4746***
	第一产业增加值			0.7530**
控制变量	受教育年限	√	√	√
	粮食总产量	√	√	√
	F	54.75	39.06	29.48
	R^2	0.0899	0.1645	0.1728
	样本数	993	993	993

注：(1) *、**、*** 分别表示在10%、5%和1%的水平下显著。
(2) F 值表示的是模型中被解释变量与所有解释变量之间的线性关系在总体上是否显著做出推断。
(3) R^2 是拟合优度，数值越大，说明模型拟合优度越好。

（三）模型解释与讨论

模型结果显示，模型一、模型二、模型三中所有变量在统计意义上均显著。

1. 人口状况与农业劳动力性别结构分布

模型一显示，乡村人口比重与被解释变量呈显著正相关，流动人口比重与被解释变量呈显著负相关，与研究假设一致。

乡村人口比重从侧面反映了一个地区城镇化水平。城镇化率是衡量和比较城镇化水平的常见指标，通常用城镇常住人口与全部人口的比率来表示，而乡村人口是全部人口与城镇常住人口的差值，这意味着某一地区乡村人口比重越高，则城镇化率越低。那部分城镇化水平落后全国平均水平的地区往往又是经济发展水平较差的地区，是劳动力净输出地，乡村人口为了获得更高的经济报酬而流向非农就业机会更充足的发达地区，在此过程中女性就被沉积了下来。以江苏省为例，苏北与苏南发展有较大差距，苏北城镇化率较低，社会经济水平较差，乡村人口比重较高，而苏南则恰恰相反，从两个区域女性农业劳动力比重来看，苏北地区总体水平明显高于苏南地区。

但是，为何随着流动人口比重的增加女性农业劳动力比重又会随之减少呢？从模型来看，流动人口比重（－0.08）对于劳动力性别结构的影响程度甚至大于乡村人口比重（0.05）。人口流动虽然存在性别选择现象，但并不意味着只有男性流动而女性静止。事实上，随着农村劳动力年龄结构的更替、女性受教育水平的提升、农村社会传统性别观念的淡化，女性流动人口的队伍正在逐渐壮大，流动过程中的性别差异也逐步减弱。以"80后"和"90后"为主体的新一代流动人口性别差异已经不那么不显著。2015年1‰全国人口抽样数据显示，35岁以下女性农业就业人口占女性全部就业人口的比重为22.24%，而这一数值在1990年第四次全国人口普查时则高达59.77%。[①]从全国农民工监测报告来看，2011年末全部农民工中女性规模为8619.8万人，[②]2016年末增加到了9719万人，5年间增加了1099.2万人。[③]可见，在同等条件下，乡村人口比重较高，城镇化水平较差的地区更容易发生农村妇女沉积农业的现象，而随着女性人力资本的不断增加，社会分工细化衍生出更多适合女性从事的非农岗位，未来人口流动中的性别差异将会有所减弱。

---

① 数据来源于《1990中国人口普查资料（第二册）》第六部分"职业、行业"，《2015年全国1‰人口抽样调查资料》第五卷"就业"。

② 国家统计局.2011年我国农民工调查监测报告[EB/OL].(2012-04-27). http://www.stats.gov.cn/ztjc/ztfx/fxbg/201204/t20120427_16154.html.

③ 国家统计局.2016年农民工监测调查报告[EB/OL].(2012-04-28). http://www.stats.gov.cn/tjsj/zxfb/201704/t20170428_1489334.html.

第六章
农业女性化及其区域分布差异的成因讨论

2. 农业状况与农业劳动力性别结构

观察模型二,新加入的粮食播种面积与被解释变量呈显著正相关,农业机械总动力与被解释变量呈显著负相关,与研究假设一致。两个人口变量与被解释变量的关系并未因新变量进入模型而改变。

机械化水平是衡量农业现代化的重要指标,机械化水平越高的地区农业劳动力投入量就相对越少,农业生产效率也相对较高。与男性相比,女性参与传统农业生产有着诸多性别障碍,生理上的限制和传统伦理价值的枷锁致使她们被排挤在主流农业生产活动之外。而如今生产性别禁忌已经破除,从理论上来看机械化的普及在一定程度上弥补了女性生理上的不足,为何模型显示机械化对于女性务农反而起到了阻碍作用?

一个重要原因是,女性虽然在农业劳动力中占据了较高的比重,但她们往往只限于简单的劳动辅助和日常田间管理,男性把持了技术优势,操纵农业机械的绝大部分都是男性,"生产参与、决策边缘、技术无缘"是当前女性参与农业的主要特征,农业依然是"男性的农业"。以东北地区为例,从农业资源来看,三江平原、松嫩平原、辽河平原是中国最重要的商品粮基地,从社会经济水平来看,这些地区产业结构调整比较滞后,城镇化水平也不高,理论上会滞留大量妇女在农村,但事实上并没有集中过多的女性农业劳动力。

与此同时,土地分布形态也会影响两性农业生产参与,土地细碎化更可能导致农业女性化,而耕地规模一旦达到一定数量,女性就渐渐退出农业生产,男性便开始占据绝对优势。与东北地区相对,一部分西南地区女性劳动力比重较高。例如,云、贵、川三地交接处,以喀斯特地貌为主,地形复杂、平原细碎、交通闭塞,大型农业机械不容易进入,对于人力的依赖则大大增加。当男性去谋求非农职业时,女性便不得不被"捆绑"在土地之上。

3. 经济状况与农业劳动力性别结构

经济状况是影响农业劳动力性别结构分布最基本和根本的因素。从模型三来看,地区生产总值与因变量呈负相关,第一产业总产值与因变量呈正相关,前者的影响程度高于后者。当纳入两个经济变量之后,模型一与模型二中各变量与因变量的关系并没有发生改变,其中,粮食总产量对于农业劳动力性别结构的影响程度进一步加深,成为7个变量中最重要的变量,这提醒我们要进一步挖掘女性农民在农业发展中的价值。回归结果与研究假设无异。

经济因素对于农业劳动力性别结构区域分布的影响是根本性的。首先,城乡二元发展模式决定了人口从农村向城市流动的基本格局,而在此过程中的性别差异直接导致农村妇女沉积。其次,经济发展较快的地区城镇化水平较高。城镇化蚕食了城郊耕地,作为农业赖以生存的耕地资源在这些地区变得极为稀缺,农业女性化也就是失去了存在的土壤。表5-2中,北京和上海两地女性农业劳动力比重大幅下降与此密切相关。再次,经济发展的过程也是产业结构升级、社会分工细化、第三产业发展的过程,生活在经济发达地区周边的农村妇女拥有更多的非农就业机会,被土地束缚的可能性大大降低。联系农业劳动力性别结构区域分布图可以看到,大部分经济发展水平较高的地区女性农业劳动力比重确实较低,例如,浙江、福建、广东、北京等,但也有一些社会经济条件较好的地区女性农业劳动力比重也偏高,典型的是江苏、山东、重庆。可见,这一结论仍然存在较大的讨论空间。

第一产业增加值变量与地区生产总值变量存在共线性风险,但两者反映的情况并不一致。一般而言,第一产业增加值较高的地区农业资源较为丰富,最典型的就是东北地区和江淮地区。前者女性农业劳动力比重增长幅度大、速度快,但比重低,后者增长幅度、速度虽不及前者,但比重大。两地比较结果与研究假设和模型结论存在冲突。究其缘由,农村妇女是否沉积还受到种植结构、要素投入、社会文化等因素的综合影响。可见,在分析农业劳动力性别结构区域差异时,不能仅仅着眼于某个单一因素,不同地区因为农业发展环境不同表现出明显的区域异质性。

农业发展是一个复杂的过程,农业劳动力性别分工是一个宏大的历史课题。一个简单的数量模型并不足以表明农业劳动力性别结构配置的区域差异。模型较为明显的不足是,未能将社会文化因素纳入分析之中,也未能将化肥、农药、薄膜纳入考虑范畴。从技术层面来看,变量之间的共线性问题也没有很好地解决。但总体而言,模型为分析农业劳动力性别结构区域分布提供了一些思路。

本章小结

关于农业女性化成因的讨论在学界从未停止,以往的研究仅仅回答了一半问题,即解释了为何"女守",而忽略了为何"女耕"。本章通过两个小节回应了这一问题。第一节回答了农业女性化何以可能的问题,第二节回答了女性农业劳动力比重区域分布差异受到哪些因素影响。

第一节对于问题的回应可以分为三个部分:首先围绕非农流动性别差异以及农村妇女本身所受到的各类现实枷锁解释了留守妇女的成因,接着从资源支持角度分析了从"女守"到"女耕"的可能性,最后从年龄结构入手讨论了"男工女耕"的生命力。

第六章
农业女性化及其区域分布差异的成因讨论

需要看到,城镇化进程中非农流动的性别差异是农村妇女留守的直接原因,女性因为自身人力资本单薄、传统文化对于"男内女外"的定位、女性自我牺牲精神、城镇务工过程中的性别歧视、人口再生产的任务、抚老育幼的家庭责任等因素,而沉积在农村成为留守妇女。

伴随农村劳动力外流,农业生产方式发生了翻天覆地的变化。农业分配方式从大队公社制转变为家庭联产承包责任制,以农业机械化为代表的农业生产力获得了极大发展,以化肥、农药为代表的农业科技获得了全面普及,这些改变大大降低了农业生产对于劳动力的依赖;同时,农忙季节的男性回归,农村雇佣劳动力的兴起,供销站对于生产技术的指导,邻里亲戚的互帮互助,等等,有效解决了农业生产过程中农业劳动力不足和农业生产技术缺乏的弊端;并且,政府一系列扶农、惠农、富农政策提高了务农的实惠,降低了务农的风险,农村公共交通系统的建设方便了农业运输,减轻了务农的负担,等等。这些因素的综合作用使得农村妇女完成农业生产成为可能。

无疑,"男工女耕"是当前农村家庭性别分工的主流。但是,随着农村外流劳动力的新老更替,由于新生代农村劳动力既没有掌握农业生产技能,又缺乏那种农民对于土地的天然情感,还竭力摆脱祖辈和父辈留下的农民标签,他们在流动过程中的性别差异已经不如祖辈和父辈那么明显,女性的短暂回归也只是结婚生子,这一分工模式可能会逐渐退出历史舞台,而由此引发的问题是,未来"谁来种地"。

第二节采用理论研究与实证研究相结合的手段,利用 STATA 12.0 统计分析软件,通过 OLS 回归模型,以农业劳动力中女性比重为因变量,从自然、经济、人口三个角度探索了影响农业劳动力性别结构区域分布差异的原因。

农业与工业、服务业最大的不同是受制于自然因素,自古以来"看天收"的农业生产逻辑并未因为农业生产力的发展而有所改变,自然因素对于农业资源的分配起到了基础性作用。同时,虽然国家以土地"三权分离"的方式来鼓励农地流转,但以家庭为单位的小农经营方式仍然在中国占据主导地位,由于缺乏大农场制的经营传统,小农经营在未来很长一段时间内将依然保持旺盛的生命力。这就意味着,农业资源丰富的地区农业劳动力资源也相对丰富。本研究选择粮食播种面积和农业机械总动力两个变量来衡量各地区农业生产状况,回归显示,两者都对因变量影响显著。其中,粮食播种面积与农业劳动力中女性比重呈正相关,随着粮食播种面积增加农业劳动力中的女性比重也会相应提高;农业机械总动力与农业劳动力中女性比重呈负相关,农业机械化生产一定程度上解放了农业劳动力,降低了农业生产过程中对于劳动力的需求。

用地区生产总值和第一产业总产值两个变量来反映地区经济状况,回归显示,地区生产总值与农业劳动力中女性比重呈显著负相关,第一产业总产值与农业劳动力中女性比重呈显著正相关。农村劳动力的流动是逐利的,属于利益导向性流动,这意味着经济欠发达的地区的流动是劳动力输出的过程,在此过程中女性往往被沉积在了农村。同时,在经济较为发达的地区,农村妇女能够找到适合的非农就业岗位,沉积在农村的妇女就相对较少。第一产业总产值往往代表了某一地区农业发展的水平,产值越高农业经济越发达,就越需要更多的农业劳动力来维持农业的发展,在男性外出的大环境下,不得不依靠大量女性来完成农业生产。

用乡村人口比重和流动人口比重两个变量来衡量地区人口状况与农业劳动力中女性比重的关系,回归显示,乡村人口比重与农业劳动力中女性比重呈显著正相关,流动人口比重与农业劳动力中女性比重呈显著负相关。乡村人口比重较高的地区往往是经济欠发达,或者农业生产较为发展的地区,这些地区往往又是人口输出地,流动过程中的性别差异会抬升农业劳动力中女性的比重;人口流动虽然存在性别差异但并不意味着女性不流动,随着流动人口增加,越来越多的女性也实现了非农转移,尤其是对新生代农村劳动力而言,非农流动几乎不存在性别差异,无论男女都不想扎根农村。

除了上述提到的一系列因素,农业劳动力性别结构分布区域差异还受到不同地区历史文化、风俗习惯、生产禁忌等因素的影响。遗憾的是,这部分内容课题组已经有所意识但未能详细讨论,需要用人类学、民俗学、历史学等学科知识系统解答。

第七章 农业生产中的女性角色：安徽调查实例[①]

贺雪峰在《新乡土中国》中指出，世纪之交的中国农村几乎同时在国家与农民之间的关系、农村社会结构和农民价值体系三个层面发生了巨变，其中农村社会结构的巨变主要受到了农村改革运动和市场经济的双重冲击。[②]农村人口结构的改变是农村社会结构改变的基础，人口作为经济发展中最为活跃的因素，最先感受到了社会结构变迁的脉动。作为中部省份的安徽省是传统的农业大省和农业人口大省，是重要的商品粮基地之一，又是中国农村改革的"发源地"。在农村改革和城镇化过程中，农村受到的冲击首先反映在了人口结构上，一个典型表现就是大量农村劳动力人口的外流以及人口流动过程中女性劳动力人口的被迫留守和自我沉积。从宏观历史数据来看，在全国31个省、自治区、直辖市中，安徽省农业劳动力中女性比重虽不是最高，但增加趋势较为显著，这是选择安徽省作为研究对象的重要原因。

本章首先描述并分析了安徽省农业劳动力性别结构的变动特征、区域分布和影响因素；接着利用安徽省2073个调查样本，探索了在农业女性化大背景下农村妇女如何参与到农业生产之中，以及她们本身的生产意愿受到哪些因素的影响，她们对于当前的生活是否感到满意以及满意度的影响因素；最后以安徽省为例，提出了农业女性化对农村妇女和农业生产到底产生了哪些实际影响。宏观历史数据与微观调查数据的综合运用，访谈资料与研究文献的相互补充，以及多种统计手段的研究辅助，有效保证了对于农业女性化问题研究的科学性、严谨性与真实性。

---

① 本章节部分内容根据《何谓农业女性化：讨论与反思》(《农林经济管理学报》，2017年第5期)、《农业女性化下农村妇女生产参与及其生产意愿研究：安徽省调查实例》(《人口与发展》，2017年第2期)、《谁来种地？对农业劳动力性别结构变动的调查与思考》(《西北农林科技大学学报(社会科学版)》，2017年第2期)3篇文章整理而成。

② 贺雪峰.新乡土中国[M].修订版.北京:北京大学出版社,2013.

第一节 安徽省农业劳动力性别结构及其变动

一、安徽省农业劳动力性别结构女性化趋势显著

从纵向时间推移来看,安徽省就业人口性别结构变动呈现以下四个基本特征:

第一,安徽省总就业人口性别比呈现先降后升的态势,男性在就业市场上的优势地位依然显著。

从1982~2010年四次人口普查数据来看(表7-1),1982年第三次全国人口普查时,安徽省总就业人口性别比为124.51,即如果有100个女性劳动力就业就意味着有124.51个男性劳动力就业,[①]男性就业人口数量明显大于女性就业人口数量。1990年"四普"时总就业人口性别比迅速下降到117.63,2000年"五普"在"四普"基础上又略微下降1.7个百分点,为115.93,2010年"六普"则抬升到119.82,分别高于1990年和2000年2.19个百分点和3.89个百分点,说明男性就业人口上升速度超过了女性。

表7-1 安徽省农业就业人口性别比及其变动

年份	总就业人口性别比 (女=100)	农业就业人口性别比 (女=100)	性别比差值
1982年	124.51	109.29	15.22
1987年	122.58	109.06	13.52
1990年	117.63	104.17	13.46
1995年	113.69	101.83	11.86
2000年	115.93	100.76	15.17
2005年	113.17	90.79	22.38
2010年	119.82	92.97	26.85
2015年	129.84	93.42	36.42

数据来源:《中国1982年人口普查资料》,《安徽省1990年人口普查资料》,1987年、1995年、2005年《安徽省1%人口抽样调查资料》,《安徽省2000年人口普查资料》,《安徽省2010年人口普查资料》,《2015年全国1%人口抽样调查资料》。

[①] 本书关于就业人口性别比、外出人口性格比的表述均采用此种方式。

第七章
农业生产中的女性角色：安徽调查实例

从 1987~2015 年四次 1‰ 人口抽样来看（表 7-1），总就业人口性别比分布呈现"U"字形。1987 年总就业人口性别比为 122.58，1995 年下降 8.89，为 113.69；2005 年与 1995 年基本持平，仅下降了 0.52；2015 年又迅速增加，达到了 129.84，男性劳动力的优势地位再次凸显。

第二，安徽省农业就业人口性别比持续走低，女性农业人口比重不断增加。

从 1982~2010 年四次全国人口普查数据来源（表 7-1），1982 年安徽省农业劳动力性别比为 109.29，意味着全省农业生产活动中男性劳动力明显多于女性劳动力，即 100 个女性农业劳动力对应了 109.29 个男性劳动力；与 1982 年相比，1990 年安徽省从事农业生产的男性劳动力比重有所减少，农业劳动力性别比下降为 104.17；到 2000 年，全省农业生产中男性劳动力和女性劳动力比重已基本持平，性别比为 100.76；而到 2010 年全国第六次人口普查时，10 年间安徽省农业劳动力人口性别比骤降到 92.76，女性农业劳动力数量已明显超过男性劳动力，100 个女性农业劳动力对应只有 92.76 个男性。

从 1987~2015 年四次 1‰ 人口抽样调查数据来看（表 7-1），1987 年农业劳动力性别比为 109.06，1995 年下降到 101.83，下降了 7.23，2005 又有一次大幅度下降，较 1995 年下降了 11.04，只有 90.79，而 2015 年出现了轻微上升趋势，较 2005 年上升了 2.63，意味着女性比重所有减少。

第三，安徽省农业人口性别比始终低于总就业人口性别比，两者之间性别比差值先缩小后扩大，扩大的速度高于缩小的速度。

表 7-1 中，无论在哪个时期，安徽省从事农业生产人口中女性劳动力的比重都相对较高，农业劳动人口性别比明显低于全省总就业人口性别比。以 1995 年为界，1982~1995 年性别比差值存呈轻微下降趋势，性别比差值从 1982 年的 15.22 个百分点下降到 1995 年的 11.86 个百分点；但从 1995 年开始，性别比差值迅速扩大，2015 年性别比差值较 1995 年增加了 24.56。并且，除 1995 年略低外，各调查年份性别比差值均在 13 以上，其中，2015 年安徽省农业劳动力性别比为 93.42，与全省就业总人口性别比相差达 36.42 个百分点。由此窥见，农业仍是安徽省妇女就业的主要渠道之一。

第四，分性别就业人口中女性农业劳动人口占女性总就业人口的比重始终高于男性。

比较 1990 年、2000 年和 2010 年三次人口普查数据发现（表 7-2），各性别就业人口中农业就业人口比重均呈明显下降趋势，其中，男性农业就业人口比重从 1990 年的 77.69% 下降到 2010 年的 47.9%，下降了 29.79 个百分点，转移到非农产业的男性超过一半，女性农业就业人口比重从 1990 年的 85.03% 下降到 2010 年的 61.73%,下降了 23.3 个百分点,下降幅度小于男性。这也意味着,截至 2010 年,相当一部分男性劳动力已经从农业中转移出来,而大部分女性劳动力仍然滞留在农业。与此同时,任何一个历史时期,女性就业人口中从事农业生产的就业人口比重均高于男性,且比重差值呈扩大趋势,1990 年比重差值为 7.33 个百分点,扩大到 2010 年的 13.84 个百分点,这进一步说明,女性比男性的非农转移速度更慢。

表 7-2 1990~2010 年安徽省分性别农业就业人口占各性别总就业人口比重

年份	男性	女性	差值(女一男)
1990 年	77.69%	85.03%	7.33
2000 年	70.11%	80.68%	10.56
2010 年	47.90%	61.73%	13.84

数据来源:《安徽省 2010 年人口普查资料》《安徽省 2000 年人口普查资料》《安徽省 1990 年人口普查资料》。

安徽省农业劳动力性别结构变动特征表明,无论是动态的趋势还是静态的比重,安徽省可能存在大量女性劳动力滞留在农村的情况,农业女性化已充分显现,农村妇女开始成为农业生产的主力,以及农业资源与社区管理的主体,正在改变着农业生产中男性占据主导地位的传统农业生产格局,[①]这也意味着安徽省农村家庭性别劳动分工正在发生变化。

二、安徽省农业劳动力性别结构变动区域比较

从横向区域比较来看,安徽省农业劳动力中女性比重具备以下两个特征:

第一,从全国范围来看,安徽省农业女性劳动力比重位居各地区前列。安徽省农业生产活动中,女性劳动力比重不仅高于全国平均水平,且在全国 31 个省、(自治区、直辖市)中位居全国第二,仅次于江苏省。

表 7-3 显示,从全国平均水平来看,我国农业就业人口中女性比重为 49.22%,与全国就业总人口中女性劳动力相比,高出了 4.56 个百分点,即从事农业生产的女性比重多于从事其他产业的女性比重。从全国 31 个省(自治区、直辖市)来看,除浙江省外,其余 30 个地区农业劳动力中女性劳动力比重均高于总就业人口中女性比重,最高的是江苏省,高出 9.3 个百分点,安徽省位列第四,高出 6.33 个百分点;农业就业人口中女性劳动力比重超过男性的省、市、自治区有 8 个,分别是安徽

---

① 这里的"主力""主体"等相关词汇主要是指女性在数量层面占据优势,实际生产生活中女性的角色扮演需要进一步分析。

省、江苏省、河南省、山东省、四川省、重庆市、宁夏回族自治区和湖北省,其中,江苏省农业生产中女性劳动力比重最高,达55.64%,安徽省仅次于江苏省,比重为51.82%。

表7-3 2010年中国内地各地区农业就业人口与总就业人口性别结构比较

地区	总就业人口中女性比重	农业就业人口中女性比重	比重差值(农-总)
全国	44.66%	49.22%	4.56
北京	41.99%	45.34%	3.35
天津	38.62%	46.05%	7.43
河北	43.64%	48.82%	5.18
山西	38.95%	45.13%	6.18
内蒙古	41.04%	45.91%	4.87
辽宁	42.85%	46.99%	4.14
吉林	43.57%	45.60%	2.03
黑龙江	41.98%	44.39%	2.41
上海	41.37%	49.85%	8.48
江苏	46.34%	55.64%	9.30
浙江	42.88%	41.10%	−1.78
安徽	45.49%	51.82%	6.33
福建	42.57%	45.66%	3.09
江西	44.57%	49.08%	4.51
山东	46.26%	51.02%	4.76
河南	46.79%	51.4%	4.61
湖北	45.56%	50.17%	4.61
湖南	44.18%	47.32%	3.14
广东	43.97%	48.24%	4.27
广西	46.68%	48.60%	1.92
海南	44.61%	46.81%	2.20

续表

地区	总就业人口中女性比重	农业就业人口中女性比重	比重差值（农－总）
重庆	45.84%	50.97%	5.13
四川	46.65%	50.70%	4.05
贵州	45.71%	49.38%	3.67
云南	46.27%	49.35%	3.08
西藏	46.20%	48.04%	1.84
陕西	44.14%	48.57%	4.43
甘肃	46.38%	49.60%	3.22
青海	44.20%	49.00%	4.80
宁夏	43.92%	50.41%	6.49
新疆	43.91%	45.98%	2.07

数据来源：《中国2010年人口普查资料（中册）》第四卷。

第二，从安徽各地市来看，农业劳动力性别结构存在差异。2010年各地区农林牧渔业就业人口数量地域差异显著，且76.47%的地区农业劳动人口中女性劳动力数量超过了男性。

表7-4显示，从农业就业人口数量和女性就业人口数量来看，皖北地区普遍高于皖南地区，最高的是阜阳市，有286.83万人农业就业人口，其中包含156.45万女性农业人口；最低的是铜陵市，只有8.07万人，其中包含4.23万女性农业人口，两者差异悬殊。从农、林、牧、渔业中女性比重来看，全省17个地市中[①]只有4个地市女性劳动力比重尚未超过男性，分别为宣城市、淮南市、蚌埠市和滁州市。其中，宣城市比重最低，为44.12%，淮南市、蚌埠市和滁州市三个地市女性劳动力数量与男性已非常接近。同时，各地市农业生产中女性劳动力比重差异明显，马鞍山市、阜阳市、安庆市、黄山市比重相对较高。其中，最高的是马鞍山市，为54.99%，比最低的宣城市高出10.87个百分点，位列第二、三位的是阜阳市和安庆市，比重分别为54.54%和53.95%。

[①] 巢湖地级市在2010年并未撤市，在第一章第四节已经详细说明。

表 7-4　2010 年安徽省各地市女性农业就业人口及比重

地区	农业就业人口(万人)	女性农业就业人口(万人)	农业就业人口中女性比重
总计	1758.20	911.13	51.82%
合肥	80.94	42.40	52.39%
芜湖	33.59	17.39	51.78%
蚌埠	107.99	53.71	49.74%
淮南	48.68	24.12	49.55%
马鞍山	16.61	9.14	54.99%
淮北	51.62	27.27	52.82%
铜陵	8.07	4.23	52.43%
安庆	118.96	64.18	53.95%
黄山	39.95	21.17	53.00%
滁州	134.35	67.12	49.96%
阜阳	286.83	156.45	54.54%
宿州	242.95	126.02	51.87%
巢湖	106.89	55.48	51.90%
六安	182.25	92.39	50.69%
亳州	200.07	103.54	51.75%
池州	36.73	19.31	52.56%
宣城	61.73	27.24	44.12%

数据来源:《安徽省 2010 年人口普查资料》。

三、安徽省不同年龄段农业劳动力性别结构分析

表 7-5 中,20～54 岁各年龄组的农业就业人口性别比均低于 100,即农业女性劳动力数量多于男性。从 55～59 岁年龄组开始,性别比超过 100,并随年龄迅速上升,农业男性劳动力数量超过了女性,并逐渐占据优势。结合图 7-1 可以清晰看到,55 岁左右成为了男女农业劳动分工的转折点,其中一个重要的原因是,男性随着年龄的增长在非农就业市场上失去竞争力而回归农村继续从事农业,男性的回流使得"男工女耕"的性别分工模式转向了"男女共耕"。

表 7-5　2010 年安徽省分性别各年龄组农业就业人口

年龄组	男性(人)	女性(人)	性别比(女＝100)
16～19 岁	21673	20897	103.71
20～24 岁	50511	66402	76.07
25～29 岁	40927	53146	77.01
30～34 岁	49315	60432	81.60
35～39 岁	75332	96054	78.43
40～44 岁	102458	132184	77.51
45～49 岁	90400	112939	80.04
50～54 岁	54669	58144	94.02
55～59 岁	96805	93021	104.68
60～64 岁	80086	63020	127.08
65～69 岁	53451	33483	159.64
70～74 岁	26313	14617	180.02
75 岁及以上	14488	9304	155.72

数据来源:《安徽省 2010 年人口普查资料》。

由此可见,在女性劳动年龄阶段(15～55 岁),安徽省女性从事农业生产的比例明显高于男性;而一旦超过女性劳动年龄,男性数量就超越女性成为农业生产的主导力量;其中,两性农业生产分工的交替年龄点为 55～59 岁,此时正值外流男性回归的高峰年龄段。因此,仅从安徽省数据判断,我们通常所说的农业女性化,主要是指处于劳动力年龄人口的女性富集在农业的现象,而一旦超过劳动年龄,伴随男性迅速回归农村,女性又将退出农业生产的舞台。

综上,安徽省农业劳动力性别结构及其变动特征包含三个主要内容:一是从历次人口普查和 1‰人口抽样调查来看,安徽省农业女性化趋势明显,农业劳动力中女性比重不断增加,历次统计年份农业劳动力中女性比重均高于总就业人口中女性比重;二是以第六次全国人口普查为例,安徽省与全国各省(自治区、直辖市)相比,无论是农业劳动力中女性比重,还是农业劳动力中女性比重与总就业劳动力中女性比重之间的差值都居于前列,并且,安徽省各地市之间农业劳动力性别结构差异较大,绝大部分地市女性农业劳动力的绝对数量已经超过了男性;三是处于劳动年龄内的女性劳动力是安徽省农业劳动力女性化的主体,一旦超过劳动年龄,男性农业劳动力的数量将因为男性的非农回归而得到迅速提升。

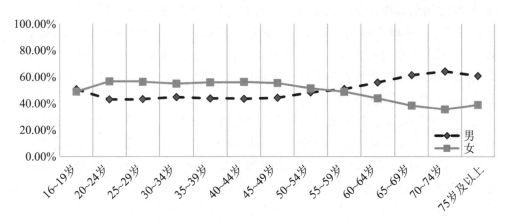

图 7-1　2010 年安徽省分性别各年龄组农业劳动力比重变动

第二节　安徽省农业劳动力性别结构区域分布特征

本节以 1990 年、2000 年和 2010 年三个年份的普查数据为依据，以县级行政区划为统计单位，进一步考察了安徽省农业劳动力中女性比重区域分布与变动情况，总结分布特征和解释差异原因。需要说明的是，分析过程中将各地市市辖区作为一个统一的统计单位。例如，合肥市市辖区包含瑶海区、庐阳区、蜀山区、包河区和高新区、经开区、新站区三个开发区，分析过程中将这些区合并为一个统计单位，而没有一一统计，统称为合肥市市辖区。其他地市也做类似处理，最终共计 78 个统计单位。以皖江①和淮河为界，将安徽省分为三个部分，淮河以北称为皖北地区，包含 23 个统计单位，淮河和长江之间称之为江淮之间地区，包含 31 个统计单位，长江以南称之为皖南地区，包含 24 个统计单位。

一、各地区农业劳动力性别结构分布差异及历史变动

1990 年安徽省绝大部分地区农业劳动力中女性比重较低，皖北地区女性农业劳动力比重整体高于其他地区，皖南地区西南部女性农业劳动力比重较东北部更

---

① 长江流经安徽段又称为皖江。

高,江淮之间东部地区女性农业劳动力比重较西部地区更高。皖北的阜阳市辖区、淮北市辖区和蚌埠市辖区农业农业劳动力比重最高;江淮之间的合肥市辖区、肥东县,以及深入江苏的天长市女性农业劳动力比重最高;皖南的马鞍山市辖区、芜湖市辖区、铜陵市辖区女性农业劳动力比重最高。可见,各地区的市辖区往往是农业劳动力中女性比重偏高的地区。

2000年安徽省三个地理区域女性农业劳动力比重较1990年有所增加。在各地理区域中,农业劳动力女性比重偏高的地区从1990年的零散分布向块状整体分布变化,其中,皖江周边地区女性农业劳动力变化最为明显。在皖北地区,皖北西部成为皖北女性农业劳动力比重较高的地区,涉及临泉县、阜南县、太和县、阜阳市辖区和界首市五个县区,但是,阜阳市辖区较1990年女性农业劳动力比重有所下降。在江淮之间,形成了两块女性农业劳动力比重较高的区域。一是皖江上游,涉及太湖县、宿松县、望江县、怀宁县、安庆市辖区和桐城市;二是从合肥市辖区一直延伸到和县,中间还贯穿肥东县、巢湖市辖区和含山县。在皖南地区,1990年比重较高的西南部地区进一步加深,同时,东至县、池州市辖区、铜陵市辖区、铜陵县等区域沿着皖江开始形成一个女性农业劳动力高比重片区。

2010年各区域女性农业劳动力比重较2000年继续增加,已经从1990年大部分地区比重偏低状态转变为大部分地区比重偏高状态,2000年形成的各个女性农业劳动力高比重片区面积进一步扩张,尤其是江淮之间,成为三个地理区域中女性农业劳动力比重最高的地区,沿皖江形成了一条女性农业劳动力比重偏高的片区。在绝大部分地区农业劳动力中女性比重不断增加的大环境下,皖南东部地区在三个普查年份女性农业劳动力比重始终保持在低位,其中泾县、宁国市、广德县三个地区在这一区域中比重最低,与其他地区形成了鲜明的对比。

总体来看,安徽省农业劳动力中女性比重区域分布表现出以下三个特征:第一,整个统计区域的女性农业劳动力比重增加趋势明显。第二,不同区域之间农业劳动力中女性比重在时间维度和空间维度上都表现出显著的差异性,并已经形成了几个女性农业劳动力比重较高的块区:皖北的西北部、江淮地区的南部、皖南地区的西南部和西北部。第三,岳西县、泾县、宁国市、广德县这四个地区的女性农业劳动力比重在三个统计年份均保持了较低的水平。

二、农业劳动力性别结构区域分布差异的影响因素探析

本书第六章通过实证模型探索了中国影响农业劳动力性别结构区域分布差异的原因,自然因素在其中起到了基础性作用,社会经济和人口状况起到了关键性作

第七章
农业生产中的女性角色：安徽调查实例

用。沿用这一研究结论,我们从自然条件、经济水平和人口流动三个方面来探析安徽省农业劳动力性别结构分布区域差异的原因。

从自然地理条件来看,安徽省位于六省之间,北邻山东省,西面是河南省、湖北省,东面与江苏省接壤,南边是浙江省和江西省;整体地貌并不复杂,海拔不高,平原、丘陵、低山相间排列;以长江和淮河为分界线,全省大致可分为五个自然区域,自南向北可分为皖南山区、沿江平原、皖西大别山区、江淮丘陵和淮北平原。根据农业地域分布的客观规律,可以将安徽省划分为皖南山地林茶粮区、沿江平原农业区、皖西大别山地林茶区、江淮丘陵农业区以及淮北平原农业区。总体来看,安徽省农业资源非常丰富,为形成农业大省奠定了自然禀赋基础。

农业发展离不开农业劳动力资源的支持,在农业女性化大背景下,农业资源越丰富,有利于种植业发展的地区女性农业劳动力比重往往偏高,而那些耕地资源贫乏的山地、丘陵地区,女性劳动力比重则相对较低。皖北平原和皖江沿线是安徽省农业生产条件最为优越的地区,也是全国重要的粮食生产基地,因此,皖北平原农业区和江淮农业区女性农业劳动力比重高于其他区域。同时,皖北平原土地开阔,更加有利于机械化作业,在一定程度上降低了对于劳动力的体力需求。江淮农业区有部分丘陵地区土地平整度不如皖北,在某种程度上又增加了对于劳动力的需求,因此在劳动力性别结构上,江淮农业区女性农业劳动力比重略高于皖北地区。岳西县、潜山县都处于大别山区,泾县、宁国市、广德县三地都位于山地边缘,土地零碎,耕地资源有限而林业资源丰富,林业发展更加青睐男性劳动力,所以这些地区女性农业劳动力比重低于传统的农耕区。同时,采茶与采棉相似,往往由女性劳动力承担,男性劳动力则负责后期的茶叶炒制等技术含量较高的工序,因此,皖南地区西南部作为重要的茶叶产地也会沉积大量女性劳动力,导致这一片区女性农业劳动力比重偏高。

从社会经济运行与人口流动结构来看,经济因素对于女性劳动力性别结构的分布起到了决定性作用。安徽省是流动人口大省,每年跨省流动人口数量在全国各地区中居于前列,主要流向周边经济较为发达、就业岗位较为充裕的浙江省、江苏省、上海等地。从数量规模来看(表7-6),2009~2019年,每年外出人口的总量超过全省人口的1/5,并呈现缓慢下降的趋势,人口外流效应因安徽省经济社会的发展有所减弱,2018年较2011年下降了9.21个百分点。从性别结构来看,外出人口以男性为主,每100个女性外出人口对应了至少120位男性外出人口,其中2015年和2017年两个年份外出人口性别比高达133,男性数量远超过了女性。从外出人口城乡分布来看,农村人口占据了绝对优势。以2010年为例,全省外出流动人口为1611万,农村人口占77.88%,达1206.4万;镇和市流出人口分为246.5万和

158.1万,占外出流动人口的比重分别为15.3%和9.82%。[①] 这意味着相对于农村男性劳动力,有大量女性劳动力沉积在了农村,当男性离开农业转向非农时,农业对于劳动力的需求就自然而然转嫁到这些女性身上。因此,那些人口流量大、农业资源又丰富的地区,农业劳动力中女性比重就会相对较高。

表7-6 2009~2019年安徽省外出人口基本情况

年份	外出半年以上人口占比	外出人口性别比(女=100)	年份	外出半年以上人口占比	外出人口性别比(女=100)
2009年	22.30%	132.39	2015年	22.45%	132.99
2011年	31.35%	126.28	2016年	22.20%	121.49
2012年	25.02%	126.56	2017年	22.19%	133.11
2013年	24.50%	125.09	2018年	22.14%	123.05
2014年	22.23%	125.05	2019年	22.61%	127.03

数据来源:2011~2020年《安徽统计年鉴》。

无论是哪个普查年份,各地区的市辖区农业劳动力中女性比重都相对较高,这在1990年第四次人口普查时尤其明显。一个可能的原因是,城市地区在20世纪90年代初期就获得了较好的发展,集中了各地区的优势资源,居住在城市郊区、周边的农村劳动力较其他农村地区劳动力优先获得了转移,因此较早出现了农业劳动力中女性比重偏高的现象。随着城市发展,城市面积向农村扩张,位于城郊的农村被归并为城镇,农业用地转变为城市用地,农民身份因为城市建设而转换为城镇居民身份,即使保留了农业户口,其生活与城镇居民无异,农业劳动力数量锐减,农业女性化失去自然条件支撑变得越来越不显著。例如,合肥市辖区,1990~2010年,农业劳动力中女性比重呈下降趋势,这与合肥市的扩张密切相关。因此,地区发展一开始可能会推动农业女性化现象的出现,但随着城镇化进程加速,农地和农民的迅速减少,农业女性化也就会慢慢消失。将这一变动规律推演至全国会发现,仅从人口迁移的视角来看,农业女性化缘起于城镇化,也会终结于城镇化。

农业劳动力性别结构分布差异的影响因素非常广泛,涉及人文、历史、经济、地理、政治的方方面面,要一一解释并非易事。在考察安徽省农业劳动力中女性比重地理分布时主要选取了自然条件和社会经济两大因素,前者决定不同地区农业生

[①] 褚斌.安徽省外出流动人口现状[J].安徽省情省力,2012(3):30-32.

产方式和农业经济结构,起到了基础性作用,后者作为人口流动的指挥棒直接导致大量女性农业劳动力的沉积。

第三节　农业生产中的女性参与:问卷与访谈

课题组严格采取分层抽样和随机抽样相结合的方式,于2014年12月和2015年1月分别抽取了皖北4个县区(颍上县、利辛县、蒙城县、埇桥区)和皖南4个县(枞阳县、繁昌县、休宁县、广德县),共计8个县区15乡镇的19个行政村(表1-2)。问卷包括四个部分的内容:个人及家庭基本情况、家庭从事农业生产情况、家庭生活与社会参与以及农民整体生活满意度。围绕这些调查资料,结合调查中观察到的其他细节,本节将详细描述农业女性化背景下农村妇女如何参与到农业生产之中,或者说,她们在农业生产中到底扮演了何种角色。

一、样本基本情况描述

调查以家庭为基本单位展开,每个家庭抽取男性或者女性来完成问卷,这就意味着2073个有效样本在一定程度上代表了2073个家庭的基本情况。

表7-7中,农村常见的大家庭依然存在,家庭人口数在5人及以上的占43.61%,三口之家和四口之家开始成为主流,两者占全部调查对象的47.28%。全部样本中,55.19%的家庭农业生产成本不到2000元,63.38%的家庭农业收入不超过15000元,总体来看农业收入并不高,与当下高昂的生活成本形成了鲜明的对比,但农村生活资料大部分来自于土地,农业收入基本能够维持生活。绝大部分家庭(65.27%)的总收入低于4万元,有13.65%的家庭年收入超过了6万元。结合《安徽省2015年国民经济和社会发展统计公报》发现,全年农村常住居民人均可支配收入为10821元,[①]以三口之家换算,家庭可支配收入在3.25万元左右,调查样本基本上处于这个水平。56.97%的调查者认为自己家庭收入水平与邻居相比处于中层,24.07%的人认为自家收入处于中下层。超过一半的调查者(50.36%)需要照顾老人,73.95%的调查者要照顾小孩,可见,农村家庭抚养和赡养负担较重,联系女性留守务农的原因,因为家庭照顾需求而滞留农村的不在少数。

[①] 本书之所以没有选择最新年份的统计公报是为了与调查年份相适应。

表 7-7　样本家庭基本情况

项目		户数(户)	占比	项目		户数(户)	占比
农业成本	0~2000 元	1144	55.19%	家庭人口数	1 人	22	1.06%
	2001~4000 元	454	21.90%		2 人	167	8.06%
	4001~6000 元	225	10.85%		3 人	456	22.00%
	6001~8000 元	91	4.39%		4 人	524	25.28%
	8000 元以上	159	7.67%		5 人及以上	904	43.61%
农业收入	0~5000 元	730	35.21%	与邻居比所处家庭层次	下层	132	6.37%
	5001~10000 元	297	14.33%		中下层	499	24.07%
	10001~15000 元	287	13.84%		中层	1181	56.97%
	15001~20000 元	175	8.44%		中上层	241	11.63%
	20000 元以上	584	28.17%		上层	20	0.96%
家庭收入①	20000 元及以内	700	33.77%	是否有65周岁以上老人需要照顾	是	1044	50.36%
	20001~40000 元	653	31.50%		否	1029	49.64%
	40001~60000 元	437	21.08%	是否有孩子需要照顾	是	1533	73.95%
	60001 元及以上	283	13.65%		否	540	26.05%

进一步观察女性样本。表 7-8 显示,在 2073 个有效样本中,男性样本 706 个,占 34.06%;女性样本 1367 个,占 65.94%;其中,拥有婚姻经历的女性占 97.66%。由于研究对象以农村妇女为主,因此在调查过程中选取了更多的女性样本,男性样本主要用于和女性样本的比较研究。在 1367 个女性样本中,从年龄分布来看,31~60 岁的样本占到了 76.66%,有 11.56% 的样本在 30 岁以下。从对话中了解到,30 岁以下的农村女性基本以务工为主,对农业生产并不熟悉,也不参与到家庭农业生产之中,将年龄和"今后是否外出务工打算"交叉分析发现,30 岁以下的女性外出务工欲望最为强烈,在 172 个有外出务工打算的女性中,30 岁以下的占到了 38.37%。从健康状况来看,绝大部分样本女性身体状况良好,但有 13.09% 的女性健康状况不够理想。从文化程度来看,样本女性的受教育水平普遍不高,小学及以下占到了 58.96%,只有极少部分拥有超过高中或者中专的受教育经历。从连续务农时间来看,有 45.14% 的样本务农时间超过了 15 年,有 31.16% 的样本务农时间在 5 年以内,将务农时间与年龄进行交叉分析可以看到,两者呈显著正相关

---

① 这里指可支配收入,也就是纯收入,不是毛收入。

第七章
农业生产中的女性角色：安徽调查实例

($P=0.000$)，超过 61 岁的 161 个样本中，有 144 个样本务农超过了 15 年。从务工经历和未来务工打算来看，大部分样本(62.11%)既没有外出务工经历，也没有今后外出务工计划(72.13%)。

表 7-8 女性样本基本特征

项目		户数(户)	占比	项目		户数(户)	占比
年龄	30 岁及以下	158	11.56%	健康状况	非常不好	14	1.02%
	31~40 岁	283	20.70%		不太好	165	12.07%
	41~50 岁	469	34.31%		一般	304	22.24%
	51~60 岁	296	21.65%		比较好	449	32.85%
	61 岁及以上	161	11.78%		非常好	435	31.82%
文化程度①	小学及以下	806	58.96%	连续务农时间	5 年以内	426	31.16%
	初中/技校	490	35.84%		5~10 年	182	13.31%
	高中/中专	50	3.66%		10~15 年	142	10.39%
	大专及以上	21	1.54%		15 年以上	617	45.14%
外出务工经历	是	518	37.89%	今后是否打算外出务工	是	172	12.58%
	否	849	62.11%		否	986	72.13%
婚姻经历	是	1335	97.66%				
	否	32	2.34%		没想好	209	15.29%

可以看到，农村家庭的整体收入情况比较理想，但农业收入在家庭收入中的占比不高，非农收入成为大部分家庭的主要收入来源，家庭照顾的任务普遍比较繁重，老人和小孩兼顾的家庭不在少数，而这一责任往往落在了女性肩上。从女性样本来看，她们的文化程度整体不高，相当一部分甚至没有受教育经历，除了 30 岁以下的农村妇女，其他样本尤其是超过 40 岁的农村女性，往往已经从事了多年农业生产，外出务工经历并不丰富，绝大部分也没有再外出务工的计划，务农成为她们的主要工作。农业女性化的主体基本上就是由这部分年龄超过 40 岁，从事非农困难，连续务农多年，认定自己应在家务农的农村妇女构成。

---

① 问卷中将文化程度分为成六个层次：未上学、小学、初中/技校、高中/中专、大专/高职、本科及以上，但在经表格中对文化程度进行重新调整，将"未上学"和"小学"整合为"小学及以下"，"大专/高职"和"本科及以上"整合为"大专及以上"。

二、农业生产相关情况

(一)农业生产环境

表 7-9 中,从家庭户耕地拥有状况来看,每户家庭所拥有的自耕地并不是非常充裕,46.26%的家庭小于 3 亩,超过 10 亩的只占 15.29%,在每亩收益一定的情况下,如此少的耕地难以支撑一个家庭的正常生活和发展。这些耕地分布并不集中,22.14%的家庭认为自家耕地非常分散,56.1%的家庭认为较为分散,只有 7.33%的家庭认为非常集中,土地的分散增加了劳动投入,降低了生产效率与生产效益。

从农业机械化来看,调查区域的农业机械化程度较高,仅有 9.7%的家庭表示完全靠人力生产,其余家庭则或多或少地利用机械化生产,只是机械化水平和程度不一而已,相对而言,皖北的机械化程度较高。

从土地流转环境来看,土地流转在调研地区并不常见。50.8%的家庭认为周围几乎没有发生土地流转的情况,只有 19.3%的家庭认为周围有很多家庭发生了土地流转。调查中发现,在流转所得和耕种所得差异不大的情况下,存在相当一部分家庭表示希望能够流转自家的土地,但是整个流转环境并不理想。

从农业科技运用情况来看,农业科技获得了较为广泛的运用,只有 11.63%的家庭从来不运用农业科技。问卷中对于农业科技进行了说明,农业生产中的化肥、农药是最常见的现代农业科技,现代农业生产几乎离不开这些化学产品,施用生物肥进行人工除害的家庭在调查中并未遇到,那些选择从来不用农业科技的样本可能没有理解农业科技的准确含义。

表 7-9 调查地区农业生产相关情况

项目		户数(户)	占比	项目		户数(户)	占比
自耕田亩数量	0~3 亩	959	46.26%	耕地分布情况	非常分散	459	22.14%
	4~6 亩	528	25.47%		较为分散	1163	56.10%
	7~9 亩	269	12.98%		较为集中	299	14.42%
	10 亩及以上	317	15.29%		非常集中	152	7.33%
周围土地流转情况	几乎没有	1053	50.80%	农业科技运用	从来不用	241	11.63%
	少数家庭	620	29.91%		偶尔用	1337	64.50%
	很多家庭	400	19.30%		经常用	495	23.88%

第七章 农业生产中的女性角色：安徽调查实例

续表

项目		户数(户)	占比	项目		户数(户)	占比
农业生产科普知识获取意愿	非常不愿意	15	0.72%	农业生产意愿	非常不愿意	47	2.27%
	不愿意	67	3.23%		不愿意	428	20.65%
	无所谓	724	34.93%		无所谓	557	26.87%
	愿意	1118	53.93%		愿意	932	44.96%
	非常愿意	149	7.19%		非常愿意	109	5.26%
参加农业讲座和技能培训	1~2次	215	10.37%	机械化程度	完全靠人力	201	9.70%
	3~4次	72	3.47%		半人力半机械	1134	54.70%
	5次以上	60	2.89%		基本机械化	738	35.60%
	没参加过	1287	62.08%				
	想参加,但没有讲座和培训	439	21.18%				

从农业技术培训来看,绝大部分农民没有参加过农业讲座或者技能培训,这一比例高达60.08%,21.18%的农民真切地表达了自己想要参加但是村委会没有组织或者开展过类似活动。访谈中了解到,农业生产技术从祖辈开始至今就没有发生过本质改变,改变的只是生产方式,因此,大多数农民希望获得更多实用的农业生产知识来提高生产,而不愿意获得这类知识的农民仅占3.95%。

从农业生产意愿来看,在乡城差距进一步拉大的背景下,调查对象的农业生产意愿并不是非常强烈,只有50.22%的农民表示愿意或者非常愿意从事农业生产。农地在农民生存中的重要程度在商品化的冲击下急剧降低,土地不再是农民赖以生存的必需品,一旦有更好的非农工作机会,土地有可能就会被放弃。

总体来看,调查区域的农业生产环境并不是非常理想,户均土地拥有量不高,土地分布较为零碎,农业生产意愿不强烈,现代化生产手段和现代化农业生产知识并没有获得很好的普及,但农民对于获得农业科技知识表现出了积极的态度。

（二）女性农业生产困境及其应对

女性农业劳动力是研究的主要对象,面对这样的生产环境,她们参与到农业生产中遇到了哪些困境,以及她们是如何克服的,是研究农业女性化不可回避的问题。

表7-10显示,农村妇女在农业生产中常见的困难主要是技术缺乏(40.15%)、

良种(种子、幼崽、幼苗)获取(28.57%)、农田灌溉(29.67%)、农产品销售(26.96%)和劳动力不足(38.68%)5个方面,可见,生产技术缺乏和劳动力不足成为农村妇女农业生产中面临的首要困难。耐人寻味的是,有45.27%的妇女选择了"没困难",在所有选项中比例最高。而在已有研究中,特别是有关农村留守妇女的研究表明,农村妇女的"身单力薄"使她们在从事农业生产的过程中会遭遇各类性别障碍,抛荒、撂荒、减少种植面积都是可能出现的后果,但为何调查结果与以往研究有所不同呢?课题组就此结果进行了反复讨论和电话回访来确保调查结果的真实性和准确性。事实证明,在多方资源支持下,农村妇女从事农业生产确实没有遭遇特别难以克服的困难,常见的劳动力不足、生产技术缺乏、抢收抢种时间紧迫、机械操作困难等障碍都得到了有效克服,这一点将在本节第三部分通过访谈资料详细论述。

表 7-10 农村妇女农业生产中遇到的困难

项目	户数(户)	占比	项目	户数(户)	占比
技术缺乏	548	40.15%	劳动力不足	528	38.68%
良种获取	390	28.57%	没困难	618	45.27%
农田灌溉	405	29.67%	其他	404	29.60%
农产品销售	368	26.96%			

生产技术缺乏与农业科技知识获取密切相关,若农村妇女能够及时获取需要的农业技术,那么这一困难将被克服,为此,我们进一步考察了农村妇女在农业知识获取上存在哪些障碍。就农村妇女获取农业知识的意愿而言,绝大部分农村妇女表现出积极态度,只有3.8%的妇女表示不愿意或者非常不愿意。表7-11中,自身文化程度不高成为农村妇女农业知识获取的最大障碍,有61.66%的妇女选择了该项,远高于其他选项。其次是因为家庭事务繁杂没有时间获取农业知识,有38.86%的妇女选择了该项,农业生产、家庭内务、子女照顾和老人赡养占用了她们大量的时间,导致她们无暇顾及农业知识的获取。还有28.08%的妇女表示没有及时获取农业知识的原因是当地政府没有农业知识送下乡服务。在我国现有的治理体系和治理逻辑下,基层政府在引导农业转型发展,提升农民生产素质等方面扮演了关键性角色,如何在贯彻落实各类农业发展政策过程中将性别意识纳入其中,充分考虑农村妇女的实际需求和现实困境,是政府面对农业劳动力性别结构转变亟须思考的问题。

表 7-11　女性农业知识获取障碍

项目	户数（户）	占比
自身文化程度不高	841	61.66%
家庭事务繁杂，没有时间	530	38.86%
讲座、座谈形式比较单一	283	20.75%
相关职能部门提供的农业知识过于理论化，理解困难	308	22.58%
当地政府没有农业知识送下乡服务	383	28.08%
周围没有可以请教的人	322	23.61%
没障碍	444	32.55%
其他	320	23.46%

表7-12中，面对农业劳动力不足的困难，农村妇女发挥自身能动性采取了一系列的措施。大部分农村妇女（45.53%）采用了最简单的方式，即增加自己的劳动时间。动用身边劳动力资源来协助自己完成生产也是最常见的应对方式，38.73%的农村妇女会请邻里亲戚帮忙，35.43%的农村妇女通过雇佣劳动力，27.09%的农村妇女会和邻居采用换工互助的形式，19.55%的农村妇女选择加入合作社或者互助组。不可避免的是，也存在一部分样本采用了消极的方式来应对劳动力不足情况，20.13%的农村妇女选择了土地闲置撂荒，20.2%的农村妇女选择减少种植（养殖）面积。除此之外，有42.31%的农村妇女认为自己不存在劳动力不足的困难，由此可见，劳动力不足问题在所调查的区域并不是非常棘手。

表 7-12　农村妇女对于劳动力不足的应对

项目	户数（户）	占比	项目	户数（户）	占比
没困难	578	42.31%	土地转租给别人	328	24.01%
请邻里亲戚帮忙	529	38.73%	土地闲置撂荒	275	20.13%
雇佣小工（给工钱）	484	35.43%	增加自己劳动时间	622	45.53%
和邻居（亲戚朋友）换工	370	27.09%	加入合作社（互助组）	267	19.55%
减少种植（养殖）面积	276	20.20%	其他	296	21.67%

可以看到，农村妇女在参与农业生产过程中面临了各种困境，劳动力不足和生产技术缺乏成为普遍现象，增加自身劳动力时间和多途径获取额外劳动力资源成为农村妇女应对劳动力不足的主要方式，自身素质不够以及缺乏闲暇时间成为农村妇女提升自身生产技能的主要障碍。但在研究中也发现，有相当一部分农村妇女反映在生产中其实并没有太多的困难，自己能够完成全年的生产任务，而这一现象与以往研究存在差异，本研究将就此结合访谈资料进行深入分析。

三、农村妇女农业生产参与现状及其特征

统计数据显示,安徽省农业生产的主体已经由男性过渡到女性,前文也利用问卷数据讨论了农村妇女在农业生产中遇到的一系列困难以及应对措施。然而,仅仅通过宏观和微观数据仍然难以有效回应与农业生产紧密相关的一系列问题。例如,在实际生产过程中,农村妇女运用了怎样的生产手段、她们对待农业生产的态度如何、生产过程中具体采取了哪些有效措施来应对生产困境、她们的参与是否对农业生产的结果产生了影响,等等。为此,本研究结合访谈资料进一步考察农村妇女农业生产参与状况。

从生产态度来看,由于农业收入不再是家庭收入的主要来源,[①]农村家庭对待农业生产的态度已经转变,使得作为农业生产主要承担者的农村妇女的生产积极性总体不高,对农业生产重视程度有所下降。

访谈中有相当一部分妇女表示:"种地赚不了钱,一年到头种了四五亩地,几千块钱,能干嘛呢?但是不种地去干嘛呢?年纪又大了,家里老人小孩都要管,出不去,人家(用人单位)也不要。"[②]

调查问卷也显示,有83%的家庭农业收入占家庭总收入比重不超过50%。[③]将农业收入所占比重与农业生产意愿进行交叉分析发现($P=0.000$),家庭中农业收入占家庭总收入比重较高的妇女农业生产意愿更加强烈,反之,则不愿意从事农业生产。这进一步印证了经济收入对农村妇女从事农业生产态度的影响。农业生产态度消极化还体现在农作物品种的选择上,一部分农村妇女为了"省事"而选择那些不需要花费过多精力照顾的农作物,比如,调查中就发现皖北部分妇女在种植玉米还是种植大豆的问题上选择了后者,即便前者能够获得更高的收益。[④]

可以认为,在当前农村,务农对于农村妇女来说已经成为"鸡肋",如果放弃务

[①] 这一现象由来已久。美国学者黄宗智(1986)通过分析20世纪30年代的史料以及自己在20世纪80年代的实地调查,发现冀-鲁西北乡村的农民难以单凭农作物来维持生计,而生计的关键在于家庭手工业的发展。

[②] 通过访谈资料整理。

[③] 与工资上升速度相比,农业收入上升极其缓慢。孟宪范(1995)1991年对于浙江余姚市低塘镇莫剑山南阳村田野调查表明,一亩稻田两季加起来的净收入为400~600元,一亩棉花的年收入是600~900元。课题组2014年底在皖北调查发现,一亩地一年基本两季,夏季种水稻或者玉米,冬季种小麦,一亩地一年纯收入平均为1000~1300元。比较可知,时隔20多年,每亩地的收入增加非常有限,而这20多年间通货膨胀速度和工资提升速度远远超过田亩收入。

[④] 不能排除有些妇女是由于缺乏劳动力而做出的考虑。例如,叶敬忠、吴惠芳(2008)认为,妇女进行作物选择、减少播种面积、改变播种季次等行为是为了应对劳动力短缺,减轻劳动负担。

第七章
农业生产中的女性角色:安徽调查实例

农,觉得无事可做,毕竟务农还能获得一些微薄的收入,弥补日常生活开销,但务农收入对于促进家庭发展的作用已微乎其微。套用村民的话语,种地就是为了"糊口"。① 传统意义上农村"靠土地吃饭"的情景已不常见,农民与农地两者的关系正在"解绑"。②

从生产准备来看,在男性缺席的情况下,妇女也能够较为便捷地获得所需的农业生产资料。

Duncan 对于非洲加纳的研究、Deere 对于拉丁美洲的研究 Kelkar 对于孟加拉国和印度的研究都表明,③④⑤由于性别歧视,农村妇女参与到农业生产之后往往不能获得与男性同样的生产资料。作为中国农村的传统观念,性别偏见在生育决策和子女培养上存在"男重女轻"的典型表现,但并未体现在农业生产资料获取环节之上,甚至一部分经销商为了保证销量而提供了送货上门的服务,这使农村妇女在农业生产资料的获取上并未出现明显障碍。

"现在化肥不需要去店里买,打个电话就送来了,钱也可以不用给,农村人都没钱,等把粮买了再结账"。⑥

当进一步追问她们是否清楚化肥、农药的使用与功效,以及购买的粮种的优劣情况时,妇女们的回答依然轻松:"舍得花钱就买好一点的粮种,收成也会相对好些,一般的(粮种)国家有补贴,(收成)基本差不多……农药、化肥(各家)用得都一样,老板也会介绍你怎么用,方便得很。"

这样的情况并不是个案,在安徽农村普遍存在。这就是说,在生产资料获取环节,与国外不同,中国的农村妇女并不会遭遇明显的性别障碍。

从生产过程来看,农村妇女农业生产参与以被动和简单劳动为主,很少运用技术手段,而且,由于现代化生产方式的普及、季节性雇佣劳动力的供给以及农忙时期男性的回归,农业生产实际上并未明显加重农村妇女的劳动负担。

---

① 一般认为农民出售粮食的时候会留下口粮,但是皖北几乎不存在这种情况,绝大部分家庭的口粮都通过再次购买获得。文中提到的"糊口",主要指与城镇相比,农村生活成本较低,种地收入虽微薄,但仍然能够负担日常开销。

② 农村妇女生产态度消极化还需要分年龄结构进一步讨论。调查表明,对于老年妇女(60 岁以上),在子女不支持的情况下,农业收入仍然是家庭收入的支柱,她们的生产意愿普遍比中青年妇女更加强烈。

③ DUNCAN B A. Women in agriculture in Ghana[M]. 2th ed,2004.

④ DEERE C D. The feminization of agriculture? Economic restructuring in rural latin America. [R/OL]. (2005-02-01). http://www.unrisd.org/publications/opgp1,2005-2-1.

⑤ Kelkar G. The feminization of agriculture in Asia: implications for women's agency and productivity[R/OL]. (2009-04-07). http://www.agnet.org/library.php?func=view&id=20110725164020&type_id=4.

⑥ 来自阜阳市颍上县迪沟镇黄洼自然村妇女 FD_2,其中,"F"代表所在市的拼音首字母,"D"代表所在镇的拼音首字母,"2"代表所在镇妇女访谈顺序编号,下文类似情况不再说明。

调查中我们也发现,当前农业生产方式对生产者的技术要求并不高,"依葫芦画瓢"成为农村年轻妇女应对生产技术缺乏的主要手段。例如,一位在集镇开服装店的妇女反映:"种地哪需要技术啊,我也不会啊,大活都是男的干,男人出去了,平时看别人打药我也打药,别人收割我也收割,(地)都在一片,错不了"。[①]

生产技术没有给农村妇女造成障碍;已有研究中强调的劳动力不足问题,在现实中也获得了很好的解决。外出男性在农忙时节回流协助农业生产是农村的惯例,目前农村还出现了一批专门在农忙季节帮人种地的雇佣农,并且业已成风。雇人帮自家播种、打药、收割的农村妇女不在少数,这在皖北尤其明显。因此,在农业生产过程中,留守在家的妇女能够充分调动生产资源来应对技术匮乏和劳动力不足的困境。

从生产决策来看,农村妇女面临着生产参与而决策边缘的尴尬局面,农业决策权依然掌握在男性手里,绝大多数农村女性并没有获得农业生产的决策权。

调查问卷显示,农村男性认为自己在生产和生活中拥有决策权的占到了83.6%,而对应的女性只有64.2%,较男性低19.4个百分点。问卷设置了"家庭作物种植(养殖)的数量和品种由谁决定""家庭农业生产资料(如农药、化肥、种子、农具等)由谁购买"以及"家庭农产品出售由谁决定"这三个问题来进一步判断女性的生产决策权(表7-13)。其中在"种植品种和数量"以及"农产品出售"上拥有决策权的女性不到30%,而这两项中完全拥有决策权的男性超过了50%;在对农业生产资料购买中,男性完全承担生产资料购买的比例高达63.2%,而女性完全承担的只占35.9%,男性高出女性27.3个百分点;另外,不承担生产资料购买的男性比例仅有9.9%,远低于女性。在种植数量和品种以及农产品出售这两项中,没有决策权的女性比例是男性的两倍左右。可见,在农业生产中,女性拥有的决策权远低于男性,大多数情况下依然受到外出务工丈夫的支配。

表7-13 男女两性在农业生产中的决策情况

项目	不承担		部分承担		完全承担	
	男性	女性	男性	女性	男性	女性
生产资料购买	9.92%	22.38%	26.91%	41.70%	63.17%	35.92%
种植养殖品种和数量	14.59%	29.19%	31.02%	42.94%	54.39%	27.87%
农产品出售	14.16%	27.87%	32.15%	45.57%	53.68%	26.55%

从生产结果来看,安徽省乃至全国粮食连年丰收,这与现代化农业生产方式普

[①] 来自芜湖市平铺镇郭仁村妇女 WP_1。

第七章
农业生产中的女性角色：安徽调查实例

及、粮种改良、农业科技推广等因素密不可分。但从农业劳动力角度来看，统计数据反映的农业劳动力女性化已是不争的事实，这说明，随着农业生产方式由传统向现代转变，农村妇女的参与与否没有对粮食生产造成影响，粮食质量和产量没有因为妇女的参与而有所下降。与此同时，政府每年都会出台相关政策强调粮食安全，稳定且不断提高最低收粮价格；在国家粮食收购办法和严格的粮价管理制度支持下，农村妇女基本没有粮食销售压力，生产出来的粮食在政策保护下有效规避了滞销风险。可以说，农村妇女享受了"只管种，不愁卖"的政策实惠与政策庇护。

通过对安徽省农村妇女农业生产参与现状的考察，我们可以看到，在整个粮食生产过程中，农村妇女们已很少经历传统的"面朝黄土背朝天"农业作业模式，农业生产技术的发展降低了对劳动力的需求，部分劳动又转嫁给了雇佣工，农村妇女主要扮演了日常田间管理的角色，农业生产的决策权主要掌握在男性手中，粮食生产也并未因为农村妇女的参与而受到影响。问卷的反馈也证实了这一结论，问卷显示，有95.25%的农村女性对于"我能够通过自身努力解决农业生产中遇到的困难"这一表述表示同意。而与此相对，课题组观察到的比较突出的问题是，传统观念中农民对于农业生产的积极态度与高涨热情正在褪色，她们在访谈中字里行间都透露出对农业生产的懈怠。也就是说，在当下农村，农村妇女的务农意愿普遍不高，生产态度消极化是当前农业生产面临的重要问题。如何提高农业生产积极性是值得关注和思考的现实性问题。

第四节　农村妇女农业生产意愿分析[①]

为什么要种地？为什么能种地？这两个问题在本书的第四章已经详尽分析，与农业劳动力女性化密切相关的还有一个问题，即是否愿意种地？直面农业生产意愿问题的研究尚不多见。吴易熊曾通过对我国西部、中部、东部以及东北地区的四川、海南、湖南等20个省（自治区、直辖市）100个村庄的调查发现，文化程度、性别、培训时间、农机服务方式、从事农业的背景、土地单位效益等因素会影响农民农业生产意愿，其中，男性较女性拥有更强的农业生产经营意识，扩大农业生产的意

[①] 本节根据《农业女性化下农村妇女生产参与及其生产意愿研究：安徽省调查实例》(《人口与发展》2017年第2期)一文修改整理而成。

愿更加强烈。① 但是，该研究并没有给出影响农村妇女生产意愿的因素。

种地意愿是一个相对主观的概念，受到主客观多重因素的综合作用，因人而异、因地而异、因时而异，要准确探讨并非易事。我们结合安徽省的调查经验，利用Logistics二元回归模型，尝试对农村妇女生产意愿进行分析，以期"以小见大"，来窥探农业发展中必须引起警惕的问题。

安徽省农业劳动力性别结构变动数据表明农业劳动力女性化已是不争的事实，但客观数据并不能揭示主观意愿，站在农村妇女的角度，她们本身愿意从事农业生产吗？农业生产意愿受到了哪些因素的影响？哪些农村妇女更加倾向于从事农业生产？这一系列问题的提出源于调查过程中看到的一对现实"矛盾"，通过对农村妇女在农业生产中的角色的刻画我们看到，她们能够充分调动身边资源来克服性别障碍，整个生产过程其实并没有遭遇以往理论研究中出现的严重影响生活生产的种种困境；即便如此，她们的生产积极性其实并不高，务农对于绝大部分非承包户的家庭而言，似乎"可有可无"，成为生产和生活中的"鸡肋"，即"弃之可惜，食之无味"。生产的便利性并没有换来生产的积极性。无疑，经济因素在其中起到了核心作用，随着农业生产成本的增加和农村物价水平的提高，务农效益越来越低，家庭的主要经济来源依赖于非农收入而不是农业收入。除此之外，还受到哪些因素的影响呢？

一、变量选择

根据研究目的，研究过程中将男性样本进行剔除，仅留女性样本作为研究对象，样本量为1367个。选取是否愿意从事农业生产作为因变量(W)，取值为1或2（不愿意从事农业生产，定义$W=1$；愿意从事农业生产，定义$W=2$）。在众多影响农业生产意愿的变量中，结合以往研究成果，通过交叉分析和卡方检验，本书选择了19个变量进入模型，将这些变量按照所属特征分成五大类，分别是个体特征、家庭状况、生产决策、外部环境、生产条件，并给出了每个变量的均值和标准差（表7-14）。

---

① 吴易熊.基于Logistics二元回归模型的新型职业农民农业生产意愿的影响因素及其对策探析[J].当代经济管理，2016(11):40-49.

表 7-14 变量及其赋值说明

类型	变量	赋值及含义	平均值	标准差
个体特征	年龄(X_1)	30 岁及以下＝1;31～40 岁＝2;41～50 岁＝3;51～60 岁＝4;61 岁及以上＝5	3.01	1.165
	文化程度(X_2)	小学及以下＝1;初中/技校＝2;高中/中专＝3;大专及以上＝4	1.48	0.644
	是否经历婚姻(X_3)	否＝1;是＝2	1.98	0.151
	是否健康(X_4)	否＝1;是＝2	1.65	0.478
	连续务农时长(X_5)	5 年以内＝1;5～10 年＝2;10～15 年＝3;15 年以上＝4	2.69	1.319
	农业科技运用(X_6)	从来不用＝1;偶尔用＝2;经常用＝3	2.1	0.574
家庭状况	是否有孩子需要照料(X_7)	否＝1;是＝2	1.78	0.417
	是否有 65 岁以上老人需要赡养(X_8)	否＝1;是＝2	1.52	0.500
	家庭总收入(X_9)	20000 元及以内＝1;20001～40000 元＝2;40001～60000 元＝3;60001 元及以上＝4	2.18	1.026
	农业总收入(X_{10})	5000 元及以内＝1;5001～10000 元＝2;10001～15000 元＝3;15001～20000 元＝4;20001 元及以上＝5	2.55	1.630
	农业收入比重(X_{11})	0～25％＝1;25.01～50％＝2;50.01～75％＝3;75.01～100％＝4	1.54	0.954
	农业成本(X_{12})	2000 元及以内＝1;2001～4000 元＝2;4001～6000 元＝3;6001～8000 元＝4;80001 元及以上＝5	1.72	1.146
农业决策	生产资料购买(X_{13})	不承担＝1;部分承担＝2;全部承担＝3	2.14	0.752
	种植品种、数量决策(X_{14})	不参与决策＝1;部分由我决定＝2;全部由我决定＝3	1.99	0.756
	农产品销售(X_{15})	不参与决策＝1;部分由我决定＝2;全部由我决定＝3	1.99	0.738

续表

类型	变量	赋值及含义	平均值	标准差
生产条件	农业生产方式(X_{16})	完全靠人力=1;部分机械化=2;基本机械化=3	2.21	0.621
外部环境	周围土地流转情况(X_{17})	几乎没有=1;少数家庭=2;很多家庭=3	1.74	0.809
	家庭耕地分布情况(X_{18})	非常分散=1;较为分散=2;较为集中=3;非常集中=4	2.05	0.784
	乡镇企业数量(X_{19})	较少=1;一般=2;较多=3	1.45	0.700

二、模型构建与模型结果

Logistics 二元回归模型的线性表达式为

$$\ln\left(\frac{W_i}{1-W_i}\right) = \alpha + \sum_{j=1}^{n}\beta_{ij}x_{ij} + \mu, (i、j = 1,2,3,\cdots,n)$$

式中,W_i 为第 $i(i=1,2,3,\cdots,1367)$ 个农村妇女愿意从事农业生产的概率,X_{ij} 表示影响第 i 个农村妇女愿意从事农业生产的第 j 个自变量,n 为自变量的个数,μ 为随机干扰项,β_{ij} 为自变量的回归系数,可以通过最大似然估计法获得。

利用 Likelihood Ratio[①] 作为变量筛选的方法,综合向前法(forward stepwise)和向后法(backward stepwise)两种筛选策略,以精简变量而不减弱模型预测水平为目的,在统计意义上将年龄(X_1)、是否健康(X_4)、连续务农时长(X_5)、家庭总收入(X_9)、农业总收入(X_{10})、农业成本(X_{12})、农产品销售(X_{15})、农业生产方式(X_{16})、周围土地流转情况(X_{17})、家庭耕地分布情况(X_{18})纳入模型之中。

单纯的统计分析未能将实际情况完全纳入其中。从访谈来看,当问及务农原因时,有相当一部分务农妇女谈到:"农药化肥那么贵,种地赚不了钱,儿子媳妇都外出打工了,我和老头子在家种点地,带孙子";[②]"村里和我一样年纪的都出去了,公公走得早,婆婆瘫了,老公打工去了,孩子上不了城市户口,只能在家读书,自家的地和婆家的地都由我种……现在种地简单,都机械化了……收的时候丈夫会回来"。[③]

问卷统计也显示,有 36.7% 的农村妇女认为,她们留守务农与照顾老人或小孩

[①] 通过增减变量来比较不同模型的−2 倍对数似然值(−2Log Likelihood),从而确定最优模型。
[②] 来自阜阳市颍上县迪沟镇黄洼自然村妇女 FD_3。
[③] 来自亳州市利辛县王市镇金李村妇女 BW_2。

第七章
农业生产中的女性角色：安徽调查实例

有密切联系。已有研究也反映，妇女留守很大一部分原因是家庭照顾的需要。[①] 务工妇女的回流大多是与尽社会抚育责任、尽孝道相关。[②] 因此，在统计筛选的基础上，考虑将"是否有小孩需要照料（X_7）"和"是否有65岁以上老人需要赡养（X_8）"也纳入模型之中。继而，进入模型的变量扩充到了12个，分别为X_1、X_4、X_5、X_7、X_8、X_9、X_{10}、X_{12}、X_{15}、X_{16}、X_{17}、X_{18}，并对每个变量进行了研究预判（表7-15）。

表7-15 变量筛选结果及研究预判

变量	赋值	数量	比重	研究预判
年龄（X_1）	30岁及以下=1	158	11.56%	+
	31～40岁=2	283	20.70%	
	41～50岁=3	469	34.31%	
	51～60岁=4	296	21.65%	
	61岁及以上	161	11.78%	
是否健康（X_4）	否=1	483	35.33%	+
	是=2	884	64.67%	
连续务农时长（X_5）	5年以内=1	426	31.16%	+
	5～10年=2	182	13.31%	
	10～15年=3	142	10.39%	
	15年以上=4	617	45.14%	
是否有小孩需要照料（X_7）	否=1	307	22.46%	+
	2=是	1060	77.54%	
是否有65岁以上老人需要赡养（X_8）	否=1	650	47.55%	+
	是=2	717	52.45%	
家庭总收入（X_9）	20000元及以内=1	430	33.77%	+或-
	20001～40000元=2	457	31.50%	
	40001～60000元=3	290	21.08%	
	60001元及以上=4	190	13.65%	

[①] 李小江,朱虹,董秀玉.性别与中国[M].北京:生活·读书·新知三联书店,1994:128-154.
[②] 吴惠芳,饶静.农村留守妇女研究综述[J].中国农业大学学报(社会科学版),2009(6):18-23.

续表

变量	赋值	数量	比重	研究预判
农业总收入(X_{10})	5000元及以内=1	589	35.21%	
	5001~10000元=2	173	14.33%	
	10001~15000元=3	187	13.84%	+
	15001~20000元=4	99	8.44%	
	20001元及以上=5	319	28.17%	
农业成本(X_{12})	2000元及以内=1	844	55.19%	
	2001~4000元=2	280	21.90%	
	4001~6000元=3	110	10.85%	+或-
	6001~8000元=4	50	4.39%	
	80001元及以上=5	83	7.67%	
农产品销售(X_{15})	不参与决策=1	381	27.87%	
	部分由我决定=2	623	45.57%	+
	全部由我决定=3	363	26.55%	
农业生产方式(X_{16})	完全靠人力=1	149	10.90%	
	部分机械化=2	779	56.99%	+
	基本机械化=3	439	32.11%	
周围土地流转情况(X_{17})	几乎没有=1	671	49.09%	
	少数家庭=2	381	27.87%	+或-
	很多家庭=3	315	23.04%	
家庭耕地分布情况(X_{18})	非常分散=1	299	21.87%	
	较为分散=2	784	57.35%	
	较为集中=3	197	14.41%	+或-
	非常集中=4	87	6.36%	

结果显示(表7-16),-2Log Likelihood 为1257.18,Cox & Snell R^2 为0.379, Nagelkerke R^2 为0.441,模型预测率达到了81.2%,绝大部分变量与因变量之间在统计意义上关系显著,回归方程比较理想。

第七章 农业生产中的女性角色:安徽调查实例

表7-16 女性农业生产意愿的Logistics二元回归模型分析结果

(n=1367)

		B	S.E.	Wald	Exp(B)
个体特征	年龄(30岁及以下)			13.928	
	31~40岁	0.793**	0.819	6.212	2.257
	41~50岁	0.636*	0.284	2.524	1.692
	51~60岁	0.783**	0.930	4.699	1.989
	61岁及以上	1.473***	0.658	10.130	3.564
	是否健康(否)	0.472**	0.738	5.261	1.422
	连续务农时长(5年以内)			73.626	
	5~10年	0.893***	0.664	8.382	2.068
	10~15年	0.563**	0.234	8.821	2.211
	15年以上	1.683***	0.900	66.616	6.569
家庭状况	家庭总收入(20000元及以内)			14.726	
	20001~40000元	−0.272*	0.583	0.718	0.823
	40001~60000元	−0.563***	0.785	8.910	0.565
	60001元及以上	−0.673***	0.283	8.940	0.483
	农业总收入(0~5000元)			22.126	
	5001~10000元	0.897***	0.383	9.781	1.923
	10001~15000元	1.643***	0.384	16.172	2.632
	15001~20000元	0.805**	0.394	4.910	1.839
	20001元及以上	0.643	0.325	1.920	1.683
	农业成本(2000元及以内)			19.892	
	2001~4000元	0.288	0.288	1.897	1.683
	4001~6000元	0.748**	0.363	5.910	2.256
	6001~8000元	1.782***	0.507	11.910	5.785
	8001元及以上	1.456***	0.445	11.674	4.284
	是否有小孩需要照顾(否)	0.876*	0.119	3.267	1.954
	是否有65岁以上的老人需要赡养(否)	0.273**	0.129	2.278	1.684

续表

		B	S.E.	Wald	Exp(B)
农业决策	农产品销售决策(不参与决策)			12.627	
	部分由我决定	0.617*	0.189	12.478	1.274
	全部由我决定	0.700**	0.290	6.189	1.723
生产条件	农业生产方式(完全靠人力)			12.825	
	部分人力,部分机械	−0.272*	0.223	0.193	0.578
	基本机械化	0.788**	0.245	4.289	1.284
外部环境	耕地(水田、旱地、山林、水面)分布状况(非常分散)			16.283	
	较为分散	−0.273**	0.128	6.289	0.633
	较为集中	−0.895	0.228	0.940	0.285
	非常集中	0.765*	0.345	2.284	1.899
	周围土地流转情况(几乎没有)			12.283	
	少数家庭	0.004	0.167	0.012	1.732
	很多家庭	−0.724***	0.129	10.389	0.573
−2Log Likelihood			1257.18[a]		
Cox & Snell R^2			0.379		
Nagelkerke R^2			0.441		
模型预测准确率			0.812		

注:a表示由于参数估计值小于0.001,模型在迭代5次后终止;括号内为参照组;*、**、***分别表示在10%、5%和1%的水平下显著。

三、模型解释

问卷显示,有54.5%的农村妇女并不愿意从事农业生产,影响她们农业生产意愿的主要因素有个体特征、家庭状况、生产条件、农业决策以及外部环境,各变量与妇女农业生产意愿之间的相关趋势与研究预判基本一致。

(一)个体特征与生产意愿

年龄、务农时长、健康状况3个变量与生产意愿显著正相关。从年龄来看,61岁以上满足在1%的置信水平上显著,31~40岁和51~60岁满足在5%的置信水

第七章
农业生产中的女性角色：安徽调查实例

平上显著，41~50岁满足在10%的置信水平上显著。相对于30岁以下的农村妇女，年龄变量呈现出越年长的农村妇女越倾向于从事农业生产的特征，当年龄超过60岁之后，对因变量影响系数迅速上升到1.47，远高于其他年龄段，务农意愿是30岁以下妇女的3.56倍。可见，年龄越大农业生产意愿越强烈，农业劳动力女性化与农业劳动力老龄化相伴出现。调查中我们也看到，对于土地有情感的往往是那些上了年纪的农村妇女，对于农民的身份认同感最强。当然，这也受到现实因素的约束，由于超过了法定劳动年龄，农地成为她们唯一能够从事的经济活动，农业收入是她们唯一的经济来源。

从连续务农时长来看，其在3个涉及个体特征的变量中对于生产意愿的影响最为显著，10~15年满足5%置信区间上显著，5~10年和15年以上两个连续务农时段满足在1%置信水平上显著。农村妇女连续务农时长超过5年的，要比务农时长不足5年的农村妇女拥有更强的农业生产意愿，务农年限在5~10年、10~15年的农村妇女，其务农意愿要比务农年限5年以内的约高2倍，而当务农年限超过15年，农村妇女的农业生产意愿更是提高了6.57倍。与年龄变量结合来看，通过交叉分析表明两者呈显著的正相关（$P=0.000$），年龄越大务农时间越长，在617个连续务农超过15年的样本中，年龄超过50岁的占到了59.81%。

从健康来看，变量满足在5%的置信区间上显著。无论从事何种工作，身体健康是第一要素。中国的农业生产目前依然对劳动力体力和数量有较高的要求，深受劳动者身体健康素质的影响。与身体健康状况欠佳的农村女性相比，身体健康的农村妇女的农业生产意愿高出42.2个百分点。

总体来看，对于身体健康的农村妇女而言，年龄越大、务农时间越长，农业生产意愿越强烈。

（二）家庭状况与生产意愿

家庭状况中家庭总收入、农业总收入、农业成本、家庭照顾需求4个变量对农村妇女农业生产意愿影响显著。家庭总收入中，40001~60000元和60001元以上两个收入段满足在1%置信区间上显著，20001~40000元在10%置信区间显著。不同家庭收入均与生产意愿呈负相关，与家庭总收入20000元以内的家庭相比，家庭总收入在60000元以上的从事农业生产的可能性降低了近50%，且随着家庭收入水平的增加，其对因变量的影响系数在逐渐减小，这说明家庭总收入越高，女性从事农业生产的意愿越低。模型只是考虑了一般情况，对于那些承包农田的家庭，家庭收入基本来自于农业生产，此时，收入与生产意愿呈正比。而对于绝大部分只耕种责任田的家庭，农业收入极为有限，家庭收入主要来源于非农收入，当非农收入占比越高,就意味着务农的重要性越低,农村妇女自然就对务农表现出"懈怠"的态度。

农业总收入与农业成本反映了农业生产对于家庭经济的贡献情况。农业总收入与生产意愿呈正相关。其影响程度经历一个先升后降的过程,收入在10000～15000元时出现峰值,其相对于收入不足5000元的家庭,农村妇女从事农业生产的意愿增加了2.63倍。农业生产成本与生产意愿也呈正相关,当农业生产成本在6000～8000元时,农村妇女农业生产意愿最为强烈,是农业成本在2000元的5.79倍。在农业生产资料价格水平相对稳定,以及各农户家庭种植技术没有差异的前提下,农业成本的高低一定程度上暗示了家庭耕地数量的多寡。由于每亩纯收入基本恒定,田亩数越多意味着农业收入就越多,收入的增加必然刺激了农村妇女的生产意愿。

与家庭照顾相关的两个变量均与生产意愿呈显著正相关,照顾小孩在10%置信区间显著,赡养老人在5%置信区间显著。如前所述,相当一部分农村妇女是由于家庭中有老人和小孩(子辈或者孙辈)需要照顾,才放弃外出务工机会回到农村,回归家庭照顾老人和和孩子会增加家庭开销,而农业生产能够增加家庭收入,同时,家庭照顾并不需要占用她们的全部时间,能够实现务农与照料两不误。模型显示,照顾小孩和赡养老人的妇女务农意愿分别提高了95.4%和68.4%。因此,相对于没有家庭照顾责任的妇女,她们从事农业生产的意愿更强。

因此,从家庭状况来看,越高的家庭总收入在一定程度上会降低农村妇女的生产意愿,农业收入和农业成本对于生产意愿有一定的刺激,农业生产利润越高则务农意愿越强,相对于没有抚养和赡养任务的农村妇女,家庭中有老人或者有小孩(子辈或者孙辈)需要照顾的农村妇女更加倾向于从事农业生产。

(三)农业决策与生产意愿

模型中用农产品销售决策来体现农业决策这一变量,其中"部分由我决策"满足在10%置信区间上显著,"全部由我决策"在5%置信区间上显著。与不参与农产品销售决策的农村妇女相比,完全参与决策和参与部分决策的农村妇女的农业生产意愿分别增加了1.72倍和1.27倍,说明参与农业决策能够提升农村妇女的生产意愿。本研究一开始就已经指出,农业女性化是一个内涵丰富的词汇,目前学界争论的焦点在于农村妇女是否拥有生产决策权,即考察农村妇女在实际生产中所扮演的角色,是简单的劳动力者,还是管理者和决策者。正如,国外学者在界定农业女性化时将其分为农业劳动力女性化与农业生产管理女性化两个层面,本质上就是在追问农村妇女在实际生产活动中的角色扮演情况。模型结果是对农村妇

第七章
农业生产中的女性角色:安徽调查实例

女农业决策权研究的有力补充。模型表明,在实际农业生产中,拥有农业决策权的农村妇女与参与生产而处于决策边缘的妇女相比,她们具有更高的生产意愿,农业决策提高了妇女农业生产的积极性和参与意愿。农业决策又从另一个层面反映出农村妇女性别意识的觉醒,她们已经认识到自己并不是家庭中男性的"附属品",能够在男性缺席期间将家庭生活和生产的各类事务管理妥当。不得不指出的是,女性这种决策权一定程度上是由男性所赋予的,在调查中常常听到"他(丈夫)不在家,不就我管嘛"等类似的表达,也就是说,男性的外出"腾"出了女性发展的空间。

(四)生产条件与生产意愿

从生产条件看,人力与机械化兼有的生产条件对妇女农业生产意愿在10%的置信区间显著,但系数为负,说明对生产意愿产生显著负影响。已有研究表明半机械农业通常提高了对女性劳动力的需求,[1]半机械化生产模式缓解了女性劳动力体力不足的问题,使得农村妇女从事农业生产顺理成章,而女性本身并不意愿从事农业,半机械化对女性劳动力的束缚可能会降低她们的务农意愿。基本机械化的生产条件对妇女生产意愿影响在5%的置信区间显著,拥有机械化生产条件的妇女,其生产意愿是完全靠人力妇女的1.28倍,说明机械化水平能够提升农村妇女的生产意愿。

当前我国农业生产大部分能够实现机械化,农业机械代替人工劳动,使得以粮食作物为主的农产品生产从原本的"人工劳动+自然力"逐渐演变为"机械+人力",农业生产也出现了具有现代化色彩的"工厂化"趋势。在分析农业女性化成因时就已经明确指出,农业生产方式的转变降低了对农业劳动力体力的要求,为农村妇女完成家庭生产任务提供了可能,尤其在春耕秋收季节,如果没有农业机械的参与,仅仅依靠农村妇女一己之力难以完成生产任务。在调查中也看到,皖南地区农村妇女的生产积极性没有皖北地区高,弃耕、抛荒现象比较常见,其中一个原因是皖南地少、地碎,难以进行机械化作业,而农业生产本身是劳动力密集型工作,需要耗费劳动力大量的时间和精力,一部分农村妇女就放弃了农业生产。

"生产条件改善能够提升农村妇女的生产意愿"这一结论启示我们增加机械作业面积、提升农业生产机械化能力是应对农业劳动力性别结构调整的有力措施,已有研究表明,农业机械化对于农民"弃地进城"起到关键作用。[2]

---

[1] 博斯拉普.妇女在经济发展中的角色[M].陈慧平,译.南京:译林出版社,2010:65.
[2] 刘同山.农业机械化、非农就业与农民的承包地退出意愿[J].中国人口·资源与环境,2016(6):62-68.

(五)外部环境与生产意愿

外部环境中耕地分布、土地流转对农村妇女生产意愿总体有显著影响。

从耕地分布看,家庭耕地分布相对集中与妇女农业生产意愿呈正相关,也就是说,随着耕地分布集中程度的提升,农村妇女生产意愿也随之提高,相对于家庭耕地分布非常分散的妇女,家庭中耕地分布非常集中的妇女生产意愿提高了1.9倍。这是因为耕地分布情况直接决定了劳动强度与难度,耕地集中分布可以有效降低生产成本与人力成本,方便农村妇女开展农业生产,也有利于实现土地流转。

从土地流转来看,变量"很多家庭出现土地流转"与妇女农业生产意愿之间呈显著负相关,即当周围出现大量土地流转情况时,妇女从事农业生产的意愿明显降低。调查中获知,安徽省农村土地流转正逐渐兴起,当问及被访者周围是否出现土地流转现象时,一半以上的回答是周围已经开始出现土地流转现象,有超过两成以上的回答是周围已出现大量土地流转现象。土地流转是节约农业生产成本、提升农业生产效率、增加农民收入的有效措施。在皖北农村,一亩耕地的流转承包价格600~1000元不等,而一亩地一年净收入在1000~1300元,[①]自己耕种与流转承包的所得相差并不大,所以大多数村民希望自家的土地能够被承包。这也解释了当所在村庄拥有积极的土地流转环境时,农村妇女农业生产意愿将有所降低的现状。目前,国家出台了《深化农村改革综合性实施方案》和《关于完善农村土地所有权承包权经营权分置办法的意见》,明确提出了农村土地"三权分置",为新一轮农业土地流转、扩大农业经营规模、改善农业生产创造了良好的政策环境。结合模型来看,这可能意味着有一部分农村妇女将会流转自家的土地,脱离农业生产。

总体来看,耕地的集中分布有利于提升农村妇女的生产意愿,在土地生产收益与流转承包价格差异不大的情况下,良好的土地流转环境则降低了生产意愿。

四、结论与讨论

通过Logistics二元回归模型分析发现,农村妇女的生产意愿受多重因素的影响。对于一个身体健康的妇女来说,随着年龄的增长和务农年限的延长,她的农业生产意愿会逐步强烈;务农的根本目的是为了减轻家庭收入负担,农业收入的增加

[①] 皖北土地承包价格与净收入通过与村民访谈获得。皖南的土地流转价格明显低于皖北,例如,在繁昌县的调查中很多村民以200~300元的价格将土地承包出去,这与当地收入结构、土地分布等因素有关,与皖北相比,皖南非农收入构成比例更高,土地分布较为分散不利于机械化。

第七章
农业生产中的女性角色：安徽调查实例

一定程度上刺激了妇女的生产意愿；由于农业比较效益低下，农业收入占家庭总收入的比重越来越小，非农收入在家庭收入中的重要性愈加明显，随着家庭收入的增加，农村妇女的生产意愿出现了减弱的态势；农业生产过程中的参与程度影响着妇女的生产意愿，男性的外出使她们获得了"缺席领导权"，农业决策的参与在某种程度上提升了妇女的"主人翁"意识，生产意愿也随之上升；农业生产条件的改善为妇女留守务农提供了可能，机械化程度提升了农村妇女的生产意愿；村庄的外部环境也会影响生产意愿，家庭耕地分布越集中，妇女的生产意愿越高，在自行耕种与外包土地获得收益没有本质差异的情况下，良好的流转环境会降低妇女的生产意愿，她们更倾向于流转土地而不是自行耕种。

除了以上模型中提到影响因素，农村妇女农业生产意愿还受到未进入模型的其他变量的影响，主要有以下几个因素：一是文化水平。将文化程度变量与务农意愿进行交叉分析发现，两者呈现显著的负相关（$P=0.000$），随着文化程度的提升，她们的务农意愿会有所下降。二是年龄因素。那些年纪较小的妇女受教育程度相对较高，其务农意愿较那些年长的、文化水平较低的妇女而言较低。事实上，从整个调查来看，真正从事农业生产的也恰恰是那些中老年妇女。三是婚姻状况。其与务农意愿之间也具有统计意义上的显著性，拥有婚姻经历的农村妇女更加倾向于从事农业生产，这一结论已经被很多学者证实。可见，仅凭一个模型是难以囊括所有影响因素的，模型只是为认识问题提供了一种便利途径，从某种程度而言，模型所带来的启示比模型结果更加重要，我们不仅要看到影响农村妇女务农意愿的一系列因素，更要敏锐地察觉到她们务农意愿整体下降的事实及其对未来农业生产的影响。

进一步而言，随着农业劳动力性别结构继续向女性化方向变动，农村妇女农业生产意愿问题将会受到更多的关注，其直接涉及农业劳动力可持续问题。在农业可持续发展、农业现代化转型中，农业劳动力扮演了最为关键的角色，如何应对劳动力生产懈怠问题，如何调动劳动力生产积极性，如何确保农业劳动力优质、持续、足量地供给，都是值得深入思考和研究的问题。

第五节　农村妇女生活满意度及其影响因素[①]

农业女性化作为现代化过程中农业劳动力性别再分配现象,对农村妇女、农村家庭、农村社会和农业生产方方面面都产生了至深至远的影响。从第二章国内外文献回顾中看到,关于农业女性化对农村妇女影响的研究已经非常丰富,总体来看,消极影响大于积极效应,是农村妇女又一次被"边缘化"以及"自我牺牲"的过程,与家庭中的男性相比,始终难以触及最有优势的发展资源。正如陈慧平在《妇女在经济发展中的角色》一书的译后记中所提到的,"大量事实充分地解释了妇女被排除在发展进程之外的事实:妇女非但没有受益于发展,相反,发展过程还常常导致妇女作用和地位的相对乃至绝对下降……当越来越多的男性被吸纳到现代部门时,妇女则滞留在自给自足的农业中"。[②] 而由此引发的一个问题是,这些影响都是站在研究者角度进行思考的,农村妇女的主观感受如何呢?这才是值得关注的问题。

在安徽省各地调研的过程中,课题组发现农业女性化的消极影响并没有如理论研究揭示的那么明显,她们似乎已经认可并接受"男工女耕"的分工模式,也满意当前的生活状态,家庭收入虽不及城镇但也基本够用,"现在生活那是比过去好得多喽"是访谈中常常听到的话语。鉴于此,本书从农村妇女主体性角度来反思农业劳动力女性化的现实影响,她们既然选择了留守务农,那么她们对自身的生活是否满意?哪些因素会影响她们的生活满意度?她们如何看待自己的处境?这些问题都是以往研究中较少触及的内容。

本节通过 SPSS 22.0 统计分析软件,利用因子分析模型,参考 AHP 层次分析法,尝试构建一个农村妇女生活满意度影响体系。需要说明的是,生活满意度是一个既主观又内涵丰富的表达方式,不仅与社会经济发展宏观环境有关,又受到个人成长经历的影响,这意味着建立一套完整、科学、全面、细致的测量体系较为困难。为了突出研究重点,本节在上一章对于农业劳动力女性化成因的理论分析基础上,主要从农业生产、性别分工、传统观念和家庭决策等角度来着重考察。

[①] 本节根据《"男工女耕"下务农妇女生活满意度研究:基于安徽省1367个女性样本的分析》(《农林经济管理学报》,2019年第2期)一文修改整理而成。
[②] 博斯拉普.妇女在经济发展中的角色[M].陈慧平,译.南京:译林出版社,2010:281.

第七章
农业生产中的女性角色:安徽调查实例

一、样本选择与变量说明

围绕农业女性化背景下农村妇女主观生活满意度这一主题,问卷从基层政治生活、家庭经济状况、传统文化认知、家庭性别分工、家庭决策能力等方面入手,共设计了 24 个选项,所有选项均以 Likert(李克特)量表的形式呈现,分为"非常不同意(非常不满意)"到"非常同意(非常不满意)"5 个等级,依次赋值 1~5 分,分值越低,同意度(满意度)越低。其中,问题"您对目前的生活状况满意吗?"直接体现了农村妇女对生活的感受,将这一指标与剩余的 23 个指标进行交叉分析,观察指标之间在统计意义上是否显著,再结合研究目的,最终从 23 个指标中选取 18 个指标进入因子分析模型(表 7-17)。

表 7-17 因子分析变量统计表

变量	命名	变量	命名
X_1	选举公正	X_{10}	文化水平与农业生产
X_2	女性参政	X_{11}	农业科技知识获取
X_3	村民自治	X_{12}	"男工女耕"符合实际
X_4	农业生产成本	X_{13}	"男工女耕"不利家庭发展
X_5	家庭收入	X_{14}	女性管理财产
X_6	农业收入	X_{15}	女性决定开支
X_7	女性受教育	X_{16}	女性决策大事
X_8	男强女弱	X_{17}	女性决定人情礼往
X_9	干得好不如嫁得好	X_{18}	务工改变生活习惯

二、满意度影响体系建构

鉴于调查采用的满意度量表为自行设计,为保证数据分析的有效性和可靠性,必须对满意度量表进行品质检验。利用 SPSS 22.0 对数据进行信度检测,被测项目的 Cronbach's alpha(克隆巴赫)系数为 0.716,这说明数据有较高的可靠性。[①]然后再通过 Bartlett(巴特利特)球度检验和 KOM 检验来判断元变量是否适合进

---

① 通常情况下 Cranbach's alpha 系数不超过 0.6,认为内部一致信度不足;达到 0.7~0.8 时,表示量表具有相当高的信度;达到 0.8~0.9 时,说明量表信度非常好,这是根据 Nunnally(1978 年)的理论所确定的。

行因子分析。检验结果显示,Bartlett 检验统计量观测值为 8415.124,$P=0.000$,KOM 检验为 0.730,由此可知数据非常适合进行因子分析。[①]

因子萃取选择主成分方法进行,提取过程中设定提取特征值大于 1 的公因子,同时参考碎石图,确定提取 6 个公因子,这 6 个公因子的累积方差达到了 70.525%,可以表明提取的公因子携带了元变量的绝大部分信息,并且因子数量进一步减少,从原来的 18 个减少到了 6 个,达到了因子分析的目的。[②]

未进行因子旋转的模型显示,初始因子的负载矩阵综合性太强,且各因子的典型变量代表性不够突出,这使公因子意义含糊不清,对提取的公因子进行解释较为困难。为了使公因子的命名和解释更加清晰,对因子模型进行了具有 Kaiser 标准化的正交旋转,使公因子的负荷系数更加接近于 1 或者 0。旋转在 5 次迭代后收敛,公因子对元变量的载荷均在 0.6 以上,同时显示出良好的区别效度与聚合效度。旋转后,F_1、F_2 的方差贡献率进一步分散,由旋转前的 16.678 和 14.469 分别下降为旋转后的 15.963 和 13.254;F_3、F_4、F_5、F_6 的方差贡献率均获得了不同程度的提升,由旋转前的 12.450、10.819、8.974、7.046,分别上升到了旋转后的 13.162、11.161、9.483、7.502。可见,与旋转前相比,旋转后每个公因子携带的信息量更加合理、均匀,能够更准确地被命名。

表 7-18 可以清晰地看到,F_1 对变量 X_{14}、X_{15}、X_{16}、X_{17} 有较大负荷,反映了农村妇女在家庭财产、家庭日常开支、家庭大事和家庭人情礼往方面拥有决策权,由于这些元变量与家庭决策的性别选择有密切关系,将其命名为"家庭决策因子";F_2 对变量 X_1、X_2、X_3 有较大负荷,反映了农村妇女对村两委选举公平公正、女性担任村干部和"村民自治"基层治理模式的评价,这三个元变量都反映了基层政治生活的有关内容,将其命名为"政治民主因子";F_3 对变量 X_7、X_8、X_9 有较大负荷,反映了农村妇女对女性受教育权、"男轻女弱"传统性别定位和"女性干得好不如嫁得好"传统性别观念的认知,将其命名为"性别观念因子";F_4 对变量 X_{12}、X_{13}、X_{18} 有较大负荷,反映了农村妇女对"男工女耕"性别分工事实、后果的评价,考察了她们是否接受这一性别分工模式,以及这一性别分工对她们生活、生产、夫妻关系的影响,将其命名为"性别分工认同因子";F_5 对变量 X_4、X_5、X_6 有较大负荷,反映农村妇女对农业生产成本变动、家庭收入状况和务农收入状况的评价,这些变量都涉

[①] KOM 检验是对采样充足度的测度,值越接近于 1 说明变量越适合进行因子分析;Bartlett 球度检验是检验相关矩阵是否是单位矩阵,$P<0.05$ 时,说明问卷具有结构效度,适合进行因子分析。

[②] 因子分析是浓缩数据的一种手段,从形式上是多元分析中降维的一种方法试。其试图将 m 个可观测变量($X_1, X_2, X_3, \cdots, X_{m-1}, X_m$),通过数量较少的 $n(n \leqslant m)$ 个潜在且不可观测的公共因子($F_1, F_2, F_3, \cdots, F_{n-1}, F_n$)来加以解释,从而达到减少变量但保持一定解释能力的目的。

了家庭经济状况,将其命名为"经济收入因子";F_6对变量X_{10}、X_{11}有较大负荷,反映了农村妇女对有无文化与务农之间关系的评价以及她们对自我农业科技知识获取能力的认知,将其命名为"务农能力因子"。

表7-18 因子分析结果

公因子	因子	因子载荷	未旋转			旋转后		
			特征根	方差贡献率	累积	特征根	方差贡献率	累积
F_1	X_{14}	0.844	3.018	16.768	16.768	2.873	15.963	15.963
	X_{15}	0.863						
	X_{16}	0.808						
	X_{17}	0.865						
F_2	X_1	0.787	2.604	14.469	31.237	2.386	13.254	29.217
	X_2	0.886						
	X_3	0.805						
F_3	X_7	0.833	2.241	12.450	43.687	2.369	13.162	42.379
	X_8	0.899						
	X_9	0.838						
F_4	X_{12}	0.818	1.947	10.819	54.505	2.009	11.161	53.540
	X_{13}	0.716						
	X_{18}	0.708						
F_5	X_4	0.716	1.615	8.974	63.479	1.707	9.483	63.023
	X_5	0.673						
	X_6	0.852						
F_6	X_{10}	0.771	1.268	7.046	70.525	1.350	7.502	70.525
	X_{11}	0.859						

经过公因子提取、因子旋转、公因子命名,基本上可以建构出农村妇女生活满意度影响因素的三级指标体系:一级指标为农村妇女的整体生活满意度感受,记为S(Satisfaction);二级指标由因子分析提炼命名的6个公因子构成,分别是家庭决策因子、政治民主因子、性别观念因子、性别分工认同因子、经济收入因子和务农能力因子,代表影响农村妇女整体生活满意度的6个核心方面;三级指标由18个元变量构成。要科学评价农业女性化环境下农村妇女生活满意度影响的因素,厘清

下级指标对于上级指标的重要程度,关键在于确定各级指标对应变量的权重。这里,各级指标之间的权重关系我们主要通过加权平均的方法来获得。二级指标对于一级指标的权重是通过公因子旋转后的方差贡献率作为权重加权平均得出,表 7-18 中已经给出旋转后的方差贡献率;三级指标对于二级指标的权重通过元变量对于公因子的得分系数绝对值和权重加权平均得出,这就要求计算因子得分。

观察表 7-19 的因子得分系数矩阵,可以获得公因子的函数表达式。以 F_1 为例,$F_1 = -0.015X_1 - 0.011X_2 - 0.015X_3 + 0.021X_4 + 0.016X_5 - 0.009X_6 - 0.001X_7 + 0.007X_8 - 0.009X_{10} - 0.012X_{11} - 0.004X_{12} - 0.012X_{13} + 0.295X_{14} + 0.302X_{15} + 0.283X_{16} + 0.304X_{17} - 0.003X_{18}$;同理,可以得到 F_2、F_3、F_4、F_5、F_6 的表达式。在 F_1 的表达式中,X_{14}、X_{15}、X_{16} 和 X_{17} 的权重系数明显高于其他 14 个元变量,且权重系数均为正,说明这 4 个元变量对于 F_1 有显著的正相关关系,对于 F_1 的影响远高于其他因子的总和,与前文因子旋转后因子载荷表现出来的结论一致,说明能够利用这 4 个元变量在最大程度上来评价 F_1。通过加权平均的方法计算 X_{14}、X_{15}、X_{16}、X_{17} 在 F_1 上的得分系数权重,可以获得四者的权重分别为 0.224、0.229、0.215、0.230(表 7-19)。同理,可以分析计算获得其余元变量对于公因子的得分系数权重。

表 7-19 因子成分得分系数矩阵

项目	组件					
	F_1	F_2	F_3	F_4	F_5	F_6
X_1	−0.015	0.377	0.029	0.003	0.003	0.021
X_2	−0.011	0.376	0.027	−0.003	−0.022	−0.001
X_3	−0.015	0.376	0.021	0.012	−0.008	0.005
X_4	0.021	−0.018	0.023	0.037	0.421	−0.037
X_5	0.016	0.001	−0.057	−0.023	0.400	0.006
X_6	−0.009	−0.015	−0.019	.005	0.501	0.008
X_7	−0.001	0.017	0.357	0.006	−0.010	−0.030
X_8	0.007	0.029	0.391	0.020	−0.022	−0.053
X_9	0.000	0.029	0.361	0.021	−0.016	−0.006
X_{10}	−0.009	−0.005	0.089	−0.035	−0.043	0.564
X_{11}	−0.012	0.022	−0.118	−0.011	0.023	0.656
X_{12}	−0.004	0.031	0.008	0.411	0.013	−0.037

续表

项目	组件					
	F_1	F_2	F_3	F_4	F_5	F_6
X_{13}	−0.012	−0.007	0.018	0.406	−0.023	0.018
X_{14}	0.295	−0.013	0.009	0.010	0.013	0.015
X_{15}	0.302	−0.007	−0.008	−0.027	0.005	−0.004
X_{16}	0.283	−0.012	−0.016	0.001	0.008	−0.029
X_{17}	0.304	−0.020	0.023	−0.006	0.012	−0.021
X_{18}	−0.003	−0.011	0.025	0.408	0.024	−0.051

注：利用主成分分析提取；通过 Kaiser 标准化最大方差法旋转。

通过计算获取各级之间的权重系数后，各个影响因素之间的函数关系可以清晰反映。观察表 7-20 可以看到，一级指标与二级指标之间的关系可以表达为

$$S = 0.226F_1 + 0.188F_2 + 0.187F_3 + 0.158F_4 + 0.134F_5 + 0.106F_6$$

二级指标与三级指标之间的关系可以表达为

$$F_1 = 0.224X_{14} + 0.229X_{15} + 0.215X_{16} + 0.23X_{17}$$
$$F_2 = 0.206X_1 + 0.275X_2 + 0.245X_3$$
$$F_3 = 0.223X_7 + 0.245X_8 + 0.226X_9$$
$$F_4 = 0.284X_{12} + 0.281X_{13} + 0.282X_{18}$$
$$F_5 = 0.269X_4 + 0.255X_5 + 0.32X_6$$
$$F_6 = 0.361X_{10} + 0.42X_{11}$$

表 7-20 农村妇女生活满意度测量体系

一级指标	二级指标	方差贡献率权重	三级指标	得分系数权重
主观生活满意度（S）	家庭决策因子（F_1）	0.226	女性管理财产（X_{14}）	0.224
			女性决定开支（X_{15}）	0.229
			女性决策大事（X_{16}）	0.215
			女性决定人情礼往（X_{17}）	0.230
	政治民主因子（F_2）	0.188	选举公正（X_1）	0.206
			女性参政（X_2）	0.275
			村民自治（X_3）	0.245

续表

一级指标	二级指标	方差贡献率权重	三级指标	得分系数权重
主观生活满意度(S)	性别观念因子(F_3)	0.187	女性受教育(X_7)	0.223
			男强女弱(X_8)	0.245
			干得好不如嫁得好(X_9)	0.226
	分工认同因子(F_4)	0.158	"男工女耕"符合实际(X_{12})	0.284
			"男工女耕"不利家庭发展(X_{13})	0.281
			务工改变生活习惯(X_{18})	0.282
	经济收入因子(F_5)	0.134	农业生产成本(X_4)	0.269
			家庭收入(X_5)	0.255
			农业收入(X_6)	0.320
	务农能力因子(F_6)	0.106	文化水平与农业生产(X_{10})	0.361
			农业科技知识获取(X_{11})	0.420

注：方差贡献率指旋转后的方差贡献率；二级指标对于一级指标的考察以方差贡献率为权重；三级指标对于二级指标的考察以因子得分系数的绝对值为权重。

三、实证结果分析

通过因子分析结果可知，留守在家的农村妇女的主观生活满意度主要受到6个方面的影响，分别是家庭决策、政治民主、性别观念、分工认同、经济收入和务农能力，这6个公因子又受到18个元变量的影响。结合原始问卷填答数据，以及因子分析模型，我们可以获得以下6个方面的结论。

(一) 留守务农的农村妇女对当前的生活总体感到满意，但皖北与皖南有所差异

从样本反馈来看，总体满意度(含"满意"与"非常满意")较高，达到了76.4%，有15.2%的妇女没有给出明确的答案，选择了"中立"，仍有8.3%的农村妇女对留守务农的生活感到不满意(含"不满意"和"非常不满意")。分地区来看，1367个女性样本中，有590个来自皖北，占到43.16%，有777个来自皖南，占到56.84%，两地样本分布较为均匀。其中，皖北有82%的农村妇女对当前生活感到满意(含"满意"和"非常满意")，有6.3%感到不满意(含"不满意"与"非常不满意")；皖南有

第七章
农业生产中的女性角色：安徽调查实例

72.2%的农村妇女对当前生活感到满意（含"满意"与"非常满意"），较皖北低9.8个百分点，有9.9%感到不满意（含"不满意"和"非常不满意"），高于皖北3.6个百分点。总体来看，皖北农村妇女的生活满意度高于皖南，就因子分析的结果来看，两地之间的满意度差异主要是受到家庭决策、政治民主、性别观念、分工认同、经济收入和务农能力等因素的影响。

（二）家庭决策成为影响农村妇女生活满意度的首要因素

根据因子分析法数学模型的意义，因子旋转后提取的六个公因子对农村妇女生活满意度的影响程度，依次为家庭决策因子、政治民主因子、性别观念因子、性别分工认同因子、经济收入因子和务农能力因子，它们的权重系数分别为0.226、0.188、0.187、0.158、0.134和0.106，可见，家庭决策因子的权重系数最高。具体而言，家庭决策因子涵盖了农村妇女对女性管理财产、女性决定开支、女性决策大事、女性决定人情礼往四个方面的看法。从因子载荷来看，四个因子的载荷都非常接近，相对而言农村妇女最为关心的是对于人情礼往的决策权，其次关注的是对于家庭开支的决策权；从权重系数来看，也是女性决定人情礼往对家庭决策满意度评价影响最大。

婚姻和家庭是人类社会永恒的主题，在中国传统的封建社会，"夫为妻纲"成为婚姻与家庭生活中的行为准则，受传统文化影响，女性在家庭生活中始终居于从属地位，这在农村社会尤其明显。随着思想观念的开放以及家庭中男性的转移，女性开始获得了"缺席领导权"，对于家庭事务的决策机会越来越多，决策能力越来越强。问卷显示，有64.2%的农村妇女认为在家庭生活和生产中拥有决策权，有74.7%的农村妇女认为家庭的财产应由女性管理，有74.3%的农村妇女认为家庭的开支由女性决定，有62.4%的农村妇女认为人情礼往应该由女性决定，但是，只有43%的农村妇女认为家庭中的大事应由女性决定。这说明，一方面越来越多的农村妇女希望获得家庭的决策权从而改变自身在家庭中的地位；另一方面她们仍然对于男性有较大的依赖感，只是希望通过管理家庭财产并参与家庭一些"细枝末节"的小事决策来获得安全感，而对于一些大事，一般是涉及家庭发展的大事，例如，房屋修缮、子女入学、大件购买等，还是尊重男性的意见。家庭决策其实是夫妻双方互动的过程，从男性角度来看，"大男子"主义的思想似乎仍然比较严重。有83.6%的男性认为在家庭中拥有决策权，有30.1%的男性不同意家庭财产由女性管理，有32.8%的男性不同意家庭日常开支由女性决定，有58.9%的男性不同意家庭大事由女性决定，有43.1%的男性不同意人情礼往由女性决定。与女性统计的结果进行比较可以发现，双方似乎在家庭决策上达成了一种默契，女性偏向于

"小事"决策权,也愿意把"大事"决策权给予男性,而男性更偏向于"大事"决策权。其实,关于家庭决策还有另一种可能,即夫妻协商决定,问卷显示,全部调查对象中有55%的人选择家庭夫妻共同决策。总体来看,无论是女性决策,还是男性决策,抑或是夫妻共同决策,有两个事实必须引起重视:一是留守务农的妇女越来越关注家庭决策权,这是女性主义在农村社区觉醒的缩影以及表现,要提升农村妇女的生活满意度,一个重要措施是提升她们的家庭存在感;二是要对农业女性化的内涵时刻保持清醒,除了看到农业劳动力中女性比重不断上升的事实,还要意识到她们是否拥有了决策权,数量与价值两者是否实现了统一。

(三)政治民主和和性别观念是影响生活满意的重要因素

政治民主因子包含了农村妇女对于选举公正、女性参政和村民自治的看法和评价。从因子载荷来看,女性参政的载荷系数最高,达到了0.886;从权重系数来看,也是女性参政最高,为0.275;说明留守在家务农的妇女越来越重视政治生活。问卷显示,有93.3%的农村妇女认为最新一次的村两委选举公平公正,有97.9%的农村妇女认为当前实行的"村民自治"制度符合农村实际,有90.6%农村妇女认为女性也能担任村干部。由此可见,农村妇女在村委选举、实行村民自治、女性担任村干部等方面满意度较高。一方面,这与丈夫外出务工后,农村妇女在政治参与中的"替代"性有关,即她们代替丈夫参与到村庄的治理之中;另一方面,也与农村留守妇女自身政治素养提升有关。问卷显示,有53.3%的妇女在最近一次村两委选举中参与投票,有46个农村女性担任过村干部,近70%的农村妇女参与过村两委开展的活动。

根深蒂固的传统性别观念深刻影响着农村妇女的生活满意度,传统的父权制文化在几千年前就把女性压制到了被统治的地位,在农村社会表现尤甚,女孩天生就低男孩一等。随着社会发展,城乡交流,传统的性别思想逐渐瓦解。现代化浪潮在改变农村容貌、农民生活、农业生产的同时,也改变了人们传统的性别认知,男尊女卑的思想逐渐瓦解,善待女孩、尊重女孩、培养女孩的思想逐渐形成。问卷显示,只有17.8%的样本还认为农村依然盛行重男轻女的传统观念。因子分析模型对于性别观念的考察包含农村妇女对女性不用读太多书、男性能力天生比女性强、干得好不如嫁得好这三个传统思维的看法,这三个变量的因子载荷都非常之高,彼此之间的差距也很小,其中男强女弱观点对于性别观念公因子的影响力相对较大,因子载荷达到了0.899,得分权重也最高,为0.245。问卷显示,82.6%的农村妇女不同意女性不用读太多书的观点,57.4%的农村妇女不同意男强女弱的传统观点,47.1%的农村妇女不同意女性干得好不如嫁得好的观点。

第七章
农业生产中的女性角色：安徽调查实例

这些统计数据显示，政治参与和性别观念均影响着农村妇女的生活满意度。男性转向非农的同时也把家庭中一部分原本掌握在自己手中的权力转移到了女性手中，越来越多的农村妇女开始参与到基层政治生活之中，这在一定程度上提升了她们的生活满意度；同时，随着女性受教育水平的提升和家庭经济地位的提升，她们对于男女平等的理解更加深刻，对于传统文化中关于"男优女劣"的表述表达了自己的不满，整个农村对于性别观念的重新认识也提升了农村妇女的生活满意度。

（四）对于当前"男工女耕"性别分工的认同影响了农村妇女的生活满意度

性别分工认同包括了对"男工女耕"符合实际、"男工女耕"不利家庭发展、配偶务工改变了生活习惯这三个问题的看法。其中，关于"男工女耕"性别分工符合家庭实际的态度对性别分工认同的因子载荷最高，达到了0.818，三者的权重系数差异不大，对于性别分工认同的影响都起到了重要作用。"男工女耕"往往意味夫妻两地分居，农村妇女能否接受这样的分工模式对于她们的生活满意度至关重要。问卷显示，有94.1%的农村妇女认为"男工女耕"的分工模式符合当前家庭实际，说明绝大部分农村妇女还是认可这样的分工模式的。这一分工模式也是家庭理性选择的结果，能够最大限度地实现家庭利益最大化，同时家庭也要承受这一分工带来的一系列后果。例如，有37.7%的农村妇女认为"男工女耕"的分工模式影响了家庭稳定、子女教育、老人赡养和家庭安全；有19.3%的农村妇女认为配偶外出后改变了原有的生活习惯，夫妻之间的矛盾有所增加。但总体而言，"男工女耕"的分工对于家庭而言是利大于弊，调查中发现，夫妻之间的信任以及彼此为家庭、子女发展的共同目标是消除困境的主要精神支柱。

（五）经济收入作为影响生活满意度的传统因素起到了关键作用

经济收入包含了对农业生产成本较过去有所减少、家庭收入基本能够满足开销、农业收入感到满意三个问题的看法。其中，农业收入的因子载荷最高，为0.852；相应地，它对于经济收入的影响权重最大，权重系数为0.32。经济收入对于生活满意度的影响是最为直接的，绝大部分农村妇女(68.4%)认为当前的家庭收入基本能够满足日常开销，将生活满意度与家庭收入情况进行交叉分析看到，两者呈显著的正相关关系($P=0.000$)，生活满意度越高的农村妇女往往认为目前的家庭收入能够满足日常开销。但是，仍然有一批农村妇女(31.6%)认为目前家庭收入过少，只能维持最基本的日常生活。如何提升留守妇女的收入，创造"兼农兼业"的职业环境是值得探索的问题。农业生产方式的改变减少了对劳动力依赖但也增加了农业生产成本,只有21%的农村妇女认为农业生产成本较过去有所减少;粮食价格的提升和务农的"三补贴"政策在一定程度上抵消了生产成本增加,但与非农收入相比,农业收入占家庭总收入的比重较少。问卷显示,只有35.1%的农村妇女对当前务农收入感到满意;交叉分析发现这部分人往往是年纪较大的农村妇女。访谈中也了解到,在当前农业生产环境下,仅仅依赖土地产出来维持家庭生活几乎不可能。

(六)随着农村妇女普遍加入到农业生产的队伍之中,务农能力也影响着她们的生活满意度

农业女性化最显著的表现就是女性代替男性成为农业生产的主要劳动力,尤其是当男性"缺席"期间,女性几乎承担了田间管理的全部工作,而农业生产需要依赖一定的技术和知识,因此,农村妇女的务农能力直接影响了她们的生活满意度。务农能力通过两个指标来考察:一是对于"在家种地有没有文化都可以"的看法,二是对于"我能够从多种渠道获得现代农业知识"的看法。从因子载荷和权重系数来看,后者对于务农能力的影响程度更大。问卷显示,61.7%的农村妇女不赞同"在家种地有没有文化都可以"的说法,24.4%的人则表示赞同,剩余的13.8%持中立态度,说明大部分农村妇女意识到务农也需要一定的文化知识,日常生活中所说的"没文化就去种地"的表达受到了质疑。随着农业现代化推进,务农不仅仅只依赖于劳动力的数量和体力,对于劳动力技术和素质提出了更高的要求。只有24%的农村妇女认为自己能够从多种渠道获得农业科技知识,高达52.5%的人没有给出明确态度,23.6%的人认为自己不具备这个能力。总体来看,农村妇女获取农业科技知识的能力依然缺乏。如何多渠道提升农村妇女农业科技知识获取能力,如何开辟更多适合农村妇女的获取路径,如何在农业科技知识培训过程中加入性别意识是未来农业科技推广中值得关注的问题,也是提升农村妇女生活满意度的可行举措。

四、结论与讨论

英国社会心理学家阿德里安·怀特(Adrian White)提出了生活满意度指数(Satisfaction with Life Index),认为生活满意度是个人生活的综合认知、判断和评价,主要与健康、财富和教育相关。从中可以看到,生活满意度是一个相对主观的衡量生活幸福程度的指标。对于留守务农妇女的生活满意度考察亦是如此,如何

第七章
农业生产中的女性角色：安徽调查实例

将抽象指标具体化是我们面临的首要问题。结合农业女性化的背景，以及当前农村家庭普遍存在的"男工女耕"性别分工模式，我们从政治生活、经济收入、传统观念、性别分工、务农能力和家庭决策6个方面入手，选取了18个变量进行因子分析。

模型结果显示，安徽省留守务农妇女的生活满意度总体较高，皖北略高于皖南，她们普遍认可当前的生活状态，接受了"男工女耕"的分工模式，对于"女耕"也已经适应，并能够调动身边资源来解决生产过程中遭遇的困境。男性的外出使得农村妇女获得了"缺席领导权"，家庭决策成为影响生活满意度最重要的因素；传统性别观念的改变和基层政治生活的参与也影响着农村妇女的生活满意度，越来越多的农村妇女树立了男女平等的性别意识，男性优势论在农村的生命力已经衰落；对于"男工女耕"性别分工的认同是影响生活满意度的重要因素，虽然这一分工模式存在一些弊端，农村妇女也反映会影响夫妻关系和家庭安全，但面对高度商品化的农村生活，这是家庭利益最大化的最优选择；经济收入作为传统的影响生活满意度的因素依然起到了关键作用，务农成本的增加和物价水平的提高导致一部分农村妇女对务农收入并不十分满意，但务工收入有效弥补了这一不足，绝大部分农村妇女认为当前收入能够基本满足日常开销；务农能力成为影响生活满意度的一项指标，但从调查来看，农村妇女对于农业科技知识的获取显得信心不足。

不必讳言，模型对于生活满意的探索只是"浅尝辄止"，在调查资料有限的情况下结合农业劳动力性别结构变动的总体态势，给出了一个满意度影响因子模型，模型对于满意度的探索既不够深刻也不够全面，但这并不影响模型结果所带来的现实启示。在农业现代化转型的关键时期，农业劳动力对于当前生活状况的评价涉及他们务农的积极性，如何提高农业劳动力的生活满意度来确保生产积极性是值得思考的问题。与此同时，如何贴近实际进一步落实"三农"政策，将性别意识纳入决策主流，开辟农村"兼农兼业"的就业环境，为农村妇女创造非农就业机会从而改善家庭经济环境；如何将家庭发展能力建设向农村社区推广，改善因两地分居而造成的家庭关系紧张；如何改变农业科技普及、农业技术推广、农业机械化落实过程中的性别偏好，将农村妇女纳入其中，增加农村妇女务农的信心，提升她们务农的能力，等等，都是在今后需要进一步探讨的问题。

第六节 农业女性化对农村妇女及农业生产的影响

文献综述中对于农业女性化的影响已经做了比较充分的讨论,在此,结合安徽省调查资料,我们从农村妇女发展与农业可持续发展两个方面进一步阐述农业女性化的影响。

一、对农村妇女发展的影响

农业女性化既为农村女性地位的提高带来了新的机遇,为传统女性角色的转变创造了条件,同时也使农村女性发展面临挑战,使她们面临着扮演多重角色的压力与困境。但从农村妇女主体性角度出发,我们也发现,她们已经接受了"男工女耕"的性别分工,并未意识到自身的发展机会遭受到阻碍。

(一)为农村妇女地位提高带来了新的机遇

农业女性化为农村妇女提供了实现自身价值的舞台和施展能力的空间。当丈夫外出务工后,留守妇女独自承担起原本由夫妻共同承担的农活,这使她们从事农业劳动的贡献被显性化,她们承担的现代农业生产角色对保障国家粮食安全、稳定家庭经济发挥了重要作用,这不仅体现了女性在现代经济生产中的价值,有利于女性获得独立的经济身份,使女性自己增强了独立信心,也使社会看到了女性的强大力量,从而赢得相应的社会地位与全社会的尊重。伴随农村妇女在农业生产中发挥越来越重要的作用,女性意识在她们从事农业生产过程中也逐步觉醒,农村妇女开始重新思考自己的角色定位,而思想意识的觉醒正是农村妇女为自身社会地位提高迈出的关键一步。

与此同时,农村妇女在家庭中的价值也因为丈夫的外出而充分显现。丈夫进城务工,妻子便承担起了家庭责任人角色,家庭中孩子和老人对留守妇女的依赖使她们的作用不可或缺,这进一步强化了农村妇女传统的家庭角色,使她们的家庭地位相应提高。农村家庭这种"男工女耕"分工格局也动摇了农村妇女对男性依赖,使妇女的独立性增强,促进了她们独立人格的发展,她们自强、自立,这不仅极大地提高了她们的自我评价水平和社会声望,而且对促进妇女地位的提高和发展具有积极的意义。其中,一个最显著的改变是,独自在家的农村妇女提升了家庭事务和农业生产事务的决策能力。

尽管从社会性别视角来看,农村妇女在家庭中的地位尚未达到完全意义上的男女平等。但是,任何微小的变化都可以说明改革开放和人口流动对农村妇女家庭地位的积极影响。尽管农村妇女所承担的农业生产和家庭的双重角色,常常会给农村妇女带来角色扮演与角色转换的冲突,但也正是在承担双重角色过程中,农村妇女才真正获得走向独立、实现男女平等的契机和新条件。

（二）难以从根本上改变农村两性不对称的发展环境

面对城镇化冲击,"男外女内"的内涵获得了拓展,"外"从家庭院落之外拓展到村庄之外,"内"则从家庭院落拓展到了农村社区,但其本质依然未变,女性的经济活动范围依然小于男性,从事着男性"放弃"的工作。从性别分工角度来看,农村妇女接替男性成为家庭农业生产的主体是优势资源再分配的结果,当家庭面对具有发展潜力的优势资源,或者说拥有更高经济效益的发展机会时,"男士优先"的"字典式"性别分工逻辑并未从根本上得到改变。因此,农村家庭"男工女耕"的分工模式又是农村妇女被再次"边缘化"的过程,她们的社会地位并没有明显提高。

社会地位的提高首先表现为经济地位的提高,但是,在我国当前城市与乡村非均衡发展格局下,农业与其他非农行业相比具有生产周期长、劳动强度大、回报率低等特点,这种特性决定了农村妇女从事农业生产所获得的纯农业经营性收入不高,这样男性外出打工的收入就成为农村家庭收入的主要来源,农业和非农部门比较收益存在明显差距。尽管留守妇女从事农业生产也为家庭创造了一份收入,但她们对家庭的收入贡献占比却相对较低;与此同时,伴随着农业在国民经济中比重的下降,农业从业者地位的衰微也不可难免,这显然不利于农村女性经济地位的提高。

在中国传统文化中,家务劳动常常被认为是妇女分内的事,也难以用货币衡量,她们对家庭的这部分贡献是隐性的,妇女的实际贡献被低估了。而且,在大规模的城乡流动中,农村社会对"主外"和"主内"的划分有了新的认识,认为"主外"就是外出务工挣钱,而留守农村无论是从事农业劳动还是家务都被认为是"主内"。新的界定一方面使女性农业劳动的价值被贬低,另一方面又进一步强化了女性人口再生产的家庭职责。[1] 从某种程度上说,妇女留守农村从事农业生产劳动实际

---

[1] 高小贤.当代中国农村劳动力转移及农业女性化趋势[J].社会学研究,1994(2):83-90.

上是将女性排斥在较好的就业机会之外,从而使农村女性在新的社会分层与分化中地位下降。可见,即使农村妇女全身心投入农业生产也难以从根本上改变其在社会结构与家庭中的地位格局。

从女性发展来看,农村女性原本就存在受教育程度不高、文化水平低于男性的客观事实,尽管这种现状正逐渐得以改善,但是文化水平男高女低的结构仍未根本改变,这一现象在农村社区尤其明显。农村留守妇女不仅仍然要抚养子女、照顾老人、操持家务,还必须承担起原本由丈夫承担的农业生产重担,家务和农业生产的双重压力必然给农村妇女增添了沉重的心理负担和更大的劳动强度。负担的加重使大多农村女性被束缚在家庭和土地上,更加无暇顾及自身的学习和文化水平的提高,无法触及现代女性的文化和观念,无法享受现代女性的生活,这些都极大地阻碍了农村女性向现代女性的转变,致使农村妇女这一弱势群体仍处于一种与男性不对称的发展环境中,使她们与男性的发展差距进一步拉大。

(三) 理论意义大于现实影响

发展既是客观要求也是自身诉求。站在农村妇女主体性角度,我们发现理论研究与现实之间存在偏差,这种偏差主要体现在农村妇女其本身并没有那么多发展需要,她们接受、认可并视"男工女耕"是最好的分工安排。问卷中设置了一道问题能够很好地反映这一情况。"如果家庭中夫妻有一方必须外出,一方在家务农,您觉得谁在家务农更合适?"全部调查对象中,有191个样本选择"丈夫",占9.2%,有1882个样本选择"妻子",占90.8%;男性调查对象中,有86个样本选择"丈夫",占12.2%,620个样本选择"妻子",占87.8%;女性调查对象中,有105个样本选择"丈夫",占7.7%,1262个样本选择"妻子",占92.3%。由此可见,无论是家庭中的男性,还是女性,都偏向于女性务农,并且女性样本选择"妻子"留守务农的比重明显高于男性。

按照马斯洛的需要层次理论,人的需求有层级之分,首先满足的是生存的需求,接着是发展的需求,最后是自我实现的需求。面对农村高度商品化,务农已经难以维持一个家庭的基本生活开销,除了外出务工别无选择,说务工是生活所迫一点也不为过。叶敬忠曾在《留守人口与发展遭遇》一文中问道:"当农民多元的生计方式遭遇现代化和商品化时,其实留给他们的选择已经不多了,除了外出务工挣钱,以协助全球商品运转以外,还有什么其他选择呢"?[①] 调查中也发现,农村妇女最关心的是家庭能够获得更多的经济收入来支持下一代的发展,而不是自己在家

---

① 叶敬忠. 留守人口与发展遭遇[J]. 中国农业大学学报(社会科学版),2011(1):5-12.

第七章
农业生产中的女性角色：安徽调查实例

庭中到底处于一个怎么样的地位，是附庸者，是决策者，还是接受者，她们并不是非常在意，反而"缺钱"成为了她们共同的感受。无疑，男性外出务工，女性留守务农，是既能兼顾家庭，又能使收入最大化的分工方式，她们当然愿意接受。

以往研究在讨论农业女性化对农村妇女的影响和后果的过程中，并没有从年龄角度进行审视。事实上，不同年龄层次的妇女其诉求是不同的，这就导致务农对她们的影响也不尽相同。对于年纪较大的农村妇女，一般是超过55岁，她们对于土地的感情最深，认为务农是农民的本分，谈务农对她们有什么影响似乎现实意义不大，如果有，那便是能够为家庭获得一份经济收入，也往往是她们唯一能够靠自己劳动获得的经济收入。对于中年的农村妇女，一般在40～55岁，她们是留守妇女群体的构成主体，她们往往具备外出务工的条件，但因为种种因素被留置在了农村，其中很大一部分原因是家庭事务的牵制，也有一部分原因是确实难以找到非农工作。

那么，务农能够改变她们的现状吗？务农能够使她们丰富农业生产技术吗？她们的家庭地位会因为务农而本质改善吗？女性在农村社区中的地位会因为她们参加生产劳动而有所改变吗？传统文化中的两性观念会有所调整吗？从安徽省的调查结果来看，答案恐怕是否定的。一个主要原因是，男性的"缺席"并没有换来农村妇女的"掌权"，生产技术和生产决策依然掌握在男性手中，女性只是起到了"看管"的作用。但是有一点值得肯定，调查结果显示，女性的留守在一定程度上改善了家庭关系，妻子能够理解丈夫外出工作的艰辛，丈夫也体谅妻子留守顾家的不易。而这种改善的本质是建立在家庭缺少发展资源而不得不采取这种分工模式的基础之上。对于年轻一代的农村妇女而言呢？调查中很难找到40岁以下，特别是35岁以下在农村只从事农业生产而没有其他副业的农村妇女，她们要么留在农村"兼农兼业"，要么就是离开农村外出务工，对于这部分基本不从事农业生产的农村妇女，讨论务农对她们发展的影响更是无从谈起。

因此，在农业劳动力性别结构趋于女性化的大环境下，研究其对于农村妇女到底产生了哪些影响，是否有利于她们的发展，能否改变她们的生活处境与社会地位，是机遇大于挑战还是困境大于机会，等等，这些讨论的理论意义远高于现实影响。"男工女耕"的性别分工本身就是农村家庭在城镇化潮流中为了生存、延续和发展的无奈之举，确切地讲，是为下一代营造一个相对良好的家庭经济环境。

二、对农业可持续发展的影响

农业劳动力性别结构的女性化变动态势对于农业可持续发展的影响是显而

易见的。农业可持续发展至少包含三个方面：从自然资源角度来看主要是农地资源的可持续，从生产过程来看就是对于环境利用的可持续，从人力资源角度来看就是农业劳动力供给的可持续。国家于2015年和2016年相继出台了《全国农业可持续发展规划2015—2030》和《全国农业现代化规划（2016—2020年）》两个指导性文件，明确提出了严守耕地红线、培育新型职业农民的要求。有学者针对农业发展与环境保护提出了发展"两型"农业，即资源节约型农业和环境友好型农业，①也有学者意识到在劳动力选择性转移下要转变中国农业发展方式，提出"内生性"农业发展方式。② 农业劳动力性别结构变动主要是对农业劳动力可持续供给产生了冲击。

农业劳动力可持续主要包含三个方面：一是农业劳动力素质结构的优化，二是农业劳动力数量结构的优化，三是农业劳动力年龄结构的优化。这三点也是农业能否完成现代化转型的关键。

从劳动力素质结构来看，中国农业劳动力转移不仅仅是数量的转移，也是具有男性化、年轻化特征的高人力资本的质量转移，这意味着农业劳动力性别结构女性化又是农业劳动力弱质化的过程。女性农业劳动力受教育程度低于男性农业劳动力是不争的事实，这一现状在短期内难以改变。安徽省调查结果表明，农业劳动力的女性化并不意味着农业生产技术的女性化，当农忙季节涉及农业生产的关键环节时，依然需要男性劳动力回流进行技术和劳力支持。访谈中也了解到，所有大型器械基本上由男性操作，女性仅仅起到了辅助性作用。农业现代化转型对劳动力数量的要求降低，因为机械化大幅度降低了对人力、畜力和自然力的依赖，但对劳动力素质的要求明显提高。从发达国家经验来看，现代化农业生产要求劳动力具备丰富的农业生产知识、能够科学运用农业科技成果、能够规范操作一系列现代化耕作设备。显然，当前农村妇女并不具备这些技能，与国家所期待的新型职业农民还有很大的差距。因此，农业女性化并不利于农业劳动力素质结构的优化。

从农业劳动力数量结构来看，我们讨论的农业女性化是一个相对比例的问题，而不是一个绝对数量的问题，农业劳动力中女性比重的逐年增加并不意味着女性农业劳动力的数量也在逐年增加。事实上，伴随农业劳动力总体规模的逐年下降，

---

① 陈文胜.论大国农业转型："两型社会"建设中转变农业发展方式研究[M].北京：社会科学文献出版社，2014.

② 郭剑雄，李志俊.劳动力选择性转移下的农业发展：转变中国农业发展方式研究[M].北京：中国社会科学出版社，2012.

第七章
农业生产中的女性角色：安徽调查实例

女性农业劳动力的绝对数量也处于下降轨道。从人口流动理论来看，过剩的农业劳动力还将继续转移直至消失，而资本、技术等现代要素因转移将被大规模引入农业生产。也就是说，一方面劳动力还将继续流失，弱质劳动力还将继续沉积；另一方面现代农业生产技术不断流入农村，低人力资本劳动力面对高技术生产方式，这种错位发展的局面将会迟滞农业的现代化转型。

从劳动力年龄结构来看，农业劳动力女性化往往伴随着农业劳动力老龄化，我们看到，真正愿意从事农业生产的恰恰是那些上了年纪的农村妇女，而35岁以下的农村女性劳动力几乎全部外出务工，这进一步加剧了农业劳动力弱质化。与此同时，农业劳动力的新老更替潜藏了农业劳动力断层的危机。对于新生代农民工而言，他们是否会因为农业比较效益的低下、农业生产技术的缺乏、农业生产情感的淡漠、城镇接纳壁垒的降低、自身文化素质的提升等因素，而想竭力留在城市，从而放弃农业生产、排斥农村生活呢？是否会因为农民这一职业的社会地位不高，而想极力避免自己是"农民"的身份呢？中国农业生产会后继无人吗？[①] 一系列涉及农业劳动力持续供给的问题迎面而来。

除了以上关于农村妇女发展和农业可持续发展影响的讨论外，学界比较关心的还有农业女性化是否会影响农业生产，因为这涉及我国的粮食安全问题。越来越多的研究表明，中国农业女性化与其他国家或者地区不同，其并不会对粮食生产和粮食安全造成过多负面影响。本书对安徽省的调研结果也表明，农村妇女其实并没有把握农业生产的命脉，在多方资源协助和粮食政策保障下，她们能够完成全年的粮食生产任务，农业女性化并不会带来粮食的减产。

本章小结

经济发展的过程既是农村人口向城镇人口转移的过程，也是农业人口向非农人口转变的过程，安徽省作为农业大省和农业人口大省的身份为城镇化进程中的人口非农流动奠定了产业基础和人口基础，也导致安徽省女性农业劳动力沉积的速度和程度与其他地区相比都更加突出，农业女性化现象尤其显著。本章通过六个小节围绕农业女性化的表现与后果这一主题展开了细致的研究。

---

① 徐水源，宋月萍，谢卓树.中国农业生产会后继无人吗？城镇化背景下新生代农村人口务农状况考察[J].人口与发展，2016(3)：63-70.

第一节利用1982～2015年四次全国人口普查和四次1‰人口抽样调查的数据论述了安徽省农业劳动力性别结构的历史变动,宏观历史数据表明城镇化过程中有大量农村妇女没有获得非农转移而滞留农村承担起家庭农业生产的责任。通过安徽省与其他省级行政单位的比较发现,安徽省虽不是女性农业劳动力比重最高的地区,但农业劳动力女性化的趋势最为显著,女性农业劳动力比重与总就业人口中女性劳动力比重之间的差值位居全国前列。安徽省内部各地市之间的比较表明农业劳动力性别结构地域异质性显著,且绝大部分地区女性农业劳动力的数量已经超过了男性。在此基础上,我们进一步考察了两性农业劳动力的年龄结构,结果表明,通常所说的女性农业劳动力主要是指处于劳动力年龄的农村妇女,尤其是40～55岁的中年妇女;而当年龄超过60岁以后,男性劳动力的回归又冲淡了农业劳动力中女性的比重。

第二节利用1990～2010年三次全国人口普查数据,可以清晰观察到,随着时间推移,分布图的颜色在逐步加重,意味着安徽省农业劳动力中女性比重在不断增加,并逐渐从点状分布向面状、块状分布扩展,形成以皖江为主线的分布特征,皖北西部和皖南西南部分别也形成了一块女性农业劳动力高比重区域,同时,皖南的东部在历次统计中女性农业劳动力比重始终最低,与其他区域形成了鲜明的对比。自然条件和社会经济成为影响安徽省农业劳动力性别结构区域分布差异的主要因素,其中,自然条件起到了基础性作用;那些传统农耕区农业劳动力中女性比重高于那些丘陵、山地等农业资源不丰富的地区,社会经济条件起到了决定性作用。人口的逐利流动导致了女性沉积,那些人口流量大、农业资源丰富的地区女性农业劳动力比重相对较高。

第三节利用2014～2015年1月在安徽省调查的一手资料,细致地描述了农业生产中的女性参与情况。该调查采取分层抽样和随机抽样相结合的方式,在皖南皖北抽取了4个市,共计8个县,涉及15乡镇的19个行政村开展入户调查,共发放问卷2100份,回收了2073份有效问卷,其中女性样本1367个,男性样本706个;收回农户访谈资料43份,村委会访谈资料28份。调查发现,年龄超过40岁、从事非农工作困难、连续务农多年、受教育程度低下、外出务工经历不丰富是留守在家务农的农村妇女的主要特征。调查区域土地分布较为零散,户均土地拥有量不多,土地流转环境较差,农业机械化较为成熟,但是农业生产手段较为传统,现代农业科技知识没有获得普及。农村妇女在农业参与过程中也会遇到各类困境,但基本能够有效克服,且相当一部分妇女表示农业生产没有困难。从生产态度、生产

第七章
农业生产中的女性角色:安徽调查实例

准备、生产过程、生产结果来看,在男性缺席的情况下,由于农业生产方式变革、农忙期间男性回归、季节性雇佣农供给,农村妇女能够有效克服在实际生产中遭遇的性别障碍。如今,农业生产面临的最大问题是,农业比较效益低下,非农收入成为家庭收入的主要来源,农村妇女农业生产意愿不高,生产态度消极化存在蔓延趋势。

第四节利用 Logistics 二元回归模型,选取 1367 个女性样本,以"是否愿意种地"为因变量,通过理论分析和数理统计最终选择了 12 个自变量进入模型,来探索农村妇女种地意愿的影响因素。模型结果表明,随着农村妇女务农年限的延长和年龄的增加,农业生产意愿会逐步强烈;农业收入的增加在一定程度上也刺激了农村妇女农业生产意愿,但随着家庭总收入的增加,农村妇女的农业生产意愿又出现了减弱的态势;丈夫的外出使农村妇女获得了"缺席领导权",农业决策权的掌握使农村妇女的农业生产意愿有所提升;农业机械化程度与她们的农业生产意愿呈正相关,因为农业生产方式的变革减轻了农村妇女的务农压力;家庭耕地分布越集中的农村妇女,其农业生产意愿越高,而良好的土地流转环境则会降低农业生产意愿。

第五节利用因子分析模型集中讨论了农业女性化背景下农村妇女生活满意度问题,构建了影响农村妇女生活满意度的测量模型。模型结果表明,近 80% 的农村妇女对于当前生活感到满意,她们普遍接受"男工女耕"的性别分工,皖北农村妇女的整体生活满意度高于皖南,生活满意度主要受到 6 个方面的影响,分别是家庭决策、政治民主、性别观念、分工认同、经济收入和务农能力。在 6 个因子中,家庭决策对于农村妇女生活满意度的影响作用最大,在男性不在场的情况下,女性成为家庭名义上的领导者和农业生产的主导者,同时商品经济渗透冲击了农村传统的性别观念,女性地位有所提升,这些都有效提升了农村妇女的生活满意度。需要特别指出的是,生活满意度是一个非常主观的概念,没有严格统一的评价指标,本书对于农村妇女生活满意度的探索主要为了考察农业女性化对农村妇女的影响。

第六节结合安徽省调查结果,在总结已有研究的基础上集中论述了农业劳动力女性化对农村妇女及农业生产的影响。从对农村妇女发展的影响来看,农业劳动力女性化对于农村妇女而言既是机遇也是挑战,为农村妇女社会地位的提升带来了契机,但其本质上又是农村妇女被进一步"边缘化"的过程,她们只是接替男性承担了他们所"抛弃"的农业,女性在家庭和社会中的地位不会发生根本性变化。

调查中所获得的资料从另一个面层阐释了这一问题,"男工女耕"的性别分工是农村家庭为了应对高度商品化的生活的无奈之举,说是理性选择不如说是无奈选择更贴近实际,目的就是为了"讨生活"。在这样的环境下来讨论其对农村妇女到底产生了哪些影响,似乎是理论意义大于现实意义,换言之,讨论的必要性有待商榷。从对农业可持续发展的影响来看,在农业劳动力质量、数量和年龄上都产生或多或少的影响,而农业劳动力性别结构的女性化变动过程实质上就是农业劳动力弱质化的过程。如何确保农业劳动力持续、优质供给是值得思考的问题。但是,就农业生产或者说粮食生产而言,由于主宰农业生产的还是男性,女性只是起到了日常管理的作用,农业女性化并未降低农业生产效率,粮食也没有减产。

第八章 研究结论、对策建议与研究反思

第一节 研究结论

农业是我国国民经济发展的基础性产业,它的健康发展关系到国民经济的前景。农业发展离不开农业劳动力的支持。城镇化进程中农村劳动力向非农转移的人口流动策改变了农村人口结构和农业劳动力结构,"三留守"群体成为农村常住人口,农业劳动力女性化、农业劳动力老龄化、农业劳动力断层化越发明显,并由此引致了农业劳动力弱质化。农业现代化转型发展受到了农业劳动力格局的牵制。本书选取农业女性化及其区域分布差异这一切入口,通过理论分析、数据统计、田野调查等手段,以期回答这一现象的成因、分布、后果、趋势等相关问题,从而以小见大来窥探我国农业发展中农业劳动力的历史性变动及其影响。本书主要利用1982年、1990年、2000年和2010年全国人口普查,1987年、1995年、2005年和2015年1‰人口抽样调查,1996~2016年全国农业普查,1990~2010年全国妇女社会地位调查等数据,以及2014~2015年安徽省农业女性化问卷调查和访谈资料,运用STATA 12.0、SPSS 22.0等分析软件,主要采用OLS模型、Logistics二元回归模型、因子分析模型等计量方法展开研究,获得以下7个方面的核心结论。

第一,从数据变动来看,我国农业劳动力已呈现出明显的女性化趋势。其中,种植业集中了绝大部分女性劳动力,中年妇女成为女性农业劳动力的主体。

从普查数据来看,1982年、1990年、2000年和2010年四次全国人口普查数据显示,我国农业就业人口中女性劳动力比重分别为46.24%、47.48%、48.57%和49.22%,近30年间上升了2.98个百分点;从全国1‰人口抽样调查数据来看,1987年、1995年和2005年三次调查数据显示,农业劳动力中女性劳动力比重分别为47.42%、48.44%和49.68%,近20年间上升了2.26个百分点;从农业普查数

据来看,1996年和2006年两次全国农业普查数据显示,在整体农业劳动力数量下降的环境下,女性农业劳动力的比重则呈不断上升趋势,2006年农业劳动力中女性比重较1996年的51.61%增加了1.61个百分点,达到了53.22%,数量超过了男性农业劳动力。将农业劳动力中女性比重变动态势与总就业劳动力性别结构相比,农业劳动力中女性比重始终高于总就业劳动力中女性比重,且两者的比重差值从1982年的2.55个百分点扩大到了2010年的4.56个百分点。

分别考察农业内部各部门劳动力性别结构变动趋势,我们发现,种植业劳动力是农业劳动力的主体,占据了农业劳动力总数的95%以上。四次全国人口普查数据显示,种植业劳动力中女性比重变动趋势与总农业劳动力中女性比重的变动趋势最为接近,均呈稳步上升趋势,从1982年的46.35%增加到了2010年的49.21%。结合现有的全国数据以及安徽省调查情况,我们发现,农业劳动力中女性比重较高的年龄段主要分布在40~55岁,超过60岁之后男性农业劳动力迅速占据绝对优势。

第二,从分布特征来看,农业劳动力性别结构区域差异显著,女性农业劳动力比重偏高的区域往往是农耕历史较早、生产条件较好、发展水平较高的传统农耕区。

对各地区农业劳动力在不同普查和抽样调查年份分布和变动的考察表明,农业劳动力女性化分布具有显著的地域差异性。一部分省份(自治区、直辖市)已经呈现出较为明显的农业劳动力女性化趋势,而另一些地区农业劳动力中女性比重变化不稳定或者比重始终较低。仅从1990~2010年三次人口普查数据变动来看,山西、内蒙古、吉林、辽宁、黑龙江、江苏、山东、安徽、河南、湖南、湖北、广东、重庆、四川、陕西这些省份(自治区、直辖市)农业劳动力中女性比重在不断增加。

结合2010年中国农业劳动力性别结构区域分布图来看,农业劳动力比重较高的地区集中在400毫米等降水线以南地区,基本呈现以北纬30度向南北递减的态势,与全国棉花主要种植区、全国耕地分布区和全国商品粮基地有较大吻合。分区域来看,黄河与长江之间是女性农业劳动力比重偏高的核心区域,长江以南地区分布较为零散,黄河以西和以北地区基本未呈现农业劳动力中女性比重偏高的现象。具体而言,长江中下游平原、黄淮海平原、珠江三角洲平原、河套平原、四川盆地、南疆地区成为现阶段女性农业劳动力比重偏高的主要区域,其中,豫东、鲁西、皖北、苏北和鄂东北所构成的区域是女性农业劳动力比重最高的地区。

需要特别说明的是东北地区。由于采用时点数据,东三省包括内蒙古在内的东北地区农业劳动力中女性比重相对较低,但这并不足以说明东北地区女性农业劳动力比重没有在增加。从东北地区农业劳动力中女性比重变动态势的来看,东

第八章
研究结论、对策建议与研究反思

北地区恰恰是农业劳动力中女性比重增长最快、幅度最大的地区之一。普查和抽样调查的数据显示,黑龙江农业劳动力中女性比重从1987年的30.55%增加到了2010年的44.39%,吉林从32.98%增加到了45.60%,辽宁从43.43%增加到了46.99%。

第三,从产生因素来看,城镇化进程中非农流动的性别差异是女性留守的直接原因,农业生产方式转变和多方资源支持则使"女耕"成为可能,而农业资源禀赋区域异质性和社会经济区域的发展差距影响了农业女性化现象的区域分布差异。

从女性留守来看,女性由于自身人力资本存量不足、传统文化对于"男主外、女主内"的分工定位、根深蒂固的自我牺牲精神、城镇务工过程中受到的性别歧视以及需要承担人口再生产的任务、抚老育幼的家庭责任等因素,不得不沉积在农村成为留守妇女。从"女耕"来看,农业生产方式的进步和农业科技的发展降低了农业生产对于劳动力体力的需求,农村公共交通系统的建设方便了农业运输,减轻了务农负担,农忙季节的男性回归,季节性雇佣劳动力的兴起,农产品供销站对于生产技术的指导,农业合作社和邻里亲戚的互帮互助等,在一定程度上解决了农业生产过程中农业劳动力不足和农业生产技术缺乏的弊端,政府一系列农业政策的保障则降低了务农风险。可见,多重外力的综合助力使"女守"到"女耕"成为可能。

农业女性化现象的区域差异受到多维因素的影响,其中自然资源禀赋对于农业生产的影响最大,对于农业劳动力性别结构的区域差异起到了基础性作用。本书利用OLS模型,从农业生产状况、经济状况、人口状况三个方面进一步探索了影响农业劳动力性别结构区域分布差异的原因。我们选择粮食播种面积、粮食总产量、农业机械总动力三个变量来衡量各地区农业生产状况,回归分析显示,前两者与农业劳动力中女性比重呈显著正相关,农业机械化程度与女性农业劳动力比重呈显著负相关。

用地区生产总值和第一产业总产值两个变量来反应地区经济状况,回归分析显示,前者与农业劳动力中女性比重呈显著负相关,后者与农业劳动力中女性比重呈显著正相关。人口流动本质上是一种逐利性流动,是欠发达地区向较发达地区输送劳动力的过程,而这一过程中的性别择优原则把女性留在了农村,因此,那些农业经济占地区GDP比重较高的地区女性务农的比重就相对偏高,而非农经济规模较大、第一产比重较低的地区女性务农的概率就大大降低。

用乡村人口比重和流动人口比重两个变量来衡量地区人口状况,回归显示,前者与农业劳动力中女性比重呈显著正相关,后者与农业劳动力中女性比重呈显著负相关。女性较男性流动困难并不意味着女性处于停滞不流动状态,随着流动人口比重的上升,女性流动数量也会相应增加。近年来全国流动人口监测数据也证实流动人口中女性比重存在上升趋势。特别是对于新生代劳动力而言,人口流动的性别差异就显得不那么明显,无论男女都具备强烈的外出意愿和外出能力。因此,随着农业劳动力新老更替,农业女性化现象可能会逐渐消失。城镇化进程在短时间内催生了农业女性化,最终也会使农业劳动力性别结构回归到合理的水平。

除了上述因素外,农业劳动力性别结构区域差异还受到不同地区历史文化、风俗习惯、生产禁忌等因素的影响。

第四,从实际影响来看,农业女性化对农村妇女、农村家庭、农业生产的影响其实并不明显,农村妇女对当前生活方式总体感到满意。

在第三章"乡村转型与农村妇女劳动角色变迁"中看到,农村妇女务农有着深刻的历史经济原因,主导其中的一定是家庭经济因素和社会经济因素,而她们的家庭地位和社会地位从未因为参与农业生产而获得较大提升,即便在"妇女能顶半边天"的特殊历史年代,"干得多"与"地位高"也不能画等号。当前,一部分妇女感觉自身家庭地位有所提升的核心原因是因为丈夫的"缺席",将一部分家庭决策权让与了女性,从根本上而言,她们只是获得了丈夫赋予的有限的"缺席领导权",其本身并没有获得更多的发展机会。

在访谈中了解到,绝大部分农村妇女已经接受并习惯"男工女耕"的性别分工模式,无论是因为家庭"生存"不得已而为之,还是家庭理性决策的结果,这种分工的出发点是为了实现家庭利益最大化,为家庭发展争取更多的经济支持,为子辈成长创造更好的家庭环境。就某种程度而言,这种家庭分工模式让男女各司其职,女性参与农业生产的同时兼顾了家庭照料,履行了赡养老人和抚育小孩的家庭职责,男性则通过自身努力最大限度地为家庭赚取更多的经济收入,是现阶段提升家庭发展能力的最优化策略。同时,通过对农业生产过程的描述可以看到,生产方式的变革、季节性雇佣农供给和农忙季节男性回归,使得农业生产并未因为农村妇女参与而受到影响,农村妇女也没有在农业生产中遭遇明显的性别障碍。换言之,农业女性化并不会影响农业生产效率、降低粮食产量。仍不可否认的是,对于一部分留守妇女而言,在生活层面和精神层面确实遭遇了一些困境,安全感缺失是普遍面临的现象。

留守妇女生活状况一直受到全社会的关注,从主体性视角探索这一群体生活满意度研究尚不多见。本研究剔除了调查问卷中男性样本,结合访谈资料,围绕1367个安徽省女性样本专门测量了农村妇女的生活满意度。结果显示,农村妇女生活满意度总体较高,她们普遍认可当前的生活状态,认为自身能够充分调动身边资源来解决生产过程中遭遇的性别障碍。迫于生活压力,"缺钱"成为农村妇女的

第八章
研究结论、对策建议与研究反思

普遍心理;"缺席领导权"的获得,使家庭决策成为影响农村妇女生活满意度最重要的因素;传统性别观念的改变和基层政治生活的参与也影响着农村妇女的生活满意度,越来越多的农村妇女树立了男女平等的性别意识,男性优势论在农村的生命力已渐衰落;对于"男工女耕"性别分工的认同是农村妇女生活满意度的重要构成部分,虽然这一分工模式存在一些弊端,农村妇女也反映会影响夫妻关系和家庭安全,但面对高度商品化的农村生活,这是家庭利益最大化的最优选择;经济收入作为传统的影响生活满意度的因素依然起到了关键作用,务农成本的增加和物价水平的提高导致部分农村妇女对农业收入并不十分满意,但非农收入有效弥补了这一不足,绝大部分样本认为当前家庭收入能够基本满足日常开销;"女耕"的普遍存在也使得务农能力成为影响生活满意度的一项指标,从调查来看,农村妇女对于农业科技知识的获取显得信心不足。

第五,从性别角色来看,"男性主导、女性辅助"成为当前农村流行的农业生产格局,两性分工过程中男性优先获得经济效益较高的职业分工逻辑并未改变,女性始终处于家庭性别分工的"末端","男外女内"的传统定位并未根本动摇,只是"外"与"内"的范畴获得了拓展,农业还是"男人的农业"。

在讨论"何谓农业女性化"问题时,结合中外学者的研究成果提出从数理女性化、劳动女性化和管理女性化来理解农业女性化的内涵及其外延,讨论的核心是农村妇女在农业生产活动中到底扮演了何种角色。安徽省的调查结果显示,虽然农业劳动力中女性比重逐年增加,显示出超过男性劳动力的趋势,但是她们的数量与价值存在背离,劳动参与而决策边缘是典型的特征。农村妇女主要负责农田的日常管理工作,例如除草、打药、施肥,一部分妇女更是直接将农田日常管理工作委托给了雇佣农;而每年的春耕秋收时节,涉及技术性的生产活动时,绝大部分男性会选择回归协助妻子,男性回归也意味着生产技术的回归。与此同时,在丈夫缺席期间,妻子会通过电话来咨询丈夫对于农业生产的意见,一部分非留守家庭中的妻子则更加直接地按照丈夫的提示来进行农业活动。也就是说,家庭农业生产的决策权依然掌握在男性手中,女性并未摆脱"打辅助"的命运。因此,与其说农业女性化,不如说农业劳动力女性化更加贴近实际。

"男工女耕"的性别分工并不是专属留守家庭,一部分非留守家庭的性别分工也遵循了这一模式,男性往往在村中兼职非农工作,农业成为了"副业"。那么,为何如此多的家庭选择这一模式?从更深层次意义上来看,这是商品经济入侵下倒逼农村家庭为适应经济社会所完成的一次性别分工。农村生活成本的提高和农业比较效益低下,使得依赖责任田生产已不足以支撑一个农村家庭的正常生活,家庭成员必须转向非农或者扩大生产来维持家庭发展。男性的性别优势在此时凸显出来,"男性优先"的性别分工规则把男性推向了非农产业,与非农产业相比,农业成为了经济效益较差的"末端"产业,于是就留给了女性进行打理。在此过程中,男性其实并未完全退出农业活动,种植技术、机械操作、生产决策等攸关农业生产命脉的事件依然掌握在其手中。当女性一旦接替男性成为责任田的日常管理者,原本"主内"的内涵就发生了拓展,"内"不仅仅是指家庭院落,而延伸拓展到了整个农村社区;而男性"主外"的"外"则是指更具有发展优势的非农部门。可见,虽然社会经济发展过程中农村家庭的两性分工发生了诸多变化,但内在逻辑并未动摇,即面对优质资源"先男后女"的择业顺序。不可忽略的是,传统文化和社会期望对于两性的定位在家庭分工中依然起到了深刻的作用。

第六,从生产意愿来看,回归模型显示,农村妇女生产意愿受到个体特征、家庭状况、农业决策、生产条件、外部环境等因素的影响。总体来看,农村妇女农业生产积极性并不高,农业生产态度消极化有所蔓延,对此务必引起警惕。

年龄是影响农村妇女务农意愿的关键因素。随着农村妇女年龄的不断增大,以及务农年限的延长,农业生产意愿会逐步强烈。那些上了年纪的农村妇女,以及没有务工经历长期滞留农村的妇女,是当前女性农业劳动力的主力军。而那些候鸟式回归的年轻农村妇女(30岁以下)并不能称为严格意义上的农业劳动力,她们既不会种地,又不想种地;绝大部分农村家庭选择坚守农业的核心目的是,即使农业生产效益再低、农业生产成本再高,在国家粮食政策庇护和各项农业补助下,依然能够获得一定的收益,土地作为家庭兜底保障的作用仍未消失。农业收入的增加在一定程度上刺激了农村妇女农业生产意愿的增强,但伴随着家庭总收入的增加,她们的农业生产意愿又出现了减弱的态势,特别是随着非农收入比重的不断上升,农业收入对于家庭而言就显得不那么重要;丈夫的外出使农村妇女获得了"缺席领导权",农业决策权的获得也在一定程度上增强了她们的农业生产意愿,这从侧面反映出,女性意识已经在农村妇女中觉醒,她们不再认为自己是男性的附属品,她们希望成为农业生产的管理者,并由此获得家庭的领导权;农业机械化程度与她们的农业生产意愿呈显著正相关,因为农业生产方式的变革减轻了农村妇女的务农压力。家庭耕地分布越集中,农村妇女的农业生产意愿也越高,而良好的土地流转环境则会降低其农业生产意愿,从这一点来看,随着以"三权分置"为核心内容的新一轮农村土地改革的推进,土地流转、规模生产将成为常态,一部分农村妇女可能会退出农业生产的队伍。

第七,从未来发展来看,农业女性化只是城镇化过程中的一个片段,需要理性对待这一现象,既不能夸大它的影响,也不能忽视它的存在,必须从农业劳动力性别结构变动中认识到农业劳动力可持续的重要性及其现实意义。

第八章
研究结论、对策建议与研究反思

城镇化背景下农业女性化有其独特的生命力,绝大部分研究认为农业女性化会随着城镇化继续推进而长期存在。本书通过对安徽省调查和数据分析来看,并不支持这一结论。研究认为,农业女性化现象会随着农业劳动力的新老更替和年轻农村劳动力的不断外流而逐渐消失。2015年,全国1%人口抽样的数据已经显示出农业劳动力中女性比重出现了下降,这是一个信号。

农业女性化这一现象在部分年龄段更加突出。从2010年人口普查数据来看,主要表现在40~55岁的农业劳动力群体中,这一年龄段的女性农业劳动力数量显著高于男性,也是留守妻子的构成主体;与此相对,这一年龄段的男性则是非农就业市场的中坚力量。从低于这一年龄组的劳动力来看,农业劳动力中男性与女性数量基本相当。特别要强调的是处于20~40岁的农村劳动力,无论男女都将务工作为第一选择,具备强烈的外迁动力,是当前人口外流的主要群体,尤其是低于30岁的年轻劳动力,在调查中几乎难以遇到。从高于这一年龄组的劳动力来看,超过60岁之后,男性在农业劳动力中就占据了绝对优势。年龄在60岁以上的男性在非农就业市场上逐渐失去了竞争力,在年轻劳动力的挤压下他们不得已回流农村继续务农,从而迅速抬升了农业劳动力中男性的比重。也就是说,农业老龄化的主体是男性农业劳动力。

还需引起注意的是,通常所提的"非农流动性别差异"这一现象随着农村劳动力新老更替也将逐渐消失。因为新一代农村劳动力在流动过程中并没有显著的性别差异,无论是男性还是女性均表现出相同的外流倾向,也普遍对农业生产失去兴趣。当然,由农村出生人口性别失调所导致的男多女少的人口格局所引发的流动人口中性别差异则需另当别论。可见,农业女性化只是城镇化进程中的一个片段。随着农业女性化现象的逐渐消失,农业劳动力断层问题就将浮出水面,当老一辈失去生产能力时,农业劳动力有可能遭遇"青黄不接"的局面,"未来谁来种地?"这一严峻的问题不可回避地摆在了我们面前。因此,我们需要从农业劳动力性别结构变动中意识到农业劳动力的可持续对于农业现代化建设和农业可持续发展的独特意义。

第二节 对策建议

恩格斯曾指出:妇女的解放,只有在妇女可以大量地、社会规模地参加生产,才有可能。城镇化进程中农村妇女面临的状况是已经大量地参与到农业生产劳动与家庭无酬劳动之中,但她们并没有获得真正意义上的解放,对于农业现代化做出的贡献也没有受到足够的重视,农业发展中农村妇女角色几乎被"遗忘"。从性别视角来看,如何重新认识农村妇女在农业发展、农村建设、家庭发展中的性别价值,如何彰显农村妇女的性别张力,如何发挥农村妇女的性别优势,如何让农村妇女获得更多发展机会,如何挖掘农村妇女发展潜能,是促进新时代农村妇女发展和价值实现的关键,也是推进农业农村现代化、实现乡村振兴的重要路径。从更长远来看,农业劳动力结构性变动问题其实质是农业劳动力可持续发展问题。在农业现代化过程中,将农业劳动力性别结构变动与年龄结构变动紧密联系,确保优质、足量、稳定的农业劳动力供给,是农业劳动力女性化现象带来的更深层次的思考。

一、积极改变对农村妇女发展的传统认知,发挥多元性别价值

一是重视农村妇女的家庭发展价值。

家庭是物质生活再生产和社会生活再生产的基本单位。家庭功能的实现以这些再生产活动为基础,家庭发展能力提升是家庭功能拓展与丰富的过程。社会转型发展改变了农村家庭的传统功能,为适应以市场化为主导的工业化与城镇化,农户与市场的"亲和"关系形塑了"半工半耕"的农村家庭结构,以男性为主体的乡城人口流动格局迫使"男外女内"的分工逻辑得以拓展。从性别视角来看城乡人口流动问题,是农村家庭为了争取更多发展资源而采取的一个符合两性特质的经济过程和人口现象,农村妇女自我牺牲式的沉积留守恰恰为男性外出提供了保障。农村妇女不仅没有被"边缘化",而是在男性"缺席"期间体现出了性别张力,她们承担起稳定生产、管理家庭、哺育后代、照顾老人的责任,是一次性别价值彰显的过程。因此,要改变农村妇女不平等的发展境遇,其中一个核心问题是改变对于两性发展处境的传统认知,科学理性看待两性分工安排,不能因为农村妇女的无酬劳动或低酬劳动而否定其对于家庭发展的价值。

二是重视农村妇女的农业生产价值。

农业现代化既是农业生产方式的现代化,也是农业劳动力生产技能与经营理念的现代化。在乡村振兴与新型城镇化共同推进下,促进农业人口非农转移与发挥现有农业劳动力生产积极性同样重要。虽然城乡人口流动具有性别选择性,男性外出务工获取更多家庭发展资源,女性则留守务农扮演日常田间管理角色,甚至在两性都从事农业生产情况下,女性也扮演了"辅助者"角色,"男管女干"成为农业生产的真实写照。但是,这种性别差异化的分工安排并没有降低农业生产效率,恰

恰保障了粮食安全与农业发展。与此同时,传统农业向现代农业转型的典型特征是劳动者身体参与向理念参与的一次过渡,这就为农村妇女积极投入现代农业发展提供了更多的可能和机遇,意味着具备现代农业生产知识和经营管理理念的农村妇女也能够支撑起家庭农场和现代农业的发展。前文指出,仅从统计数据来看,农业劳动力中有接近一半的女性人口,她们是未来农业发展的重要资源。积极消除农业发展中的性别偏见,充分认识到女性农民的农业生产价值,突破已有的性别定势,在农业技术推广、"三农"政策制定中融入性别意识,在农业转型升级中培育更多女性农业精英。

三是重视农村妇女的社会文化价值。

农村社会的长治久安与稳定发展是乡村全面振兴的基础保障。从经验过程来看,在农业集体化时期,依托人民公社、生产大队和生产小队三级组织化载体,农村吸纳了城市经济萧条期间产生的大量失业人口,农村社会成为城市危机软着陆的载体。城乡二元发展并不是在两地极化发展中扩大差距,而是在城乡融合中发挥各自的优势,农村社会要在乡村振兴中持续发挥社会"稳定器"的功能。那么,谁来推动以及优化这个"稳定器"?在数量与能力上都能顶"半边天"的农村妇女自然而然成为实现乡村有效治理、建设善治乡村的重要力量,触角遍布基层村庄的妇联组织成为当之无愧的参与乡村治理的主体之一,动员和引领农村妇女参与乡村治理成为基层工作的重要组成部分。除了政治参与外,发挥妇女"相夫教子"的性别优势,从回归家庭、端正家风、注重家教开始,积极发挥农村妇女社会主义核心价值观的引导作用,重言传、重身教、育品德,在潜移默化中促进家庭和睦,促进亲人相亲相爱,促进下一代健康成长,促进老年人老有所养,培育良好家风、文明乡风、淳朴民风,走出一条中国特色乡村文化兴盛之路。

二、将性别意识纳入农业现代化决策主流,营造良好政策环境

以往政策推进过程中对于农村人口结构、农业劳动力结构的关注不够,也未能将性别意识纳入决策环节,政策中所提到的"农民"往往是指男性农民,将女性农民排除在了政策之外,或者政策并不符合女性农业生产者的实际需求。如何切实关注农村妇女的发展,培养更多女性农业管理者,提高农村妇女人力资本,是本研究关注的另一重点。

政府在制定公共政策中需要突出或强化社会性别意识,认识到当前农业劳动力的整体结构和变动态势,从农业生产主体女多男少的现状出发,明晰男女社会性

别的角色期待与角色区别,在制定农业和农村发展政策和计划时适当向妇女倾斜,将性别意识纳入决策主流。运用社会性别分析方法,分析农村妇女发展中的问题,支持、关心和尊重妇女,倾听她们的需求和意见,在某种意义上,改善妇女的地位,也是改善农业。在制定决策时,要考虑将社会性别分析数据纳入农业统计与规划,争取开发、引进、实施更多适合女性特点的致富项目,使农村女性能够直接从中受益。制定、出台鼓励农村女性创业的政策,如增加对农业的贴息贷款、减少贷款手续、放宽贷款限制,为农村女性提供更多资金,促进其自我主导的非农转移。支持、扩大、鼓励农村女性干部的选拔、任用,以提高妇女对农村社区管理和家庭经营的参与度,使其切实投入到新农村建设之中。在文化宣传过程中把握多元价值,肯定农村女性对农业发展和家庭照顾中的积极意义,将农村留守女性的真实生活呈现给社会各界,引起社会各界对农村留守妇女、农业妇女的热切关注。

三、增加和挖掘农村妇女内生性发展动力,提升女性人力资本

增加农村女性的人力资本存量,增强其自身发展的内在动力,改善农村妇女生存和发展环境。多渠道、多举措提高农村妇女人力资本存量。一个事实是,若以受教育年限作为衡量指标,农业劳动力受教育程度主要集中于初中和小学,且性别差异显著,男性受教育程度明显优于女性,无论男性还是女性受教育年限增长速度缓慢,与全部就业人口平均水平差距拉开。通过各种形式的教育培训,加快提高农村妇女的文化素质和科技水平,使她们能够胜任现代农业生产发展的要求,更好地发挥在农业生产中作用。政府在制订农民培训计划时,在培训经费和指标上适当向农村妇女倾斜,保证妇女占一定的比例。尝试以购买第三方服务的形式,开展针对农村留守女性劳动力的赋权增能培训,如通过社会组织、高等院校等开展就业技能、农业科技方面的培训,妇联组织应充分发挥职能作用,整合教育资源,对妇女进行职业技术培训,使之掌握必备的农业技术知识和必要的职业技能。这不仅能充分有效发挥女性在农业生产中的作用,提升农业决策和农业管理能力,也有利于促进农村女性劳动力的非农转移。同时还应加强农村的九年制义务教育,在有条件的农村试点发展十二年制义务教育,加大力量解决农村女童失学率偏高的问题。教育是根本,是提升人力资本存量的最佳途径,要从女童教育抓起,提高农村妇女的整体素质。

当前,农村教育、文化、社会保障、医疗卫生、基础设施等社会公共事业已进入加速发展时期,这无疑为农村妇女的发展提供了难得的机遇。因此,政府应在完成

第八章
研究结论、对策建议与研究反思

"两基"攻坚计划、完善妇女儿童权益保障体系、消除贫困等工作上下功夫,进一步帮助农村妇女及其子女解决生活生产、就业就学、疾病救治等实际问题,加快建立农村社区服务机构,如托老所、养老院、幼儿园等,为农村妇女提供更多的公共服务、社会保障,切实解决农村妇女发展的后顾之忧,让农村妇女从繁杂的家务劳动中解放出来。同时,应关注农村妇女家庭劳动的社会价值,生养孩子、赡养老人是人类的重要工作,对于整个社会的发展具有重要的作用,留守妇女的家庭劳动理应得到社会的承认,把妇女承担的包括家庭事务在内的各种劳动看成是全部社会劳动,并以恰当的方式赋予相应的劳动报酬,改善农村妇女生存和发展的整体环境。

四、提高机械化水平解放女性农业劳动力,培育女性农机能手

加大农业投入,普及农业机械,推广农业科技,提高农业生产效率,以农业机械化支撑和引领农业现代化。农业与工业、服务业最大的不同在于对自然资源的高度依赖,在农业科技和生产技术不发达的年代,某一地区的自然禀赋往往决定了这一地区土地生产能力。如今,随着社会发展,农业科技、农业机械、专业技术对传统农业生产的影响越来越突出。从课题组对安徽省农村妇女农业生产意愿的调查分析可以看到,农业机械化水平的提升和农业科技的普及能够有效提高农村妇女的生产意愿,其中背后的原因是农业科技普及和农业机械化程度提升降低了对劳动力体力的要求,让农村女性摆脱繁重的体力劳动,把女性从传统农业生产中解放出来,使得农村妇女投入生产成为可能。国家发布的《全国农业可持续发展规划2015—2030》《全国农业现代化规划(2016—2020年)》,以及2008年以来的中央"一号文件"也充分认识到农业科技、农业机械化、生产技术科学化对于农业现代化转型的重要意义。为此,面对农村社会农业劳动力的结构性调整,加大农业投入,普及农业机械,推广农业科技,培育生产能手,提高生产效率,增加生产效益显得尤为必要和重要。

《"十四五"全国农业机械化发展规划》指出,"十三五"末我国农作物耕种收综合机械化率达到71.25%,计划到2025年,全国农机总动力稳定在11亿千瓦左右,农作物耕种收综合机械化率将达到75%。这意味着我国农业生产方式已基本实现了由人力、畜力为主向机械耕作为主的历史性跨越,但是,与发达国家相比,我国农业机械化总体水平还相当之低,结构性不平衡问题较为突出。从区域分布来看,机械化水平较高的东三省基本实现了机械化,粮食生产机械化水平达到90%甚至更高,而西南地区机械化水平极低,例如,贵州省不到20%。从机械化对象来看,

三大主粮(水稻、小麦、玉米)中小麦基本实现了全程机械化,双季稻地区机械插秧水平、棉花产区、甘蔗主产区、油菜产区机械化程度提高比较缓慢,而经济作物机械化许多环节仍还是空白。从农机装备质量来看,虽然农业机械装备数量已大幅度增加,但低档的机械器具比例大、农业机械运用基础设施条件差的现象依然存在,科技含量高的新产品供给不足,农业技术自主创新能力弱,有些关键机械器具和核心部件的对外依存度高。从农业操作人员来看,整体组织化程度低、高技能人才少,女性农业劳动力和老龄农业劳动力对于机械化感觉"无力",受农业劳动力结构限制农机操作人员50岁以上的超过70%,熟练机手和高素质合作社领头人紧缺。在未来发展中,政府在充分考虑农业劳动力结构的基础上,把握重点,因地制宜,全面推进农业机械化。

集中力量加快提高粮食生产机械化水平,进一步将机械化向产前、产中、产后全过程机械化延伸,按照努力突破机插机播、大力发展机收、全力普及机耕的思路,扶持、指导丘陵和山区的机械化实现跨越式发展,围绕不同区域优势农产品的分布格局,因地制宜地逐步推动养殖业、经济作物、农产品初加工业和农业废弃物综合利用机械化。对于机械化发展程度较好的地区提升机械化的质量,建设专业队伍,规范和引导农民组建农业生产资料合作组织,实行对农业机械的集中投资、合理使用和对土地的合理规划,更好地发挥辐射带动、示范引领作用。与此同时,尊重农业劳动力女性化实际,在普及和提升农业机械化过程中考虑到女性实际需求,充分开发农村妇女人力资源,培育女性农机操作能手,改变当前农村妇女被排挤在农业生产核心技术之外的情况,减少农村妇女在农业生产过程中对于男性的依赖。

五、为农村妇女创造更多兼农兼业机会,提升女性经济能力

2021年末,全国常住人口城镇化率达到64.72%,区域性大城市发展速度已经趋于稳定,未来城镇化的动力主要来自于小城镇的发展。加快城镇化步伐,在继续扩大区域性较大城市影响力的同时,着力打造与农村社区距离较近的小城镇,积极发挥小城镇对农村居民,尤其是对农村女性的吸纳作用,切实有效推动农村女性的非农转移,是改善农村妇女非农就业环境,促进农村家庭收入多元化的政策路径之一。

加快发展小城镇,实现对农村女性劳动力的"生产性吸纳"是符合社会经济发展规律的。随着农业规模化经营模式的推广和农业生产技术的进步,农业生产效率将进一步提高,在土地资源有限并日趋减少的情况下,农村必然会产生越来越多的富余农业劳动力,而这些富余劳动力大多都是尚未转向非农的农村妇女。在向

第八章
研究结论、对策建议与研究反思

非农产业转移的浪潮中,农村男性劳动力已占据了领先优势,因此,要实现农村妇女向非农部门的大规模转移,各级政府必须合理制定规划,在组织和引导农村劳动力转移到非农产业时,充分考虑性别结构与比例,积极探寻吸纳农村妇女的就业渠道和就业机会。"进厂不进城,离土不离乡",这种就近就业、就地就业,在乡镇企业、在小城镇就业的方式比较适合农村妇女。政府应努力创造条件进一步刺激地方乡镇企业的健康、快速发展,尤其是要重点抓好适合女性的农产品深加工产业,如食品加工、饲料加工,以及纺织业、传统手工艺品生产等劳动密集型企业的发展,增强乡镇企业对女性劳动力的吸纳能力。

在加快乡镇企业和小城镇发展的同时,还要重视发展第三产业,正确引导农村非正规就业市场。第三产业是吸纳劳动力的主渠道,也比较适合女性的特质。考虑到绝大部分农村社区的现实情况,要建立与城镇相同水平的就业环境并不现实,农村以及邻近的乡镇所提供的工作绝大部分属于临时性质,难以形成长期合约,事实上农村妇女也更加青睐无严格时间限制、相对自由的工作,因此,可以"因势利导",建立农村非正规就业市场。由此,一方面降低了企业用人成本,另一方面也为农村妇女创造了"兼农兼业"的就业环境,既不耽误农业生产,又充分利用了空闲时间拓展了收入渠道。政府应重视发展比较适合于女性特点的、技术含量相对较低的、并且对从业人数需求量较多的各类服务业及劳动密集型第三产业,如餐饮服务、家政服务、社区服务等,使乡镇企业、小城镇成为农村女性劳动力转移的最有效、最现实的载体,从而改变农村妇女的转移劣势,为她们营造与男性平等的发展机遇。

六、新型农民培育中消除性别障碍,提升农村妇女数字素养

一是探索农业经营模式新路径,挖掘农村人力资源,不断消除种植能手、新型农民、职业农民、农民科学家培育过程中的性别壁垒,培育适应现代化农业发展的女性农民。

在社会经济发展过程中,一些国家和地区就曾遭遇过农村青壮年劳动力大量流失,进而带来农业劳动力的老龄化与女性化,农业生产活力逐步丧失的困局。20世纪六七十年代,日本农村劳动力结构与我国当前非常相似。1965年日本农业就业人口中女性劳动力比重达60%,到了1976年,进一步上升到62%;[①]与此同时,农业兼业化在日本也迅速发展,1960年,兼业户占全部农户的34%,这一比例到

[①] 李心光. 日本农业后继者的现状和对策[J]. 高等农业教育,1985(02):70-74.

1978年上升到了69%。① 日本政府采取了一系列政策和措施来应对农业劳动力结构变动。例如，颁布农业基本法，重视女性在农业生产中的作用；鼓励社会自发成立各类农协组织，实现互帮互助；推行家庭经营协议，促进农业现代化；推行农业技术普及工作，增加农业生产者农业科技知识；发展农业教育工作来应对农业高龄化、女性化与兼业化，确保农业发展后继有人；等等。②③ 如今，虽然日本农业劳动力结构并未发生根本改变，但他们已经是农业现代化水平较高的国家之一。不仅仅在日本，希腊、中国台湾等也都积极从农业劳动力输入角度来激发农业生产活力，基本思路就是由政府出资培训和鼓励一批青壮年回流到农村，从而促进农业技术推广和提升农业生产效率。④⑤

这些地区的农业后继者培养工程为我国农业劳动力持续供给提供了一些思路。引导、扶持、鼓励一部分"愿种地""想种地""能种地"的劳动力进入农业生产经营队伍，在培育培训中消除技术性别壁垒，鼓励女性劳动力进入现代农业，加快新型职业农民队伍的建设，将新型职业农民培训计划纳入国家教育培训发展规划，采用因地制宜、"半农半读"的就近职业培训方式，培育专业化、职业化农民来满足农业现代化的需求。政府在充分发挥农广校、涉农院校、科研院所、农技推广机构在培训中的作用的基础上，可以试点举办农村青年农业技术培训班，在一部分有条件的地区开办农民夜校、农民田间学校，形成以各类公益性涉农培训机构为主体、多种资源和市场主体共同参与的"一主多元"新型职业农民教育培训体系；对于那些家庭经济困难的农家子弟，可择优保送至农业类高校、技校，并签订合同要求其毕业后反哺农村，指导农业生产，推广农业科技；对于那些承包大户、回流后致力于农业生产的农民工、季节性雇佣农、志愿于农村服务的高校学生；等等，给予政策实惠和政策倾斜，共同纳入农业后备军之中。

二是积极把握数字乡村建设契机，有效提升农村妇女的数字素养，以数字化消除农业发展中的性别不平等，为农村妇女发展创造更好的数字环境。

随着信息技术创新空前活跃和日渐成熟，数字化不仅进入到日常生活，也进入到国家宏观战略规划。数字乡村建设既是乡村振兴的战略方向之一，也是建设数字中国的重要内容，自2018年中央"一号文件"提出"实施数字乡村战略"后，数字

---

① 严瑞珍.日本农业劳动力的转移[J].世界农业,1983(09):15-17.
② 王国华.从社会性别视角考察日本的农业政策[J].长春大学学报,2010(01):28-31.
③ 郭葆球,郑金贵.日本的农业经营管理与农业教育[J].1991(04):22-23.
④ 杨士谋.台湾省的农村青年职业培训[J].台港澳职教,1989(19):24,47-48.
⑤ COCCOSSIS H,PSYCHARIS Y. Regional analysis and policy: the Greek experience[M]. Physica-Verlag Heidelberg, 2008:355-374.（本书具体参考了 Young Women and Agriculture: the Case of Active Young Women Farmers in West Macedonia, Greece 一文。）

第八章
研究结论、对策建议与研究反思

乡村建设就加速推进,此后几年涉及农业农村现代化的相关文件都会提及数字乡村。2022年1月国家印发《数字乡村发展行动计划(2022～2025年)》,立足我国"三农"工作重心历史性转向全面推进乡村振兴的发展形势,对"十四五"时期数字乡村发展做出新的部署安排,提出"充分发挥信息化对乡村振兴的驱动引领作用,整体带动和提升农业农村现代化发展,促进农业全面升级、农村全面进步、农民全面发展"。

数字化时代正在熨平两性之间的性别发展壁垒,在农业发展上尤其明显,与传统乡村建设相比,数字化乡村建设无疑对女性更加友好。一个比较直观的改变是,从传统农业进入数字农业,对于劳动力的身体素质要求显著降低,对于文化素质要求明显升高,尤其是对数字化操作以及运用能力提出了更高的要求。在数字乡村建设背景下,农村妇女尤其是农村青年妇女的赋权建设以及数字能力培育成为一个重要命题。由妇联牵头联合农业农村、共青团等相关发展部门,加大农村妇女教育投入,使广大农村妇女不断提高综合素质,适应数字化、网络化的时代发展趋势;积极开展农村青年妇女数字技能培训,助力青年农村妇女投身数字经济创业创新,进一步引导和鼓励广大女性参与并顺应数字化新经济业态,例如,开展网上开店、直播带货等相关培训,持续在助力女性增收、助力乡村振兴、助力共同富裕等方面发挥创业热情、创新活力和创造潜能。

七、完善农业农村发展政策的顶层设计,重视农民社会地位

一是落实"三农"政策,完善顶层设计,对农业劳动力弱质化发展引起重视。

1982～1986年,连续5年中央"一号文件"紧紧围绕"三农"问题,对农村发展和农业改革做出具体部署;2004～2021年,中央又连续18年发布了以"三农"为主题的一号文件,重点强调了"三农"问题在我国社会主义现代化建设时期"重中之重"的地位。"三农"问题中,农村的主导产业是农业,农村的主要群体是农民。城镇化进程中,伴随着快速的人口转变,农村常住人口结构、农业劳动力结构都发展了令人深省的变动,农业生产受到了影响,农村社会活力有所下降。如何在国家宏观层面上,改变农业在整体产业结构中的"末位"处境,如何增强农村妇女及其他农业劳动力的务农意愿、端正务农态度,如何减缓青壮年农业劳动力进一步流失,是亟须思考的现实问题。

回溯这22个"一号文件"看到,1982～1986年,5个"一号文件"主要围绕家庭联产承包责任制展开。1982年明确了"双包制度(包产到户、包干到户)";1983年

充分肯定了家庭联产承包责任制;1984年进一步强调要继续完善和稳定家庭联产承包责任制,并延长土地承包期;1985年调整农村产业结构,取消了数十年来的农副产品统购统派制度,对棉、粮等少数重要农副产品采取国家计划合同收购的新政策,将农业税由实物税改为现金税;1986年开始提出改革统购统销制度,改革流通体制。面对农村社会矛盾日益突出,城乡差距进一步扩大,2004~2008年,中央连续出台的5个指导农村和农业工作的中央"一号文件",分别以促进农民增收、提高农业综合生产能力、推进社会主义新农村建设、发展现代农业、切实加强农业基础建设为主题,共同构成了新时期加强"三农"工作的政策体系和基本思路,构建了以城带乡、以工促农的制度框架。2009~2012年,分别围绕农民增收、城乡统筹、水利改革和农业科技展开,2013~2016年,连续4年围绕农业现代化建设主题展开,2017年结合国内宏观经济形势提出了深入推进农业供给侧结构性改革。分析发现,这19个文件主要在如何发展农业上发力,2004~2021年18个"一号文件"标题中"农业"出现了14次,高于"农民"和"农村"词频的总和,从分配制度改革到农业基础建设再到农业现代化建设,"三农"问题中农业受到的关注最多,农民和农村则相对较弱,尤其关于农业劳动力结构变动问题尚未鲜明地提出。农业劳动力的可持续是农业可持续的关键,在顶层设计上必须对农业劳动力弱质化引起足够的重视。

二是构建尊重农民的社会价值体系,营造尊重农民的良好社会舆论氛围。

在农业劳动力整体面临女性化和老龄化的环境下,要持续推动传统农业向现代农业转型,实现农业可持续发展,除了依靠政策、技术、土地以外,还需要形成尊重农业、尊重农民的良好社会氛围,加强积极正面的舆论导向,提高农业和农民的社会认可度。

农业作为古老的职业,在相当长的一段历史时期内都受到了较高的社会尊重,农民具有颇高的社会地位。然而,改革开放之后,随着计划经济向市场经济过渡,商品化逐步深入百姓生活,对人们原有的社会价值评价体系造成了冲击,金钱成为衡量一个职业优劣的标准。先城镇后农村的整体发展策略推动城镇非农市场获得了迅猛发展,城乡差距不断扩大,社会贫富差距在短时间内开始拉开,传统农业成为整个产业结构中比较效益极低的"末端"产业,农村成为最穷的区域,社会保障和公共服务远不及城镇,农民成为最穷的群体,农民身份"一落千丈",社会对于农业这个职业和农民这个身份的认可度出现了断崖式下降,"逃离农村"成为农村劳动力的普遍性表现。在众多政策文件中,对于"三农"问题是重实践而轻舆论氛围,为农民增收、为农业增产、为农村增彩是当前政策的主要导向,而忽略了社会大众对于农民、农业、农村的态度。营造良好的护农、尊农、农尚的社会风气能够为"三农"

政策落实孕育肥沃的土壤,为农业生产结构升级保驾护航。

无论是发达国家还是发展中国家,农业始终是关于国民经济存亡的基础性产业,直接关乎人类的生存与发展,只有在全社会树立平等的职业观,形成关注农业、尊重农民的氛围,才有可能动员全社会的力量实现支持农业与农村发展的目标。也只有让农民获得应有的实际利益和社会地位,改善当前落后、贫困的处境,才能吸引年轻劳动力进入农业领域,优化当前农业劳动力整体结构,实现农业劳动力的可持续供给,为农业的持续发展注入源源不断的新动力。必须认识到,无论农业科技发展到何种程度,无论开展何种形式的制度创新,农业离开了农民是难以想象的,农民抛弃了农业亦是。农业与农民鱼水交融,互依互存。面对农业劳动力性别结构变动和年龄结构变动的宏观趋势,我国农业劳动力可能正在面临后继无人的危机,全社会必须对农业的本质、农业与政府、农民与政府、农业与农民的关系等问题进行深入思考。

八、树立劳动力安全观念,让农民在农业现代化中真正受益

一是在农业劳动力新老更替中牢固树立农业劳动力安全意识,避免大国农业无人种地的窘境。

在未来政策制定过程中,要准确把握现阶段和未来一段时期内农业劳动力变动态势,把握当下农业劳动力生产心态,在现有农业发展规划基础上制定农业劳动力发展规划,或者农村人力资源发展规划,合理调整现有农业劳动力结构,牢固树立农业劳动力人口安全意识。要加大城乡统筹力度,改革农村、乡镇地区相关配套,促进城乡人口结构分布合理,加强人口宏观管理力度,推动城乡人口科学有序流动,特别要积极引导青壮年劳动力进入农业生产领域。面对中年农业劳动力女多男寡的格局,要充分认识到女性人力资本的重要性,关爱女童成长,关心女性发展,继续消除性别歧视,维护女性权益,在土地流转、科技服务、扶贫脱贫、市场参与、教育培训、社会保障等方面进行政策调整和制度创新,维护农村妇女自由发展,保障她们在政治、经济、文化、教育各方面享有同等发展机会。构建积极的人口风险预警机制,监测流动人口的同时要监测农业劳动力的变动,在政府决策层面要强化农业劳动力老龄化、农业劳动力女性化、农业劳动力断层化问题及其引起的农业现代化建设风险的认识,准确把握内在变动规律,切勿盲目鼓励农村劳动力城镇化,在社会舆论层面要加大宣传,增强农业劳动力安全意识,营造良好的尊重农业、尊重农民、尊重农村的社会氛围,在个体层面要通过政策实惠、制度约束、行为管理来避免消极务农的态度,加强农业劳动力的自我学习能力,配合农业现代化对劳动

力提出的新要求。要不遗余力地继续加大农业投入,吸引适龄农村劳动力回归农村投入农业,积极引进农业技术人才,增加对农业劳动力的教育和培训,提高生产科学性,积极培育新型职业农民和经营能手,优化土地流转环境,促进农业规模化、专业化生产。总而言之,如何留住适龄农业劳动力进入农业部门务必纳入高层决策之中。

二是切实保障农民的土地流转收益权,尤其是农村妇女的土地权益,在"耕者有其田"的基础上确保"耕者守其田"。

农业劳动力结构性变动的背后显示出农村家庭对于土地及其土地产出效益的态度,弱质化劳动力留给农业部门,而优质的青壮年劳动力则流向非农部门,说明土地之于农家的重要性不断降低。随着非农生产效益进一步增加,务农效益就将进一步压缩,农村家庭是否会"放弃"农业生产呢?从调查来看,皖南地区闲置、弃种、撂荒等现象已经出现,皖北地区则相对较少,农村家庭对于土地的依赖依然较大,这与两地经济发展水平密切相关,皖南较皖北更容易获得非农收入。无论是皖北还是皖南,土地流转在农村已经非常普遍,绝大部分农村妇女也表现出强烈的土地流转意愿,随着国家对于农村"三权分置"改革的进一步推进,土地流转环境的不断优化,农村土地流转将更加频繁和顺畅。土地流转是互利双赢的结果,一部分顾不上种地的人将自家的土地经营权转让给另一部分愿意扩大生产的人,即提高了土地利用率,实现了集约化、规模化生产,也给双方带来了更高的土地回报率。但是,现实中一系列问题都将随着土地经营权转让而不断涌现。在集体所有权和农户承包权不变的基础上,谁将是土地经营权的主要承担群体?拥有承包权的农户能否在转让土地经营权中收获实惠?没有土地承包权的农村妇女是否又在此轮土地改革中被置于利益链末端?农村妇女是否具备土地流转的资格和能力?如何确保风险资金不进入本轮土地流转之中从而破坏土地流转的初衷、污染土地流转的制度环境?是否会出现"新型地主"?对于大规模的土地流转,村委在中间协调过程中是否会增加交易成本?

对于土地流转环境较好的农村地区,要加强土地管理,全面落实土地确权登记工作;遵循双方自愿原则,规范土地流转程序,避免外力干扰妨碍程序公正、公平、合法,警惕风险资本流入农村土地交易市场;保障妇女在土地流转过程中的基本权益,确保农村家庭能够在土地流转中获得收益。对于土地流转环境较差的农村地区,坚持耕地保护国策,加强土地监管力度,划定并坚守耕地红线,对于弃种、撂荒、闲置等现象予以严厉禁止。坚持市场导向,不断提高田亩、粮种补贴,探索农药、化肥补贴,稳步提升粮食收购价格,稳定农产品销售市场和基本农产品价格,努力降低农业生产成本扩大农业生产收益,在"耕者有其田"的基础上实现"耕者守其田"。

第八章
研究结论、对策建议与研究反思

三是改善务农环境，增加务农收入，提高务农意识，减缓非农流动态势，为农业发展确保优质劳动力资源，让农业也能成为一个吸引年轻人的行业。

农村人口流动存在两个显著特征。第一，农村向城镇的人口流动属于逐利性流动。与工业、服务业相比，农业比较效益太低，农民若将投入农业生产的精力投入到非农产业部门，将获得明显优于农业生产的回报，因此在经济理性下更倾向于流动到非农部门。当然，流动的过程还受到多种因素的影响，如城乡环境差异，城乡生活成本差异，城乡公共服务差异等。第二，农村向城镇的人口流动属于优质劳动力输出的过程。拥有更高综合素质的青壮年劳动力流向了非农部门，而那部分失去市场竞争力、不具备足够市场竞争力或者被非农部门所淘汰的弱质劳动力则滞留农村，主要是老人和妇女，导致农村常住人口、农业劳动力人口整体素质的下降。可见，若要吸纳优质劳动力回归，提升滞留劳动力务农意识，最为关键的是要改善务农环境，提高务农效益，实现经济吸纳。在保证农产品价格基本稳定的现实压力下，要提高务农效益只能提高农业生产率和增加农业补贴。

农业补贴是"三农"政策的重要内容，现阶段中央财政实施的各种农业补贴政策，主要都是以"普惠制"的方式实施。例如，自2002年以来，国家相继实施的种粮直补、良种补贴、农资综合补贴和农机购置补贴；2004年以来，国家又陆续推出主要农产品临时收储政策、粮食最低收购价政策等切实保障农民利益的措施。这些政策措施对提高农民收入，保证农业生产可持续都起到较大的推动作用。但是，现行补贴政策仍存在一些问题，具体表现为补贴范围较小、补贴结构不尽合理、补贴的资金总量不足等。因此，建议尽快完善补贴结构，不断增加补贴资金量。

其一，改进补贴方式，提升补贴精度，提高补贴效率。在直补方式上，不仅要考虑与产量挂钩的直接补贴方式，也要考虑不与产量挂钩的直接收入补贴，还可以考虑选择那些对增收增效作用明显的生产环节进行补贴，如推广旱作农业节水灌溉技术补贴、机耕机收补贴等。遵循"谁种地补贴谁"的原则，从"普惠制"补贴模式向"特惠制"转变，尊重公平，提高补贴精度。其二，政府要采取多种举措和形式扶持农业高科技的创新，如采取贴息的方式引导企业和金融部门投资农业高新技术、设立农业高新技术产业风险基金；建立全球农业高新技术信息网提供信息咨询服务；加大对龙头企业的直接科研资助；以股本投入的方式为农业科技企业提供资本金支持等。其三，对农民实施农业科技培训补助，每年安排专项资金用于骨干农民的农业科技培训补助。其四，在原有分项补贴的基础上，扩大补贴范围，不断建立和完善诸如农业灾害保险制度、禁牧休牧生态补偿机制、农村小额贷款财政贴息政策、农村和农业资源循环利用和环境保护的补贴政策等。其五，制定符合国情的"农业补贴条例"。借鉴发达国家的做法和经验，尽快研究制定"农业补贴条例"，将一些行之有效的农业补贴政策法制化、制度化，通过法律法规规范农业补贴预算，保证农业补贴政策的加强和稳定。目前，中央已经开始试点推广以"三补贴（种粮直补、良种补贴、农资综合补贴）"改革为核心的农业补贴政策的改革，推进农业"三项补贴"由覆盖性补贴向环节性补贴转变、由激励性补贴向功能性补贴转变，提高补贴政策的精准性、实效性和指向性，对于提高农民务农意识、改善务农环境、提升生产效率起到了积极作用。

在调整农业补贴结构，完善农业补贴形式，增加农业补贴资金的基础上，要及时调整政策缩小城乡发展差距，完善乡镇地区社会公共服务，引导劳动力密集型企业向乡镇地区迁移，尤其是一部分适合农村妇女就业的企业，创造良好的"离土不离乡"的非农转移环境，提升小城镇对于农村劳动力的吸纳力度，推动劳动力由"候鸟式"迁移向"朝暮式"迁移转型，减少人口流动的规模和改变人口流动的方向。可见，无论是农业补贴政策的改革与创新，还是倡导城乡统筹发展，根本指向是为了农业生产锁住更多优质农村劳动力，即在解决如何让农村劳动力"留下来"的问题，避免他们在向大城市转移的过程中抛弃家乡的耕作，浪费大量农业资源，造成农业生产难以可持续的局面。

第三节 值得进一步探索的问题

实事求是是任何一项社会科学研究最基本的要求。用敏锐的眼光发现问题，用准确的语言反映问题，用严谨的态度应对问题，既中肯地评价研究取得的一些进展，也不回避研究中存在的种种不足。这是本研究一以贯之的研究准则。围绕"城镇化进程中农业女性化区域比较研究"这一议题，本章第一节已经从历史数据、分布特征、实际参与、产生因素、客观影响、未来发展等角度出发，全面总结了研究获得的八个核心结论，针对这些结论本章第二节立足农业劳动力可持续发展，结合当前社会经济发展整体环境，联系安徽调研经验，给出了相应的应对策略与建议。纵观本书，仍然存在一些不足，克服这些不足是今后农业女性化及其相关问题研究的主要发力点。

第一，对于农业劳动力年龄结构变动的关注不够。

人口结构包含自然结构和社会结构。人口自然结构是作为自然人天然具备的，主要由性别结构和年龄结构构成；社会结构是人作为社会性动物在与社会交互过程中不断形成的，如文化结构、职业结构、收入结构等。由此，农业劳动力自然结

第八章
研究结论、对策建议与研究反思

构变动也就包含两个方面，一是性别结构变动，二是年龄结构变动。限于研究议题，本书对于前者展开了翔实、细致的研究，利用宏观历史数据和一手调查资料获得了一系列具有现实意义的研究结论，但是对于后者的讨论则不如前者深入，未能将农业劳动力年龄结构的变动态势纳入我们的研究范畴。

面对当前我国大量农村青壮年劳动力外流和外流劳动力回流意愿较低的客观情况，农业劳动力年龄结构对于农业可持续发展的影响丝毫不亚于性别结构。农业劳动力新老更替问题直接涉及农业生产的传承，只有将农业劳动力性别结构与年龄结构有机统一，才能看清"谁是农民""谁在种地"以及"谁来种地"这三个现实问题。农业劳动力的性别结构与年龄结构又共同影响着农业劳动力的素质结构。女性化、老龄化，甚至高龄化的农业劳动力结构能否承担起农业现代化的重担？能否满足农业供给侧改革对于劳动力的需求？农业现代化转型发展不仅仅是生产方式、生产技术、生产工艺、管理模式、宏观制度、发展理念等方面的现代化，更为关键的是农业劳动力的知识化、技术化、现代化。劳动力是经济发展中最活跃的因素，洞察农业劳动力的结构转型，是推动农业经济转型的保障。

在城镇化加速推进的环境下，农村"凋敝说"、农业"落后说"、农民"逃离说"有所抬头，城镇和农村的发展差距又被推上"风口浪尖"，如何充分挖掘农村人力资源，调动已有劳动力的生产积极性，引导中青年劳动力进入农业，积极培育新型职业农民，使农业劳动力素质结构满足现代化农业生产的需要；如何让农业劳动力带动农业经济发展，让农业经济带动农村发展，走一条农村内生性发展道路，是未来研究中值得引起重视和深入挖掘的课题。

第二，对于农业劳动力性别结构区域差异原因的解释仍然不够全面。

农业劳动力性别结构区域差异是一个宏大的课题，课题组在讨论其成因过程中涉及了自然条件、社会经济、人口结构等因素，而缺乏关于人文历史因素的专门讨论。

劳动性别分工其本身就是人类文明演进的一种表现，离不开文化对于两性分工的制约，一些少数民族的文化传统本身就要求女性从事农业生产，仍然保留了母系社会的分工逻辑，这需要借助人类学、民俗学、历史学的知识来进一步探索。同时，从以往研究来看，农业生产的性别分工还和农业生产方式密切相关。埃丝特·博斯拉在《妇女在经济发展中的角色》中鲜明地指出女性农业制度主要集中在未使用犁的轮耕农业地区，非洲是典型的女性农业地区；而那些犁耕地区，农业劳动的性别分工则采用了截然不同的方式，男性成为农业生产的主角，女性只是起到了辅助作用，中国便是其中之一。也就是说，两性分工并不是一成不变的，随着农业生产方式的发展其存在一个调整的过程——女性被安排从事非技术类劳动，而男性则往往掌握了关键技术。本研究在分析过程中,虽然已经意识到农业生产方式对于农业劳动力性别结构分布的影响,但是针对生产方式的区域属性研究不够深入。如何从农业生产方式演进的视角重新审视农业发展过程中两性的分工合作,如何将比较范围从国内拓展到全球,来观察不同文化、不同生产水平、不同自然条件的地区是如何安排农业生产中两性分工的,在今后研究中都值得重点关注。

第三,对于调研区域的选择难免局限。

总的来说,本研究的核心内容包含两个部分:一是利用宏观历史数据对全国农业劳动力性别结构变动及其区域分布的研究;二是以安徽省为样本开展的补充研究,以期用更加详细的数据来论证提出的问题。课题组利用问卷、走访、观察等方式,对皖南、皖北展开了充分的调研,对一些妇女进行了深入访谈,并依据安徽省经验获得了一些结论,这种地方性经验能否推广到中国的其他地区还需要进一步推演论证。从统计学的角度来看,样本是否具备足够的代表性,尚存在讨论的空间。

本研究认为,农业劳动力女性化对于农村妇女发展和农业生产并未造成过多的影响,农村妇女在男性缺席的情况下也能够灵活地处理生产过程中的各类困境,并没有遭遇明显的性别障碍,她们也理解、接受、认可"男工女耕"的分工模式,甚至一部分妇女为丈夫因家庭情况或健康因素而没能外出务工感到遗憾。这些内容似乎与以往研究认为的留守妇女主要面临三座大山的结论——"劳动强度高""精神负担重""缺乏安全感"有所偏离;但从我们的实践观察、问卷统计、访谈内容来看并不失实,至少在农业生产方面,留守务农并未给农村妇女带来过多的负担。当然,也有一部分研究和本研究获得了相似的结论,比较典型的是 de Brauw 等人的研究,他们认为农业劳动力女性化在中国农村虽然广泛存在,但并没有影响粮食生产。那么,该如何客观还原丈夫缺席下农村妇女的生活与生产?这就显示出一手资料的重要性,在今后研究中,拓展调研区域,走访更多的村落显得尤为必要。

第四,对于其他农业部门劳动力性别结构变动及其影响的关注不够。

本研究开篇就指出农业是一个多范畴的词汇,很多研究在运用过程中没有做出特别的说明。一般而言,农业具有广义、中义和狭义之分。运用最为广泛的是狭义的农业,即种植业;中义的农业是指种植业、畜牧业、林业和渔业,1993年颁布的《农业法》中的农业就是这个范畴;广义的农业在中义的基础还囊括了农林牧渔服务业,体现了大农业的思想,2002年新修订的《农业法》中的农业是指广义上的农业。从三产构成来看,农业往往是指第一产业,早期的人口普查将水利业、水利服务业也纳入第一产业的范畴,最新的产业划分标准将第一产业限定在种植业、渔业、林业和畜牧业,与中义的农业范畴一致。一些经济较为发达的国家,对于农业内涵的解释更为宽泛,有的将为农业提供生产资料的农业产前部门,以及农产品加

第八章
研究结论、对策建议与研究反思

工、运输、储藏、销售等农业产后部门包括在农业范畴内;有的还将农业科研、教育、推广也纳入农业范畴。可见,农业内涵和外延的合理延伸成为一种趋势。

在研究的过程中,课题组基本上顺应了这种趋势,意识到要捕捉更多的农业劳动力,详细分析了农、林、牧、渔业各部门劳动力性别结构的变动趋势。遗憾的是,在实际调查过程中,又将农业囿于种植业,没有观察到其他部门女性劳动力的生存状况。Deere 在研究拉丁美洲农业劳动力女性化问题时,就将研究触角伸向了整个农业部门,发现女性劳动力更倾向于从事低端的劳动密集型的工作,而涉及社会管理和具有技术性的工作部门基本上都由男性管理,存在明显的性别隔离现象。那么,在中国,除种植业外的其他农业部门性别分工如何?遵循着怎样的分工逻辑?对女性的发展造成了怎么样的影响?职业性别隔离在其他农业部门是否明显?劳动力女性化是否仅出现在种植业部门?这些问题都值得进一步探索。

第五,女性在未来农业发展中的角色值得探讨。

性别研究在中国发展缓慢,农业女性化是农业生产领域性别研究的典型,其直接揭示了两性分工的内在逻辑,为性别研究开启了一扇观察的窗口。如何从农业生产方式演进的视角重新审视农业发展过程中两性的分工合作,如何将比较视野从国内拓展到全球,来观察不同文化、不同生产水平、不同自然条件的地区是如何安排农业生产中两性分工的,在今后研究中都值得重点关注。

与此同时,随着农业生产方式变革,传统农业生产中两性分工模式被逐步打破。农业生产智慧化、绿色化、标准化、精细化意味着降低了对于劳动力体力的需求,农业发展由身体参与向理念参与、技术参与、智力参与过渡,为培育女性农业生产精英提供了契机。因此,有必要转变农业发展中的性别局限,重新定位女性农民的角色。

结语　阡陌未必独舞：在数据与实践中重新审视农业女性化

2008年，正值中国大陆留守妇女问题研究的高潮，在福特基金会支持下，叶敬忠和吴惠芳针对农村三留守群体出版了一套系列书籍，其中一本是《阡陌独舞——中国农村留守妇女》，著作从多维度、多视角刻画了农村留守妇女的种种生活际遇，她们在生活、生产、精神等方面或多或少地承受了一些常人不曾经历的痛楚。书名中"阡陌"二字出自陶渊明的《桃花源记》，本意是指田间小路，在这里喻指农村；"独舞"则生动地描绘了农村妇女在丈夫离开农村后独自坚守农村的场景。受《阡陌独舞》的启发，我们联系研究实际，以"阡陌未必独舞"为题作为本书的结语，借此来说明研究中宏观截面数据分析结论与安徽省现实经验观察结果之间的差异，即需要在数据与实践中重新审视农业女性化，以及由此延伸出来的农业发展、农村妇女发展等问题。

其一，需要理性看待农业女性化的提法。

反思整个研究过程，首先面临的问题是"何谓农业女性化"。遗憾的是，文献梳理过程中并没有找到太多相关的专门性研究，绝大部分只是略有提及而未能深入，也有一部分研究奉行了"拿来主义"。在众多研究中，中外学者合作的研究引起了我们的重视。他们从农业劳动力女性化和农业生产管理女性化两个方面来综合界定农业女性化，并运用1991~2009年中国健康与营养调查数据，以及2000年和2008年中国农村调查数据，学者们认为，从20世纪90年代末开始，我国农村就出现了明显的农业女性化，无论是作为农业劳动者的农村妇女还是作为生产管理者的农村妇女，都在不断增加。在此基础上，本书提出了三个层面即数理女性化、劳动女性化和管理女性化来认识农业女性化的观点。数理女性化强调通过从数量层面来考察女性农业劳动力比重的变动态势，劳动女性化和管理女性化重视从实践层面考察农业生产过程中农村妇女到底扮演了何种角色，是辅助者还是决策者，抑或两者皆不是。明确了基本的概念，利用1982~2010年的人口历史数据和安徽省实际调查资料来观察农业女性化的存在事实。

结语　阡陌未必独舞:在数据与实践中重新审视农业女性化

在人口数据统计过程中,本书准确地捕捉到了农业劳动力性别结构变动的异样,无论是全国农业劳动力中女性比重的变动,还是安徽省农业劳动力中女性比重的变动,1982~2010年都呈现上升趋势,安徽省的变动态势在全国各地区中尤其显著,也就是说,数理女性化已经普遍存在;而安徽省实际调查的结果让课题组不免为难。田野过程中,课题组并未观察到理论研究中特别强调的管理女性化现象,发现农业生产中女性农业劳动力的数量与价值存在背离。"男多女寡"的人口流动特征似乎把农村妇女推上了农业生产主角的位置,但实际上她们只是田间日常管理者,仍未摆脱"打辅助"的命运,"劳动参与、技术无缘、决策边缘"是当下我国农村妇女参与农业生产的主要特征。从这一点来看,男性是否离开村庄与女性是否成为农业生产的主导者并无直接关系,男性的非农转移反而意味着农业生产技能和农业机械操作技术的转移。同时,皖北绝大部分农村妇女的农业生产方式给课题组留下了深刻的印象。一般认为农业生产是典型的体力劳动,需要耗费大量劳动力,单凭农村妇女是难以完成繁重的农业生产任务,农村留守妇女面临着极大的生产压力。然而,由于农业生产方式的变革、季节性雇佣农的供给、农忙期间男性的回归、生产资料的配送、政府政策庇护等因素,实际生产过程中农村妇女并未遭遇明显的性别障碍,农业生产也没有因为农村妇女的参与而受到显著影响。可见,从农村妇女的参与方式看,是难以支撑农业女性化的论断。

博斯拉普在其著作《妇女在经济发展中的角色》中提到,农业现代化进程并不意味着农村女性从农业生产队伍中的退出,现实正恰恰相反,在以人力为主的传统农业转向以机械化为主的现代农业的进程中,半机械化的农业生产方式反而提高了对女性农业劳动力的需求。但遗憾的是,这种"需求"并没有改变女性在农业生产中的角色。在农业发展过程中,"男耕女织""男女共耕""男工女耕""少工老耕"等耕作模式在社会经济发展水平不同的区域交替上演,但是,男性始终把控着农业生产进程,他们作为农耕的主体始终未变,女性的加入,只是从劳动力数量上扭转了男性占据绝对优势的局面,而到底有多少农村妇女能够主导农业仍需讨论。也就是说,农业自古以来都是"男人的农业"。从现阶段来看,农业女性化存在与否的命题需要被重新认识,研究显示数理女性化与劳动女性化普遍存在于中国农村,而管理女性化并不明显,使用"农业劳动力女性化"的提法相较于农业女性化更加贴切,也就是说,"阡陌未必独舞"。这一结论也不断提醒笔者要理性看待人口统计数据反映的农业劳动力性别结构变动的结果,在农业劳动力女性化变动态势下,讨论其对农业发展的影响需要更加谨慎。

其二,明确"男工女耕"性别分工的内在逻辑和现实生命力。

既然农村妇女在农业劳动力中的比重越来越高,那么,这种现象带来了哪些后果,其生命力又如何?辩证思维要求本研究一分为二看待农业女性化对农村妇女、农业生产、农村家庭、乡村治理所带来的影响。以往研究中,一部分学者对此持乐观的态度,认为农村妇女获得了更多的发展机遇,对其家庭地位提升、女性意识觉醒、基层民主参与起到了积极作用;另一部分学者则认为这是农村妇女被进一步边缘化的过程,一定程度上滞后了农业现代化,也整体上拉低了农村常住人口的素质,增加了乡村治理的难度。课题组认为,讨论农业女性化的现实影响必须厘清这一现象产生的逻辑。利用二元经济理论、性别分工理论、理性选择理论能够对当前农村人口结构和农村家庭性别分工做出合理的解释,但是离开现象根植的土壤就会显得枯乏无力。

全球化浪潮裹挟着商品化早已侵入传统农村,绝大部分农村家庭既没有共享城镇化发展的成果,又被高度商品化的农村生活所绑架,小农经济处于土崩瓦解的边缘,自给自足的生活模式已不足以支撑一个家庭的正常生存。农民面临农业比较效益低下和职业社会认同缺乏的双重困境,前者不能给农村家庭带来可观的经济收入,后者又让农民得不到起码的重视和尊重,"我是农民"以及"我是农民的儿子"在如今"向钱看"的社会价值体系下略带"讽刺"。为了获得足够的发展资源,绝大部分农村家庭根本别无选择,不忍放过任何转向非农从而获得更高经济报酬的机会。无论是男性外出务工还是女性留守务农,抑或双方都从事非农,其目的都是为了让家庭"活下来","活下来"之后争取让下一代过得体面。由此,农业女性化现象出现的核心原因已然清晰,是农村家庭为了获得更多发展资源而被迫进行两性分工的结果,是绝大部分农村家庭营生的手段,其既不会给农村妇女带来额外发展的机会,在男性依然为农业生产资源和技术主力军的现实下也不会给农业生产带来过多负面影响。

随着城镇化持续高歌猛进,如果农村家庭依然难以在农村社区获得足够支撑家庭发展的资源,那么,"男工女耕"的两性分工还将持续,农业女性化还将保持旺盛的生命力。然而,这一现象的终结可能恰恰不是由于城乡发展出现了均衡状态,农村社区享有了和城镇社区同等的社会福利和就业机会,而是因为农村劳动力年龄结构的新老更替,通过《中国流动人口发展报告 2017》看到,近年来中国新生代流动人口的比重不断上升,"80 后"比重达到了 56.5%,"90 后"比重达到了 18.7%,农业女性化将因为新一代农村劳动力丧失务农技能和缺乏农村归属感而逐渐消失。城镇化造成了农业女性化现象,最终也会终结这一现象。

其三,警惕农民农业生产意愿消沉和生产态度消极化。

传统乡土文化中无不潜藏着"男士优先"的逻辑,当男女两性面临职业选择的时候,家族中的男性往往被优先安排在更具发展前景、经济收益较好、技能技术较高的工作,而女性则沉积在被男性"抛弃"的职业中。经典的二元经济理论告诉我们农村劳动力非农化是社会经济发展的必然过程。非农化过程中的两性职业安排便遵循了"先男后女"的顺序。

其实,务农还是务工,谁务工谁务农,都只是一种生存的手段,背后所透露的是家庭经济状况,目的都是最大程度地获取家庭发展资源。自20世纪80年代分田到户之后,在不发生土地流转的情况下,一个农村家庭所拥有的田亩数量基本未发生变化,同时,土地产出能力和农产品售价获得了较大幅度的增长,但生产成本的提升又稀释了土地产出效益;综合来看,土地产出能力远不能达到统计数据公布的农村家庭可支配收入的水平。那么,农村家庭靠什么"创收"?答案无疑就是非农所得。当非农的收益超过务农,并足以支撑家庭发展时,务农的重要性就将大打折扣。如今,绝大部分农村家庭就是面临了这样一种场景,土地成为了家庭发展的"鸡肋"。

面对农业生产中女性劳动力的队伍逐渐壮大,我们通过调查敏锐地捕捉到当下她们的农业生产意愿。随着家庭总收入中农业收入份额的不断降低,农田对于家庭的重要性日渐式微,农村妇女对于农田的态度正在改变,农业生产态度消极化已经蔓延。在安徽农村调查中,有相当一部分农村妇女透露,在能够有更好的职业选择的情况下,她们将会放弃农业生产,或者自己仅负责粮食的销售环节,将粮食生产的各个环节都交由季节性雇佣农完成;如果有良好的土地流转环境,她们宁愿转让土地的经营权。目前,大部分农村妇女仍坚守在农田的核心原因是,农业生产成本还没能超过生产收益,家庭的非农收入也还未能完全动摇土地作为"兜底"保障的作用。"进能入城务工,退能回乡种地"的农民身份优势在当前农村依然存在。农村妇女的务农意愿以及务农态度只是当前农业劳动力对待农业、农村态度的一个缩影,全社会需要对"不愿种地"的思想保持警惕。

其四,充分认识农业劳动力可持续供给是农业可持续发展的根本保障。

农业女性化现象涉及农业劳动力的性别结构,与此相应的还有农业劳动力的年龄结构,农业女性化和"农业老龄化"相伴存在是当前农业劳动力的主要特征。前文已经结合人口数据和调查实情阐释了农业女性化只存在于劳动力数量层面,男性依然在农业生产中唱主角;相较于这一情况,"农业老龄化"及其引发的问题更为紧迫。

伴随农业劳动力性别结构的变动,农业劳动力年龄结构也发生了一些变动。第一,农业劳动力年龄结构从金字塔型向倒金字塔型过渡,青壮年比重不断缩小,中老年比重不断扩大,老龄化、高龄化态势显著。人口普查数据显示,40周岁以下农业劳动力比重从1990年的68.8%骤减到2010年的38.9%,下降了近30个百分点;而60周岁以上农业劳动力比重从1990年的5.27%增加到2010年13.45%,30年间增加了8.18个百分点。第二,农业劳动力女性化主要发生在35至50周岁年龄段,超过60周岁之后,女性农业劳动力比重急速下降,男性开始占据绝对优势,农业劳动力老龄化与高龄化主要是指男性农业劳动力。第三,随着农村劳动力新老更替,中国农业劳动力面临着断层的危机。20世纪七八十年代外出务工的农村劳动力即将退出历史舞台,而他们的子孙,即新生代农民工将成为农村外出劳动力的主体,农村家庭的劳动力分配面临"老子打工儿读书"向"老子种地儿打工"转变。在农民工的新老更替过程中,对于老一代农民工来说,十几年甚至几十年的外出务工经历并未给他们带来扎根城市的资本,一旦接近55周岁或者60周岁法定劳动年龄,他们不得不面对回流务农的无奈选择。也就是说,存在于农村的农业劳动力始终是被工业、服务业所淘汰的弱质劳动力。这无疑进一步加剧了农业生产老龄化、农业技术落后化、农村人口结构老龄化。

近些年,回流的农村劳动力只是庞大的人口流动群体中一小部分,只要城乡差距还存在,城市对农村劳动力的吸引力就会存在,农村往城镇输血的过程就将继续。那么,对于新生代农民工而言,他们与其父辈相比具备三个典型特征:第一,不会种地;第二,不愿种地;第三,受到父辈的庇荫基本接受了中学以上的教育。他们是否会因为农业比较效益的低下、农业生产技术的缺乏、农业生产情感的淡漠、城镇接纳壁垒的降低、自身文化素质的提升等因素,而想竭力留在城市,从而排斥农村生活、放弃农业生产呢?他们是否会因为农民这一职业的社会地位低下而想极力避免自己是"农民"的身份呢?由此,中国农业劳动力是否会出现断层危机呢?这种担忧并非杞人忧天。从课题组观察和访谈来看,一方面,"90后"外出务工或者求学的农村青年基本上没有再回到农村的规划,反哺农村更多是经济层面的支持而不是人力资本的回归;另一方面,他们的父母也不希望子女再回到农村。

可持续发展从20世纪80年代被提出来之后在自然、社会、经济等各领域获得了广泛运用,近年来农业可持续发展也获得了重视。《全国农业可持续发展规划2015—2030》中对于农业可持续发展更多侧重耕地资源的可持续、农村生态的可持续,而农业劳动力的可持续尚未引起足够的重视。当前农业劳动力的女性化、老龄化、弱质化,以及未来在新老更替中的断层化,都冲击着农业劳动力的可持续。失去优质劳动力资源的持续支持,仅仅依靠投资、技术、管理、制度是难以实现农业现代化、难以完成农业供给侧改革的。因此,在"三农"问题推进过程中准确把握当下以及未来农业劳动力结构变动态势,在新一轮农村改革中充分挖掘农村人力资源存量,开发农村人力资源增量,重视农业劳动力可持续供给,农业劳动力的可持续是农业可持续发展的关键。

其五,重视农业发展的自然逻辑,在农业劳动力结构变革中把握生态农业和小农生产对农业现代化的现实意义。

中国农业现代化的典型特征是石油农业和化学农业的迅猛发展。女性农业劳动力之所以能够在男性"缺席"或者劳动力不足的情况下有效参与到农业生产之中就有赖于农业生产力的发展和农村生产条件的改善。以机械化为代表的石油农业和以化肥农药为代表的化学农业大大减少或者减弱了农业生产各个环节劳动力与土地的直接互动,在缩短劳动周期和削减劳动强度的同时甚至改变了作物生长习性。

农业自古以来都是人与自然直接交互的一个产业,相比于工业和服务业,其与环境的互动更为直接、真实和友好。石油农业和化学农业的迅猛发展直接将这种良性可持续性互动扭转为恶性循环。《第一次全国污染源普查工作》显示,严重的农业面源污染已经超过工业污染成为第一大污染源。传承 4000 年的古法农业的沉淀竟然被 40 年的化肥和农药"击败"。事实上,被击败的不仅仅是传统耕作方式,更是人心对于自然的敬畏之心被现代化、工业化、城镇化、商业化镀上了一层铜臭味。全球化、商品化冲击下的中国小农早已失去了富兰克林笔下《四千年农夫》的"永续"期待。从这一点来看,农业发展中的污染问题根本上又是人心污染问题。当农业发展过程中市场逻辑、社会逻辑凌驾于自然逻辑之上时,再好的政策、再多的补贴、再强的技术都拯救不了大国农业。因此,面对农业劳动力逐步流失和结构性弱质化,应积极发挥农村妇女的生态价值,守住生态环境底线,在传统小农生产中寻找智慧,切忌盲目推行农场制扩大生产,将生态农业、有机农业、可持续农业嵌入到农业现代化发展之中。

面对地大物博的中国,地方性的经验并不能囊括全部事实。本书的研究可能只是"一家之谈"。

附录一　安徽省农业女性化现状调查问卷

问卷编号：□□□□

调查时间：＿＿＿年＿＿＿月＿＿＿日　受访者姓名：＿＿＿＿＿＿＿电话：＿＿＿＿＿＿＿

您好！

我们是安徽大学"农业女性化研究"课题组的访问员。这次调查的目的是为了了解目前我国农村经济、社会发展的现实状况，为政府进一步制定和完善农村发展政策提供数据资料。经过科学抽样，我们选中了您的家庭作为调查对象，您的合作对于我们了解有关情况和制定相关政策有着十分重要的意义。我们对调查内容严格保密，请您放心真实地回答问题。感谢您的支持！

安徽大学人口研究所

填 写 说 明

1. 请用蓝色或黑色中性笔、圆珠笔直接在选项上画"√"，不要使用钢笔或铅笔。

2. 请最熟悉家庭情况的家庭成员填写。

一、个人及家庭基本情况

1. 您的性别？
   [1] 男　　　　[2] 女

2. 您的出生年份？＿＿＿＿＿＿＿＿年（请填写）

3. 您的文化程度？
   [1] 未上学　　[2] 小学　　　　[3] 初中/技校
   [4] 高中/中专　[5] 大专/高职　　[6] 本科及以上

4. 您的婚姻状况?
   [1] 未婚　　　　　　　　　　[2] 已婚有配偶
   [3] 丧偶　　　　　　　　　　[4] 离婚

5. 您的身体健康状况如何?
   [1] 非常不好　　[2] 不太好　　　[3] 一般
   [4] 比较好　　　[5] 非常好

6. 您家共有_____口人,需要照顾的孩子的有_____个。

7. 您家中是否有65岁以上的老人需要赡养和照顾?
   [1] 有,经济上支持且生活上照顾　　[2] 有,无需经济支持和生活照顾
   [3] 有,只需给予生活照顾　　　　　[4] 有,只需给予经济上帮助
   [5] 没有老人需要赡养和照顾

8. 您家中的老人或小孩主要由谁照顾?
   [1] 自己　　　　　　　　　　[2] 配偶
   [3] 夫妻共同　　　　　　　　[4] 其他(请注明:_____)

9. 您的人际交往圈子如何?
   [1] 非常不广泛　[2] 不广泛　　　[3] 一般　　　　[4] 广泛
   [5] 非常广泛

10. 2013年,您的个人年收入是_____元,家庭全年总收入是_____元。

11. 2013年,您家农业生产总收入_____元,大约有_____成是男性务农所得的。

12. 2013年,您家的农业生产总成本大约为_____元。(不包括购买大型机械、养殖场地建设等成本)

其中,农业(林业)种植:
   [1] 购买种子(苗木等)_____元　　[3] 雇工费用_____元
   [2] 购买化肥、农药等_____元　　　[4] 机械使用_____元
   [5] 农田灌溉_____元　　　　　　　[6] 其他支出_____元

农业(牧业)养殖:
   [1] 购买幼崽(鱼苗等)_____元　　[2] 雇工费用_____元
   [3] 购买饲料等_____元　　　　　　[4] 租地费用_____元
   [5] 医疗防疫_____元　　　　　　　[6] 其他支出_____元

13. 您觉得在家庭支出中哪项压力比较大?（最多选 3 项）

  [1] 农业生产成本   [2] 日常开支   [3] 住房(贷款、房租)

  [4] 教育   [5] 医疗   [6] 人情往来

  [7] 赡养老人   [8] 没压力   [9] 其他(请注明：_____)

14. 与周围邻居相比,您认为您家收入水平处于什么层次?

  [1] 上层   [2] 中上层   [3] 中层

  [4] 中下层   [5] 下层

15. 您所在的镇乡镇企业多吗?

  [1] 非常多   [2] 比较多   [3] 一般

  [4] 比较少   [5] 非常少

16. 如果家庭中夫妻有一方必须外出务工,一方在家务农,您觉得谁在家务农更合适?

  [1] 丈夫   [2] 妻子

17. 您曾经是否外出务工过(指去别的城市,不包括早出晚归)?

  [1] 是   [2] 否

18. 您目前务农的主要原因是什么?（最多选 3 项）

  [1] 没掌握其他技能,只能从事农业劳动

  [2] 回家结婚生子,然后就留下来务农

  [3] 配偶出去务工,边照顾家庭边务农

  [4] 留守责任田,减少家庭风险

  [5] 目前务农收入还比较理想

  [6] 边带孙子(孙女)边务农

  [7] 其他(请注明：_____)

19. 您今后是否打算外出务工?

  [1] 是   [2] 否   [3] 没想好

20. 您的配偶是否在外务工?

  [1] 是   [2] 否(跳过 21、22 题,直接回答 23 题)

21. 您配偶每年外出务工时间大约有几个月?

  [1] 1～3 个月   [2] 4～6 个月

  [3] 7～9 个月   [4] 10～12 个月

22. 您配偶外出务工一般什么时候回家次数比较多?

[1] 农忙时节(如种植或收割小麦、水稻、玉米等)

[2] 重要法定节日(如端午、中秋、春节等)

[3] 企业、工地等劳动单位放假(歇工)期间

[4] 常年在外务工,基本不回家

[5] 不定期回家

[6] 其他(请注明:_____)

23. 您是否希望配偶外出务工?

[1] 非常不希望　　[2] 不希望　　　　[3] 一般

[4] 希望　　　　　[5] 非常希望

二、家庭从事农业生产情况

1. 您家庭成员从事农业劳动情况

与受访者的关系	年龄	是否务工 [1]是 [2]否 (请填序号)	每年的哪些时间在家从事农业生产(请在相应月份画"√")											
			一月	二月	三月	四月	五月	六月	七月	八月	九月	十月	十一月	十二月
被访对象														
配偶														
女儿1														
女儿2														
女儿3														
儿子1														
儿子2														
儿子3														
儿媳妇														
父亲\岳父\公公														
母亲\岳母\婆婆														
其他														

2. 您愿意从事农业生产吗?

　　[1] 非常不愿意　　[2] 不愿意　　[3] 无所谓　　[4] 愿意

　　[5] 非常愿意

3. 您连续从事农业劳动有多少年了?

　　[1] 5年以内　　　　　　　　　　[2] 5~10年

　　[3] 10~15年　　　　　　　　　　[4] 15年以上

4. 您家目前的土地使用情况?

　　[1] 自家使用_____亩,其中:旱地_____亩、水田_____亩、山林_____亩、水面(水产养殖)_____亩

　　[2] 转包出_____亩

　　[3] 转入_____亩

　　[4] 闲置_____亩

5. 您的邻居把土地承包出去的多吗?

　　[1] 几乎没有　　[2] 少数家庭　　[3] 很多家庭

6. 您家的耕地(山地、水面)分布状况如何?

　　[1] 非常分散　　　　　　　　　　[2] 较为分散

　　[3] 较为集中　　　　　　　　　　[4] 非常集中

7. 您家农业生产主要靠何种方式来完成?

　　[1] 完全靠人力

　　[2] 部分人力,部分机械

　　[3] 基本机械化

8. 您在农业生产中,运用现代农业科技吗?

　　[1] 从来不用　　[2] 偶尔用　　[3] 经常用

9. 您愿意获取农业生产科普知识吗?

　　[1] 非常不愿意　　[2] 不愿意　　[3] 无所谓　　[4] 愿意

　　[5] 非常愿意

10. 您参加过农业知识讲座或技能培训吗?

　　[1] 1~2次　　　　　　　　　　　[2] 3~4次

　　[3] 5次以上　　　　　　　　　　[4] 没参加过

　　[5] 想参加,但没有组织过讲座和培训

11. 您主要从哪些渠道获知农业科普知识(可多选)？

    [1] 技术人员下乡指导　　　　　　[2] 专业能手现场展示

    [3] 通过广播、影视、网络获取　　[4] 通过书刊杂志获取

    [5] 参加培训或讲座　　　　　　　[6] 阅读宣传小册子、活页资料

    [7] 电话咨询　　　　　　　　　　[8] 村干部指导

    [9] 从邻里、亲戚、长辈处习得

12. 您是否承担家庭农业生产资料(如种子、农药、化肥、农具等)的购买？

    [1] 不承担　　　　[2] 部分承担　　　[3] 全部承担

13. 您感觉您获取农业知识主要障碍是什么？（最多选3项）

    [1] 自身文化程度不高

    [2] 家庭事务繁杂，没有时间

    [3] 讲座、座谈形式比较单一

    [4] 相关职能部门提供的农业知识过于理论化，理解困难

    [5] 当地政府没有农业知识送下乡服务

    [6] 周围人相关农业知识相对不足

    [7] 没障碍

    [8] 其他(请注明：_____)

14. 家庭作物种植(养殖)的品种和数量是您决定吗？

    [1] 不参与决策　　　　　　　　　[2] 部分由我决定

    [3] 全部由我决定

15. 家庭农产品出售是您决定吗？

    [1] 不参与决策　　　　　　　　　[2] 部分由我决定

    [3] 全部由我决定

16. 您在农业生产中，会根据市场行情来调整种植或养殖结构吗？

    [1] 从来不会　　　[2] 偶尔会　　　[3] 经常会

17. 您在从事农业生产时，遇到的主要困难是什么？（最多选3项）

    [1] 缺乏农业技能或技术

    [2] 优质种子(幼苗、幼崽)的获取

    [3] 农田灌溉

    [4] 农产品销售

    [5] 家庭劳动力不足

[6] 没困难

[7] 其他(请注明:_____)

18. 您从事农业生产时,若遇到劳动力不足,一般怎样解决?(最多选3项)

  [1] 没困难   [2] 请邻里亲戚帮忙

  [3] 雇佣小工(给工钱)   [4] 和邻居(亲戚朋友)换工

  [5] 减少种植(养殖)面积   [6] 土地转租给别人

  [7] 土地闲置撂荒   [8] 增加自己劳动时间

  [9] 加入合作社(互助组)   [10] 其他(请注明:_____)

19. 我能够通过自身努力解决农业生产中遇到的困难。

  [1] 非常不同意   [2] 不同意   [3] 不好说

  [4] 同意   [5] 非常同意

20. 关于政府制定的农业政策,您知道的有哪些?(可多选)

  [1] 农业综合补贴政策   [2] 农业保险政策

  [3] 土地流转政策   [4] 农业贷款政策

  [5] 以上都不清楚

21. 您觉得目前制约农业发展的主要原因是什么?(最多选3项)

  [1] 农产品销售困难   [2] 耕种(养殖)面积不够

  [3] 生产工具落后   [4] 男性劳动力不足

  [5] 缺乏技术指导   [6] 农产品价格过低

  [7] 其他(请注明:_____)

22. 您认为政府对农业的资金扶持重点应该放在哪里?

  [1] 拓宽农业销售渠道   [2] 培养农业技术人才

  [3] 提供先进生产设备   [4] 提供优质种子(幼苗、幼崽等)

  [5] 农产品深加工   [6] 其他(请注明:_____)

23. 您认为农村大部分男性出去务工会影响农村社会稳定吗?

  [1] 会   [2] 不会   [3] 说不清

24. 您对目前农村社会的治安状况满意吗?

  [1] 非常不满意   [2] 不满意   [3] 一般

  [4] 满意   [5] 非常满意

三、家庭生活与社会参与

1. 您在家里的生活和生产中是否拥有决策权?
   [1] 是　　　　　　　　　　　　　[2] 否

2. 您家的家务活主要由谁来承担?
   [1] 本人　　　　　　　　　　　　[2] 配偶
   [3] 父母(公婆)　　　　　　　　　[4] 夫妻共同
   [5] 其他(请注明:_____)

3. 家中人情送礼主要由谁来决定?
   [1] 本人　　　　　　　　　　　　[2] 配偶
   [3] 父母(公婆)　　　　　　　　　[4] 夫妻共同
   [5] 其他(请注明:_____)

4. 家中小孩上学或者择校主要由谁决定?
   [1] 本人　　　　　　　　　　　　[2] 配偶
   [3] 父母(公婆)　　　　　　　　　[4] 夫妻共同
   [5] 其他(请注明:_____)

5. 您家庭日常开支主要由谁决定?
   [1] 本人　　　　　　　　　　　　[2] 配偶
   [3] 父母(公婆)　　　　　　　　　[4] 夫妻共同
   [5] 其他(请注明:_____)

6. 您家修盖房屋、购大件商品等大事主要由谁决定?
   [1] 本人　　　　　　　　　　　　[2] 配偶
   [3] 父母(公婆)　　　　　　　　　[4] 夫妻共同
   [5] 其他(请注明:_____)

7. 最近一次村两委选举,您是否参加了投票?
   [1] 是　　　　　　　　　　　　　[2] 否

8. 您是否担任过村干部?
   [1] 是　　　　　　　　　　　　　[2] 否

9. 您参加过村两委开展的活动吗?
   [1] 想参加,但没活动　　　　　　[2] 经常参加
   [3] 偶尔参加　　　　　　　　　　[4] 很少参加
   [5] 从来不参加

10. 当遇到事情时（如婚丧嫁娶、身体不舒服、长辈矛盾等），夫妻之间会沟通交流吗？

  [1] 经常交流   [2] 偶尔交流

  [3] 基本不交流   [4] 从来不交流

11. 您觉得夫妻间相处，以下哪些比较重要？（最多选3项）

  [1] 信任、包容   [2] 支持、鼓励

  [3] 尊重、理解   [4] 沟通、交流

  [5] 忠诚   [6] 感恩

  [7] 其他（请注明：_____）

12. 农村中大部分男性出去务工，女性留守务农，您觉得会对以下哪些方面产生影响（可多选）？

  [1] 婚姻稳定   [2] 老年人赡养

  [3] 子女教育抚养   [4] 家庭和睦

  [5] 家庭安全   [6] 农业生产

  [7] 农村社会建设   [8] 其他（请注明：_____）

四、生活满意度

1. 最近一次村两委选举公平公正。

  [1] 非常不同意   [2] 不同意

  [3] 中立   [4] 同意

  [5] 非常同意

2. 女性也能担任村干部。

  [1] 非常不同意   [2] 不同意

  [3] 中立   [4] 同意

  [5] 非常同意

3. 我认为当前的农村管理实行"村民自治"符合农村实际。

  [1] 非常不同意   [2] 不同意

  [3] 中立   [4] 同意

  [5] 非常同意

4. 与过去相比，农业生产成本减少。

  [1] 非常不同意   [2] 不同意

[3] 中立 　　　　　　　　　　[4] 同意

[5] 非常同意

5. 家庭收入能够满足家庭开销。

[1] 非常不同意 　　　　　　[2] 不同意

[3] 中立 　　　　　　　　　　[4] 同意

[5] 非常同意

6. 我对农业生产收入感到满意。

[1] 非常不同意 　　　　　　[2] 不同意

[3] 中立 　　　　　　　　　　[4] 同意

[5] 非常同意

7. 农村妇女经济独立很重要。

[1] 非常不同意 　　　　　　[2] 不同意

[3] 中立 　　　　　　　　　　[4] 同意

[5] 非常同意

8. 女孩不用读太多书,高中毕业就行了。

[1] 非常不同意 　　　　　　[2] 不同意

[3] 中立 　　　　　　　　　　[4] 同意

[5] 非常同意

9. 男性能力天生比女性强。

[1] 非常不同意 　　　　　　[2] 不同意

[3] 中立 　　　　　　　　　　[4] 同意

[5] 非常同意

10. 女性干得好不如嫁得好。

[1] 非常不同意 　　　　　　[2] 不同意

[3] 中立 　　　　　　　　　　[4] 同意

[5] 非常同意

11. 农村依然盛行重男轻女的传统观念。

[1] 非常不同意 　　　　　　[2] 不同意

[3] 中立 　　　　　　　　　　[4] 同意

[5] 非常同意

12. 在家种田有没有文化都可以。
    [1] 非常不同意　　　　　　　　　[2] 不同意
    [3] 中立　　　　　　　　　　　　[4] 同意
    [5] 非常同意

13. 我能够从多种渠道获得现代农业科技知识。
    [1] 非常不同意　　　　　　　　　[2] 不同意
    [3] 中立　　　　　　　　　　　　[4] 同意
    [5] 非常同意

14. 男性外出务工、女性在家务农符合家庭分工实际。
    [1] 非常不同意　　　　　　　　　[2] 不同意
    [3] 中立　　　　　　　　　　　　[4] 同意
    [5] 非常同意

15. 男性务工、女性务农的家庭分工会影响家庭稳定、子女教育、老人赡养和家庭安全等。
    [1] 非常不同意　　　　　　　　　[2] 不同意
    [3] 中立　　　　　　　　　　　　[4] 同意
    [5] 非常同意

16. 女性应该有婚姻自主权,如果感情不好可以离婚。
    [1] 非常不同意　　　　　　　　　[2] 不同意
    [3] 中立　　　　　　　　　　　　[4] 同意
    [5] 非常同意

17. 夫妻应该共同承担家务。
    [1] 非常不同意　　　　　　　　　[2] 不同意
    [3] 中立　　　　　　　　　　　　[4] 同意
    [5] 非常同意

18. 实际生活中,家庭财产应该由女性管理。
    [1] 非常不同意　　　　　　　　　[2] 不同意
    [3] 中立　　　　　　　　　　　　[4] 同意
    [5] 非常同意

19. 实际生活中,家庭的日常开支应该由女性决定。
    [1] 非常不同意　　　　　　　　　[2] 不同意

[3] 中立 　　　　　　　　　　[4] 同意
[5] 非常同意

20. 实际生活中,家庭的大事(修缮房屋、子女入学、大件购买等)应该由女性决定。

   [1] 非常不同意　　　　　　　[2] 不同意
   [3] 中立　　　　　　　　　　[4] 同意
   [5] 非常同意

21. 实际生活中,家庭的人情送礼应该由女性决定。

   [1] 非常不同意　　　　　　　[2] 不同意
   [3] 中立　　　　　　　　　　[4] 同意
   [5] 非常同意

22. 配偶外出务工后,我与配偶的生活方式有了很大不同。

   [1] 非常不同意　　　　　　　[2] 不同意
   [3] 中立　　　　　　　　　　[4] 同意
   [5] 非常同意

23. 与过去相比,农村妇女的社会地位有了较大提高。

   [1] 非常不同意　　　　　　　[2] 不同意
   [3] 中立　　　　　　　　　　[4] 同意
   [5] 非常同意

24. 您对目前的生活状况满意吗?

   [1] 非常不满意　　　　　　　[2] 不满意
   [3] 中立　　　　　　　　　　[4] 满意
   [5] 非常满意

附录二　农村妇女访谈提纲

访谈对象：从事农业生产的 20～60 岁农村妇女（家庭男性外出务工的）
访谈样本：每个调查点 8～10 人

访谈内容：

1. 您的家庭成员有哪些？
2. 您家有几个劳动力？
3. 您家去年总收入多少？收入主要来源哪些方面？男性和女性分别为家庭贡献了多少收入（各占几成）？
4. 您家有多少耕地/山地/水塘？收成如何？
5. 您家的农产品主要是自给还是外销？
6. 您家的农业生产主要由谁承担？各承担多少？（男性和女性）
7. 您家在农业生产上，男女两性是如何分工的？
8. 在抚育子女和赡养老人方面，男女两性分别承担多少？
9. 您家的主要事务有谁决策（家庭事务和生产事务；日常事务和重大事务）？（如盖房、购大件商品、生育子女、农业生产等）
10. 外出打工和在家务农或照顾家庭，你更希望选择哪种？
11. 您家外出务工和在家务农的分工谁决策的？为什么这样决定？
12. 您觉得自己能够独自承担家庭的农活和家务吗？遇到的主要困难是什么？
13. 您独自承担农活和家务，您在家庭中的地位是否比以前提高了？
14. 您独自承担农活，又要照顾家庭，是否感觉劳动强度太大？
15. 您觉得"女性在家务农，男性外出务工"这样的家庭分工有利于家庭发展吗？
16. 您在掌握农业生产技术或学习农业新技术上是否感觉困难？
17. 您从事农业生产，希望政府在哪些方面提供支持和帮助？
18. 贵村从事农业生产的是女性多还是男性多？

19. 丈夫外出务工,您在生活上会遇到哪些困难?(如家庭安全、孩子教育、遇事没人商量等)

20. 丈夫常年在外务工,一般什么时间回来?你们通过什么方式交流?一般多长时间联系?在什么情况下联系?您认为丈夫常年在外会影响夫妻感情和婚姻的稳定吗?

被访者姓名:＿＿＿＿＿＿＿　　　访谈员姓名:＿＿＿＿＿＿＿

被访者电话:＿＿＿＿＿＿＿　　　访谈日期:＿＿＿＿＿＿＿

被访者所在地:＿＿＿＿＿＿＿

附录三　村书记或村主任访谈提纲

访谈对象：调查村的村书记或村主任
访谈日期：_____

访谈内容：

1. 本村属_____市_____县(区)_____乡镇_____行政村_____自然村
2. 本村有多少户人家？本村总人口是多少（常住、户籍、流动）？
3. 本村总面积？土地面积多少？其中耕地、山地、水域各多少？（亩）
4. 本村的主要经济活动是什么？
5. 本村劳动力人口有多少？
6. 从事农业的劳动力有多少？其中女性多少？在农村家庭中，从事纯农业劳动（种植和养殖）的农村妇女大约多少？
7. 外出务工劳动力人口多少？其中女性多少？
8. 本村有村办企业吗？村集体经济来源何处？
9. 2013年本村人均年收入大约多少元？
10. 本村新农保、新农合参保情况如何？
11. 本村有什么经济合作组织？（1）养猪协会；（2）养牛协会；（3）蔬菜协会；（4）养蚕协会；（5）互助组；（6）其他。
13. 村两委中有女干部吗？她们参与村庄管理的积极性高吗？
14. 您认为如果主要由女性承担农业生产，会有什么影响？（对农业生产发展、对妇女自身、对农村家庭）
15. 您认为，男性大量外出务工，会对农村社会建设产生哪些方面影响？

参 考 文 献

[1] 杰华.都市里的农家女:性别、流动与社会变迁[M].吴小英,译.南京:江苏人民出版社,2006.

[2] 博斯拉普.妇女在经济发展中的角色[M].陈慧平,译.南京:译林出版社,2010.

[3] 博塞拉普.农业增长的条件:人口压力下农业演变的经济学[M].罗煜,译.北京:法律出版社,2015.

[4] 恩格斯.家庭、私有制和国家的起源[M].3版.中共中央马克思恩格斯列宁斯大林著作编译局,译.北京:人民出版社,1998.

[5] 马克思.资本论:第一卷[M].中共中央马克思恩格斯列宁斯大林著作编译局,译.北京:人民出版社,2004.

[6] 孟德拉斯.农民的终结[M].李培林,译.北京:中国社会科学出版社,1991.

[7] 宝森.中国妇女与农村发展:云南禄村六十年的变迁[M].胡玉坤,译.南京:江苏人民出版社,2005.

[8] 黄宗智.华北的小农经济与社会变迁[M].北京:中华书局,1986.

[9] 黄宗智.长江三角洲小农家庭与乡村发展[M].北京:中华书局,1992.

[10] 古德.家庭[M].魏章玲,译.北京:社会科学文献出版社,1986.

[11] 刘易斯.二元经济论[M].北京:北京经济学院出版社,1989.

[12] 陶格.世界历史上的农业[M].刘健,李军,译.北京:商务印书馆,2014.

[13] 吉登斯.社会学[M].5版.李康,译.北京:北京大学出版社,2009.

[14] 舒尔茨.改造传统农业[M].梁小民,译.北京:商务印书馆,1999.

[15] 贝克尔.家庭经济分析[M].彭建松,译.北京:华夏出版社,1987.

[16] 科尔曼.社会理论的基础[M].邓方,译.北京:社会科学文献出版社,1999.

[17] 卜凯.中国农村经济[M].张履鸾,译.上海:商务印书馆,1937.

[18] 陈翰笙.解放前的地主与农民:华南农村危机研究[M].冯峰,译.北京:中国社会科学出版社,1984.

[19] 陈会广.农民家庭内部分工及其专业化演进对农村土地制度变迁的影响研究[M].上海:上海人民出版社,2010.

[20] 陈文胜.论大国农业转型:"两型社会"建设中转变农业发展方式研究[M].北京:社会科学文献出版社,2014.

[21] 费孝通.乡土中国 生育制度[M].北京:北京大学出版社,1998.

[22] 费孝通,张之毅.云南三村[M].天津:天津人民出版社,1990.

[23] 郭剑雄,李志俊.劳动力选择性转移下的农业发展:转变中国农业发展方式研究[M].北京:中国社会科学出版社,2012.

[24] 国家农业委员会办公厅.农业集体化重要文件汇编:上[M].北京:中共中央党校出版社,1981.

[25] 国家卫生和计划生育委员会流动人口司.中国流动人口发展报告2017[M].北京:中国人口出版社,2017.

[26] 贺雪峰.谁是农民:三农政策重点与中国现代化农业发展道路选择[M].北京:中信出版社,2016.

[27] 侯钧生.西方社会学理论教程[M].3版.天津:南开大学出版社,2010.

[28] 胡玉坤.社会性别与生态文明[M].北京:社会科学文献出版社,2013.

[29] 金一虹.父权的式微:江南农村现代化进程中的性别研究[M].成都:四川人民出版社,2000.

[30] 李景汉.定县社会状况调查:重印本[M].北京:中国人民大学出版社,1986.

[31] 李竞能.人口理论新编[M].北京:中国人口出版社,2001.

[32] 李小江,朱虹,董秀玉.性别与中国[M].北京:生活·读书·新知三联书店,1994.

[33] 李小江,朱虹,董秀玉.主流与边缘[M].北京:生活·读书·新知三联书店,1999.

[34] 李银河.妇女:最漫长的革命[M].北京:生活·读书·新知三联书店,1997.

[35] 李仲生.人口经济学[M].北京:清华大学出版社,2013.

[36] 刘宁,崔燕,等.中西部地区农村女性人口流动问题研究[M].北京:中国社会科学出版社,2013.

[37] 刘筱红,赵德兴,卓惠萍.改革开放以来中国农村妇女角色与地位变迁研究:基于新制度注意视角的观察[M].北京:中国社会科学出版社,2012.

[38] 孟宪范.改革大潮中的中国女性[M].北京:中国社会科学出版社,1995.

[39] 潘毅.中国女工:新兴打工者主体的形成[M].任焰,译.北京:九州出版社,2010.

[40] 杨湘岚.新中国妇女参政的足迹[M].北京:中共党史出版社,1998.

[41] 叶敬忠,吴惠芳.阡陌独舞:中国农村留守妇女[M].北京:社会科学文献出版社,2008.

[42] 张善余.人口地理学概论[M].3版.上海:华东师范大学出版社,2013.

[43] 郑杭生.社会学概论新修[M].3版.北京:中国人民大学出版社,2002.

[44] 蔡昉.农村劳动力转移潜力耗尽了吗?[J].中国农村经济,2018(9):1-12.

[45] 蔡弘,黄鹂.谁来种地?对农业劳动力性别结构变动的调查与思考[J].西北农林科技大学(社会科学版),2017(2):104-112.

[46] 蔡弘,黄鹂.农业女性化下农村妇女生产参与及其生产意愿研究:安徽省调查实例[J].人口与发展,2017(2):2-13,21.

[47] 蔡弘,黄鹂.何谓"农业女性化":文献述评与概念提出[J].山东女子学院学报,2016(11):34-42.

[48] 蔡弘,黄鹂.何谓农业女性化:概念体系的建立与讨论[J].中华女子学院学报,2017(1):53-60.

[49] 蔡弘,黄鹂.何谓"农业女性化":讨论与反思[J].农林经济管理学报,2017(5):652-659.

[50] 曹东勃,蒋晴霞.现代化进程中农业女性化现象研究[J].农林经济管理学报,2014(2):223-229.

[51] 曾艺.我国农村妇女就业问题研究[J].经济研究导刊,2007(4):55-57.

[52] 陈明星,李扬,龚颖华,等.胡焕庸线两侧的人口分布与城镇化格局趋势:尝试回答李克强总理之问[J].地理学报,2016(2):179-193.

[53] 成德宁,杨敏.农业劳动力结构转变对粮食生产效率的影响[J].西北农林科技大学学报(社会科学版),2015(4):19-26.

[54] 程绍珍.农业女性化趋势与农村女性人力资本关系的实证研究[J].郑州大学学报(哲学社会科学版),1998(3):83-88.

[55] 崔淑丽.宁夏南部山区农业劳动力转移中的农业女性化研究[D].北京:中国农业大学,2006:21-23.

[56] 邓赞武.农业女性化与女性发展[J].湘潮,2008(12):5-7.

[57] 段成荣,秦敏,赖妙华.我国留守妻子状况研究[J].人口学刊,2017(1):05-17.

[58] 范水生,朱朝枝.新农村建设背景下的福建省农业女性化问题研究[J].福建农林大学学报(哲学社会科学版),2007(6):28-33.

[59] 方子节,李新然,龙蔚.论我国农业劳动力的女性化趋势[J].经济问题探索,1998,(6):18-20.

[60] 高小贤."银花赛":20世纪50年代农村妇女的性别分工[J].社会学研究,2005(4):153-171.

[61] 高小贤.当代中国农村劳动力转移及农业女性化趋势[J].社会学研究,1994(2):83-90.

[62] 高小贤.农村妇女研究综述(1991—1995年)[J].妇女研究论丛,1997(2):13-18.

[63] 高小贤.女性人口迁移与城镇化[J].中国农村观察,1990(6):22-28.

[64] 光梅红.观念·竞赛·制度:20世纪50年代中国农村妇女参加劳动动因再探讨[J].古今农业,2013(3):90-96.

[65] 郭葆球,郑金贵.日本的农业经营管理与农业教育[J].1991(4):22-23.

[66] 韩长斌.中国农民工发展趋势与展望[J].经济研究,2006(12):4-12.

[67] 郝亚光.从男耕女织到男工女耕:农业女性化产生的缘:以生产社会化为分析视角[J].社会主义研究,2012(2):82-86.

[68] 胡玉坤."农业女性化"的双面影响[N].中国妇女报,2011-01-09(A01).

[69] 胡玉坤.全球化冲击下的农村家庭:困境与出路[J].人口与发展,2012(1):36-38.

[70] 胡玉坤.正视农业的"女性化"[J].中国经济报告,2013(7):84-89.

[71] 胡玉坤.转型期中国的"三农"危机与社会性别问题:基于全球化视角的探究[J].清华大学学报(哲学社会科学版),2009(6):54-69.

[72] 黄季焜,靳少泽.未来谁来种地:基于我国农户劳动力就业代际差异视角[J].农业技术经济,2015(1):4-10.

[73] 黄鹂,蔡弘."农业女性化"与农村妇女发展[N].中国人口报,2016-03-07(003).

[74] 黄雯,李录堂.中国农村妇女问题研究综述[J].哈尔滨工业大学学报(社会科学版),2008(3):55-61.

[75] 蒋永萍."家国同构"与妇女性别角色的双重建构[J].山东女子学院学报,2012(1):1-6.

[76] 金一虹."铁姑娘"再思考:中国"文化大革命"期间的社会性别与劳动[J].社会学研究,2006(1):169-193.

[77] 金一虹.非农化过程中的农村妇女[J].社会学研究,1998(5):106-114.

[78] 金一虹.离散中的弥合:农村流动家庭研究[J].江苏社会科学,2009(2):99-102.

[79] 金一虹.农村妇女发展的资源约束与支持[J].浙江学刊,2000(6):73-76.

[80] 金一虹.农村妇女职业分化研究[J].学海,1995(2):47-52.

[81] 金一虹.农业女性化:影响及前景[N].中国社会科学报,2010-07-06(011).

[82] 金一虹.女性非正规就业:现状与对策[J].河海大学学报(哲学社会科学版),2006(1):6-10.

[83] 金一虹.主体的寻找:新农村建设中的农村妇女[J].中华女子学院学报,2009(3):9-11.

[84] 李心光.日本农业后继者的现状和对策[J].高等农业教育,1985(2):70-74.

[85] 李新然,方子节,普雁翔.试论女性农业化对农村妇女发展的影响[J].农村经济,2000(5):3-5.

[86] 李新然,方子节.农业女性化及女性农业化对策探讨[J].经济问题探索,1999(11):52-53.

[87] 李新然,方子节.试论农业女性化对农业和农村发展的影响[J].农业现代化研究,1999(2):25-27.

[88] 李新然.浅论农业推广中的农村妇女[J].农业科技管理,1997(10):22-24.

[89] 李拓,李斌.中国跨地区人口流动的影响因素:基于286个城市面板数据的空间计量检验[J].中国人口科学,2015(2):73-83,127.

[90] 梁栋,吴惠芳.农业女性化的动力机制及其对农村性别关系的影响研究:基于江苏、四川及山西三省的村庄实地调研[J].妇女研究论丛,2017(6):85-97.

[91] 林惠俗.加快农村妇女非农转移的一些思考[J].妇女研究论丛,2003(12):38-41.

[92] 刘同山.农业机械化、非农就业与农民的承包地退出意愿[J].中国人口·资源与环境,2016(6):62-68.

[93] 刘筱红,姚德超.农业女性化现象及其形成机制分析[J].湖南科技大学学报(社会科学版),2012(4):99-102.

[94] 卢锋,杨业伟.中国农业劳动力占比变动因素估测:1990—2030年[J].中国人口科学,2012(4):13-24.

[95] 吕美颐.20世纪二三十年代中国农村妇女状况的历史考察[J].妇女研究论丛,1996(1):39-43.

[96] 马慧芳,鲁媛.20世纪50年代中国农村妇女社会劳动参与的动因探析[J].延安大学学报(社会科学版),2008(3):25-28.

[97] 孟宪范."男工女耕"与中国农村女性的发展[J].社会科学战线,1995(1):248-251.

[98] 孟宪范.农村劳动力转移中的中国农村妇女[J].社会科学战线,1993(4):147-154.

[99] 聂裕鹏.农业女性化对农村土地流转的影响[J].贵州农业科学,2013(10):217-221,225.

[100] 邵晓,任保平.妇女缠足、性别分工和经济变革:19世纪和20世纪早期的中国农村[J].南大商学评论(第10辑),2006(3):166.

[101] 谭深.农村劳动力流动的性别差异[J].社会学研究,1997(1):42-47.

[102] 汤月华,李小珍.关于闽北"农业女性化"的现状思考[N].闽北日报,2009-02-02(006).

[103] 滕建华.农村人力资本投资与农村劳动力流动的相关性分析[J].农业技术经济,2004(4):30-34.

[104] 唐环.论我国农村剩余劳动力转移的社会背景及转移方式[J].天府新论,2006(1):60-63.

[105] 汪超,姚德超.新型城镇化下农村进城务工女性生计脆弱性治理[J].新疆社会科学,2015(1):134-139.

[106] 王国华.从社会性别视角考察日本的农业政策[J].长春大学学报,2010(1):28-31.

[107] 王海莉,李一、汪超.农业女性化综合评价指标体系研究[J].农业展望,2013(8):28-37.

[108] 王秀毅.也谈农业女性化[J].社会科学论坛(学术研究卷),2008(8):71-73.

[109] 文华成.中国农业劳动力女性化:程度、成因与影响:基于历史宏观截面数据的验证[J].人口学刊,2014(4):64-73.

[110] 吴惠芳,饶静.农村留守妇女的社会网络重构行动分析[J].中国农村观察,2010(4):81-88.

[111] 吴惠芳,饶静.农村留守妇女研究综述[J].中国农业大学学报(社会科学版),2009(6):18-23.

[112] 吴惠芳,饶静.农业女性化对农业发展的影响[J].农业技术经济,2009(2):55-61.

[113] 吴惠芳,叶敬忠,刘鹏.农村留守妇女与宗教信仰[J].农村经济,2010(1):108-111.

[114] 吴吕和.论邓小平关于农业改革两次飞跃的思想[J].福建论坛(经济社会版),1999(2):49-51.

[115] 吴易熊.基于二元Logistic模型的新型职业农民农业生产意愿的影响因素及其对策探析[J].当代经济管理,2016(11):40-49.

[116] 向东.农业女性化背景下农村妇女土地权益问题:基于自由发展观下的性别法律分析[J].河北法学,2014(2):84-91.

[117] 徐水源,宋月萍,谢卓树.中国农业生产会后继无人吗?城镇化背景下新生代农村人口务农状况考察[J].人口与发展,2016(3):63-70.

[118] 严瑞珍.日本农业劳动力的转移[J].世界农业,1983(9):15-17.

[119] 杨士谋.台湾省的农村青年职业培训[J].台港澳职教,1989(19):24,47-48.

[120] 杨小燕.农业女性化与性别歧视[J].山西高等学校社会科学学报,2008(8):52-54.

[121] 姚德超,汪超.农业女性化:农村妇女发展的机遇与挑战[J].农业展望,2012(4):32-35.

[122] 姚德超,汪超.农业女性化研究文献回顾与展望[J].农业展望.2012(2):25-29.

[123] 叶敬忠,吴惠芳.丈夫外出务工对留守妇女婚姻关系的影响[J].中州学刊,2009(3):130-134.

[124] 叶敬忠.留守人口与发展遭遇[J].中国农业大学学报(社会科学版),2011(1):5-12.

[125] 原新,刘厚莲.改革开放以来中国农业劳动力变迁研究:基于人口普查数据的分析[J].中国农业大学学报(社会科学版),2015(4):76-83.

[126] 于宏,索志林,许静波.农业经济管理制度之农业女性化视角浅析[J].中国集体经济,2009,34(12):77-79.

[127] 张凤华.乡村转型、角色变迁与女性崛起:我国农村女性角色变迁的制度环境分析[J].华中师范大学学报,2006(4):7-11.

[128] 章蕴.勤俭建国勤俭持家为建设社会主义而奋斗[J].中国妇女,1957:533.

[129] 赵玲.民族地区农业女性化与公共政策选择[J].中共云南省委党校学报,2009(1):140-143.

[130] 赵敏.农地流转对妇女权益的影响:基于农业女性化引发的思考[J].中国经贸导刊,2011,21:78-80.

[131] 郑平.我国农业剩余劳动力转移区域差异比较研究[D].武汉:华中农业大学,2005(5):17-35.

[132] 周丕东.农业女性化及其影响研究:基于贵州省六个村的实证分析[J].贵州农业科学,2009(5):214-218.

[133] 周庆行,曾智,聂增梅.农村留守妇女调查:来自重庆市的调查[J].中华女子学院学报,2007(1):63-66.

[134] 周庆行,宋常青.农业的女性化、老龄化趋势及其风险化解[J].石家庄经济学院学报,2008(4):68-72.

[135] 周庆行,孙慧君.我国女性劳动参与率的变化趋势及效应分析[J].经济经纬,2006(1):65-67.

[136] 周振,马庆超,孔祥智.农业机械化对农村劳动力转移贡献的量化研究[J].农业技术经济,2016(2):52-62.

[137] 朱启臻,杨汇泉.谁在种地:对农业劳动力的调查与思考[J].中国农业大学学报(社会科学版),2011(1):162-169.

[138] DE BRAUW A,et al. The feminisation of agriculture with Chinese characteristics. The Journal of Development Studies,2013(5):689-704.

[139] DE BRAUW A,et al. Feminization of agriculture in China? Myths surrounding women's participation in farming[J]. The China Quaeterly,2008:327-348.

[140] DE BRAUW A. Are women taking over the farm in China[R/OL]. (2003-07-10). http://web.williams.edu/Economics/wp/debrauw_fem.pdf.

[141] DUNCAN B A. Women in agriculture in Ghana [M/OL]. 2th ed. Ghana:Courtesy(Pictures),2004. http://library.fes.de/pdf-files/bueros/ghana/seitenumbruch/03531.pdf.

[142] AGARWAL B. Gender and land rights revisited:exploring new prospects via the state, family and market[J]. Journal of Agrarian Change,2003(3):184-225.

[143] DEERE C D,DE LEAL M L. Women in andean agriculture:peasant production and rural wage employment in Colombia and Peru[R]. International Labour Organisation,1982.

[144] DEERE C D. Agriculture:natural resources[J]. Journal of Economic Literature,1988(4):1785-1786.

[145] DEERE C D. The division of labor by sex in agriculture:a peruvian case study[J]. Econimic Development and Cultural Change,1982(4):795-811.

[146] DEERE C D. The feminization of agriculture? Economic restructuring in rural latin America.[R/OL]. (2005-02-01). http://www.unrisd.org/publications/opgp1,2005-2-1.

[147] CERNEA, MICHAEL. Macrosocial change, feminization of agriculture and peasant women's threefold economic role[J]. Sociologia Ruralis,1978(1):107-122.

[148] SAFILIOU-ROTSCHILD C,et al. Trends of agricultural feminisation in Kastoria, Greece[J]. Journal of Comparative Family Studies,2007(3):409-421.

[149] Food and Agriculture Organization of the United Nations. Women in agriculture:closing the gender gap for development[R/OL]. (2012-12-21). http://www.fao.org/catalog/inter-e.htm.

[150] FEI J C,Ranis G. Development of the labor surplus economy:theory and policy[J]. Economic Journal,1964,77(306):480-482.

[151] KELKAR G. The feminization of agriculture in Asia:implications for women's agency and productivity[R/OL]. (2009-04-07). http://www.agnet.org/library.php?func=view&id=20110725164020&type_id=4.

[152] COCCOSSOS H,PSYCHARIS Y. Regional analysis and policy:the greek experience [M]. Physica-Verlag Heidelberg,2008.

[153] GARTAULA H N,NIEHOF A,VISSER L. Feminisation of agriculture as an effect of male out-migration:unexpected outcomes from Jhapa district, Easter Nepal[J]. The International Journal of Interdisciplinary Social Sciences,2010(2):565-577.

[154] HARRIS J,TODARO M. Migration,unemployment and development:a two sector analysis[EB/OL]. (2011-04-30). https://wenku.baidu.com/view/0b44c53343323968011c92b1.html.

[155] ZHANG L X,DE BRAUW A,ROZELLE S. China's rural labor market development and its gender implications[J]. China Economic Review,2004(15):230-247.

[156] ZHANG L X,et al. Feminization of Agriculture in China:Debunking the Myth and Measuring the Consequence of Women Participation in Agriculture[EB/OL]. (2006-11-01)http://siteresources.worldbank.org/INTWDR2008/Resources/2795087-1191427986785/ZhangL&RozelleSEtAl_FeminizationOfAgriInChina.pdf.

[157] ABDELALI-MARTINI M,et al. Towards a feminization of agricultural labour in northwest Syria. The Journal of Peasant Studies,2003(30):71-94.

[158] MU R,VAN DE WALLE D. Left behind to farm? Women's labour re-allocation in rural china[J]. Labour Economics,2011(1):S83-S97.

[159] LASTARRIA-CORNHIEL S. Feminization of agriculture:trends and driving force[EB/OL]. (2006-11-01). http://www.sarpn.org/documents/d0002435/Feminization_agric_Nov2006.pdf.

[160] SWARNA S. Feminisation of agriculture and marginalisation of their economic stake[J]. Economic and Political Weekly,2005(25):2563-2568.

[161] SU W,ERIKSSON T,Zhang L X,et al. Off-farm employment and time allocation in on-farm work in rural China from gender perspective[J]. China Economic Review,2016,41(8):34-45.

[162] BIAO X. How Far are the left-behind left behind? A preliminary study in rural China[J]. Population,Space and Place,2007(3):179-191.

[163] SONG Y C,JIGGINS J. The feminisation of agriculture and the implications for maize development in China[J]. LEISA Magazine,2002(4):6-8.

[164] SONG Y C,et al. Feminization of agriculture in rapid changing rural China:policy implication and alternatives for an equitable growth and sustainable development[R]. In FAO-IFAD-ILO Workshop,2009(4):1-27.

后　记

在纪念北京世界妇女大会25周年会议上,习近平总书记指出,要最大限度地调动广大妇女的积极性、主动性、创造性。学界关于农村妇女发展问题的认知开始由过去的"问题视角"逐渐转向"发展视角",如何发挥农村妇女"半边天"的作用被赋予了新内涵。基于这样的时代背景,本书从城镇化进程中农业女性化现象出发,尝试建立起关于乡村发展和女性公平地共享发展成果的社会意识和社会共识,以期推进新时代中国特色农村妇女发展理论的发展。

本书系国家社科基金项目"城镇化进程中农业女性化区域比较研究"(14BRK016)和教育部人文社科基金"农业女性化下新时代农村妇女发展问题研究"(20YJC840002)的研究成果,重点关注了从事农业生产、参与田间管理的农村妇女,及其在此过程中她们的个体发展。通过大量的统计资料和扎实的基层调查,对我国城乡社会发展中出现的农业女性化现象及发展趋势做出了科学的判断,探讨了农村妇女在保障农业生产、促进家庭发展、维护农村社会稳定中所展现的多元性别价值。这些基于科学研究基础上得出的结论,虽然仍存在诸多不足和需要进一步讨论的问题,但为今后农业女性化的深入研究提供了一些参考和有益借鉴。掣肘于研究者的水平,现象描述、数据分析、观点论述、结论凝练过程中难免存在不足,欢迎读者及时批评指正。"抛砖引玉"是一个散发中国智慧的词汇。"抛砖"是一种谦逊、一份诚意、一次邀请,关于新时代农村妇女发展的"砖头"已经抛出,期盼着众多美玉纷至沓来。

本书的调查和写作过程亦是一段重要的学习过程,能够顺利地完成这一艰巨的任务,需要感谢的人有很多。首先,真挚感谢被调查的2073户农户以及接受访谈的47位农村妇女和28位村委会干部,他们的支持为项目的开展奠定了坚实的基础。

感谢安徽省卫生与健康委员会高俊文同志在本研究的实地调研中给予的大力支持,安徽大学人口研究所马芒、孙中锋、黄祖宏老师为调研方案制定与问

后 记

卷设计提出的宝贵建议,安徽大学社会与政治学院王付春、潘成义、何蕾蕾、张景、王靖等研究生为入户调查付出的辛勤汗水。安徽大学社会与政治学院2013级人口学系研究生承担了后期问卷调查整理与录入工作,感谢您们的支持与付出,使我们的研究工作能够顺利完成。

本书的出版,还受到安徽大学中国"三农"问题研究中心出版基金的支持,感谢"三农"中心主任张德元教授将本书纳入安徽省"十三五"重点图书出版规划项目"中国当代农村发展论丛"。

最后,感谢中国科学技术大学出版社,正是因为编辑的辛勤劳动才使本书得以顺利出版。

作 者

2021年7月28日于合肥